O Que Nós Aprendemos?

O Que Nós Aprendemos?
A Política Macroeconômica no Pós-Crise

Editado por: George Akerlof, Olivier Blanchard, David Romer
e Joseph Stiglitz

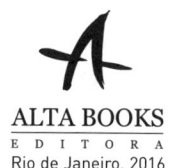

ALTA BOOKS
E D I T O R A
Rio de Janeiro, 2016

O Que Nós Aprendemos? — A Política Macroeconômica no Pós-Crise
Copyright © 2016 da Starlin Alta Editora e Consultoria Eireli. ISBN: 978-85-7608-973-5

Translated from original What Have We Learned? Macroeconomic Policy after the Crisis edited by George Akerlof, Olivier Blanchard, David Romer e Joseph Stiglitz. Copyright © 2014 by International Monetary Fund and Massachusetts Institute of Technology. All rights reserved. ISBN 978-0-262-02734-2. This translation is published and sold by permission of The MIT Press, the owner of all rights to publish and sell the same. PORTUGUESE language edition published by Starlin Alta Editora e Consultoria Eireli, Copyright © 2016 by Starlin Alta Editora e Consultoria Eireli.

Todos os direitos estão reservados e protegidos por Lei. Nenhuma parte deste livro, sem autorização prévia por escrito da editora, poderá ser reproduzida ou transmitida. A violação dos Direitos Autorais é crime estabelecido na Lei nº 9.610/98 e com punição de acordo com o artigo 184 do Código Penal.

A editora não se responsabiliza pelo conteúdo da obra, formulada exclusivamente pelo(s) autor(es).

Marcas Registradas: Todos os termos mencionados e reconhecidos como Marca Registrada e/ou Comercial são de responsabilidade de seus proprietários. A editora informa não estar associada a nenhum produto e/ou fornecedor apresentado no livro.

Impresso no Brasil — 1ª Edição, 2016 - Edição revisada conforme o Acordo Ortográfico da Língua Portuguesa de 2009.

Obra disponível para venda corporativa e/ou personalizada. Para mais informações, fale com projetos@altabooks.com.br

Produção Editorial	**Gerência Editorial**	**Marketing Editorial**	**Gerência de Captação e Contratação de Obras**	**Vendas Atacado e Varejo**
Editora Alta Books	Anderson Vieira	Silas Amaro marketing@altabooks.com.br	J. A. Rugeri autoria@altabooks.com.br	Daniele Fonseca Viviane Paiva comercial@altabooks.com.br
Produtor Editorial Claudia Braga	**Supervisão de Qualidade Editorial** Sergio de Souza			**Ouvidoria** ouvidoria@altabooks.com.br
Produtor Editorial (Design) Aurélio Corrêa				

Equipe Editorial	Bianca Teodoro Carolina Giannini	Christian Danniel Izabelli Carvalho	Jessica Carvalho Juliana de Oliveira	Renan Castro Thiê Alves

Tradução Janda Montenegro	**Copidesque** Carlos Bacci	**Revisão Técnica** Antonio Luis Licha Doutor em Economia e Professor do IE/UFRJ	**Diagramação** Daniel Vargas	

Erratas e arquivos de apoio: No site da editora relatamos, com a devida correção, qualquer erro encontrado em nossos livros, bem como disponibilizamos arquivos de apoio se aplicáveis à obra em questão.

Acesse o site www.altabooks.com.br e procure pelo título do livro desejado para ter acesso às erratas, aos arquivos de apoio e/ou a outros conteúdos aplicáveis à obra.

Suporte Técnico: A obra é comercializada na forma em que está, sem direito a suporte técnico ou orientação pessoal/exclusiva ao leitor.

Dados Internacionais de Catalogação na Publicação (CIP)

Q3   O que nós aprendemos : a política macroeconômica no pós-crise / editado por George Akerlof ... [et al.]. – Rio de Janeiro, RJ : Alta Books, 2016.
352 p. : il. ; 24 cm.

Inclui índice.
ISBN 978-85-7608-973-5

1. Política macroeconômica. 2. Política monetária. 3. Política fiscal. 4. Crise financeira - Política governamental. 5. Economia política. I. Akerlof, George.

CDU 330.101.541
CDD 339.5

Índice para catálogo sistemático:
1. Política macroeconômica   330.101.541

(Bibliotecária responsável: Sabrina Leal Araujo – CRB 10/1507)

Rua Viúva Cláudio, 291 - Bairro Industrial do Jacaré
CEP: 20.970-031 - Rio de Janeiro (RJ)
Tels.: (21) 3278-8069 / 3278-8419
www.altabooks.com.br — altabooks@altabooks.com.br
www.facebook.com/altabooks — www.instagram.com/altabooks

Sumário

Introdução: Repensando a Política Macroeconômica II – Esmiuçando IX
Olivier Blanchard, Giovanni Dell'Ariccia e Paolo Mauro

Parte I: Política Monetária

1. Muitos Objetivos, Muitos Instrumentos: Em Que Ponto Estamos? 3
Janet L. Yellen

2. Política Monetária, a Única Alternativa? 7
Lorenzo Bini Smaghi

3. Política Monetária Durante a Crise: Do Fundo do Poço às Alturas 15
Mervyn A. King

4. Os Objetivos da Política Monetária Após a Crise 25
Michael Woodford

Parte II: Política Macroprudencial

5. Política Macroprudencial em Perspectiva 35
Andrew Haldane

6. Política Macroprudencial e o Ciclo Financeiro: Alguns Fatos Estilizados e Sugestões de Políticas 41
Claudio Borio

7. A Política Macroprudencial em Ação: Israel 57
Stanley Fischer

8. As Experiências da Coreia com a Política Macroprudencial 67
Choongsoo Kim

Parte III: Regulamentação Financeira

9. Tudo que o FMI Queria Saber Sobre Regulamentação Financeira e Não Tinha Medo de Perguntar 97
Sheila Bair

10 Regulamentando as Grandes Instituições Financeiras   103
    Jeremy C. Stein

11 O Perfil da Atividade Bancária e o Futuro de sua Regulamentação   111
    Jean Tirole

12 A Reforma Bancária na Inglaterra e Europa   123
    John Vickers

13 Alavancagem, Estabilidade Financeira e Deflação   133
    Adair Turner

Parte IV: Política Fiscal

14 Definindo o Papel Ressurgente da Política Fiscal   145
    Janice Eberly

15 A Política Fiscal Sob a Sombra da Dívida:
    As Ideias de Keynes Ainda Funcionam   149
    Anders Borg

16 Políticas Fiscais em Recessões   157
    Roberto Perotti

17 Política Fiscal   171
    Nouriel Roubini

Parte V: Regimes Cambiais

18 Como Escolher um Regime Cambial   187
    Agustín Carstens

19 Repensando os Regimes Cambiais no Pós-Crise   191
    Jay C. Shambaugh

20 Regimes Cambiais: Espanha e Reino Unido   207
    Martin Wolf

21 Regimes Cambiais: Revisitando o Debate da
    Taxa Cambial Fixa e Flutuante   219
    Gang Yi

Parte VI: Gerenciamento da Conta de Capitais

22 Gerenciamento da Conta de Capitais: Rumo a um Novo Consenso?   227
    Duvvuri Subbarao

23 Gerenciamento do Fluxo de Capitais e da Conta de Capitais   233
    José de Gregorio

24 Gerenciando as Entradas de Capital no Brasil   251
    Márcio Holland

25 Gerenciamento da Conta de Capitais   269
    Hélène Rey

Parte VII: Conclusões

26 O Gato na Árvore e Outras Observações: Repensando a
    Política Macroeconômica II   279
    George A. Akerlof

27 Repensando a Política Macroeconômica   283
    Olivier Blanchard

28 Prevenindo a Próxima Catástrofe: Onde Nós Ficamos?   289
    David Romer

29 As Lições da Crise do Atlântico Norte para a
    Teoria e a Política Econômica   295
    Joseph E. Stiglitz

Colaboradores   309

Índice   311

Introdução: Repensando a Política Macroeconômica II - Esmiuçando

Olivier Blanchard, Giovanni Dell'Ariccia e Paolo Mauro

A crise financeira e econômica global de 2008 a 2009, com suas amargas consequências, continua forçando os formuladores de políticas econômicas a revisar conceitos. Primeiro, foi a quebra do Lehman Brothers (grande banco de investimento americano), que revelou o quanto os responsáveis pela política econômica haviam subestimado os perigos vinculados ao sistema financeiro, e demonstrou os limites da política monetária. Em seguida, foi a crise da zona do euro, o que os obrigou a repensar o funcionamento dos mercados monetários e a política fiscal. Por tudo isso, tiveram que improvisar, implementando desde políticas monetárias heterodoxas, passando pelo fornecimento de um estímulo fiscal inicial e depois optando por acelerar a consolidação fiscal, até chegar ao uso de instrumentos macroprudenciais.

Nós demos uma primeira olhada nessas questões há alguns anos, seja por escrito (Blanchard, Dell'Ariccia e Mauro, 2010), seja na conferência do FMI (Fundo Monetário Internacional) em 2011 (Blanchard et al., 2012). Entre os pesquisadores e os formuladores de políticas econômicas participantes da conferência, havia um nítido entendimento comum de que estávamos diante de um "mundo novo e desafiador" e que tínhamos mais perguntas do que respostas. Dois anos mais tarde, o perfil das políticas monetária, fiscal e macroprudenciais continuava indefinido. Mas políticas foram testadas e algum progresso foi alcançado, não apenas em teoria mas também empiricamente. Esta seção atualiza o status do debate. Ela foi realizada com vistas a uma segunda conferência sobre o mesmo tema patrocinada pelo FMI em 2013 e, ainda, para servir de trampolim para outras discussões.

Algumas observações quanto ao escopo da análise: nossos comentários focam no desenho da política macroeconômica após a economia global ter emergido da crise, em vez de fazê-lo nas escolhas das políticas em curso, tais como o desenho das políticas de flexibilização quantitativa (injeção de recursos na economia, mediante instrumentos de um Banco Central, para ampliar a oferta de empréstimos pelo sistema bancário) ou os prós e contras do estímulo fiscal financiado pela emissão de moeda. Os dois conjuntos de questões são obviamente relacionados, porém, nosso objetivo é analisar alguns princípios gerais que podem ser usados para guiar a política macroeconômica no futuro, em vez de sugerir medidas específicas para serem tomadas hoje. Nós também adotamos uma visão relativamente estreita da política macroeconômica, deixando de fora qualquer discussão de reformas estruturais e regulamentação financeira. Embora a fronteira entre regulamentação financeira e políticas macroprudenciais seja turva, nós nos concentramos no componente cíclico da regulamentação, deixando de lado o design geral da arquitetura financeira.

Esta introdução é organizada em três seções principais: política monetária, política fiscal e — o que pode estar emergindo como a terceira perna da política macroeconômica — políticas macroprudenciais.

I. Política Monetária

Durante a primeira conferência sobre repensar a política macroeconômica, realizada em março de 2011, foi debatida, no âmbito monetário, a questão da mudança na abordagem dos bancos centrais, largamente baseada em um objetivo e um instrumento (taxa de inflação e taxas básicas de juros, respectivamente) para outra, com múltiplos objetivos e instrumentos. Dois anos depois, tal questão permanece controversa.

A. Os Bancos Centrais Deveriam Explicitar suas Metas?

Apesar das discussões corretamente centralizadas no papel do sistema financeiro e suas implicações na política monetária, desenvolvimentos macroeconômicos durante e após a crise têm levantado novas indagações sobre antigas questões concernentes à relação entre inflação e produção, com consequências diretas na política monetária.

Um dos argumentos dos bancos centrais para o foco na inflação era o aforismo da "divina coincidência": a noção de que, ao estabilizar a inflação, a política monetária manteria as atividades econômicas o mais perto possível (dadas as fricções na economia) de seu potencial. Desse modo, mesmo cuidando de manter a produção em seu potencial, os responsáveis pelas políticas econômicas poderiam alcançar melhor tal objetivo ocupando-se primariamente com a estabilização dos níveis inflacionários. Embora nenhum banco central acreditasse que a divina coincidência fosse a responsável de fato, parecia ser algo suficientemente próximo para justificar o foco primário na inflação e perseguir a meta inflacionária.

Desde o início da crise, entretanto, a relação entre inflação e produto, nas economias mais avançadas, tem sido substancialmente diferente da observada anteriormente. Com o grande e acumulativo declínio na produção em relação à tendência o agudo aumento do desemprego, a maioria dos economistas esperaria uma queda da inflação, talvez até mesmo o surgimento da deflação. Mesmo assim, nas economias mais avançadas (incluindo algumas que experimentaram severas contrações na atividade econômica), a inflação permaneceu próxima do nível observado antes da crise.

Em termos lógicos, há duas interpretações sobre o que está acontecendo. Ou a produção potencial declinou quase tanto quanto a efetiva, de modo que o hiato do produto (a diferença entre a produção potencial e a efetiva) é de fato menor, e colocando portanto um pouco de pressão na inflação, ou essa diferença de produção ainda é substancial, mas a relação entre inflação e hiato produtivo alterou-se de modo considerável.

Com respeito à primeira interpretação, é possível que a crise em si leve a produção potencial a cair, ou que a produção de antes da crise seja mais elevada que a potencial — por exemplo, se ela derivava de bolhas setoriais insustentáveis (mercado de imóveis residenciais) — de modo que o hiato do produto efetivo é menor. Isso poderia explicar porque a inflação permaneceu estável. Empiricamente, no entanto, é difícil explicar a razão pela qual a taxa natural de desemprego deveria ser bem maior do que antes da crise, ou porque a crise deveria ter levado a uma queda muito maior na produtividade. E embora haja uma grande incerteza acerca dos métodos de avaliação da produção potencial (especialmente na esteira de grandes choques tais como crises financeiras), em quase todas as estimativas as economias mais avançadas ainda se ressentem de um substancial hiato do produto.

Isso nos leva à segunda interpretação. De fato, há provas convincentes de que a relação entre o hiato do produto e a inflação já não é a mesma de antes. Um trabalho recente (o relatório *World Economic Outlook* do FMI, de 2013) atribui a mudança aos seguintes dois fatores.

O primeiro fator é representado pelas expectativas de níveis inflacionários estáveis, refletindo, em parte, a credibilidade crescente da política monetária durante as últimas duas ou três décadas. Por si só, esse é um desenvolvimento bem-vindo, e explica porque um grande hiato produtivo agora leva a uma inflação mais baixa (porém estável), em vez de uma inflação decrescente constante.

O segundo fator é uma relação fraca (tanto em magnitude quanto em significância estatística) entre hiato do produto e inflação dada uma taxa de inflação esperada.

Isso é mais preocupante porque implica que índices inflacionários razoavelmente estáveis podem ser consistentes com uma grande e indesejável variação no hiato do produto.

Olhando mais à frente, a questão principal para a política monetária é se essa relação mais fraca resulta da crise em si, e, consequentemente, se fortalecerá novamente quando a crise chegar ao fim, ou se ela reflete uma tendência de longo prazo. Há sinais de que, em parte, a relação mais fraca pode de fato refletir circunstâncias específicas relativas à crise — em particular, o fato de que a rigidez da manutenção dos salários nominais em patamares menores está mais vinculada a uma inflação muito baixa. Mas parte dela parece refletir tendências de longo prazo ainda não identificadas. (Estas, na verdade, parecem estar presentes antes da crise; veja o relatório *World Economic Outlook do FMI*, de 2013). Caso a relação permaneça fraca, e a divina coincidência se torne uma aproximação muito ruim, os bancos centrais precisariam divulgar as metas a que se propõem mais explicitamente do que estão fazendo hoje.

B. Os Bancos Centrais Deveriam Privilegiar a Estabilidade Financeira?

A crise deixou claro que inflação e produção estável não são suficientes para garantir a sustentabilidade da estabilidade macroeconômica. Sob a calmaria da superfície macroeconômica da Grande Moderação (um período de reduzida volatilidade macroeconômica vivida nos Estados Unidos no início dos anos 1980), desequilíbrios setoriais e riscos financeiros cresciam, o que, em última instância, levou à crise. A severidade dessa crise e a limitada eficácia das ações políticas transformou a abordagem pré-crise de "negligência benigna"*, sobre bolhas. E isso reacendeu a questão de que a política monetária deveria incluir, entre suas metas, a estabilidade financeira (aproximada por, diga-se, grau de alavancagem, crédito agregado ou preços dos ativos).

Taxas básicas de juros não são, obviamente, a ferramenta ideal para lidar com o tipo de desequilíbrio que leva à crise. Sua abrangência é muito vasta para ser eficaz. Ao contrário, está surgindo um consenso de que ferramentas macroprudenciais mais direcionadas deveriam ser usadas para essa tarefa.

Cabem, contudo, importantes advertências. As ferramentas macroprudenciais são novas, e pouco se sabe sobre o quão eficientes podem ser. Elas estão sujeitas a equívocos e a duras restrições impostas pela política econômica (mais sobre essas ferramentas, abaixo). Dadas essas limitações, a tese de que os bancos centrais deveriam usar as taxas básicas de juros para desinflar bolhas voltou à tona (ver, por exemplo, Svensson 2009; Mishkin 2010; Bernanke 2011; King 2012).

Se os bancos centrais escolherem desinflar as bolhas, a opção trará a tona o velho problema — evidente tanto na crise de 2008-2009 como em muitas crises financeiras anteriores — de que as bolhas raramente são identificáveis com segurança em tempo real. Essa incerteza sugere que os bancos centrais podem querer reagir a expressivas movimentações nos preços de certos ativos sem conseguir decidir se tais movimentos refletem mudanças nos fundamentos ou se são bolhas. Em outras palavras, considerando o que aprendemos sobre os custos da inércia, grandes erros primários (ou seja, presumir que se trata de uma bolha quando, de fato, o aumento reflete mudanças estruturais) no lugar de erros menores e secundários (ou seja, lidar com a bolha como se fosse uma mudança estrutural) podem ser facilmente justificados. Ainda assim, caso sigam por esse caminho, estabelecer os limites adequados da intervenção não será algo fácil. Uma possibilidade seria focar em certos ativos cujos preços tiveram

---

* N.E.: Trata-se de uma expressão que significa uma atitude ou política de ignorar uma situação recorrentemente delicada ou desagradável por parte de quem é considerado responsável por lidar com ela.

acentuada elevação, como, por exemplo, aqueles vinculados a créditos bancários, os quais têm se provado bastante perigosos.

C. Os Bancos Centrais Deveriam se Importar com as Taxas de Câmbio?

A crise mostrou que, uma vez mais, o fluxo de capital internacional pode ser bastante volátil. Essa volatilidade não tem sido, no geral, um grande problema em economias avançadas (apesar de o fluxo reverso na zona do euro e a drenagem da liquidez em dólares nos sistemas bancários europeus serem um lembrete de que a vulnerabilidade existe ali também). Porém, mercados financeiros restritos, grandes aberturas e dependência de recursos externos, e menor diversificação da economia real tornam os mercados emergentes significativamente vulneráveis às flutuações nos fluxos de capital.

A volatilidade dos fluxos de capital pode ter efeitos adversos na estabilidade macroeconômica, tanto diretamente (através de efeitos na conta de transações correntes e na demanda agregada) quanto indiretamente (através de efeitos nos balanços contábeis domésticos e, por conseguinte, na estabilidade financeira). Quando o câmbio se fortalece em função do acentuado ingresso de capitais, o setor exportador de bens perde competitividade, potencialmente levando a uma realocação de capital e trabalho cuja reversão pode ser onerosa caso o fluxo de capitais e a taxa cambial se invertam. As entradas de capital também podem levar a um equilíbrio nas contas nacionais que são passíveis de serem revertidas na medida em que promovem grande expansão do crédito (e consequente alavancagem) e elevam a utilização de dívidas denominadas em moeda estrangeira. (Há ampla evidência, por exemplo, de que a grande expansão do crédito e a confiança generalizada em moedas estrangeiras ocorrida no Leste Europeu na primeira década dos anos 2000 foram associadas ao grande influxo de capital externo [Dell'Ariccia et al. 2012]).

O problema com a volatilidade do fluxo de capital levou a uma reavaliação do papel potencial dos controles de capital (aos quais o FMI chama de "ferramentas de controle do fluxo de capital"). Todavia, tal como no caso das ferramentas macroprudenciais e da estabilidade financeira, o controle de capitais pode não funcionar bem o bastante, fazendo aumentar as dúvidas sobre se a política monetária deveria ter um objetivo adicional (Ostry, Ghosh e Chamon 2012).

Poderiam os bancos centrais ter dois alvos, o índice de inflação e a taxa de câmbio, e duas ferramentas, as taxas básicas de juros e a intervenção nas taxas de câmbio? (Ao focar-se na meta de inflação os bancos centrais argumentam que se importam com a taxa de câmbio na medida em que ela afeta os índices inflacionários, mas vale a pena perguntar se esse seria o único efeito da taxa de câmbio que seria conveniente que levassem em consideração). Adicionar taxas de câmbio nesse mix levanta questões tanto de sua viabilidade quanto se, de fato, ela é desejada.

A resposta para a questão da viabilidade é, provavelmente, negativa para as economias com mercados financeiros altamente integrados (e, quase com certeza, negativa também para economias pequenas, muito abertas e avançadas — digamos, por exemplo, a Nova Zelândia). Sob tais condições, uma intervenção esterilizada provavelmente não terá efeito porque o fluxo de capital reage imediatamente a taxas diferenciais de juros. Mas a resposta é, provavelmente, afirmativa (e as evidências apontam nessa direção) para as economias com grandes fricções financeiras e mercados altamente segmentados. Nessas circunstâncias, portanto, se poderia levar em consideração um regime de meta de inflação estendida' com os juros básicos visando o nível inflacionário almejado, e intervenções nos mercados cambiais objetivando uma determinada taxa de câmbio.

Mas, e quanto à desejabilidade? O consenso que surgiu com relação ao uso e às limitações dos controles de capital é por demais relevante. As questões e as conclusões são praticamente as mesmas. Normalmente, uma intervenção não é desejável quando se visa resistir a uma tendência de valorização ocasionada por fluxos capitais regulares em vez de oscilações temporárias (isto é, quando o movimento na taxa cambial reflete uma mudança nos fundamentos subjacentes e não, por exemplo, movimentos erráticos de correr riscos e/ou deixar de fazê-lo). E isso pode levantar questões de uma perspectiva multilateral (para saber mais, ver Ostry, Ghosh e Korinek 2012).

D. Como os Bancos Centrais Deveriam Lidar com o Limite Zero Lower Bound (Taxa Básica de Juros em Torno de 0%)?

O que pode parecer impressionante com relação à crise é a maneira pela qual cada banco central experimentou políticas nada convencionais, desde as que propunham flexibilizações quantitativas ou segmentadas (no mercado, estas últimas são também conhecidas pelo seu nome em inglês, "targeted easing"), até a novas formas de prover liquidez. Será que essas políticas heterodoxas se tornarão parte do conjunto de ferramentas econômicas padrão ou elas são específicas para períodos de crise? Para responder a essa pergunta, é necessário diferenciar entre duas características da crise.

A primeira é a armadilha da liquidez, que restringe o uso da política de juros. A segunda é a segmentação de alguns mercados (ou instituições) financeiros. Não obstante ambas as características tenham desempenhado papéis importantes na determinação de políticas, elas são, conceitualmente, distintas. Pode-se pensar em choques suficientemente adversos mas não financeiros tais que os bancos centrais gostariam de diminuir as taxas de juros básicas mais adiante, porém, se encontram restringidos pelo limite zero das taxas de juros. Ou, alternativamente, é possível imaginar choques financeiros que provocam a segmentação de alguns mercados financeiros durante a vigência de taxas básicas de juros ainda positivas. Vamos considerar as implicações de cada uma delas.

Essa crise mostrou que as economias correm o risco de atingir níveis de juros próximos de zero e perder a habilidade de usar seu instrumento primário, a política de juros, com uma probabilidade maior do que se acreditava anteriormente. Isso levanta duas questões. A primeira delas é quais passos podem ser tomados para minimizar a chance de cair em armadilhas de liquidez no futuro. Nós não vamos discutir a questão levantada por Blanchard, Dell'Ariccia e Mauro (2010) com respeito ao nível ótimo de inflação nesse contexto, ainda que o argumento deles e o contra-argumento de outros levantem a questão de se o debate ainda merece uma abordagem não ideológica, tanto entre os acadêmicos quanto nos fóruns políticos (ver, por exemplo, Ball, 2013).

A segunda questão é o que fazer com a armadilha da liquidez. Quando a crise eclode, a maioria dos bancos centrais reage cortando as taxas de juros agressivamente. Em muitos casos, elas rapidamente atingem o nível zero. Os bancos centrais passam, então, a adotar medidas não convencionais, cujos formatos são os mais diversos, gerando uma profusão de acrônimos. É muito útil poder diferenciar entre medidas de flexibilização segmentada (um nome mais exato do que facilitador de crédito), ou seja, aquisições de ativos financeiros específicos sem uma mudança na oferta de moeda, e medidas de flexibilizações quantitativas, as quais não são estéreis e, por isso, ocasionam um crescimento na oferta monetária.

Evidências empíricas disponíveis sugerem que algumas medidas de flexibilização segmentada (em inglês, "targeted easing") tiveram um impacto substancial nos preços dos ativos adquiridos pelo banco central. Muito dele, entretanto, parece ter vindo de uma segmentação pouco usual dos mercados financeiros associados a essa crise, como visto, por exemplo, no caso dos mercados de seguros hipotecários nos Estados Unidos em 2008 e 2009 (ver Gagnon et al., 2011). Embora recursos com diferentes características de risco sejam sempre substitutos imperfeitos e, assim, a demanda relativa sempre importe, a habilidade do banco central de afetar os retornos relativos é, provavelmente, muito mais limitada em tempos normais do que era durante a crise.

A flexibilização quantitativa (em inglês, "quantitative easing") pode ser pensada como uma combinação de flexibilização segmentada (a compra de alguns ativos, tais como títulos de longo prazo do Tesouro, financiada pela venda de títulos de curto prazo). A pergunta é se, com taxas de juros próximas de zero, a expansão do componente monetário tem um efeito por si só. A questão é particularmente nítida no Japão, cujo banco central anunciou a intenção de dobrar a base monetária. Se houve algum efeito, deve ter sido em função de expectativas de baixas taxas nominais futuras de juros ou de elevação da inflação futura. (Em "Alice no País das Maravilhas", no mundo de cabeça para baixo de armadilhas da liquidez, uma expectativa de aumento da inflação é algo bem-vindo por ser a única forma de obter um decréscimo da taxa de juros real esperada). As evidências empíricas não são conclusivas. São um pouco mais positivas para outra medida com intenção semelhante, chamada de "forward guidance"*(orientação futura). Esses comunicados dos bancos centrais (tais como a intenção ou o compromisso de manter baixas taxas de juros de curto prazo por um período específico, ou enquanto determinada condição econômica prevalecer) parecem ter tido um impacto relevante e economicamente considerável nas taxas de juros de longo prazo, tanto no Canadá quanto nos Estados Unidos. Comunicados similares, no entanto, foram menos efetivos para o Riksbank - Banco Central da Suécia (Woodford, 2012). No que concerne à política monetária futura, longe da "taxa zero", esse instrumento pode estar aqui para ficar.

A crise também originou novas discussões sobre várias ideias antigas, incluindo a adoção do "price level targeting"† regime de "meta do nível de preços ou metas do PIB nominal". O apoio para essas regras pode ser, em parte, oportunista: uma característica comum das abordagens baseadas nos preços (por exemplo, regras que objetivam um nível de preços em vez de uma taxa de inflação, ou renda nominal no lugar de crescimento da renda nominal) é que, nessa conjuntura, elas permitiriam uma taxa inflacionária mais alta sem enfraquecer a credibilidade do banco central a longo prazo. Uma potencial perda de credibilidade tem sido uma grande preocupação para os bancos centrais durante a crise, como ficou claro pela reafirmação, pelos bancos centrais, do compromisso de permanecer vigilantes em relação à inflação em cada rodada de políticas não convencionais. Porém, tais regras têm diversas deficiências. Uma das principais é que choques temporários de preços não são tratados como coisa do passado e têm que ser absorvidos através da inflação ou, pior, da deflação.

E. Para Quem os Bancos Centrais Deveriam Prover Liquidez?

Quando alguns investidores são altamente especializados (têm "hábitos arraigados", usando uma expressão antiga) e, por alguma razão, reduzem sua demanda, os leigos podem não ter o conhecimento especializado necessário para avaliar se a menor demanda deve-se a um risco elevado ou se os compradores usuais estão impossibilitados de comprar. E podem preferir ficar de fora. Quando isso acontece, os preços de mercado correm o risco de entrar em colapso, ou alguns financiadores de perder seus recursos. A não liquidez pode, então, levar à insolvência. Equilíbrios múltiplos podem, então, ocorrer em face da expectativa de insolvências, ocasionando o aumento das taxas de juros e tornando autorrealizável aquela expectativa.

Já a partir de seus estágios iniciais, a crise mostrou que o clássico quadro de equilíbrios múltiplos (existência de várias posições de equilíbrio do mercado no longo

---

* N.E.: Um instrumento dos bancos centrais que consiste em informar objetivamente o mercado sobre os cenários que o BC trabalha e as medidas que aplicará em cada circunstância.

† N.E.: Embora semelhante, não deve ser confundido com o regime convencional conhecido como "meta de inflação", o qual só olha para a frente. Aqui, toma-se por base o que ocorreu no passado mais imediato, e as medidas são tomadas visando retomar os níveis inflacionários que vigiam então, sendo, portanto, uma ação mais difícil.

prazo), que proporcionou uma justificativa para os bancos fornecerem seguro de depósitos e acesso a uma agência financeira de último recurso, agora também se aplica a financiamentos interbancários e a intermediários não bancários. A situação na Europa mostrou mais tarde que o mesmo enquadramento também poderia ser aplicado às obrigações soberanas (títulos de dívida emitido por um governo nacional dentro de um determinado país, denominados em moeda forte estrangeira), mesmo em economias avançadas. De fato, os títulos soberanos ficam ainda mais expostos a problemas de liquidez do que os intermediários financeiros, uma vez que os ativos de que dispõem consistem, principalmente, de receitas tributárias futuras, cuja colateralidade (fornecimento de garantias a um empréstimo) é de difícil implementação. A expectativa de que outros investidores possam não rolar seus débitos no futuro pode levar os investidores a idêntica atitude, o que ocasionaria uma crise de liquidez.

Os bancos centrais acabam provendo liquidez não apenas aos bancos comerciais mas também a instituições que não operam com depósitos e, direta e indiretamente, aos títulos soberanos. De um ponto de vista teórico, a lógica é praticamente a mesma. Mesmo assim, a extensão para instituições não bancárias coloca uma série de questões.

Em primeiro lugar, tal como com os bancos, agrava-se o problema de diferenciar iliquidez de insolvência. (veja Capítulo 17 sobre as diferenças e semelhanças entre as duas) Porém, para instituições não bancárias isso acontece em um contexto de entidades potencialmente não regulamentadas sobre as quais os bancos centrais possuem informações limitadas. Em segundo, novamente quanto aos bancos, trata-se de uma questão de risco moral. (veja Capítulo 17).A promessa (ou expectativa) de provisão de liquidez induzirá a acumulação, de antemão, de ainda menos portfólios líquidos, aumentando, assim, o risco de uma crise de liquidez (Farhi e Tirole, 2012). O problema fica pior no caso de apoio indireto (através de aquisições de mercado de títulos soberanos, por exemplo) porque, ao contrário do apoio direto aos bancos, é difícil (ou impossível) administrar qualquer punição. Deságios (operações de redesconto) e condicionalidades (para aquisições diretas) podem dissipar parcialmente, porém não eliminarão essas preocupações. E os deságios induzem os administradores à ideia de prover "liquidez ilimitada, não importa o que aconteça", necessária para eliminar o risco de uma fuga de recursos. Durante uma crise sistêmica, essa é uma questão secundária relativamente à necessidade de estabilizar a economia. Mas as circunstâncias para a intervenção afiguram-se mais difíceis em tempos de bonança.

II. Política Fiscal

No início da crise, com a política monetária tendo que enfrentar a armadilha da liquidez e com a intermediação financeira ainda no limbo, os governos criaram estímulos fiscais para manter a demanda e evitar o que eles sentiam poder se tornar uma nova Grande Depressão. Contudo, quando o perigo mais agudo parecia ter abrandado, os governos se encontraram com a dívida pública em nível muito mais elevado (nem tanto devido aos estímulos fiscais, mas em razão da acentuada redução da receita bruta oriunda da recessão). A partir daí, as discussões sobre a política fiscal têm se concentrado na consolidação fiscal.

Na conferência anterior, nós chegamos a duas conclusões principais. Primeiro, o que parecia se constituir em um nível seguro da dívida pública antes da crise, de fato não era tão seguro assim. Em segundo lugar, um "case" forte surgiu ao revisitarmos o consenso pré-crise de que a política fiscal tinha um limitado papel cíclico a exercer.

As perguntas são basicamente as mesmas nos dias de hoje, com poucas novas nuances. À luz dos elevados níveis de dívida, uma questão política significativa que permanecerá conosco para além da crise é aquela sobre a velocidade apropriada para a consolidação fiscal. A resposta depende de dois fatores principais. Primeiro: o quão prejudicial ou perigoso é o nível corrente da dívida? A crise adicionou mais um item na lista usual de efeitos adversos da dívida alta: equilíbrios múltiplos em um círculo vicioso de elevadas taxas de juros, baixo crescimento e uma crescente probabilidade de inadimplência, algo que pode levar a uma crise fiscal. Em segundo lugar, e para dar a dimensão de que uma consolidação fiscal é necessária, quais são seus efeitos no crescimento a curto prazo, dado o estado da economia e o caminho e a estrutura do ajuste fiscal?

Nós analisaremos essas questões uma de cada vez.

A. Quais são os perigos da Dívida Pública Elevada?

Ao se iniciar a crise, a mediana da relação entre dívida pública e PIB nas economias desenvolvidas era de cerca de 60%. Essa proporção estava em linha com o nível considerado prudente para economias desenvolvidas, como preconizado, por exemplo, no EGP*. Ironicamente, de alguma forma, o nível prudente para os mercados emergentes era mais baixo, de cerca de 40%. O patamar real era menor do que 40%, o que deu mais espaço aos países para uma política fiscal contracíclica (também chamada de anticíclica, é assim denominada em virtude de seu caráter de anteposição a um desfavorável cenário econômico vigente) em comparação à crise anterior.

No final de 2012, a média da relação entre dívida e PIB, nas economias desenvolvidas, estava próximo de 100% e crescendo. Em sua maior parte, o aumento resultou da queda da receita bruta, causada pela própria crise. Em menor grau, foi atribuída aos estímulos fiscais praticados no início da crise. E para alguns países, isso se deu em função da realização de obrigações contingentes (ver FMI, 2012a, box 2). Na Irlanda e na Islândia, por exemplo, a necessidade de recuperar um sistema bancário superdimensionado provocou inesperado crescimento da dívida pública em relação

---

*N.E.: EGP- European Union's Stability and Growth Pact(Sigla de um documento da União Europeia que estabelece um conjunto de regras destinado a garantir finanças públicas sólidas e coordenar as políticas fiscais dos países-membros).

ao PIB, de 25 e 43 pontos porcentuais, respectivamente. Em Portugal, para utilizar um exemplo menos conhecido, enquanto a crise progredia, empresas do governo incorreram em perdas que, conforme as regras do Eurostat, tiveram que ser computadas nos números gerais do governo cujo deficit e dívidas, em decorrência, aumentaram. Mais do que isso, as garantias começaram a ser reclamadas nas parcerias público-privadas (que eram mais consideráveis do que em outros países), adicionando mais um ônus ao governo. Em meio a tais questões, somadas às intervenções no setor financeiro, no cômputo global houve uma elevação de cerca de 15 pontos percentuais de crescimento no nível da dívida portuguesa.

As lições são claras. Choques macroeconômicos induzem deficit orçamentários que podem ser consideráveis — maiores do que era considerado possível antes da crise. E a dívida oficial em relação ao PIB pode camuflar obrigações contingentes significativas, desconhecidas não apenas dos investidores mas, às vezes, do próprio governo (Irwin, 2012). Isso sugere a necessidade de uma abordagem mais compreensiva para medir a dívida pública e, ao mesmo tempo, também diminuir os valores, a fim de enquadrar-se naquilo que é considerado "prudente" em termos da relação entre a dívida oficial e o PIB. Infelizmente, dado o, em geral, elevado patamar alcançado por essa relação, recuar a níveis prudentes demandará um bom tempo.

Os custos da dívida pública exacerbada, seja devido a uma maior taxa de juros reais de equilíbrio, seja quanto às distorções associadas aos tributos necessários para o serviço da dívida, há muito já é algo plenamente reconhecido. A crise trouxe à luz outro custo potencial: o risco de equilíbrios múltiplos associado a altos níveis de dívida. Se os investidores, preocupados com a maior probabilidade de inadimplência, requerem um prêmio maior de risco, aumentando, assim, as taxas de juros, tornam mais difícil para o governo o serviço da dívida, o que eleva a chance de inadimplência e, potencialmente, agrava sobremaneira seu nível de preocupação.

Em princípio, tal equilíbrio múltiplo pode existir mesmo em patamares mais baixos da dívida. Uma taxa de juros muito alta pode tornar insustentável até mesmo um nível baixo da dívida, uma espécie de situação autorrealizável. Mas é mais provável que múltiplos equilíbrios aconteçam quando a dívida é alta, para a qual mesmo um pequeno crescimento na taxa de juros pode levar o governo da solvência para a insolvência. É também muito mais provável que eles ocorram quando a dívida tem perfil de curto prazo e, em decorrência, o processo de rolagem é mais intenso: se a maior parte da dívida tiver que ser renovada em breve, é bem provável que os investidores venham a se preocupar com as renovações futuras, o que os deixa relutantes sobre a rolagem que se avizinha.

Também em princípio, os bancos centrais podem eliminar um equilíbrio ruim ao fornecer — ou simplesmente se comprometendo a fornecer — liquidez ao governo, caso necessário. Porém, providenciar liquidez não é suficiente. Para ir direto ao ponto. A intervenção pode precisar ser bem grande. E levando em conta a dificuldade comum em distinguir entre iliquidez e insolvência, e o fato de que o estado, diferentemente dos bancos, não pode fornecer colaterais, os riscos para o banco central podem ser bem consideráveis.

A experiência da crise sugere que a questão dos equilíbrios múltiplos é relevante. A evolução dos rendimentos dos títulos soberanos espanhol e italiano pode ser vista sob essa perspectiva, com o compromisso do Banco Central Europeu (BCE) de intervir naqueles mercados de títulos soberanos, reduzindo o risco de um mau equilíbrio. Alguns outros membros da zona do euro, tais como a Bélgica, se beneficiaram com as baixas taxas, a despeito dos ainda altos níveis da dívida e dos desafios políticos; o quanto da diferença, digamos assim, entre Bélgica e Itália, pode ser explicada por fundamentos ou por equilíbrios múltiplos é uma questão em aberto. A percepção relativamente benigna, tanto dos Estados Unidos quanto do Japão, pode ser interpretada como um exemplo na direção oposta. Apesar dos altos níveis da dívida, particularmente no Japão, ambos os países têm sido percebidos, até agora, como um "porto seguro" e se beneficiado de taxas de juros muito baixas, contendo os encargos do serviço da dívida. Entretanto, a questão é a força desse porto seguro: a situação pode mudar rapidamente, e como resultado levar esses países a uma situação de mau equilíbrio.

B. Como lidar com o Controle da Dominância Fiscal?

Tendo em vista a magnitude da consolidação fiscal requerida em tantas economias desenvolvidas, o problema da redução do valor real da dívida mediante processos de reestruturação ou inflação provavelmente persistirá.

Vamos nos limitar a duas breves observações sobre a reestruturação das dívidas. Em primeiro lugar, ao menos na arquitetura financeira internacional atual, a reestruturação das dívidas permanece sendo um processo oneroso e incômodo. (Como aprimorar essa situação continuará a ser um importante tópico de pesquisa e análise política). Em segundo, contrastando com experiências do passado em mercados emergentes, parcela considerável dos títulos da dívida nas economias mais desenvolvidas pertence a residentes no país (mais de 90% no Japão), com frequência intermediários financeiros, ou a residentes em países vizinhos ou altamente conectados (inclusive através do sistema financeiro). Por conseguinte, o escopo para uma reestruturação da dívida é bastante limitado. De qualquer maneira, ela exigiria um extremo cuidado no sentido de minimizar uma potencialmente disruptiva redistribuição de riqueza entre os detentores domésticos de títulos e os contribuintes, além dos acentuados efeitos adversos no sistema financeiro.

Nesse contexto, os governos, enfrentando a necessidade de ajuste em face das dificuldades fiscais, podem vir a pressionar os bancos centrais no sentido de que estes ajudem a limitar os custos de empréstimos, o que levanta a questão da dominância fiscal. Em princípio, o auxílio da política monetária para reduzir os encargos da dívida pública pode ocorrer de diversas formas. Os bancos centrais podem desacelerar o ritmo de saída do processo de "quantitative easing"(flexibilização quantitativa), e manter por mais tempo em carteira os títulos soberanos. Eles também podem atrasar o aumento da taxa nominal de juros justificada pelas condições macroeconômicas e permitir que a inflação cresça, de molde a reduzir a taxa real de juros por um período maior do que, em outra situação, normalmente ocorreria.

De fato, historicamente, as dívidas têm com frequência sido diminuídas através de uma rápida inflação; exemplos extremos incluem episódios bastante conhecidos de hiperinflação que enxugaram a dívida como consequência das grandes guerras (por exemplo, Alemanha, Japão). Casos menos extremados recentemente atraíram uma nova atenção, notavelmente, nos Estados Unidos na segunda metade dos anos 1940, quando a inflação ocasionou significativas taxas de juros reais negativas e, ao longo do tempo, menores índices de dívida pública em relação ao PIB (ver Reinhart e Sbrancia, 2011, que sugerem que um retorno à repressão financeira* é uma potencial preocupação).

Quanta diferença tais políticas monetárias poderiam fazer? A resposta depende sobremaneira do período de tempo em que os bancos centrais conseguem manter as taxas de juros reais baixas ou, até mesmo, negativas. Pressupondo que haja uma relação diretamente proporcional entre as taxas de juros nominais e a inflação, o que implica dizer que a taxa de juros real permanece constante (um completo e imediato efeito Fisher aplicado a todas as dívidas, roladas ou recém-assumidas), a diminuição depende da capacidade de erosão do valor nominal de dívidas substanciais (de longo prazo), e geralmente é bastante pequena. As simulações realizadas pelo FMI sugerem que, para as economias do G7 (as sete economias mais ricas do mundo), se a inflação crescesse do corrente ritmo projetado médio de menos que 2% para, digamos, 6%, a proporção da dívida líquida declinaria, após cinco anos, para cerca de 10% do PIB, em média (Akitoby, Komatsuzaki e Binder, a publicar). O efeito seria maior se os bancos centrais pudessem manter baixas as taxas reais de juros por algum tempo. (Às vezes argumenta-se que isso exigiria uma repressão financeira, isto é, a capacidade de forçar os bancos a segurarem os títulos do governo. Essa posição parece incorreta: as evidências disponíveis demonstram que os bancos centrais são capazes de manter taxas de juros reais negativas por algum tempo, se assim quiserem. Mas essas taxas negativas podem levar a um superaquecimento e à inflação. Elas também podem induzir os investidores a buscarem ativos estrangeiros, levando a uma depreciação e ainda mais inflação. Contudo, caso os bancos centrais aceitem essas consequências na inflação, poderão manter baixas as taxas de juros reais por algum tempo, mesmo abstendo-se da repressão financeira).

Em suma, se a consolidação fiscal normal, através de acréscimo de receitas ou diminuição de gastos, provar-se inexequível, taxas de juros reais baixas ou negativas poderiam, em princípio e em certos limites, colaborar na sustentabilidade da dívida.

---

* N.E.: Processo pelo qual o governo limita o livre fluxo financeiro no intuito de reduzir a remuneração obtida pelos poupadores e favorecer certos tomadores de recursos, em especial o próprio setor público.

No entanto, esse caminho teria custos ponderáveis: aumento da inflação e redução nas taxas de juros reais são, de fato, uma versão mais suave e menos visível da reestruturação da dívida, com o ônus do ajuste deslocando-se dos contribuintes para os detentores de títulos, e levaria ao enfrentamento de questões similarmente relevantes envolvendo aspectos distributivos, sociais e políticos.

Em face dessas considerações, é essencial que as decisões de política monetária continuem sendo de competência exclusiva do banco central, livres de interferências políticas. O banco central, por sua vez, deveria basear suas decisões na maneira pela qual a situação da dívida e o ajuste fiscal (ou a falta dele), repercutiria na inflação, na produção e na estabilidade financeira. De fato, as aquisições de títulos do governo pelos bancos centrais durante a crise deram-se sob o pano de fundo de grandes hiatos de produção e, com frequência, como parte de um esforço para evitar a deflação ou uma crise de dívida mais profunda. De modo geral, o banco central deveria ter em mente o risco de que tal política poderia ser vista como deslizando para o âmbito da dominância fiscal, em particular devido às dificuldades de avaliação dos efeitos na produção de várias possíveis estratégias para manter a dívida pública sob controle. O risco da dominância fiscal parece relativamente limitado na zona do euro, na qual nenhum governo, sozinho, pode forçar o BCE a mudar sua política monetária. Já em outros lugares é mais relevante, e pode vir a ser uma questão para os anos vindouros.

C. Em Que Grau a Dívida Pública Deveria Ser Reduzida?

À luz da necessidade de diminuir a relação entre a dívida pública e o PIB, o debate em torno da política fiscal centralizou-se na velocidade ótima e em modalidades de consolidação fiscal. Muitos dos problemas de consolidação que surgem são relevantes não apenas agora, mas, em geral, para a política fiscal no futuro.

Identificar os efeitos dinâmicos da política fiscal na produção é difícil. Há dificuldades de identificação, e os efeitos geralmente diferem dependendo do estado da economia, da composição do ajuste fiscal, da natureza temporária ou permanente das medidas, e da resposta da política monetária.

Em grande parte resultantes dessas dificuldades, as estimativas empíricas dos multiplicadores fiscais[*] variaram amplamente antes da crise (por exemplo, ver Spilimbergo, Symansky e Schindler, 2009). No início da crise, alguns pesquisadores e formuladores de políticas alegaram que os efeitos de um nível de confiança positivo (por parte do setor privado) poderiam neutralizar os efeitos mecânicos adversos dos cortes nos gastos ou nos aumentos da produção e levar a uma "consolidação fiscal expansionista". Outros argumentaram que, em uma situação de intermediações financeiras debilitadas e consequente contração nos empréstimos para empresas e famílias, aliada ao fato de que a política monetária estava enfrentando uma armadi-

---

[*] N.E.: Multiplicador fiscal é um índice que mede os efeitos dos gastos do governo (em outras palavras, da política fiscal) sobre o nível de renda subsequente do país.

lha de liquidez (quando a autoridade monetária não pode estimular a economia com os instrumentos tradicionais porque a taxa de juros básicos está próxima de zero), os multiplicadores eram susceptíveis de ser maiores do que em tempos normais.

A larga extensão da resposta da política fiscal aos efeitos danosos da crise estimulou novas pesquisas (ver, por exemplo, os artigos em *American Economic Journal: Economic Policy 4,* no.2, 2012). Embora ainda seja um assunto sujeito a algum debate, os fatos provam que os multiplicadores têm sido maiores do que em épocas normais, principalmente no início da crise (Blanchard e Leigh, 2013), com poucas evidências de efeitos no nível de confiança (Perotti, 2011). Além dessa conclusão, todavia, muitas perguntas permanecem sem respostas — particularmente, os efeitos diferenciais, se é que há algum, das consolidações baseadas em cortes de gastos em vez de no crescimento das receitas.

Nas entrelinhas do debate sobre os multiplicadores há a questão da velocidade ótima da consolidação fiscal (com alguns nos Estados Unidos realmente discutindo por mais estímulos fiscais). Na verdade, para muitos países afetados severamente pela crise, o ritmo da consolidação não tem sido matéria para escolha; ao revés, tem sido imposta a eles pelas pressões de mercado. De fato, as variações entre os países quanto à velocidade do ajuste tem sido explicada, em boa parte, pelas diferenças dos rendimentos dos títulos soberanos.

Conceitualmente, em nações que têm algum espaço fiscal, a questão é como passar do primeiro momento para os seguintes, ou seja, como trocar os efeitos adversos de curto prazo no crescimento, decorrentes da rapidez da consolidação, pelo decréscimo dos riscos provenientes do menor nível da dívida ao longo do tempo. (O argumento de que estímulos fiscais podem mais do que pagar a si mesmos e, desse modo, diminuir os níveis da dívida, parece ser tão fraco quanto o argumento precedente de que a consolidação fiscal poderia aumentar a produção no curto prazo). Porém, por causa da relevância dos equilíbrios múltiplos, e nosso pobre conhecimento sobre o comportamento dos investidores em tal contexto, esses riscos são difíceis de avaliar em qualquer grau de precisão. Destarte, uma vez que a consolidação fiscal faz-se necessária, o ritmo pelo qual deve acontecer continuará a ser assunto para muitas discordâncias.

Nesse cenário, alguns princípios mais amplos devem, ainda, ser considerados, tal como foi articulado em várias publicações do FMI (Cottarelli e Viñals, 2009; Blanchard e Cottarelli, 2010; FMI, 2010; Mauro, 2011; FMI *World Economic Outlook*, vários assuntos; FMI *Fiscal Monitor*, vários assuntos). Tendo em vista que a distância a ser coberta antes da dívida recuar a níveis controláveis, e levando em conta a necessidade de tranquilizar os investidores e o público em geral sobre a solidez das finanças públicas, a consolidação fiscal deveria ser incorporada em um plano crível, de médio prazo. O plano deveria incluir introduções precoces de algumas reformas — tais como o aumento da idade de aposentadoria — cuja vantagem é desarmar as pressões maiores advindas das despesas relacionadas à idade embora não reduzindo a demanda agregada no futuro próximo.

A necessidade de controlar a dívida também atraiu um interesse renovado nas regras fiscais. Muitos países, especialmente na zona do euro, introduziram planos de ajustes fiscais de médio prazo e reforçaram seus comprometimentos com as regras fiscais. Por exemplo, Alemanha, Itália e Espanha recentemente reformaram suas constituições para incluir um compromisso de redução da estrutura do deficit para zero ou próximo a zero até datas específicas, tudo dentro de alguns poucos anos. De maneira geral, muitas das novas regras fiscais têm sido adotadas e aquelas preexistentes foram reforçadas em resposta à crise, tanto nas economias desenvolvidas quanto nas economias dos mercados emergentes (Schaechter et al. 2012). As evidências a respeito dos planos de ajuste fiscal de médio prazo demonstram que uma ampla gama dos choques — especialmente aqueles que impactam o crescimento econômico — têm o potencial de inviabilizar sua implementação (Mauro, 2011; Mauro e Villafuerte, 2013). Isso realça a potencial importância de ser claro, introduzindo mecanismos para lidar com tais choques, permitindo, assim, alguma flexibilidade enquanto preserva a credibilidade nos objetivos da consolidação de médio prazo. Exemplos de mecanismos úteis incluem limites plurianuais de gastos; exclusão de itens cíclicos (por exemplo, benefícios para o desemprego), de itens não discricionários (por exemplo, pagamentos de juros), ou de itens fiscalmente neutros (por exemplo, projetos financiados pela União Europeia); ou o uso de metas ciclicamente ajustáveis que permitem aos estabilizadores automáticos[*] operar em resposta às flutuações cíclicas.

D. Podemos Fazer Melhor Do Que Estabilizadores Automáticos?

De modo semelhante, se a preocupação for o crescimento da produção no curto prazo, demandas privadas mais fracas (doméstica ou estrangeira) deveriam solicitar uma consolidação fiscal mais demorada. Esse argumento levou diversos países a mudar de metas fiscais nominais para estruturais, de modo a deixar os estabilizadores automáticos funcionarem.

Isso remete à questão levantada em nosso artigo anterior. Ainda que permitir que os estabilizadores automáticos funcionem seja melhor do que não fazê-lo, é improvável que os estabilizadores consigam entregar a resposta da política fiscal cíclica ideal. Em primeiro lugar, o argumento mais usado, de que os efeitos dos estabilizadores automáticos sobre as dívidas são anulados ao longo do tempo se aplica apenas

---

[*] N.E.: Tratam-se de políticas e programas concebidos para compensar flutuações na atividade econômica de uma nação sem intervenção por parte do governo ou dos formuladores de políticas econômicas. Os estabilizadores automáticos mais conhecidos são o seguro-desemprego e os programas de assistência social. Sua função é estabilizar os ciclos econômicos e sendo acionados automaticamente sem a intervenção explícita do governo.

na extensão em que os movimentos produtivos são temporários. Esse pode não ser o caso. Tal como discutido na seção III, não está claro, por exemplo, o quanto da recente queda da produção (relativamente à tendência) é temporária ou permanente. Em segundo lugar, a força integral dos estabilizadores automáticos varia de país para país, e depende de escolhas sociais — sobre o tamanho do governo, bem como das estruturas de impostos e gastos — que foram feitas com base em objetivos outros que não a política fiscal cíclica. Desse modo, a força dos estabilizadores automáticos pode ser ou insuficiente, ou excessiva.

Nosso artigo anterior perguntava por que não desenhar estabilizadores melhores (Blanchard, dell'Ariccia e Mauro, 2010)? Por exemplo, em países nos quais os estabilizadores automáticos foram considerados muito fracos, propostas para mudanças automáticas nos impostos ou nas políticas de gastos são atraentes. Exemplos incluem investimentos cíclicos nos créditos tributários, ou cortes de impostos, previamente aprovados, que entrariam em vigor se, digamos, a criação de empregos cair abaixo de um certo limite durante alguns trimestres consecutivos. Talvez porque o foco da política seja a consolidação, em vez de no uso de fato da política fiscal, tenha havido, até onde nós sabemos, pouca exploração analítica (uma exceção é McKay e Reis, 2012) e, essencialmente, nenhuma compreensão operacional de tais mecanismos.

III. Instrumentos Macroprudenciais

Uma das lições desprovidas de ambiguidade da crise é que perigosos desequilíbrios podem proliferar sob uma superfície macroeconômica aparentemente tranquila. A inflação pode estabilizar-se e a produção alcançar seu potencial, mas as coisas ainda podem não estar bem. Os *booms* setoriais podem levar a uma situação de produção insustentável — por exemplo, excesso de investimentos em imóveis residenciais. Ou os riscos financeiros elevam-se em decorrência da maneira pela qual a atividade real se baseia (por exemplo, alto grau de alavancagem das instituições financeiras, endividamento familiar exagerado, descasamento entre entradas e saídas de recursos do sistema bancário ou o ato de recorrer a produtos extrapatrimoniais vinculados a riscos maiores). Para piorar, os efeitos desses desequilíbrios podem ser altamente não lineares. Um processo de expansão gradual e recorrente pode ser seguido por um declínio abrupto e doloroso, com enormes consequências no bem-estar social.

Para além do desejável fortalecimento da supervisão preventiva do setor financeiro, o que mais pode ser feito para evitar que tais problemas voltem a ocorrer ou para atenuar seu impacto? Políticas monetárias e fiscais não são as melhores ferramentas para direcionar esses desequilíbrios (ao menos como uma primeira linha de defesa). A política monetária tem um alcance demasiado amplo para lidar de modo eficiente com *booms* setoriais ou riscos financeiros. Medidas fiscais podem ser mais objetivas, mas a defasagem temporal e os problemas de política econômica limitam sua utilidade. Essas deficiências levaram ao crescimento do interesse por "instrumentos macroprudenciais" mais direcionados (ver Borio e Shim, 2007 para uma discussão prévia). O uso potencial desses instrumentos constituiu-se no tema principal de nossa primeira conferência, e tem se revelado um campo fértil de pesquisa desde o início da crise (por exemplo, BCE, 2012). Agora que algumas dessas ferramentas foram adotadas na prática, entendemos melhor seus efeitos e limitações. Mas há, ainda, um longo caminho até saber como usá-las de forma confiável. São escassas as evidências empíricas sobre a eficácia de tais medidas, e a maneira como funcionam e interagem com outras políticas provavelmente dependerá das instituições e da estrutura específica do setor financeiro de cada país.

Entre os aspectos conceituais que precisam ser resolvidos está a articulação entre as regulamentações macro e microprudenciais, e entre as políticas macroprudenciais e monetária. É o que faremos a seguir.

A. Como Compatibilizar Política Macroprudencial e Regulamentação Microprudencial?

A regulamentação microprudencial tradicional é, por natureza, de equilíbrio parcial. Como resultado, não são suficientemente levadas em conta as interações entre as instituições financeiras, e entre o setor financeiro e a economia real. A situação financeira e patrimonial de um determinado banco pode ter implicações muito diferentes quanto ao risco sistêmico em função da condição dos outros (e suas interconexões), e do estado da economia como um todo. Assim, a regulamentação prudencial tem que acrescentar uma dimensão macro e sistêmica no foco tradicional baseado na instituição. Os índices regulatórios (ferramentas de avaliação prudencial, como, por exemplo, índices de adequação de capital e liquidez dos bancos) devem refletir o risco não apenas isoladamente, mas no contexto das interconexões no setor financeiro e, também, espelhar o estado da economia.

Essas considerações sugerem que as funções micro e macroprudenciais deveriam estar sob o mesmo teto. Entretanto, considerações de política econômica favorecem a manutenção das duas funções sob a responsabilidade de duas agências distintas. Diversos aspectos da regulamentação (por exemplo, o grau de competição bancária, políticas de facilitação do acesso ao crédito ou que determinam a participação de bancos estrangeiros) podem ser politicamente difíceis de serem delegados a uma agência independente. Já a função macroprudencial, ao contrário, assemelha-se à política monetária (com algumas advertências destacadas abaixo): tarefas impopulares, tais como remar contra a maré durante um *boom* de crédito são, provavelmente, mais bem executadas por uma agência independente. Nessa situação, uma configuração alternativa poderia ser implementada, encarregando a autoridade macroprudencial do gerenciamento cíclico de certas medidas cautelares, e deixando o restante para o regulador microprudencial. (Esta é a abordagem adotada no Reino Unido, onde o

Comitê de Política Financeira do Banco da Inglaterra poderá diversificar os índices de adequação de capital a serem aplicados pelos reguladores microprudenciais).

B. De Quais Ferramentas Macroprudenciais Dispomos, e Como Elas Funcionam?

Grosso modo, pode-se classificar as ferramentas macroprudenciais nas seguintes categorias: (1) ferramentas buscando influenciar o comportamento dos fornecedores de empréstimos, tais como requisitos de capital cíclico (relação capital/ativos bancários que varia em função dos ciclos econômicos), níveis de alavancagem ou provisionamento dinâmico*; (2) ferramentas focando no comportamento dos tomadores de empréstimos, tais como os níveis de cobertura (garantia) para empréstimos ou a proporção do comprometimento da renda para honrar o serviço da dívida; e (3) ferramentas de gerenciamento de fluxos de capital.

Índices de Capital Cíclico e Provisionamento Dinâmico A lógica dos requisitos de capital cíclico é simples: ela força os bancos a segurar capital em tempos bons (principalmente durante os *booms)* de modo a criar um colchão protetor contra as perdas em tempos ruins. Em princípio, tais requisitos podem suavizar um *boom* ou limitar de antemão a expansão do crédito, assim como mitigar os efeitos adversos de uma contração posterior. Um provisionamento dinâmico pode fazer o mesmo, ao induzir os bancos a criar um amortecedor quando a conjuntura é favorável para ajudar a lidar com as perdas se e quando os tempos ruins vierem.

Na prática, contudo, a implementação não é tão simples. Primeiro vem a questão do perímetro regulatório. Os requisitos exigidos dos bancos podem ser contornados através do recurso a intermediários não bancários, bancos estrangeiros e operações extrapatrimoniais. As agências reguladoras podem se ver na contingência de alargar o perímetro regulatório na medida em que os participantes do mercado concebem novas e inventivas maneiras de escapar de sua abrangência. Em segundo vem a questão prática de em quais medidas de ciclicidade de requisitos deveriam se basear: o ciclo econômico, a expansão do crédito — como sugerido nos Acordos de Basileia III (conjunto de propostas de regulamentação bancária) —, dinâmicas de preço de ativos, (tipicamente no mercado imobiliário)? Em terceiro lugar, a prociclicidade (veja nota de rodapé no Capítulo 6) não é eficaz se os bancos segurarem o capital em demasia em comparação aos mínimos regulatórios (como geralmente acontece durante os *booms*). Por fim, as circunstâncias de momento tendem a ser um problema também: os reguladores podem considerar politicamente difícil permitir que os bancos reduzam o peso do fator risco em tempos de contração econômica (quando crescem as exigências para a concessão de empréstimos e a situação financeira dos bancos está fragilizada).

---

* N.E.: Trata-se de uma elogiada experiência pioneira implementada pelo banco central espanhol em 2000 que visava adequar a medição do risco de crédito pelo setor bancário, tornando-a menos suscetível a oscilações decorrentes dos ciclos econômicos de expansão/contração.

No passado, em certa medida, os reguladores tiveram êxito nisso, mediante práticas informais de tolerância. Uma abordagem mais transparente pode ser mais difícil de se vender ao público (vale relembrar o clamor contra a excessiva alavancagem dos bancos na esteira da crise). Isso exige uma abordagem baseada em regras e um formulador de política econômica independente. (Não obstante, dados os problemas já descritos e as questões de política econômica discutidas em um parágrafo anterior, abordagens baseadas em regras têm lá suas próprias dificuldades.)

Essas ferramentas funcionam? As evidências são contraditórias (ver Saurina, 2009; Crowe et al. 2011; Dell'Ariccia et al. 2012). Requisitos mais rígidos de capital e provisionamento dinâmico normalmente não têm freado o crédito e os *booms* do mercado imobiliário. Mas, em numerosos casos, elas parecem ter reprimido o crescimento de determinadas classes de empréstimos (tais como empréstimos denominados em moeda estrangeira), sugerindo que tais eventos teriam sido ainda mais pronunciados caso nada tivesse sido feito. Adicionalmente, lembre-se que, em alguns casos, aquelas medidas se constituíram em importantes amortecedores das perdas dos bancos e auxiliaram a conter os custos fiscais da crise (Saurina, 2009).

Níveis de Cobertura e Comprometimento de Renda A capacidade de cobertura (ou garantias oferecidas) e o comprometimento da renda até determinado ponto são condições requeridas para prevenir vulnerabilidades do lado do tomador de um empréstimo. Em períodos de recessão econômica, elas podem, potencialmente, reduzir as falências bancárias e os processos de execução de dívidas, minimizando as consequências macroeconômicas negativas.

Novamente, a implementação é um desafio. Para começar, essas medidas são difíceis de serem aplicadas para além do setor de construção de imóveis residenciais. E, depois, tentativas de contorná-las podem implicar em custos significativos. Em particular, podem resultar em passivos cuja resolução, em épocas recessivas, é muito mais complicada (por exemplo, os limites do LTV — sigla, em inglês, do índice de cobertura — podem levar ao uso generalizado de uma segunda garantia hipotecária, o que se torna um grande obstáculo para a reestruturação da dívida se ocorrer uma recessão na economia). Esse fenômeno pode envolver uma mudança nos riscos não apenas através dos produtos derivados dos financiamentos hipotecários, mas também fora do perímetro regulatório mediante a expansão do crédito por instituições não bancárias, por instituições financeiras menos regulamentadas e por bancos estrangeiros (o que pode resultar no aumento da defasagem cambial à medida que cresce a proporção dos empréstimos denominados em moeda estrangeira). Efeitos colaterais indesejados também podem surgir pela extensão em que a valorização do imóvel residencial for utilizada como garantia colateral em empréstimos comerciais (por exemplo, por proprietários de pequenos negócios).

Entretanto, as limitadas evidências empíricas existentes sugerem que essas são medidas promissoras. Por exemplo, durante episódios de rápido crescimento dos preços dos imóveis, os limites do LTV e do DTI (sigla, em inglês, do índice de comprometimento da renda) parecem reduzir a incidência de *booms* de crédito e diminuir a probabilidade de angústia financeira (grande dificuldade de honrar as dívidas) por estarem abaixo do crescimento nominal que acompanha o *boom* (ver Crowe et al., 2011; Dell'Ariccia et al., 2012).

Controles de Capital Controles de capital (aos quais o FMI se refere como "ferramentas de gestão do fluxo de capitais") visam os riscos provenientes dos fluxos de capitais voláteis. Apesar de terem uma longa história, seu uso é controverso. Nos últimos anos, o FMI tem argumentado que, se as políticas macroeconômicas são apropriadas, e se os fluxos têm um impacto adverso na estabilidade financeira ou macroeconômica, o uso de tais ferramentas pode ser indicado, normalmente em combinação com outras ferramentas macroprudenciais (Ostry et al., 2010; FMI, 2012b). Os argumentos são semelhantes àqueles desenvolvidos nas primeiras discussões sobre a racionalidade das intervenções cambiais. Controles de capital e a intervenção cambial são, ao mesmo tempo, complementares e substitutos: complementares porque o controle de capital diminui a elasticidade dos fluxos relativamente às taxas relativas de retorno, tornando, assim, a intervenção cambial mais forte; e substituto porque ambos podem ser usados para influenciar a taxa de câmbio. Uma vantagem dos controles de capital, comparada à intervenção cambial, é que eles podem objetivar um fluxo específico, porém, exatamente porque os controles são direcionados, também ficam mais expostos a ações evasivas (por exemplo, quando os fluxos são oportunisticamente reclassificados para tal finalidade).

Porque os controles capitais foram usados diversas vezes no passado, as evidências de seus efeitos são mais abundantes, no entanto, ainda assim, surpreendentemente inconclusivas (Ostry et al., 2010). Uma conclusão bastante comum é a de que os controles afetam a composição dos fluxos mas não o nível deles; isso, entretanto, parece improvável, dada a especialização dos diferentes tipos de investidores. Se os controles de capital diminuem os fluxos de curto prazo, não será crível que sejam substituídos, um a um, por fluxos de longo prazo. As primeiras leituras sobre as experiências do Brasil, que tributou as entradas de capital durante a atual crise, variando tanto a taxa de juros quanto sua abrangência ao longo do tempo, são contraditórias: a despeito de alguma proteção, a medida parece ter desacelerado as entradas e limitado a apreciação da taxa de câmbio (para duas visões a respeito, ver Jinjarak, Noy e Zheng, 2012; Chamon e Garcia, 2013).

C. Como Compatibilizar Políticas Monetárias e Macroprudenciais?

Se as ferramentas macroprudenciais terão um papel importante no futuro, uma questão central é a forma como as políticas macroprudenciais e monetárias interagem: de um lado, uma política de taxas de juros baixas afeta o comportamento dos mercados financeiros, levando a um potencial risco excessivo. As ferramentas macroprudenciais, por outro lado, influenciam a demanda agregada através de seu efeito no custo do crédito.

Em teoria, se ambas as políticas funcionarem perfeitamente — isto é, se puderem ser usadas para alcançar a estabilidade macroprudencial e financeira por completo — então, a estabilidade macroeconômica pode ser deixada sobre a responsabilidade da autoridade monetária e a estabilidade financeira aos cuidados da autoridade macroprudencial. Se uma mudança de postura da política monetária levar a um excessivo crescimento (ou decréscimo) do risco, as ferramentas macroprudenciais poderiam ser ajustadas de acordo. De igual forma, a política monetária poderia compensar qualquer declínio da demanda agregada associado a um aperto nas condições macroprudenciais.

Na prática, todavia, ambas as ferramentas não funcionam perfeitamente. Por conta disso, uma política não pode se omitir em relação às limitações da outra. Na extensão em que as ferramentas macroprudenciais funcionam precariamente, a política monetária necessita levar em consideração a estabilidade financeira, tal como discutido na seção de política monetária. Igualmente, quando a política monetária não está disponível para lidar com a condição particular de um determinado país (tal como a utilização de uma moeda comum por um grupo de países ou taxas de câmbio atreladas a uma moeda estrangeira), as ferramentas macroprudenciais precisam contribuir para o gerenciamento da demanda agregada (para discussões adicionais, ver FMI, 2012c).

Em princípio, a coordenação entre as duas autoridades pode solucionar esse problema; porém, é muito provável que cada uma delas se preocupe primeiramente com seu próprio objetivo. Se esse for o caso, agências separadas com diferentes poderes e mandatos (um banco central, muito parecido com aqueles que temos agora, no comando da política monetária e comprometido com a estabilidade dos preços e da produção; e uma autoridade financeira encarregada da política macroprudencial e comprometida com a estabilidade financeira de um ponto de vista macro), estabelecendo, de forma autônoma, as políticas monetária e macroprudencial, normalmente não agirão coordenadamente para alcançar uma boa solução. Por exemplo, na recessão, o banco central pode iniciar um processo agressivo de cortes na taxa básica de juros para estimular a demanda. Preocupados com os efeitos do relaxamento da política monetária na tomada de riscos, a autoridade financeira pode reagir endurecendo a regulamentação macroprudencial. Antecipando essa resposta e seu efeito contracionista na demanda, o banco central pode reduzir ainda mais as taxas de juros. E assim por diante. O resultado é uma política mista, de taxas de juros muito baixas e medidas macroprudenciais muito rígidas, em comparação à que uma solução coordenada poderia conseguir.

A solução óbvia, no papel, para esse problema, é a consolidação: colocar tudo sob o mesmo teto, o que é, provavelmente, o melhor quadro. De fato, além dos argumentos já colocados, encarregar o banco central do manejo das ferramentas micro e macroprudenciais lhe proporciona o acesso a informações úteis para a condução da política monetária (ver, por exemplo, Coeure, 2013; ver Jácome, Nier e Imam, 2012, para uma discussão sobre arranjos institucionais na América Latina). Ainda assim, tal como para a consolidação das políticas micro e macroprudenciais, há também custos associados a esses arranjos.

Em primeiro lugar, na medida em que as ferramentas macroprudenciais não funcionam bem, um banco central com mandato dual terá dificuldade em convencer o público de que continuará combatendo a inflação (ancorando, assim, as expectativas) se e quando houver conflito com outro objetivo. (Este foi um dos argumentos usados anteriormente para retirar dos bancos centrais a supervisão prudencial e transferi-la para as autoridades encarregadas de promover a estabilidade financeira.)

Em segundo lugar, e talvez o aspecto mais crítico, a consolidação levanta problemas de política econômica. A independência do banco central (alcançada através da terceirização de metas operacionais para tecnocratas não eleitos) foi facilitada por haver um objetivo claro (inflação) e ferramentas operacionais relativamente simples (operações no mercado aberto e política de juros.) A natureza mensurável dos objetivos permitia uma fácil atribuição de responsabilidade, o que, por sua vez, tornou a independência operacional politicamente aceitável. Já os propósitos da política macroprudencial são pouco nítidos e mais difíceis de se medir, por diversas razões. Primeiro, porque há uma série de objetivos intermediários de naturezas diversas: expansão do crédito, alavancagem, valorização de ativos, e assim por diante. Segundo, está a questão de compreender a relação entre os objetivos macroprudenciais e de estabilidade financeira. Terceiro, definir estabilidade financeira e identificar seus níveis desejados é algo difícil; uma longa vigência da política de juros pode ser defendida após os fatos, demonstrando que a inflação está próxima da meta e que, caso as medidas não tivessem sido tomadas, ela seria indiscutivelmente maior, ao passo que um aperto nas medidas macroprudenciais preventivas de uma crise financeira, efetuado *a posteriori,* poderia ser objeto de críticas contundentes com o argumento de que seriam inócuas. Quarto, o fato de a ferramenta macroprudencial ser direcionada implica que seu uso pode fazer crescer uma forte e focada oposição política. Por exemplo, famílias jovens podem opor-se frontalmente a um decréscimo do limite máximo do LTV. Graças a essas características, a independência da política macroprudencial é uma tese frágil, difícil de ser sustentada. E os que se opõem à ideia de uma autoridade centralizada se preocupam que interferências políticas na política macroprudencial possam minar a autonomia da política monetária. (Novamente, o Reino Unido pode ter apontado o caminho, ao criar um Comitê de Política Monetária e o comitê de Política Financeira, ambos no Banco da Inglaterra).

IV. Conclusões

Voltando à questão levantada no início da discussão, e a despeito do significativo progresso das pesquisas e das experimentações políticas nos últimos dois anos, os contornos da futura política macroeconômica permanecem vagos. Os papéis relativos das políticas monetária, fiscal e macroprudencial ainda estão em processo de definição. Podemos ver duas estruturas alternativas em desenvolvimento: em um extremo, menos ambicioso, um retorno a objetivos inflacionários flexíveis poderia ser previsto, com um uso restrito da política fiscal para fins de estabilidade macroeconômica, e a limitação do uso de instrumentos macroprudenciais quando eles se provarem difíceis ou politicamente onerosos. No outro extremo, mais ambicioso, os bancos centrais poderiam encarar a possibilidade de um amplo mandato macroeconômico e de estabilidade financeira, valendo-se de diversos instrumentos monetários e macroprudenciais, em conjunto com a aplicação mais ativa das ferramentas de política fiscal. É mais provável que o ponto onde chegamos seja fruto de dolorosa experimentação, mas com a expectativa de obtenção de resultados mais bem-sucedidos.

Observação

Este artigo foi escrito como pano de fundo para a conferência "Rethinking Macroeconomic Policy II", patrocinado pelo Fundo Monetário Internacional, em Washington, D.C, de 16 a 17 de abril de 2013. Nós agradecemos a George Akerlof, Markus Brunnermeier, Olivier Coibion, Jorg Decressin, Avinash Dixit, Chris Erceg, Josh Felman e Jonathan Ostry pelos comentários e sugestões tão úteis.

Referências

Akitoby, Bernardin, Takuji Komatsuzaki e Ariel Binder. A ser publicado. "Inflation and Public Debt Reduction in the G7 Economies". Fundo Monetário Internacional, Washington, D.C.

Ball, Laurence. 2013. "The Case for Four Percent Inflation". Manuscrito, Departamento de Economia, Universidade Johns Hopkins, Baltimore.

Bernanke, Ben. 2011. "The Effects of the Great Recession on Central Bank Doctrine and Practice". Palestra de abertura do Federal Reserve Bank of Boston's 56th Economic Conference, "Long-Term Effects of the Great Recession", Boston, 18 a19 de outubro.

Blanchard, Olivier e Carlo Cottareli, 2010. "Ten Commandments for Fiscal Adjustment in Advanced Economies". Blog do FMI, 24 de junho. http://blog-imfdirect.imf.org/2010/06/24/ten-commandments-for-fiscal-adjustment-in-advanced-economies.

Blanchard, Olivier, Giovanni Dell'Ariccia e Paolo Mauro. 2010. "Rethinking Macroeconomic Policy". *Journal of Money, Credit and Banking 42:* 199-215.

Blanchard, Olivier e Daniel Leigh. 2013. "Growth Forecast Errors and Fiscal Multiplicrs." Working Paper do FMI 13/1, Fundo Monetário Internacional, Washington, D.C.

Blanchard, Olivier, David Romer, Michael Spence e Joseph Stiglitz. 2012. *In the Wake of the Crisis.* Cambridge, MA: MIT Press.

Borio, Claudio e Ilhyock Shim. 2007. "What Can (Macro-)prudential Policy Do to Support Monetary Policy?" BIS Working Paper 242, Bank of Internacional Settlements, Basel.

Chamon, Marcos e Marcio Garcia. 2013. "Capital Controls in Brazil: Effective?" Discussion Paper 606, Departamento de Economia, PUC-Rio, Rio de Janeiro.

Coeure, Benoit. 2013. "Monetary Policy and Baking Supervision". Discurso no Institute for Monetary and Financial Stability, Universidade Goethe, Frankfurt, 7 de fevereiro.

Cottarelli, Carlo e José Viñals. 2009. "A Strategy for Renormalizing Fiscal and Monetary Policies in Advanced Economies." Staff Position Note do FMI 09/22, Fundo Monetário Internacional, Washington, D.C.

Crowe, Chris, Giovanni Dell'Ariccia, Deniz Igan e Pau Rabanal. 2011. "Policies for Macrofinancial Stability: Options to Deal with Real Estate Booms." Staff Discussion Note do FMI 11/2, Fundo Monetário Internacional, Washington, D.C.

Dell'Ariccia, Giovanni, Deniz Igan, Luc Laeven e Hui Tong, com Bas Bakker e Jérôme Vandenbussche. 2012. "Policies for Macrofinancial Stability: How to Deal with Credit Booms." Staff Discussion Note do FMI 12/6, Fundo Monetário Internacional, Washington, D.C.

Banco Central Europeu (ECB). 2012. "Report on the First Two Years of the Macro-Prudential Research Network." Frankfurt, Banco Central Europeu, outubro. http://www.ecb.europa.eu/pub/pdf/other/macroprudentialresearchmentnetworkreport201210en.pdf.

Fahri, Emmanuel e Jean Tirole. 2012. "Collective Moral Hazard, Maturity Mismatch and Systemic Bailouts." *American Economic Review* 102 (1):60-93.

Gagnon, Joseph, Matthew Raskin, Julie Remache e Brian Sack. 2011. "The Financial Market Effects of the Federal Reserve's Large-Scale Asset Purchases." *International Journal of Central Banking 7* (1): 3-43.

Fundo Monetário Internacional (FMI). 2008. "The Changing Housing Cycle and the Implication for Monetary Policy", cap. 3 em *World Economic Outlook*. Staff Fundo Monetário Internacional, Washington, D.C.Washington, D.C.

Fundo Monetário Internacional (FMI). 2010. "Strategies for Fiscal Consolidation in the Post-Crisis World." Fiscal Affairs Department Paper 10/04. Fundo Monetário Internacional, Washington, D.C.

Fundo Monetário Internacional (FMI). 2012a. *Fiscal Transparency: Accountability and Risk*. Fiscal Affairs Department em colaboração com o Departamento de Estatísticas, Fundo Monetário Internacional, Washington, D.C.

Fundo Monetário Internacional (FMI). 2012b. *The Liberalization and Management of Capital Flows: An Institutional View*. Fundo Monetário Internacional, Washington, D.C.

Fundo Monetário Internacional (FMI). 2012c. *The Interaction of Monetary and Macroprudential Policies*. Fundo Monetário Internacional, Washington, D.C.

Fundo Monetário Internacional (FMI). 2013. "The Dog That Didn't Bark: Has Inflation Been Muzzled or Was Just Sleeping?", cap.3 em *World Economic Outlook*. Fundo Monetário Internacional, Washington, D.C.

Irwin, Timothy. 2012. "Accounting Devices and Fiscal Illusions." Staff Discussion Note do FMI 12/02. Fundo Monetário Internacional, Washington, D.C.

Jácome, Luis I., Erlend W. Nier, e Patrick Imam. 2012. "Building Blocks for Effective Macroprudential Policies in Latin America: Institutional Considerations." Working Paper do FMI 12/183. Fundo Monetário Internacional, Washington, D.C.

Jinjarak, Yothin, Ilan Noy e Huanhuan Zheng. 2012. "Capital Controls in Brazil: Stemming a Tide with a Signal?" Working Paper, Escola de Economia e Finanças, Victoria, Universidade de Wellington, NZ.

King, Mervyn, 2012. "Twenty Years of Inflation Targeting." Stamp Memorial Lecture, London School of Economics, Londres, 9 de outubro.

Mauro, Paolo, ed. 2011. *Chipping Away at Public Debt: When Do Fiscal Adjustment Plans Fail? When Do They Work?* Hoboken, NJ: John Wiley & Sons.

Mauro, Paolo e Mauricio Villafuerte. 2013. "Past Fiscal Adjustments: Lessons from Failures and Successes." *IMF Economic Review* 61 (2): 379-404.

McKay, Alisdair e Ricardo Reis, 2012. "The Role of Automatic Stabilizers in the US Business Cycle." Manuscrito, Departamento de Economia, Universidade de Boston, Boston, e Departamento de Economia, Universidade de Colúmbia, Nova York.

Mishkin, Frederic. 2010. "Monetary Policy Strategy: Lessons from the Crisis." Artigo apresentado no Central Banking Conference do BCE, "Monetary Policy Revisited: Lessons from the Crisis," Frankfurt, 18 a19 de novembro.

Ostry, Jonathan David, Atish R. Ghosh e Marcos Chamon. 2012. "Two Targets, Two Instruments: Monetary and Exchange Rate Policies in Emerging Market Economies." Staff Discussion Note do FMI 12/01, Fundo Monetário Internacional, Washington, D.C.

Ostry, Jonathan, Atish R. Ghosh, Karl Habermeier, Luc Laeven, Marcos Chamon, Mahvash S. Qureshi e Annamaria Kokenyne. 2010. "Managing Capital Inflows: What Tools to Use?" Staff Discussion Note do FMI 11/06, Fundo Monetário Internacional, Washington, D.C.

Ostry, Jonathan, Atish Ghosh e Anton Korinek. 2012. "Multilateral Aspects of Managing the Capital Account." Staff Discussion Note do FMI 12/10, Fundo Monetário Internacional, Washington, D.C.

Perotti, Roberto. 2011. "The 'Austerity Myth': Gain Without Pain?" NBER Working Paper 17571, National Bureau of Economic Research, Cambridge, MA.

Reinhart, Carmen M., e M. Belen Sbrancia. 2011. "The Liquidation of Government Debt." NBER Working Paper 16893, National Bureau of Economic Research, Cambridge, MA.

Saurina, Jesus. 2009. "Dynamic Provisioning: The Experience of Spain." Crisis Response Note 7, Banco Mundial, Washington. D.C.

Schaechter, Andrea, Tidiane Kinda, Nina Budina e Anke Weber. 2012. "Fiscal Rules in Response to the Crisis: Toward the 'Next-Generation' Rules — A New Dataset." Working Paper do FMI 12/187, Fundo Monetário Internacional, Washington, D.C.

Spilimbergo, Antonio, Steven A. Symansky e Martin Schindler. 2009. "Fiscal Multipliers." Staff Position Note do FMI 2009/11. Fundo Monetário Internacional, Washington, DC.

Svensson, Lars. 2009. "Flexible Inflation Targeting: Lessons from the Financial Crisis." Discurso proferido no De Nederlandsche Bank, Amsterdan, 21 de setembro.

Woodford, Michael. 2012. "Methods of Policy Accomodation at the Interest-Rate Lower Bound." Artigo apresentado no Simpósio Jackson Hole, "The Changing Policy Landscape," 31 de agosto a 1 de setembro.

I
Política Monetária

1

Muitos Objetivos, Muitos Instrumentos: Em Que Ponto Estamos?

Janet L. Yellen

Sou grata ao Fundo Monetário Internacional, por me dar a oportunidade de participar do que espero seja uma acalorada discussão.[1]

Há apenas cinco ou seis anos, não haveria um painel sobre "muitos instrumentos" e "muitos objetivos" de política monetária. Antes da crise financeira, o foco estava em apenas um instrumento: a política de taxas de juros de curto prazo. Ainda que não houvesse um posicionamento uniforme dos bancos centrais em torno de um único alvo, muitos adotaram como princípio um regime de "meta de inflação" que, como o nome diz, dá uma certa preeminência a um determinado objetivo. Claro, o Federal Reserve (o banco central dos EUA) há muito tem sido um caso à parte quanto a essa questão, assumindo um duplo mandato de estabilidade dos preços e pleno emprego. Mesmo assim, a discussão pode não ter avançado muito além de "um instrumento e duas metas", se não para a crise financeira e suas consequências perniciosas, as quais trouxeram grandes desafios para os bancos centrais e transformaram a forma como encaramos esse assunto.

Permitam-me começar com algumas poucas observações gerais. Em termos de objetivos, ou, mais diretamente, dos objetivos da política monetária, eu vejo a continuidade da importância de um quadro de metas de inflação flexível. Oficialmente, cerca de vinte e sete países hoje operam totalmente ancorados em regimes de metas inflacionárias.[2] Os Estados Unidos não estão nessa lista, mas o Federal Reserve adotou a maior parte dos pontos-chave relativos a tais regimes: comprometimento em alcançar uma inflação baixa e estável em um horizonte de longo prazo, previsibilidade da política monetária e transparência e objetividade na comunicação. O Federal Open Market Committee (órgão do Federal Reserve encarregado da política de compra e venda de títulos do tesouro americano, cuja sigla, em inglês, é FOMC) batalhou durante anos para formular um objetivo para a inflação que não parecesse dar preferência à estabilidade dos preços em detrimento do pleno emprego. Em janeiro de 2012, esse comitê estabeleceu uma "Declaração de Objetivos de Longo Prazo e Estratégias de Política Monetária", que inclui uma meta inflação de longo prazo de 2% ao lado de suas estimativas numéricas das expectativas quanto à taxa normal de desemprego no longo prazo. A declaração também deixa claro que o FOMC promoverá "uma abordagem equilibrada" ao buscar mitigar desvios na inflação de 2% e nível de emprego a partir de suas estimativas de pleno emprego sustentável. Em minha opinião essa linguagem é inteiramente consistente com as modernas descrições da política de metas de inflação flexíveis.

Durante os últimos quatro anos, um desafio maior para o Federal Reserve, e muitos outros bancos centrais, tem sido como direcionar o constantemente elevado nível de desemprego em uma situação em que a taxa de juros está próxima de zero. Nessa situação problemática, é natural e apropriado que se disseminem intensos debates sobre quadros alternativos de política monetária. No entanto, tenho sido bastante incisiva em manter o que vejo como ingrediente fundamental da política de metas de inflação: comunicação clara sobre os objetivos e a maneira pela qual os bancos centrais pretendem alcançá-los.

Com relação aos alvos do Federal Reserve, a estabilidade dos preços e o pleno emprego não são apenas estabelecidos pelo Congresso, mas também são facilmente compreendidos e amplamente aceitos. As expectativas de inflação bem ancoradas provaram ser um excelente recurso na condução da política monetária. Elas ajudaram a manter a inflação baixa e estável enquanto a política monetária auxiliava a promover uma economia mais saudável. Com o início da crise financeira, tal expectativa de estabilidade também colaborou para que os Estados Unidos evitassem excessiva queda de preços ou até mesmo deflação.

Certamente, muitos bancos centrais, em meio à crise, acharam bastante difícil fornecer o estímulo monetário apropriado depois que a taxa básica de juros bateu em quase 0%. Este é o ponto em que "muitos instrumentos" entram na discussão. As ferramentas principais do FOMC têm agido como "forward guidance"(orientação futura) no sentido de traçar o caminho futuro das taxas interbancárias de juros (empréstimos de um banco para outro) e das aquisições em larga escala de títulos do governo americano.

O objetivo do "forward guidance"(orientação futura)é o de influenciar as expectativas sobre por quanto tempo a posição altamente acomodada da política de juros será mantida quando as condições melhorarem. Ao rebaixar as expectativas do setor privado sobre a evolução futura das taxas de juros de curto prazo, essa ação pode reduzir a taxa de juros de longo prazo e, por sua vez, também fazer crescer os preços dos ativos estimulando a demanda agregada. Na ausência do "forward guidance" (orientação futura), o público pode vir a esperar que as taxas interbancárias sigam o rumo sugerido pelo comportamento anterior do FOMC nos "tempos normais" — por exemplo, o comportamento verificado pela famosa regra Taylor, formulada por John Taylor (é uma regra do "mais-que-um". Se a inflação aumenta 1%, os juros nominais devem aumentar mais de 1%). Fui persuadida, porém, pelos argumentos apresentados pelo nosso colega participante Michael Woodford e outros, sugerindo que a política de juros deveria, sob as condições atuais, manter as taxas "baixas por mais tempo", do que as regras convencionais propugnam.

Vejo que essas ideias estão refletidas na política recente do FOMC. Desde setembro de 2012 esse órgão tem declarado que a postura da política monetária permanecerá inalterada (ou seja, não restritiva) por um considerável período de tempo após a economia se recuperar. E desde dezembro de 2012 o FOMC anuncia que pretende segurar as taxas de juros interbancárias em níveis próximos de 0% pelo menos até que o desemprego caia abaixo de 6,5%, presumindo que a inflação estimada para um a dois anos à frente não esteja mais do que meio ponto porcentual acima da meta a longo prazo de 2% estabelecida pelo próprio comitê, e as expectativas de inflação a longo prazo permaneçam firmemente ancoradas. Acredito que a clareza desse comprometimento irá por si só dar apoio aos gastos e ao emprego, auxiliando a fortalecer a recuperação.

Em complemento à nossa "orientação futura", as aquisições de títulos públicos, em suas muitas dimensões de diferentes programas, indiscutivelmente constituem os "muitos instrumentos". Ao configurar um programa de aquisições, é preciso considerar quais ativos comprar: Apenas títulos do Tesouro ou também títulos com garantia hipotecária das agências de financiamento imobiliário? Com quais vencimentos? O Federal Reserve, o Banco da Inglaterra e, mais recentemente, o Banco do Japão têm dado ênfase aos títulos de longo prazo. Qual o ritmo a ser praticado no processo de aquisições? E por quanto tempo manter os títulos em carteira uma vez cessadas as compras? Cada um desses fatores pode afetar o grau de manutenção da política. Duas inovações no programa atual de aquisição de títulos do FOMC, por exemplo, são os programas com prazo indeterminado em substituição aos de prazo fixo do passado, e cuja amplitude é explicitamente vinculada à substancial melhoria das perspectivas do mercado de trabalho.

Nestas breves observações, não farei uma revisão mais minuciosa dos custos ou benefícios de manter frouxas nossas políticas de cunho monetário, realçando apenas que, em termos líquidos, elas têm, creio eu, colaborado significativamente para a recuperação. Mas quero dedicar um espaço para tratar de um custo potencial — estabilidade financeira — porque esse assunto nos traz de volta ao tema dos "muitos objetivos" para os bancos centrais. Tal como o Presidente Bernanke observou, nos anos que antecederam a crise e a estabilidade financeira se tornou um "parceiro júnior" no processo da política monetária, em contraste com seu papel tradicionalmente mais relevante.[3] O maior foco na estabilidade financeira é, provavelmente, a maior mudança nos objetivos do banco central forjada pela crise.

Alguns se perguntaram se a extraordinária acomodação dada em resposta à crise financeira pode, por si só, tender a gerar novos riscos à estabilidade financeira. Essa é uma questão muito importante. Para colocá-la em contexto, vamos lembrar que as políticas do Federal Reserve são implementadas no intuito de promover um retorno a uma prudente assunção de riscos, refletindo uma normalização nos mercados de crédito que é essencial em uma economia saudável. Claramente, assumir riscos pode ir longe demais. Baixas taxas de juros podem induzir os investidores a altos níveis de alavancagem na busca agressiva por ganhos. Não vejo evidências generalizadas de um rápido crescimento do crédito, mercados alavancados ou bolhas significativas que poderiam pôr em xeque a estabilidade financeira, porém, há sinais de que alguns grupos de pessoas estão procurando aumentar seus lucros incorrendo em mais riscos, e o Federal Reserve continua a monitorar cuidadosamente esse fenômeno.

Contudo, acredito que a maioria dos bancos centrais enxerga na política monetária um instrumento grosseiro para direcionar as preocupações com a estabilidade financeira, e muitos provavelmente compartilham minha própria e acentuada preferência em confiar na supervisão micro e macroprudencial e na regulamentação como a linha principal de defesa. O Federal Reserve tem trabalhado com numerosas agências federais e organizações internacionais desde a crise para implementar uma ampla extensão de reformas para aprimorar nosso monitoramento, mitigar o risco sistêmico e, no geral, robustecer a resiliência do sistema financeiro. Um trabalho significativo será necessário para colocar em prática essas reformas, e as vulnerabilidades ainda permanecem. Desse modo, estamos preparados para usar qualquer um de nossos muitos instrumentos como for mais apropriado para equacionar quaisquer preocupações sobre a estabilidade.

Concluo, observando que abordei apenas algumas das importantes dimensões dos objetivos e dos instrumentos de política monetária que surgiram nos últimos anos. Aguardo com interesse esse debate, que espero explore essas questões e, talvez, levante outras.

Notas

1. As visões que apresentei são pessoais e não são necessariamente aquelas de meus colegas do Federal Reserve System.

2. Veja Gill Hammond, *State of Art of Inflation Targeting,* Centro de Estudos para os Bancos Centrais, CCBS Handbook No. 29 (Londres: Bank of England, 2012), www.bankofengland.co.uk/education/Documents/ccbs/handbooks/pdf/ccbshb29.pdf.

3. http://www.federalreserve.gov/newsevents/lectures/the-aftermath-of-the-crisis.htm.

2
Política Monetária, a Única Alternativa?

Lorenzo Bini Smaghi

Ao dirigir minha atenção para os instrumentos e objetivos da política monetária, gostaria de me focar em quanto o regime envolvendo as metas inflacionárias do período pré-crise nós devemos levar adiante. Há duas dimensões nessa questão. A primeira é relacionada à capacidade da política de metas de inflação em garantir a estabilidade dos preços, particularmente ao longo de períodos de exuberância dos mercados, os quais podem levar à formação de bolhas, cujo estouro compromete a estabilidade financeira e, assim, a estabilidade dos preços. À luz da experiência, um quadro puro de metas de inflação, que ignora os desequilíbrios financeiros, pode não permitir o ajuste apropriado da política monetária. A segunda dimensão tem a ver com os desenvolvimentos pós-crise, em que a postura da política de metas inflacionárias não proporciona as condições capazes de direcionar os desafios que as economias desenvolvidas estão enfrentando atualmente. A tarefa de arrumar a casa após a explosão da bolha é muito mais complexa do que a sabedoria convencional pré-crise concebia.

Há um aumento da literatura acerca da primeira questão, particularmente daquelas que se ocupam em como tornar mais flexíveis as políticas de metas de inflação de modo a incorporar o setor financeiro, e sobre como ampliar o leque das ferramentas disponíveis pelos bancos centrais para encaminhar as questões da estabilidade financeira no intuito de prevenir bolhas de crédito. Mais adiante me concentrarei no segundo problema, o qual questiona a utilização de metas de inflação como método adequado para sair de uma crise como a de 2008-2012.

De fato, a política monetária não parece, no momento, ser tão eficaz quanto se supunha. Isso, com certeza, sinaliza a necessidade de aprimorar os modelos econômicos usados na análise dessa política. A pergunta é se os bancos centrais deveriam trabalhar buscando melhorar os modelos existentes ou se haveria necessidade de mudar completamente a abordagem.

Independentemente de qualquer aprimoramento que possa ser feito na compreensão da política monetária, não se deveria abrir mão de apenas uns poucos princípios fundamentais, relacionados, particularmente, à atribuição de instrumentos de política monetária nas metas. Em qualquer circunstância, é válido relembrar dois desses princípios. O primeiro é que cada instrumento dever ser alocado a uma meta específica. O segundo é que a atribuição deve ser baseada na eficiência; ou seja, cada instrumento deve ser designado para o objetivo que pode alcançar mais eficientemente.

Esses dois princípios sugerem que não há nenhuma razão para se afastar de maneira fundamental das metas de inflação como regime analítico básico da política monetária durante e após a crise. Nosso não entendimento das razões pelas quais certas relações, que se assumia serem válidas no passado, já não ocorrem mais, não é um bom motivo para mudar completamente aquela visão.

A principal frustração com o regime de metas de inflação decorre de que políticas monetárias, mesmo quando levadas ao extremo de manter taxas de juros bem baixas por um prolongado período de tempo e implementar medidas não usuais, (o que aumentou enormemente o tamanho do balanço patrimonial dos bancos centrais), parecem não ser eficazes quanto ao crescimento econômico, considerando que a inflação permanece amplamente em linha com a meta. Com certeza, a meta de inflação não é um objetivo por si só, mas almeja criar as condições para um crescimento sustentável. Se manter a inflação no nível desejado não está levando a um crescimento mais forte, então, para que serve?

Há duas reações possíveis para essa frustração. A primeira é ponderar que, se a política monetária não tem sido, até então, eficiente em dar suporte ao crescimento, ela deve ser expandida ainda mais. Se o multiplicador monetário, por assim dizer, for mais baixo que o esperado, nós precisamos de mais expansão monetária, em todas as suas formas. A reação oposta é considerar que a maneira como a política monetária tem sido conduzida até então não tem sido eficiente em lidar com os problemas enfrentados pelas economias desenvolvidas. Tentar forçar além desse ponto pode na verdade fazer com que a política monetária seja ainda menos efetiva e aumente os danos colaterais ao longo do tempo.

As duas hipóteses deveriam ser testadas. O problema é que não parecemos dispor de um modelo analítico correto para conduzir tal experimento. Na realidade, os resultados vão depender do modelo que é usado para comparar custos e benefícios das duas alternativas. O modelo padrão "neokeynesiano", por exemplo, sem um setor financeiro sofisticado, provavelmente validaria a primeira hipótese. Mas nós sabemos que modelos que ignoram o setor financeiro não fornecem uma boa descrição das economias desenvolvidas. Seu uso desprovido de senso crítico no passado pode, na verdade, ter sido responsável pelas políticas que levaram à crise.

Dessa forma, o desafio principal é aperfeiçoar os modelos no sentido de obter um melhor entendimento do impacto das políticas monetárias e do comportamento dos participantes do mercado, principalmente após a crise financeira global de 2008-

2009 e suas consequências funestas. Aqui, eu gostaria de traçar uma analogia com o posicionamento da teoria monetária antes das expectativas racionais se tornarem uma parte aceitável da literatura econômica. A teoria keynesiana clássica dos anos 1960 partia do princípio de que os agentes reagiriam de maneira ingênua à tentativa das autoridades financeiras em induzir a inflação de modo a reduzir o valor real das dívidas e dos salários. Essa teoria, porém, não podia explicar porque a política monetária não foi capaz de aumentar sistematicamente o número de empregos. A razão era que o modelo teórico usado pelos formuladores das políticas era pouco específico. Os modelos antigos moldavam as expectativas dos agentes do mercado de trás para a frente, supondo-os ingênuos, algo que eles não eram. Na verdade, eles olham muito mais adiante do que se imaginava naquela época, e sabem que quando a economia desacelera o banco central tentará estimular a economia criando uma surpresa inflacionária (em outras palavras, um acréscimo inesperado nos níveis inflacionários correntes). Assim, eles agirão racionalmente e tentarão proteger seu patrimônio e sua renda. Se os agentes têm expectativas racionais, a política monetária perde em eficácia. Expectativas racionais são um pressuposto radical, por certo, contudo, é muito útil para explicar os limites dos modelos tradicionais de política monetária.

De volta ao presente: podemos nos perguntar se as políticas monetárias — e os economistas — não estão agora cometendo um equívoco semelhante ao considerar os agentes econômicos inocentes, quando de fato eles não são. Em particular, nós sabemos — e os agentes econômicos também — que há três formas de escapar de uma dívida iminente. A primeira é "pavimentar a saída", o que significa diminuir o crescimento por um prolongado período de tempo. A segunda é uma moratória ou reestruturação da dívida. A terceira, a inflação.

Os agentes econômicos querem entender qual objetivo o banco central persegue quando opta por medidas excepcionais, não ortodoxas. A eficácia delas pode diferir bastante se a finalidade for a de reparar o mecanismo de transmissão da política monetária quando o mesmo é prejudicado por ineficiências ou gargalos do sistema financeiro. Pode ser o caso, por exemplo, do ocorrido na zona do euro em função da crise dos títulos soberanos, ou de um sistema bancário subcapitalizado, ou, ainda, se o objetivo for aumentar a liquidez do sistema visando induzir os investidores a diversificar, aplicando em ativos de maior risco para estimular a demanda agregada, como pode estar ocorrendo, hoje, no Japão e nos Estados Unidos.

Colocando de outro modo, é diferente se a política monetária tenta direcionar os problemas de liquidez em mercados específicos, em vez de estimular a demanda agregada ou procurar consertar problemas de solvência.

Na primeira situação, a política monetária maneja seus instrumentos na tentativa de desobstruir o mecanismo de transmissão, melhorando a correlação entre a política de juros e as taxas de juros para o usuário final. Exemplo disso é o Security Market

Program, implementado pelo Banco Central Europeu e cujo efeito na base monetária é neutro, o qual se destina a fomentar a comercialização de "covered bonds" (títulos de crédito do mercado imobiliário), que representa uma tentativa de revitalizar um segmento específico do sistema bancário. O impacto inflacionário e na distribuição de riqueza é limitado.

Já no segundo caso o intuito da política monetária é mais amplo, tentando aprimorar a eficiência geral ao influenciar a alocação de recursos entre os agentes e dentro dos mercados financeiros, particularmente nos credores e devedores. Aqui, dada a amplitude das metas, são aplicáveis as políticas de "flexibilização quantitativa" e de "orientação futura" (mais detalhes na seção Introdução, páginas 1 e 8). É provável que este tipo de política provoque reações por parte dos agentes econômicos, em especial dos credores, o que pode, por sua vez, repercutir na eficácia dessa política.

A inflação reduz o valor real da dívida, e, assim, transfere renda dos credores para os devedores. A melhor maneira de redistribuir renda "expost" é criar uma inflação inesperada, e ao mesmo tempo mantendo baixas as taxas de juros por um prolongado período de tempo. Esse é o efeito de ajustamento de estoque. Ao reduzir a remuneração real das aplicações nos ativos mais seguros, essa estratégia também redistribui renda através de efeitos de fluxo na medida em que os investidores mudam suas preferências buscando investimentos de maior risco, até que a inflação suba e o retorno desses recursos venha a ser menor do se esperava.

Os instrumentos atualmente em uso pelos bancos centrais, tais como taxas de juros mantidas baixas por longo tempo, "orientação futura" e massiva expansão da compra de títulos da dívida são métodos de tributar os credores e subsidiar os tomadores de empréstimos. Isso é feito ou de maneira direta, inferindo perdas de capital e ganhos, ou indiretamente, socializando os prejuízos acumulados nos balanços do banco central. É um outro jeito de tentar fazer o que o banco central fez na década de 1960, ao reduzir o valor real dos salários ou, para colocar nos termos utilizados por Milton Friedman, enganar algumas pessoas (ou seja, os credores) ao menos por algum tempo. É por isso que tal política é chamada de "repressão financeira". A repressão financeira é, na realidade, o meio ideal de se livrar de uma dívida, tanto quanto a surpresa inflacionária costuma ser considerada a maneira ideal de reduzir os salários reais e estimular o emprego.

Tal política pressupõe, todavia, que os agentes econômicos, particularmente os credores, são ingênuos e não reagem às tentativas de redução do valor real de seus ativos. É isso que os modelos utilizados pelas autoridades monetárias assumem. E é o que torna ideal essa política. Mas é justo perguntar, como alguns economistas de 40 anos atrás, se o mundo real se parece em alguma medida com esses modelos, e se os agentes são, na verdade, tão inocentes assim para aceitar passivamente a repressão financeira. O fato de que a política monetária não é tão eficaz como se pensava pode sugerir que não são os agentes econômicos os ingênuos dessa história.

Gostaria de levantar uma ou duas questões a esse respeito.

A primeira é que a repressão financeira não é algo fácil de implementar em mercados financeiros altamente sofisticados, nos quais está a cargo dos investidores a tarefa de protegerem a si próprios do risco, incluindo, em especial, o de serem aprisionados por taxas de retorno dos investimentos excessivamente baixas. Nossos modelos podem ser simplórios demais para captar tal comportamento.

A outra questão prende-se ao fato de que os agentes, quando incapazes de se defender, sentem-se forçados a investir em ativos de alto risco em face da ausência de alternativas, mas isso não significa que são ingênuos e aceitarão de forma passiva as perdas que vierem a se materializar. Investidores especializados, por exemplo, podem estar cientes de que em um determinado mercado de renda fixa alguns ativos estão sobrevalorizados, mas, apesar disso, estão dispostos a mantê-los em carteira, e até mesmo continuar a aplicar mais neles, convictos de que (1) no curto prazo, esses ativos permanecem relativamente atraentes e pode ser pouco prudente adotar uma posição contrária à política do banco central, e (2) serão os primeiros a se desfazer desses ativos assim que a bolha estourar, contendo, portanto, quaisquer perdas. Sabemos, no entanto, que nem todos os investidores podem ser os primeiros a pular fora e alguns terão que suportar grandes prejuízos, mas a fuga em direção à saída seria desordenada a tal ponto que o estouro da bolha poderia ocasionar enormes danos à estabilidade financeira e econômica.

Uma razão pela qual os bancos centrais podem se sentir confiantes em valer-se de antigos modelos é que a inflação, e as expectativas inflacionárias, têm se mantido baixas, a despeito da política monetária altamente expansionista que vem sendo implementada.

Aqui, de novo, pode-se questionar se temos o modelo correto de inflação. Nossos modelos simplificados podem não ser suficientes para levar em conta o fato de que os preços dos ativos movem-se mais rapidamente do que o dos bens e serviços. Na verdade, as bolhas nos preços dos ativos pode inflar e explodir até mesmo antes que a inflação dos bens comece a crescer. Afinal, não foi isso que aconteceu em 2005 – 2007? A bolha estourou enquanto a inflação ainda era relativamente moderada.

Poderíamos, assim, vislumbrar um mundo em que a inflação permanece baixa mas uma política monetária mais frouxa do banco central cria uma bolha nos preços dos ativos que pode estourar até mesmo antes que a inflação se materialize. A explosão, por si só, gera pressões deflacionárias no mercado real, o que impede o banco central de apertar a política monetária. Em tal mundo, taxas de juros reais mantidas baixas por muito tempo geram turbulências financeiras, o que afeta negativamente a economia real e justifica manter as taxas baixas por um período ainda maior. A relativa estabilidade da inflação e do (baixo) nível das taxas de juros criam as condições para a instabilidade do sistema financeiro e na economia real. Em outras palavras, não são as condições monetárias que se adaptam às condições financeiras e da economia real, mas o inverso. As condições financeiras e a economia real se tornam ainda mais instáveis como resultado de uma inflação baixa e estável, alimentada por folgadas condições monetárias.

Quão longe está essa descrição da realidade? Não se parece muito com o que observamos na última década, com taxas de juros reais relativamente baixas e crescimento real mais volátil? Os modelos usados pelos bancos centrais para implementar as políticas monetárias não consideram esses efeitos. Talvez só precisemos de outra crise financeira para tais questões ganharem mais atenção.

Eu gostaria de levantar um último ponto, que também se insere na temática desta conferência, na qual as diversas políticas macroeconômicas são tratadas separadamente. Se você pensar na discussão atual a propósito do papel da política monetária — e, particularmente, da necessidade da política monetária focar-se mais no crescimento —, ela é parcialmente obscurecida pelo fato de que outros instrumentos políticos estão sujeitos a constrangimentos financeiros e políticos. Que isso aconteça não pode ser uma justificativa para transferir para outros a responsabilidade de atingir as metas de estabilidade dos preços que cabe à política monetária, sem uma melhor compreensão dos riscos e distorções potenciais que podem ser criados no curto e médio prazo. Antes de abandonar o princípio básico de que a política monetária poderia, primariamente, almejar a estabilidade dos preços, é necessário haver uma análise sólida e transparente dos custos intertemporais que isso pode representar para sociedade como um todo.

Por exemplo, ao conduzir aquisições agressivas de ativos e manter as taxas de juros em níveis muito baixos, os bancos centrais, sem dúvida alguma, desestimulam a implementação de planos de ajuste de médio prazo por parte das autoridades fiscais. Nós vimos isso na zona do euro. E é, também, bastante óbvio nos Estados Unidos. A política de taxas de juros de longo prazo persistentemente baixas não estimulou a administração Obama e o Congresso Americano a concordar com um plano de ajuste fiscal de médio prazo, cuja ausência cria incerteza sobre as taxas futuras, o que pode impedir as empresas de investir.

A pergunta deveria ser: Seriam os investimentos mais sensíveis à promessa de baixas taxas de juros por um prolongado período de tempo ou à incerteza fiscal de médio prazo que tais taxas baixas de juros involuntariamente produzem?

O nível baixo das taxas de juros de longo prazo, resultantes do programa de compras, também contribui para a ilusão, mantida entre alguns proeminentes economistas, de que não há nenhuma necessidade nem pressão por um ajuste orçamentário.

Outra questão institucional se refere aos efeitos redistributivos da política monetária, algo essencial para sua eficácia em uma situação pós-bolha. Cabe perguntar se uma questão política tão sensível pode continuar a ser tratada, quase que dissimuladamente, apenas pelos bancos centrais, em substituição à maneira normal de se tomar decisões democráticas, que envolvem, em particular, o parlamento.

A crise tem demonstrado como as autoridades políticas em nossas democracias tentam postergar decisões dolorosas e agem somente quando pressionadas pelo mercado, como um último recurso, à beira do abismo. Ao aliviar a pressão do mercado, o banco central, na prática, pode ser levado a interpretar um papel político muito importante. Ele pode auxiliar os governos a ganhar tempo para implementar suas políticas, mas também pode levar os governos a perder tempo e adiar indefinidamente as decisões urgentes. O banco central pode, na verdade, ficar acuado e tornar-se "o trunfo derradeiro" (veja mais sobre essa condição, também chamada de "financiador de última instância", no capítulo 17).

Então, não é um pouco ingênuo achar que quando as políticas monetárias começam a alcançar seus outros objetivos, que deveriam estar no âmbito das metas das autoridades políticas, o quadro institucional subjacente ao banco central e sua autonomia não são afetados? Não é um tanto ingênuo imaginar que as distorções, introduzidas na economia como fruto do ingresso dos bancos centrais em outros campos além do ocupado pela política monetária, podem ser removidas mediante decisões que podem ser de natureza técnica, ou seja, decisões que podem ser feitas apenas pelo banco central?

Colocando de outro modo, há um risco de que a estratégia de saída de uma política monetária que ocasiona efeitos fiscais ou distributivos não será mais apenas uma questão de política monetária, mas sim uma grande questão política. Assim, no meu ponto de vista, é ilusório pensar que o debate sobre a saída da política atual deixa de existir se o banco central tem ou não os instrumentos para tal. O banco central tem os instrumentos. Em vez disso, a verdadeira questão é se ele terá a capacidade política de decidir sair.

Para ser franco, a independência do banco central está em risco quando essa instituição entra no campo da política fiscal, regulatória e distributiva.

Em meu modo de ver, é muito perigoso endereçar tais questões como "Deveriam os bancos centrais tornar suas metas mais explícitas? Deveriam os bancos centrais se centrar na estabilidade financeira e, se sim, como?" sem levar em consideração o papel que outras políticas deveriam ter, particularmente as políticas fiscal, a estrutural e de supervisão. Qualquer resposta incondicional para essas perguntas — algo que tornaria o banco central a única alternativa disponível — levaria a uma política monetária temporalmente inconsistente, porque incentivaria outros políticos a agir de forma a tornar ineficaz a política monetária, que, em algum momento, seria repudiada. Tal situação redundaria, inevitavelmente, na perda da credibilidade do banco central. Na medida em que todos os outros formuladores de políticas já perderam sua credibilidade, a possibilidade de que ocorra o mesmo com o banco central deveria ser uma preocupação para toda a sociedade, e não apenas para o banco central. Essa deveria ser uma questão central que deveria estar no centro das responsabilidades de vigilância das instituições internacionais, tais como o Fundo Monetário Internacional.

Vou concluir com umas poucas palavras sobre se o banco central deveria se preocupar com a taxa de câmbio. A mim me parece que os bancos centrais de fato se preocupam muito com a taxa de câmbio, ainda que não admitam. Nas condições atuais, a taxa de câmbio continua a ser o canal mais poderoso de transmissão da política monetária. Entretanto, isso é verdade apenas na extensão em que os outros bancos centrais ignoram esse fato. Uma vez que os outros bancos centrais não vão ignorá-la, e não podem fazê-lo no ambiente atual, as políticas monetárias desenhadas separadamente pelos bancos centrais de cada nação, inevitavelmente serão subótimas e levarão a um excesso de criação de moeda, alimentando, dessa forma, a próxima bolha de ativos.

Esse é um exemplo típico de falha de coordenação. Uma vez mais, essa é uma questão que não pode ser ignorada pela vigilância macroeconômica internacional.

3

Política Monetária Durante a Crise: Do Fundo do Poço às Alturas

Mervyn A. King

Os cinco últimos anos têm sido um período extraordinário para os bancos centrais. A amplitude e a escala das nossas operações expandiram-se de formas antes inimagináveis à medida que fomos respondendo à crise no setor bancário e na economia em geral. Na política monetária, adentramos em território desconhecido. Mas a noção sobre o que os bancos centrais deveriam fazer, e como deveriam fazê-lo, mudou? Agora é uma boa hora para refletir sobre nossa posição.

Quero focar essa discussão em duas áreas. Em primeiro lugar, gostaria de consolidar o que aprendemos sobre os objetivos da política monetária. E, em segundo lugar, refletir sobre as implicações da proliferação dos instrumentos que têm sido usados para alcançar esses objetivos.

Objetivos

Por mais de 30 anos, o objetivo dos bancos centrais era claro: estabelecer uma política monetária que proporcionasse estabilidade de preços a longo prazo. Mas os acontecimentos dos últimos cinco anos levantaram questões sobre como os bancos centrais gerenciam os trade-offs[*] entre estabilidade dos preços, estabilidade da produção e estabilidade financeira visando alcançar os objetivos gerais da macroeconomia.

Ao longo da era das metas de inflação, a importância do trade-off entre produção e estabilização da inflação a curto prazo tem sido bem compreendida. A política monetária era vista como almejando uma meta para a inflação de longo prazo, o que era efetuado trazendo a inflação para sua meta ao longo de um certo horizonte temporal, assim como evitando uma volatilidade excessiva das variáveis reais, tais como produção e empregos. Uma política monetária otimizada era tida como uma escolha de como navegar entre os trade-offs no curto prazo e, ao mesmo tempo, se certificar de que os objetivos de longo prazo eram alcançados.

---

[*] N.E.: Termo que expressa uma situação em que há um dilema, um conflito de escolha. Em economia, refere-se mais especificamente a uma decisão na qual é preciso abrir mão de uma coisa em função de outra.

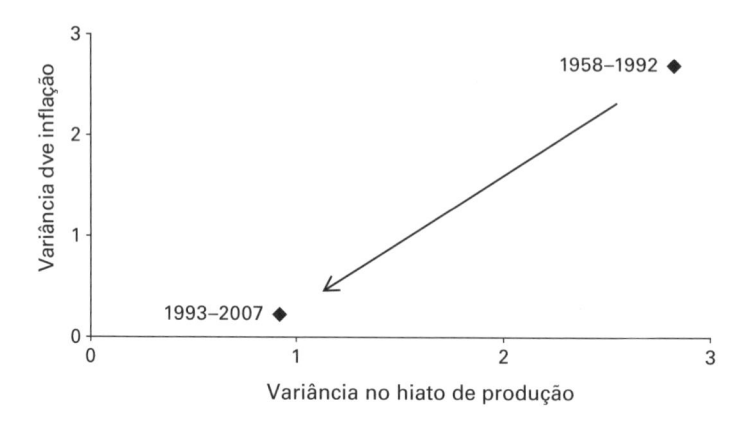

Figura 3.1
Variâncias da Inflação do Reino Unido e do Hiato de Produção
Fonte: cálculos do Office for National Statistics e do Banco da Inglaterra

Falhar em conseguir estabilizar os preços custa caro, algo amplamente demonstrado pela experiência do Reino Unido. A Figura 3.1 mostra a variância na inflação e no hiato de produção (a diferença entre a produção potencial e a efetiva) no Reino Unido, usando dados trimestrais para dois períodos.[1] Aqui nós podemos contrastar o desempenho em 35 anos até 1992, com os primeiros 15 anos de metas de inflação. Uma política mais aprimorada pode receber algum crédito por essa melhoria, na medida em que a ancoragem das expectativas inflacionárias levam a uma grande redução na volatilidade da inflação.

Era tentador pensar que havíamos nos movido rumo à "fronteira de Taylor", a qual mapeia combinações viáveis das variâncias mínimas no hiato de produção e da inflação. A Grande Estabilidade* parecia ser uma pausa permanente dos períodos anteriores — períodos em que a política monetária exibia um comportamento mais imprevisível e posicionava a economia abaixo e à direita da fronteira Taylor (figura 3.2). E, em certo e importante sentido, era mesmo: os dias ruins de inflação com dois dígitos estão restritos ao passado.

Mas a Grande Estabilidade não era representativa de um novo normal. A variância do hiato de produção — embora não a da inflação — tem sido muito acentuada nos últimos cinco anos, quando a crise financeira gerou uma profunda recessão (figura 3.3). Então, o que nós aprendemos?

A ampla crise bancária e econômica demonstrou que a política macroeconômica pode enfrentar um dilema adicional entre garantir o bem-estar do sistema finan-

---
* N.E.: A chamada Grande Estabilidade ou Grande Moderação refere-se a um período (entre 1980 e início dos anos 2000) de estabilidade econômica caracterizada por baixa inflação, crescimento econômico e crença de que o ciclo de expansão e contração havia sido superado. Trata-se de um fenômeno mais particularmente ligado às economias mais desenvolvidas.

ceiro em médio prazo ou manter a produção em linha com o potencial produtivo e metas de inflação a curto prazo. Tal escolha surge porque as vulnerabilidades financeiras podem ocorrer mesmo enquanto a produção cresce de forma constante e a inflação está baixa e estável.

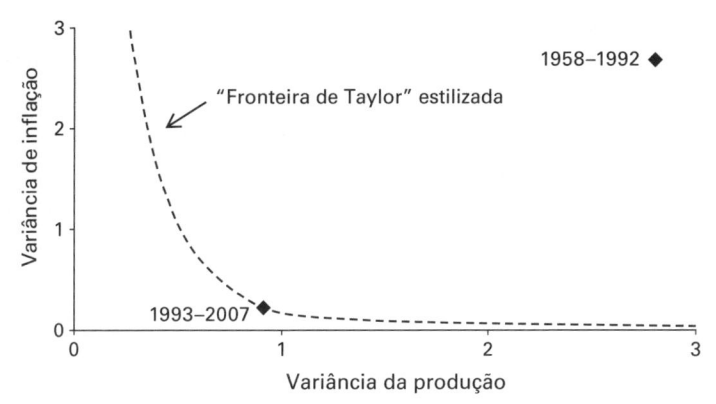

Figura 3.2
Dilema da pré-crise do Reino Unido?

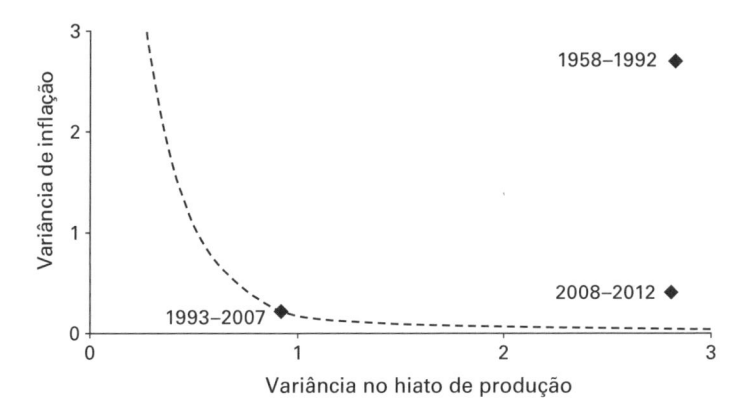

Figura 3.3
A Grande Estabilidade e os Períodos de Crises

Deixe-me dar três exemplos dos tipos de mecanismos ocultos em jogo. Primeiro, persistentes percepções erradas sobre o poder aquisitivo no futuro podem gerar uma composição da demanda que se prova insustentável. Acredito que esse foi um importante fator subjacente à crise. Embora a produção em países deficitários, tais como o Reino Unido, pareça crescer a taxas sustentáveis, isso dá uma impressão enganosa de sustentabilidade da Grande Estabilidade. Na verdade, o nível da demanda doméstica era muito alto e o volume correspondente das exportações líquidas era muito fraco. Segundo, tal como Hyman Minsky descreveu, períodos de estabilidade encorajam a exuberância nos mercados de crédito, ocasionando, ao final, instabilidade.[2] E em terceiro, baixas metas de taxas de juros de curto prazo podem estimular os investidores a assumir mais riscos do que normalmente incorreriam em sua "busca por rendimento".

É possível argumentar que a política monetária presta atenção insuficiente ao impacto potencial de tais vulnerabilidades financeiras. Choques financeiros são onerosos porque seus efeitos podem ser muito rápidos para que possam ser facilmente compensados pela política monetária, e porque eles comprometem a oferta potencial, levando a uma situação de dilema entre produção e inflação. Em outras palavras, a fronteira de Taylor é menos favorável (está mais distante da origem) quando a causa fica por conta de choques financeiros mais do que podíamos supor. Considerar todo o período de metas de inflação, incluindo o passado recente, em vez de usar apenas os dados dos anos da Grande Estabilidade, pode dar uma indicação mais precisa sobre onde está essa fronteira "Minsky-Taylor" (figura 3.4).

Quais as implicações disso na política monetária? Possivelmente nenhuma, se nós podemos agora confiar nas ferramentas macroprudenciais para garantir a resiliência do setor financeiro. Porém, deixemos por um momento essas ferramentas de lado. A política monetária poderia ser usada para alcançar um ponto semelhante a um P na figura 3.5, com menos variação do hiato de produção e mais variação na inflação em relação ao que de fato vivenciamos nos últimos 20 anos. Colocando de outra forma, taxas de juros mais elevadas no período imediatamente anterior da crise financeira podem ter reduzido o impacto da explosão subsequente — à custa de uma meta de inflação mais baixa e uma produção menor que a tendência antes da crise chegar.[3]

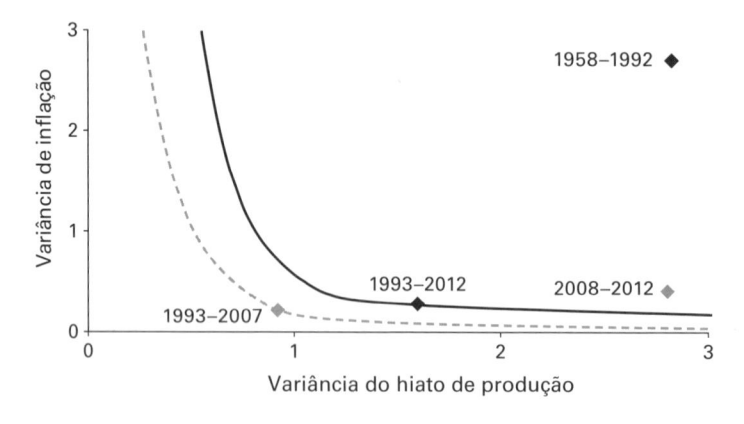

Figura 3.4
O Verdadeiro conflito para o Reino Unido nos últimos 20 Anos?

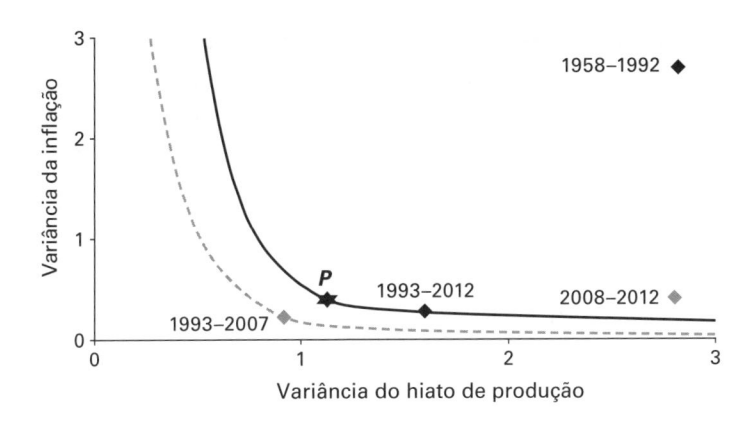

Figura 3.5
Um Resultado Preferível?

Na prática, novas ferramentas macroprudenciais e uma melhor supervisão microprudencial melhorarão as possibilidades disponíveis pelos responsáveis pela política monetária. Dispor de instrumentos adicionais traz, com efeito, uma mudança favorável na fronteira (ou superfície) Minsky-Taylor, o que define a abertura daquelas possibilidades.[4]

Não obstante, consistentemente com a nova atribuição[5] dada ao Comitê de Política Monetária pelo governo do Reino Unido no mês passado, a experiência dos últimos anos sugere que pode haver circunstâncias nas quais é justificável deixar de lado as metas de inflação por um período, buscando moderar o risco de crises financeiras.

Instrumentos

Para instituições geralmente tidas como conservadoras ou avessas a mudanças, os bancos centrais têm sido notavelmente inovadores, utilizando instrumentos inéditos durante a crise. Reduzir as taxas de juros oficiais para, virtualmente, zero foi extraordinário por si só. Mas a redefinição por atacado dos métodos de suprimento de liquidez para o sistema bancário, a enorme expansão da base monetária em relação ao nível pré-crise mediante a aquisição de ativos do setor privado não bancário, e o envolvimento do banco central em arriscadas operações facilitadoras de crédito levantaram sérios questionamentos sobre o papel dos bancos centrais — e até mesmo desafiaram a ideia de um banco central independente.

A Tabela 3.1 mostra o quanto é grande a expansão monetária promovida pelos bancos centrais. A base monetária aumentou em proporções sem precedentes enquanto nós tentamos prevenir o colapso da moeda e do crédito, como aconteceu nos Estados Unidos durante a Grande Depressão e está ocorrendo na Grécia hoje. E as compras de títulos da dívida pública pelo banco central cresceram em todo o mundo industrializado, como demonstrado na tabela 3.2. Essa expansão refletiu a criação de moeda através da aquisição de ativos e dos empréstimos garantidos. Todos os principais bancos centrais criaram novos caminhos para conceder empréstimos garantidos[6]. Bem distantes da imagem de criaturas conservadoras, os bancos centrais arriscariam em jogar ao vento sua tradicional cautela e ignorar os limites da política monetária?

Tabela 3.1
Base Monetária (Janeiro de 2007 = 100)

	Reino Unido	EUA	Japão	Zona do Euro
Janeiro 2007	100	100	100	100
2008	113	101	100	109
2009	143	209	104	153
2010	323	244	109	145
2011	304	250	115	140
2012	362	323	132	188
2013	521	336	146	205
Último	528	359	150	180

Observação: Os dados são sobre média mensal do Reino Unido, EUA e Japão, e de fim de mês para a zona do euro.
Fonte: Banco da Inglaterra, Federal Reserve, Banco do Japão e Banco Central Europeu.

Tabela 3.2
Saldo de Títulos da Dívida Pública do Banco Central

	Reino Unido	EUA	Japão	Zona do Euro
Março2013 (% do PIB nominal)	26	19	34	31
Aumento desde dezembro de 2007 (pp do PIB nominal)	20	12	13	18

Fonte: Datastream, Banco do Japão.

Dois limites são relevantes nas circunstâncias atuais. Primeiro, não importa se o aumento da liquidez do sistema bancário, o volume de empréstimos e a economia não irão se recuperar se houver inadequada capitalização e excessiva alavancagem. É por isso que o Comitê de Política Financeira do Banco da Inglaterra tem enfatizado a necessidade de aumento de capital dos bancos ingleses em situação mais fragilizada. Não surpreende que os bancos mais capitalizados do Reino Unido estejam aumentando os empréstimos e os que não se encontram nessa condição, buscando empréstimos.

Em segundo lugar, há limites para a capacidade da política monetária interna aumentar a demanda real diante da necessidade de mudanças no equilíbrio da economia real. Não acredito que os problemas atuais no Reino Unido sejam oriundos apenas de um grande choque negativo sobre a demanda agregada. Em comum com muitos outros países, os problemas do Reino Unido também refletem uma necessidade implícita de reequilibrar a economia, o que requer a realocação de recursos tanto dentro quanto entre as nações. Não é apenas uma questão de impulsionar a demanda agregada, mas sim de ajudar na obtenção de um novo equilíbrio. Isso, por sua vez, implica a necessidade de uma grande mudança nos preços relativos, principalmente entre bens e serviços comercializáveis e não comercializáveis, e também uma mudança no nível relativo da demanda interna, tanto doméstica quanto no exterior. Há, contudo, limites no que qualquer política monetária doméstica de qualquer país pode alcançar sem o apoio dos outros.

Apesar desses limites, as circunstâncias requerem dos bancos centrais medidas extraordinárias. Tais medidas correm o risco de penetrar em territórios normalmente associados à política fiscal e, ao fazê-lo, acabam comprometendo a tão arduamente conquistada independência dos bancos centrais. Há aqui, me parece, três ameaças à autonomia do banco central.

Primeiro, há o risco de parecer prometer ou permitir mais do que se espera dos bancos centrais. Com as restrições impostas por outros instrumentos de política monetária, os bancos centrais são vistos como "o trunfo derradeiro" (veja mais sobre essa condição, também chamada de "financiador de última instância", no capítulo 17)". Porém, falhar em deixar claros os limites da política monetária arrisca gerar desilusão com os bancos centrais, e a inevitável pressão política sobre eles que viria em seguida.

Em segundo lugar, em uma situação de taxas de juros próximas de zero não há uma distinção nítida entre as políticas monetária e fiscal. Todavia, ainda é importante garantir que os bancos centrais não tornarão seus títulos da dívida pública um risco para os contribuintes, uma questão que deveria se adequadamente decidida pelos políticos eleitos. Para assegurar a estabilidade dos preços a longo prazo, é vital manter a independência operacional do banco central. Quaisquer decisões que coloquem o dinheiro dos contribuintes em perigo devem ser tomadas pelos ministros da área econômico-financeira, e o banco central deve proteger sua saúde financeira impondo deságios apropriados nas garantias e evitando a aquisição de ativos de elevado risco do setor privado.

Em terceiro lugar — e importante, mesmo quando se vai além do limite inferior zero dos juros —, o aumento das responsabilidades dos bancos centrais ao incluir políticas macroprudenciais e, no caso do Banco da Inglaterra, da responsabilidade pela regulamentação do sistema bancário, fez da independência algo muito mais difícil de se definir. O desdobramento das responsabilidades fora da política monetária não pode ficar alheio ao governo como é possível acontecer com a política monetária. Por exemplo, na área da estabilidade financeira e da supervisão bancária, haverá momentos em que os recursos públicos podem ser colocados em xeque quando utilizados para salvar uma organização à beira da falência — e tal decisão é justamente uma cuja atribuição compete aos ministérios econômico-financeiros. Está longe de ser simples para um presidente de banco central a questão da independência: ela é total em termos de política monetária, alguma quanto à estabilidade financeira, e absolutamente nenhuma quando se trata de operações que colocam em risco o dinheiro dos contribuintes.

A crise financeira desafiou nosso entendimento sobre os objetivos da política monetária e apontou seus limites. E, através da proliferação dos instrumentos e o decorrente crescimento das responsabilidades, complicou a questão sobre a autonomia do banco central. Como deveríamos responder a esse meio ambiente mais complexo? Nós temos que manter os olhos fixos em três princípios importantes. Primeiro, embora tenha que haver realismo sobre o que pode ser alcançado, é correto que sejam os políticos e parlamentares eleitos aqueles a quem cabe decidir os objetivos da política monetária. Em segundo lugar, tal como aprendemos em 1970, se o banco central quer alcançar a estabilidade dos preços — seu papel fundamental —, então precisa ser suficientemente independente. Em terceiro lugar, para proteger essa autonomia, seus limites deveriam ser muito bem delineados, e os bancos centrais deveriam ser extraordinariamente cuidadosos com as decisões que coloquem os recursos públicos em risco.

O desafio, tal como era 20 anos atrás, continua a ser o de fazer a denominada "constrained discretion"*("discrição restringida" - Expressão usada por Bernanke e Minsky em 1997) funcionar na prática. Mas é algo que tem se tornado mais difícil.

Notas

Eu gostaria de agradecer a Charlie Bean, Alex Brazier, Spencer Dale, Andy Haldane e Iain de Weymarn pelos comentários e sugestões que ajudaram a preparar este capítulo, e, em particular, a Tim Taylor, a quem me dirijo como coautor, embora ele esteja absolvido de qualquer erro destas linhas.
1.A medida da inflação usada é um quarto da taxa do deflator do PIB, definida como a relação entre o PIB nominal e o PIB real. O hiato de produção é estimado como a diferença entre o logaritmo do PIB real e o logaritmo da tendência do PIB, resultado do uso do filtro Hodrick-Prescott.

---

* N.E.: Política monetária na qual os bancos centrais agem livremente para estabilizar a produção e o emprego em face de perturbações de curto prazo, sem abandonar o forte compromisso de manter a inflação (e as expectativas de inflação) sob controle.

2. Hyman P. Minsky, "The Financial-Instability Hypothesis: Capitalist Processes and the Behavior of the Economy", em *Financial Crises: Theory, History, and Policy*, ed. Charles Kindleberger e Jean-Pierre Laffargue (Cambridge: Cambridge University Press, 1982).
3. Uma avaliação mais detalhada desse argumento está em "Twenty Years of Inflation Targeting", um discurso de Mervyn A. King em 2012, disponível em http://www.bankofengland.co.uk/publications/Pages/speeches/2012/606.aspx.
4. Um planejador social usaria ambos os instrumentos em conjunto para conseguir aumentar o ponto de maximização do bem-estar social na fronteira (ou superfície), e, no Reino Unido, espera-se que o Comitê de Política Monetária trabalhe junto com o Comitê de Política Financeira, que tem o poder estatutário para desenvolver instrumentos macroprudenciais.
5. A passagem relevante na declaração de competência do Comitê de Política Monetária: "As circunstâncias também podem fazer crescer em quais tentativas de manter a meta inflacionária se poderia exacerbar o desenvolvimento de desequilíbrios que o Comitê de Política Fiscal pode julgar como representando um risco potencial para a estabilidade financeira. As ferramentas macroprudenciais do Comitê da Política Financeira constituem a primeira linha de defesa contra tais riscos, porém, nessas circunstâncias, o Comitê pode querer permitir à inflação se afastar do alvo temporariamente, em consistência com suas necessidades de se preocupar com as ações políticas do Comitê de Política Financeira." A declaração está disponível por inteiro em http://www.bankofengland.co.uk/monetarypolicy/Documents/pdf/chancellorletter130320r.pdf.
6. Programas introduzidos pelo Banco da Inglaterra incluíram o Discount Window Facility, o Special Liquidity Scheme, Extended Collateral Term Repos, Extended Collateral Long Term Repos e o Funding for Lending Scheme. O BCE iniciou as operações do Extended Collateral Long Term Repos. E os programas do Federal Reserve incluem o Term Auction Facility, o Term Assert Backed Securities Loan Facility, o Primary Dealer Credit Facility, o Commercial Paper Funding Facility, o Term Securities Lending Facility, o ABCP Money Market Fund Liquidity Facility, o Money Market Investing Funding Facility e o Term Discount Window Program.

4
Os Objetivos da Política Monetária Após a Crise

Michael Woodford

Durante a crise financeira global e suas danosas consequências, os bancos centrais empreenderam ações sem precedentes de diversos tipos. Daí surge uma pergunta natural: A crise revelou que a configuração da política monetária acordada anteriormente era inadequada ou deveria, agora, ser fundamentalmente revista? Com certeza é verdade que os bancos centrais não estavam tão bem preparados para a crise e que novas políticas tiveram que ser criadas, em grande medida no calor dos acontecimentos. E, certamente, seria desejável tentar aprender com essa experiência, para se estar melhor preparado para uma resposta apropriada da próxima vez e, talvez, até reduzir a probabilidade de haver uma próxima vez.

Isso não significa que toda a sabedoria convencional prévia deve ser descartada agora. Em particular, não foi demonstrado que os bancos centrais cometeram um erro em se comprometer explicitamente com metas de inflação quantitativas. A meta de inflação — e a meta inflacionária "implícita" que era praticada por alguns outros bancos centrais — resultou em um grande grau de estabilidade nas expectativas de inflação de médio prazo durante a crise e suas consequências, e isso provavelmente colaborou também para a estabilidade da economia real. Se o desemprego prolongado dos últimos vários anos tivesse conduzido a uma espiral deflacionária, nossa situação seria, com certeza, muito pior. Isso foi um benefício da credibilidade do Fed (apelido do Federal Reserve) e outros bancos centrais, e não é algo que nós queiramos descartar como se nada fosse.

Mesmo assim, é importante frisar que a meta de inflação precisa não ter, ou deveria não ter, o aspecto caricato que às vezes lhe é atribuído, segundo o qual o controle inflacionário deveria ser o objetivo único da política monetária em todos os tempos porque a estabilização inflacionária por si só será suficiente para garantir a estabilidade macroeconômica. Os anos recentes obviamente levantaram um elenco considerável de dúvidas sobre esse ponto de vista demasiado simplista. Contudo, é importante lembrar que essa não era a visão defendida pela maioria dos proponentes da meta de inflação, mesmo antes da crise. É famosa a denominação cunhada por Mervyn King ao referir-se aos defensores ferrenhos daquela visão caricata ("inflation nutter", algo como "malucos da inflação") em uma de suas clássicas primeiras discussões sobre a teoria da meta de inflação[1] nas quais argumentava em prol de uma forma mais flexível para a política de metas de inflação. Outros defensores da meta de inflação, tais como Ben Bernanke e Lars Svensson, também levantaram argumentos consistentes a favor de uma concepção mais flexível.[2] Eles acreditavam que era importante conduzir a política monetária de tal modo a manter a inflação esperada no médio prazo relativamente próxima à taxa preanunciada, mas que era admissível haver descompassos temporários em relação às metas pelo bem de outros objetivos de estabilização. Uma taxa de inflação no curto prazo próxima da objetivada não era um fator necessário ou suficiente para uma boa condução da política monetária.

Mas essa doutrina, ainda que sensata, na medida em que se desenrola, deixa uma pergunta importante sem resposta: Qual o significado de conduzir uma política monetária de curto prazo que assegure que as expectativas inflacionárias de médio prazo permaneçam ancoradas, embora se esteja sempre agindo de forma a manter a inflação o mais próxima possível do objetivo de médio prazo? A meta de inflação dos bancos centrais diz um bocado sobre como eles tentam avaliar se as expectativas inflacionárias ainda se encontram ancoradas e se seus modelos internos continuam projetando um nível de inflação próximo da meta em alguns anos no futuro, porém, frequentemente, são menos transparentes sobre de que forma pretendem tomar as decisões de política que deveriam estabelecer as expectativas corretas.

O fato de isso estar meio vago não criou grandes dificuldades nos cerca de 15 anos anteriores à crise financeira global, caracterizados por relativa estabilidade macroeconômica. Entretanto, quando distúrbios maiores acontecem, a incompletude da doutrina de metas inflacionárias flexíveis se torna um problema maior. Recentemente, bancos centrais com objetivos inflacionários têm se pautado em políticas que não parecem ser diretamente ditadas por seus regimes de metas de inflação, mas essa observação levanta perguntas sobre se o regime permanece ativo.

Em meu ponto de vista, uma meta de inflação flexível não precisa ser repudiada pelo regime de política monetária, porém, precisa ser *completada*. O objetivo inflacionário dos bancos centrais precisa estar comprometido não só com uma meta de médio prazo, mas também com os critérios de tomada de decisões políticas no curto prazo, que implicarão, entre outras coisas, que a taxa de inflação ficará próxima da meta, em média, ao longo de um número suficiente de anos[3].

Como exemplo para tal critério, um banco central pode se comprometer a tomar decisões de curto prazo que mantenham o PIB nominal o mais próximo possível de um projetado caminho evolutivo predeterminado, mesmo no curto prazo. Esse rumo do PIB nominal poderia ser escolhido de modo que sua consecução garantisse, no médio prazo, uma taxa média de inflação igual à meta inflacionária. Ao mesmo tempo, isso implicaria que a inflação não seria o único determinante das decisões políticas de curto prazo. Por exemplo, um afrouxamento da política monetária pode ser apropriado mesmo quando a inflação não estiver abaixo da meta caso o crescimento real insuficiente tenha resultado de um nível de PIB nominal inferior à trajetória objetivada.[4]

Outro ponto no qual a doutrina da meta inflacionária anterior à crise se provou incompleta é seu fracasso em especificar como a política monetária deveria ser conduzida se a demanda agregada permanecer insuficiente para alcançar as metas de estabilização do banco central, mesmo quando o nível zero da taxa de juros de curto prazo é alcançado, tal como já aconteceu em muitos países ao longo dos últimos anos.

Uma abordagem, aplicada por diversos bancos centrais, tem sido o de "forward guidance"("orientação futura" - veja rodapé na Introdução), ou indicações do banco central de que a taxa de juros permanecerá baixa no futuro, como um substituto para cortes imediatos nas taxas de juros mais à frente. Tais anúncios parecem ter sido capazes de influenciar as expectativas do mercado sobre as taxas de curto prazo futuras e, em decorrência, também com respeito às taxas de juros de longo prazo e os preços de outros ativos. No entanto, questões importantes remanescem a propósito da maneira pela qual o "orientação futura" seria implementado, e até que ponto a existência de tais anúncios ao mercado restringiria as subsequentes decisões de política monetária.

Uma das perguntas é se o "orientação futura" deveria ter a forma de uma declaração sobre as *intenções* futuras da política monetária, ou se basta ao banco central oferecer uma previsão de suas possíveis decisões futuras, dadas as condições que podem ser antecipadas. A ideia de meramente oferecer uma previsão tem um certo apelo aos olhos dos bancos centrais, uma vez que não lhes amarra as mãos. Infelizmente, não há nenhuma razão óbvia para que uma mera previsão seja eficaz em estimular a demanda.

Para a previsão de um banco central sobre as taxas de juros futuras mudar as expectativas do mercado, ela teria que revelar ou uma nova informação sobre as prováveis condições futuras ou sobre a reação futura da política monetária do banco central. Porém, persuadir as pessoas de que as taxas de juros continuarão baixas por mais tempo do que era previamente esperado — seja porque a recuperação econômica terá um ritmo mais lento do que o projetado inicialmente, seja porque a deflação virá em breve, e não devido a qualquer mudança no modo de reação do banco central — deveria significar um efeito contracionista nos gastos correntes, e não o contrário[5].

Com certeza esse não é o objetivo do "orientação futura" para o nível zero de inflação. Assim, para dar certo, a declaração ao mercado deve comunicar um ponto de vista diferente com relação à reação futura; ou seja, sobre as condições sob as quais a política monetária vai ou não ser apertada no futuro.

Contudo, se é esse o objetivo, uma mera previsão sobre taxas de juros futuras não é o jeito mais certo de mudar as expectativas. Se um banco central pretende, mais adiante, conduzir a política monetária de forma distinta da esperada pelo mercado, então ele deveria buscar comunicar direta e claramente essa intenção e como cogita fazê-lo.

Que tipo de declarações desse teor seria desejável? Recentemente, diversos bancos centrais anunciaram até que datas específicas as taxas de juros permaneceriam muito baixas. Mas ainda que o mundo dos negócios e os mercados financeiros estejam certamente interessados em ouvir sobre tais datas, não acho que uma abordagem baseada em datas faça sentido como forma de comunicar futuras intenções da política monetária. Não deveria ser cabível, afinal, um banco central amarrar a si mesmo, deixando de levar em consideração o aumento das taxas antes de datas específicas tão longínquas quanto dois anos à frente, independentemente do que possa ocorrer nesse ínterim. Consequentemente, é difícil para um "orientação futura" baseado em datas ser compreendido como uma genuína comunicação de intenções sobre política monetária, em vez de uma mera previsão.

Ao contrário, uma abordagem mais bem qualificada especificaria condições econômicas que necessitam ser alcançadas de modo que seja apropriado aumentar as taxas de juros. Tal declaração deveria permitir aos participantes do mercado formar um juízo sobre a possível extensão de tempo em que as baixas taxas devem ser mantidas, mas isso implicará, como de fato deveria ser, que a data da efetiva decolagem dependeria de resultados futuros.

O recente movimento do US Federal Open Market Committee (FOMC), de substituir um "orientação futura" baseado em datas que explicita limites numéricos para os indicadores econômicos, é um passo desejável. Esses limites, entretanto, tiveram que ser determinados *ad hoc* (arbitrariamente) e, obviamente, não provêm de metas de política monetária previamente anunciadas. E nem indicam a política que se poderia esperar do FOMC após o período anômalo atual.

Na versão da meta de inflação flexível que proponho, o critério para decolar do nível zero poderia seguir o mesmo critério que orienta as decisões de política monetária de outros tempos. Um banco central que busca usar os instrumentos de que dispõe para manter o PIB nominal em uma trajetória de crescimento estacionário poderia também, quando o nível zero torna impossível prever um deficit circunstancial do PIB nominal relativamente ao objetivado, se comprometer a manter uma não usual política monetária frouxa até que o PIB nominal possa retomar o rumo originalmente traçado, mesmo que isso signifique buscar um crescimento nominal mais elevado do que a média durante o período de transição.[6]

Uma abordagem deste tipo de "orientação futura" em um episódio de nível zero da taxa de juros teria duas vantagens sobre a abordagem *ad hoc*. Em primeiro lugar, traria uma explicação para a busca por políticas monetárias agressivas incomuns em face das consequências negativas de um período caracterizado por um episódio de juros de nível zero, mesmo que um estímulo monetário comece a fazer efeito. E faria isso de uma forma que não deveria levantar dúvidas sobre o crescimento cumulativo nos preços que poderia ocorrer antes do término dessa política, no que se refere à existência de uma meta para o nível nominal do PIB — uma meta que não tenha sido aumentada em decorrência da crise — que implique que um crescimento nominal deveria de fato ser coberto. Convém citar que a busca por tal política temporária continuaria perfeitamente consistente com uma intenção declarada de buscar uma abordagem subsequente para a política monetária (a saber, mantendo o PIB nominal próximo da meta) que deveria, uma vez mais, proporcionar uma taxa média de inflação contígua à meta inflacionária de longo prazo.

A segunda vantagem é que, caso se espere que tal política seja praticada tão logo o nível zero tenha sido alcançado, essa antecipação deveria ter um efeito estabilizador, reduzindo as distorções associadas às taxas de juros próximas de zero. Se, de um declínio no crescimento do PIB nominal, originado pela impossibilidade de cortar as taxas de juros abaixo desse nível, se espera que implique, automaticamente, em um crescimento mais rápido do PIB nominal para desfazer a queda, essa antecipação deveria reduzir o tamanho inicial da queda.

Eu acredito que a confiança de que os bancos centrais não permitiriam que a inflação flutue permanentemente abaixo de suas metas de inflação de longo prazo tem sido um fator estabilizador na recente crise. Da mesma forma, acredito que se tivesse existido um compromisso com a meta do PIB nominal, esse teria sido um fator de estabilização ainda melhor.

Por fim, outro aspecto levantado pela recente crise é se os bancos centrais deveriam ter prestado mais atenção ao crescimento dos riscos para a estabilidade financeira antes da crise. Ou, para colocar a questão prática mais relevante para nós agora, em que medida os bancos centrais deveriam considerar os riscos para a estabilidade financeira quando tomam decisões de política monetária olhando para o futuro?

Certamente, essa pergunta não pode ser descartada tão facilmente quanto costumava ser antes da crise. Na época, argumentava-se que era difícil ter certeza de que uma bolha estava se formando antes que ela estourasse. Portanto, a atitude mais prática era não levar em conta a questão até que o evento ocorresse e, então, usar a política monetária para lidar com as consequências. Porém, com certeza, os acontecimentos de 2008—2009 e seus efeitos perniciosos minaram de vez nossa confiança com relação a quão fácil é "limpar a sujeira" utilizando as ferramentas efetivamente disponíveis pelos bancos centrais.

Assim, faz mais sentido prevenir-se, buscando avaliar os riscos potenciais para a estabilidade financeira antes que eles cresçam demais, independentemente de quão difícil, sem dúvida, seja a tarefa. Isso não significa, entretanto, que a política monetária deveria ser a única linha de defesa. Dizer que a política monetária pode ter alguma capacidade de refrear o aumento dos perigosos graus de alavancagem não implica que não haja necessidade de nenhuma outra medida que atue em idêntico sentido caso dispuséssemos de uma bem equacionada política monetária.

Usar a política monetária para esse propósito, mesmo pressupondo que ela pudesse ser totalmente bem-sucedida, certamente teria custos em termos de reduzir a extensão em que a política monetária poderia, simultaneamente, atingir seus objetivos usuais de estabilização. Por isso, convém tentar aperfeiçoar a regulamentação financeira, e também desenvolver instrumentos de política macroprudencial. Múltiplos instrumentos devem aumentar as condições de perseguir múltiplos objetivos simultaneamente, e eles são muito bem-vindos neste caso.

E mais: Na situação atual, sem ainda dispor dessas políticas alternativas que podem ser confiáveis para eliminar completamente a questão de controlar os riscos quanto à estabilidade financeira, como a política monetária poderia lidar com essa questão? Simplesmente monitorar as perspectivas dos índices inflacionários e a atividade real não vai, em geral, ser suficiente para tomar decisões monetárias eficazes. Pode ser que, na maioria das circunstâncias, os riscos para a estabilidade financeira serão suficientemente pequenos, considerando todas as decisões sobre taxas de juros atualmente contempladas por uma política de taxas de juros a ser definida exclusivamente com base nas consequências esperadas na inflação e na produção. Mas é preciso ao menos reconhecer a possibilidade de exceções nessa situação e manter-se atento a elas.

Isso significa que a proposta que venho descrevendo, de que a política de taxa de juros deve ser usada para manter o PIB nominal em um patamar de meta fixo, não deveria ser vista como uma regra absoluta. Também pode ser razoável, sob determinadas circunstâncias, a manutenção de manter uma política mais rígida no sentido de conter o excessivo aumento da alavancagem, mesmo que isso exija que o PIB nominal fique abaixo da meta. Mas, a meu ver, isso não tornaria sem razão de ser a existência de um PIB nominal.

Em especial, mesmo no caso de um desvio temporário em relação à meta do PIB nominal em virtude de preocupações com a estabilidade financeira, faz sentido para o banco central permanecer comprometido em, por fim, alcançar novamente a meta através de um período subsequente de crescimento acima da média para compensar o período de crescimento nominal insuficiente[7]. O argumento é o mesmo do caso do nível zero: Uma expectativa de que uma performance atual abaixo da meta do PIB nominal, compensada, em seguida, por um período de maior crescimento de PIB nominal, deveria reduzir a extensão na qual uma taxa temporariamente mais alta faz com que o PIB nominal seja, de início, subestimado.

Na medida em que tais efeitos antecipados ocorrem, eles deveriam, por um lado, reduzir a tensão entre os objetivos de restringir os riscos para a estabilidade financeira e, por outro, a manutenção da estabilidade macroeconômica. Essa é outra vantagem de modificar a compreensão sobre metas inflacionárias flexíveis na forma mais ambiciosa que acabo de esboçar.

Notas

1. Mervyn A. King, "Changes in UK Monetary Policy: Rules and Discretion in Practice", *Journal of Monetary Economics* 39 (1997): 81—97.

2. Ver, por exemplo, Ben S. Bernanke e Frederic S. Mishkin, "Inflation Targeting: A New Framework for Monetary Policy?", *Journal of Economic Perspectivies* Primavera (1997): 97—116; Ben S. Bernanke et al., *Inflation Tageting* (Princeton, NJ: Princeton University Press, 1999); Lars E. O. Svensson, "Inflation Targeting: Some Extensions," *Scandinavian Journal of Economics* 101 (1999): 337—361; e idem, "Inflation Targetting as a Monetary Policy Rule," *Journal of Monetary Economics 43* (1999): 607—654.

3. Para mais discussões sobre a conveniência de tal critério de meta intermediária, ver Michael Woodford, *Interest and Prices: Foundations of a Theory of Monetary Policy* (Princeton, NJ: Princeton University Press, 2003), cap.7; idem, "The Case for Forecast Targeting as a Monetary Policy Strategy," *Journal of Economic Perspectives* Outono (2007): 3—24; e idem, "Forecast Targeting as a Monetary Strategy: Policy Rules in Practice," em *The Taylor Rule and the Transformation of Monetary Policy*, ed. E. F. Koenig, R. Leeson e J.B. Taylor (Stanford, CA: Hoover Institution Press, 2012).

4. Uma meta de PIB nominal pode ser vista como uma versão mais simples da proposta de meta para um "nível de hiato de produção de preço ajustado", uma proposta que pode ser mostrada para representar um ideal teórico em certos modelos Neokeynesianos, tal como é discutido em Michael Woodford, "Optimal Monetary Stabilization Policy," em *Handbook of Monetary Economics*, vol. 3B, ed. B. M. Friedman e M. Woodford (Amsterdan: Elsevier, 2011). Sobre as vantagens de uma meta de PIB nominal como uma proposta prática, ver Michael Woodford, "Methods of Policy Accomodation at the Interest-Rate Lower Bound", em *The Changing Policy Landscape* (Kansas City: Federal Reserve Bank de Kansas City, 2012); e idem, "Inflation Targeting: Fix It, Don't Scrap It" em *Is Inflation Targeting Dead? Central Banking after the Crisis*, ed. L.Reichlin e R. Baldwin (Londres: Centro de Pesquisas de Política Econômica, 2013).

5. Para outras discussões, ver Woodford, "Methods of Policy Accomodation."

6. A forma como isso deveria funcionar e as vantagens dessa proposta sobre o tipo de limites introduzidos pelo FOMC são mais discutidas em Michael Woodford, "Forward Guidance by Inflation Targeting Central Banks," http://www.columbia.edu/~mw2230/RiksbankIT.pdf.

7. Ver Michael Woodford, "Inflation Targeting and Financial Stability", Sveriges Riksbank *Economic Review* 1 (2012): 7—32, para uma demonstração analítica de

que uma regra desse tipo representa um comprometimento ótimo de política, no contexto de um "modelo novo Keynesiano" simples, com um conflito entre três objetivos de estabilidade inflacionária, estabilidade do hiato do produto e minimização das distorções econômicas associadas à crise financeira. A regra demonstrada aqui, para ser otimizada, generaliza as regras políticas ótimas para um modelo novo Keynesiano, que abstraem os riscos endógenos da estabilidade financeira; mesmo assim, de fato envolve uma meta para um nível dos preços ajustado pelo hiato de produção em vez de no PIB nominal. Sob compromisso ótimo, a meta determinística para essa variável não muda em função das variações no risco financeiro ou pela ocorrência de crises financeiras, porém, saídas temporárias da meta são justificadas proporcionalmente às flutuações da variável "risco marginal da crise". A variante com uma meta constante para um PIB nominal busca uma aproximação com a regra ótima derivada ali (a qual, porém, só é exatamente ótima em pressupostos bem específicos).

II
Política Macroprudencial

5
Política Macroprudencial em Perspectiva

Andrew Haldane

A política macroprudencial é algo novo, talvez até mesmo a próxima grande novidade. As esperanças são muitas. Refletindo isso, há novas agências e políticas macroprudenciais surgindo em todos os cantos do mundo, em economias desenvolvidas e em desenvolvimento (ver, por exemplo, Aikman, Haldane e Kapadia, 2013). Mas isso traz as questões: O que é de fato a política macroprudencial? Como ela deve ser implementada? E quão eficaz ela é?

Esta seção está bem posicionada para responder a tais questões, vindo logo após uma outra sobre política monetária, com a qual tem relação direta e cujas lições são muito úteis para configurar a questão macroprudencial.

A situação contemporânea do conhecimento sobre regimes macroprudenciais é a mesma, grosso modo, da política monetária na década de 40 — com boa vontade, poderia ser a dos anos 1940 em vez de 1840. É fácil esquecer que 70 anos atrás ainda havia uma grande dose de incerteza quanto aos princípios chave de uma estrutura ótima de política monetária:

- O que eram *objetivos* apropriados?
- Quais *instrumentos* deveriam ser melhor implementados?
- Quais eram as estruturas de governança e prestação de contas mais apropriadas? Daquela época em diante, essas três questões têm, se não sido resolvidas, muito mais bem articuladas na estruturação da política monetária.

Quando se trata da configuração da política macroprudencial, todos aqueles três elementos são, se não indefinidos, ao menos muito mal articulados neste momento. Deixe-me abordar brevemente cada um deles.

Primeiro, *objetivos*. Macroprudencial tem a ver, como indica o nome, com a interação ou a interface entre política preventiva e macroeconomia. Mas, exatamente como isso se traduz em um objetivo macroprudencial? Em especial, deveríamos pensar em objetivos macroprudenciais que visam:

- Proteger o *sistema financeiro* de oscilações e ciclos na economia real? Isso daria às políticas macroprudenciais um objetivo purista de estabilidade financeira.

Ou, mais ambiciosamente, as políticas macroprudenciais devem:

- Proteger a *economia real* de oscilações e ciclos no sistema financeiro? Isso daria às políticas macroprudenciais um foco macroeconômico mais evidente.

Vamos colocar de forma diferente. A política macroprudencial deveria estar nas mãos do supervisor macroprudencial? Ou a política macroprudencial é um braço legitimamente distinto da política macroeconômica, trabalhando lado a lado com a política monetária e a fiscal?

Essa questão faz um paralelo direto com o debate da política monetária sobre os mandatos apropriados, uma discussão que, em certa medida, continua a existir ainda hoje (ver, por exemplo, Woodford 2012). Qual é o balanço apropriado entre, de um lado, um mandato purista de estabilidade dos preços e, de outro, um mandato dual que também pondera objetivos de produção e emprego? Os mandatos monetários da maior parte dos países hoje em dia tende a privilegiar objetivos mais abrangentes do que fixar-se na estabilidade dos preços.

A experiência internacional existente sugere algumas diferenças importantes no escopo dos mandatos macroprudenciais. Por exemplo, os recentes testes de estresse, promovidos nos EUA, focados nas implicações de severas desacelerações macroeconômicas sobre a resiliência financeira dos bancos americanos. Em outras palavras, testes realizados mostraram uma sobreposição — ou maior poder — da supervisão macroprudencial em relação à supervisão microprudencial (Bernanke 2013). Isso é consistente com o tipo 1 de mandato macroprudencial.

Em contraste, no Reino Unido, o novo Comitê de Política Fiscal (em inglês, FPC) do Banco da Inglaterra tem um mandato estatuário macroprudencial com uma clara ordenação lexicográfica de objetivos. Isso coloca a resiliência financeira como o objetivo principal, mas, então, confere à estabilização de crescimento e emprego um status de objetivo secundário. Há um mandato dual, porém, ordenado — um mandato do tipo 2.

Esse mandato tem sido relevante na condução das ações do Comitê de Política Fiscal (em inglês FPC). Por exemplo, em meados de 2012 o FPC *reduziu* os requisitos de liquidez dos bancos ingleses. Isso foi uma tentativa manifestamente contracíclica de estímulo aos empréstimos bancários e ao crescimento da economia em geral. Mais recentemente, o FPC solicitou aos bancos do Reino Unido aumentar seu capital, com o nítido objetivo de reduzir as taxas de juros nos empréstimos e financiamentos, e assim impulsionar a economia. Em outras palavras, a política macroprudencial tem operado como um braço suplementar da política macroeconômica.

As ações macroeconômicas recentemente implementadas pelo Brasil, Hong Kong, Índia, Coreia e Israel, dentre outros países, também são consistentes com o tipo 2 de mandato macroprudencial. Em cada caso, o objetivo parece ter sido o de modular as flutuações nos mercados de ativos — por exemplo, o mercado de imóveis residenciais — e, por conseguinte, da economia como um todo. É o suficiente para dizer que, internacionalmente falando, ainda se está longe de buscar os objetivos apropriados das políticas macroprudenciais e seus escopos e ambições.

Em segundo lugar, *instrumentos*. Há aqui, novamente, um paralelo com os debates sobre política monetária de algumas gerações atrás. Naquele tempo, monetaristas teóricos e práticos discutiram bastante os méritos relativos dos instrumentos baseados nos preços (tais como o estabelecimento de taxas de juros de curto prazo) e instrumentos quantitativos (tais como o estabelecimento de metas para suprimento da base monetária ou o uso seletivo dos controles sobre os fluxos de crédito e de capitais). Dessa época em diante, o debate se estabeleceu firmemente no lado dos instrumentos baseados nos preços, certamente durante tempos normais.

Hoje, uma vertente chave do debate macroprudencial é se deveriam ser utilizados instrumentos baseados no preço (tais como índices de liquidez ou de capitais ou tributação de certas transações financeiras) ou na quantidade (tais como estabelecendo níveis de cobertura de empréstimos (sigla em inglês: LTV) ou limites no comprometimento da renda (sigla em inglês: DTI) nos financiamentos hipotecários, ou solicitando requisitos marginais na securitização de transações financeiras) — ou, de fato, combinando as ferramentas de ambos.

As práticas macroprudenciais internacionais vigentes diferem consideravelmente nessa questão. Uma pesquisa recente de Lim e outros (2011) mostra claramente a extensão dessas diferenças, resumidas na tabela 5.1. No Reino Unido, o FPC do Banco da Inglaterra expressou uma preferência por utilizar ferramentas de capital e de liquidez — instrumentos baseados no preço — ao menos quando a questão se direciona para outros reguladores (Bank of England, 2013). Isso se fundamentava, parcialmente, em que os instrumentos baseados no preço tenderão a causar menos distorção em seu impacto no comportamento.

Por outro lado, um grande número de mercados emergentes se valeu do LTV ou do DTI — intervenções baseadas na quantidade — em suas escolhas de instrumento macroprudencial (tabela 5.1). Isso se apoiou, em parte, no fato de que essas medidas parecem, provavelmente, ter um impacto direto e imediato, por exemplo, no mercado de imóveis residenciais ou nos fluxos de caixa dos credores. Um grande número de países empregou ambos os instrumentos macroprudenciais. Uma vez mais, o consenso, pratica e academicamente falando, inexiste.

Tabela 5.1
Utilização Internacional dos Instrumentos Macroprudenciais (2000—2010)

Uso	Limites de LTV	Limites de DTI	Requisitos de Capital	Depósitos Compulsórios	Limites do Nível de crédito
Uso individual	5	2	3	5	2
Usado em conjunto com outras medidas	15	11	8	14	5
Extensão	6	5	1	11	1
Meta	14	8	10	8	6
Fixo	11	7	0	7	3
Variavel no tempo[a]	9	6	11	12	4
Regra	0	0	2	0	0
Arbitrário	9	6	9	12	4
Coordenando com outras políticas	13	6	8	14	5
Não coordenado	7	7	3	5	2
Países que usaram esse instrumento	20	13	11	19	7

Observação: [a] Isso inclui instrumentos originalmente usados como resposta a um ciclo, embora eles não sejam necessariamente revertidos em resposta às fraquezas do crédito subsequentes à crise de 2008.

Fonte: Lim e outros (2011).

Em terceiro, *governança e prestação de contas*. Aqui há uma diferença interessante entre os mandatos de política monetária e macroprudencial. A política monetária é, por sua natureza e em tempos normais, não segmentável; se não cega, é ao menos vendada sobre suas consequências distributivas. Os bancos centrais não podem estabelecer taxas de juros distintas para pequenas empresas em relação às grandes, ou uma para o norte e outra para o sul de uma região, ou ainda diferenciá-las para aqueles com e sem hipoteca.

Já as políticas macroprudenciais têm o condão de fazer justamente isso — e, na prática, às vezes fazem mesmo. Por exemplo, as intervenções LTV ou DTI cingiram-se, às vezes, em específicas regiões, cidades ou tipos de empréstimos. Nesse papel, elas são manifestamente distributivas em seus impactos e, ao menos em princípio, quase que infinitamente segmentáveis. Ainda que possa ser benéfico focar áreas de risco selecionadas para intervenções de política econômica, há custos envolvidos nessas ações.

Em razão de seu impacto distributivo, políticas macroprudenciais levantam questões sobre governança e prestação de contas democraticamente apropriadas.

Essas tensões são nitidamente visíveis nas estruturas de governo relativas à política macroprudencial existentes ao redor do mundo. A Tabela 5.2 traz um resumo delas em países selecionados. Alguns regimes colocaram o banco central no assento do motorista, como no Reino Unido. Outros, ao contrário, colocaram o protagonismo no Ministério das Finanças ou no Tesouro como parte de um colegiado de órgãos reguladores, tal como nos Estados Unidos.

Tabela 5.2
Estrutura da Tomada de Decisões Macroprudenciais por País

Métodos de Governança	Exemplos		
Comitê Executivo	Índia, África do Sul, Irlanda, República Checa, Lituânia, Chipre, Bélgica, Grécia, Estônia, Malta, Reino Unido, Portugal[a], Itália[a], Nova Zelândia[a], Finlândia[b]		França, Alemanha, Bulgária, Polônia, Dinamarca, Holanda, Brasil, Hong Kong
Comitê de Coordenação		Suécia	Espanha, EUA, Canadá, Austrália
Sem Comitê	Cingapura, Suíça	Japão, Coreia do Sul, Turquia	China
	As decisões são de competência do banco central	Agências múltiplas, não incluindo o Ministério das Finanças	Agências múltiplas, incluindo o Ministério das Finanças

Observação: [a] - Portugal, Itália e Nova Zelândia estão atualmente discutindo essa estruturação. [b] - Na Finlândia, a autoridade macroprudencial é uma instância de supervisão bancária, e não o banco central.

Mesmo quando no comando, um banco central assumir responsabilidades macroprudenciais significa, provavelmente, enfrentar pressões adicionais a respeito de sua independência. Um conjunto maior de atribuições, que tem um impacto direto na distribuição e níveis do PIB, dá margem a questões importantes sobre legitimidade democrática. As práticas de prestação de contas podem precisar de ajustes devidamente acordados. Para os bancos centrais, esse pode ser um preço que vale a pena pagar por um grau extra de liberdade macroprudencial, mas, ainda assim, é um preço.

Resolver todas essas questões de estruturação macroprudencial demandará tempo: para os acadêmicos, tempo para conduzir pesquisas sobre a eficácia e configuração das políticas macroprudenciais; para os políticos, tempo para executar e adaptar essas políticas à luz da experiência. Tal como a política monetária de meio século atrás, tantos os acadêmicos quanto os formuladores de política econômica têm um papel importante a desempenhar no desenvolvimento de uma estrutura de política macroprudencial intelectualmente coerente e operacionalmente viável. Sem dúvida, tal como se dá com a política monetária, esse será um lento e evolutivo processo de tentativas e erros. Mas o maior erro que poderíamos cometer seria não tentar.

Referências

Aikman, D., A. G. Haldane, e S. Kapadia. 2013. "Operationalising a Macroprudential Regime: Goals, Tools and Open Issues." *Estabilidad Financiera* [Financial Stability Journal do Bank of Spain] 24:10—30. http://www.bde.es/f/webbde/GAP/secciones/Publicaciones/InformesBoletinesRevistasEstabilidadFinanciera/13/Mayo/Fic/ref2013241.pdf.

Bank of England. 2013. "The Financial Policy Commitee's Powers to Supplement Capital Requirements: A Draft Policy Statement." http://www.bankofengland.co.uk/financialstability/Documents/fpd/policystatement130114.pdf.

Bernanke, B. S. 2013. "Stress Testing Banks: What Have We Learned?" Trabalho apresentado na Federal Reserve Bank of Atlanta Conference, "Maintaining Financial Stability: Holding a Tiger by the Tail", Abril. http://www.federalreserve.gov/newsevents/speech/bernanke20130408a.pdf.

Lim, C. H., F. Columbia, A. Costa, P. Kongsamut, A. Otami, M. Saiyid, T. Wezel e X. Wu, 2011. "Macroprudential Policy: What Instruments and How Are They Used? Lessons from Countries Experiences." IMF Working Paper 238, Fundo Monetário Internacional, Washington, DC.

Woodford, M. 2012. "Methods of Policy Accomodation at the Interest-Rate Lower Bound." Trabalho apresentado no Jackson Hole Symposium, Agosto. http://www.columbia.edu/~mw2230/Jhole2012final.pdf.

6

Política Macroprudencial e o Ciclo Financeiro: Alguns Fatos Estilizados e Sugestões Políticas

Claudio Borio

Este capítulo busca trazer alguns contextos para o debate sobre a política macroprudencial. O objetivo é explorar o que considero a maior fonte de risco sistêmico, a saber, o ciclo financeiro e sua conexão com a crise do sistema financeiro (bancário) e o já bastante conhecido ciclo de negócios. Eu gostaria de destacar alguns fatos estilizados* e então voltar para as implicações na política macroprudencial.

Por "ciclo financeiro" quero dizer, um tanto livremente, a interação entre percepção e tolerância de risco, de um lado, e repressões financeiras por outro (com ambos os lados reforçando-se mutuamente), a qual, como demonstra a experiência, pode levar a sérios episódios de aflição financeira(veja na Introdução) e desarranjos macroeconômicos. É o que também veio a ser conhecido como prociclicidade[†] do sistema financeiro.

Há três tópicos importantes para se levar da minha apresentação. Primeiro, o ciclo financeiro deveria estar bem no centro de nossa compreensão da macroeconomia. Em meu conceito, a macroeconomia sem o ciclo financeiro é algo bem parecido com o *Hamlet* sem o príncipe. Em segundo, o ciclo financeiro tem implicações significativas na configuração e limites da política macroprudencial. E, por fim, também tem reflexos relevantes na configuração e limites de outras políticas, notoriamente a monetária e a fiscal.

Vou colocar duas perguntas, e discorrer sobre elas a seguir. Quais são as propriedades do ciclo financeiro? Destacarei sete. Quais são as questões políticas que ele levanta? Vou destacar quatro.

Eu deveria mencionar que as apresentações que farei baseiam-se em pesquisas realizadas pelo Bank for International Settlements (BIS) ao longo dos anos. Mas muitas das descobertas são bem consistentes com o trabalho efetuado por outras instituições, incluindo o FMI.[1]

---

* N.E.: Conceitua-se "fatos estilizados" como observações recorrentemente presentes em tantos contextos que são comumente aceitas como verdades empíricas, estabelecendo limites que todas as novas hipóteses devem respeitar.

† N.E.: Em termos gerais, prociclicidade é a qualidade inerente a aquilo que é pró-cíclico, ou seja, algo que se reforça com expansões do ciclo econômico, e se retrai quando o ciclo se reverte.

O Ciclo Financeiro: Sete Propriedades

É útil pensar no ciclo financeiro como tendo sete propriedades.[2]

Primeira: Sua descrição mais parcimoniosa é feita em termos do comportamento conjunto do crédito e dos preços dos bens imóveis. Em alguns aspectos, os preços dos ativos mobiliários, ainda que sejam tão proeminentes nas finanças e na macroeconomia, podem ser uma distração. Isso, por sua vez, é relacionado com a próxima propriedade.

Segunda: O ciclo financeiro tem uma frequência muito menor que a do ciclo tradicional de negócios.[3] Por "ciclo tradicional de negócios" quero dizer o modo como os economistas e os formuladores de políticas econômicas pensam o ciclo de negócios. Esse ciclo de negócios tem a duração de até oito anos. Em contrapartida, o ciclo financeiro, que é mais relevante em virtude dos sérios desarranjos macroeconômicos, tem durado, desde o começo dos anos 1980, entre 16 e 20 anos. É um processo de médio prazo. Isso é o que verificamos em uma amostra de sete economias desenvolvidas nas quais se dispõe de dados confiáveis (Drehmann, Borio e Tsatsaronis, 2012). Essa questão tem como ilustração o ocorrido nos Estados Unidos, conforme a figura 6.1.

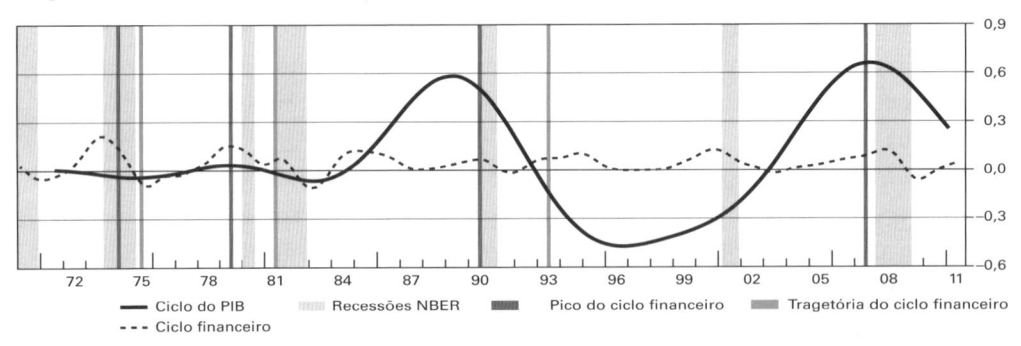

Figura 6.1
Ciclos Financeiros e de Negócios nos Estados Unidos.
Observação: As barras em tons de cinza claros e escuros indicam picos e trajetória dos ciclos combinados usando o método de turning-point. O ciclo baseado na frequência (linha contínua) é a média do ciclo de médio prazo do crédito, o crédito da relação entre o PIB e o preço dos imóveis residenciais (filtros baseados na frequência). O ciclo de curto prazo do PIB (linha tracejada) é o ciclo identificado pelo filtro da frequência tradicional de curto prazo usado para medir o ciclo de negócios. As áreas sombreadas indicam as recessões NBER.
Observação: A amplitude dos ciclos desenhados pelas linhas pontilhadas e contínua não são comparáveis diretamente. NBER, sigla de National Bureau of Economic Research.
Fonte: Drehmann, Borio e Tsatsaronis (2012).

A figura representa o ciclo tradicional de negócios (linha pontilhada) e o ciclo financeiro (linha contínua) medidos através de filtros de passagem, bem como picos e trajetórias (linhas verticais). O ciclo financeiro é identificado pela combinação do comportamento do crédito, os preços dos bens imóveis e a relação entre o crédito e o PIB[4]. A diferença na duração é óbvia.

Bens mobiliários (ações e outros) podem ser uma distração no sentido de que as propriedades das séries temporais deles estão mais próximas daquelas do PIB em termos da duração das oscilações. Por exemplo, as quebras no mercado de ações em 1987 e 2000 foram seguidas por diminuições no crescimento do PIB ou mesmo recessões. Mas o ciclo financeiro, tal como medido pelo crédito e preços de imóveis continuou a se expandir, involuindo somente alguns anos depois (início dos anos 1990 e entre 2007 e 2008, respectivamente), derrubando a economia e causando danos ainda maiores. Observando sob uma perspectiva de longo prazo, a fase inicial de contração na atividade econômica pode, desse modo, ser considerada como "recessões inacabadas" (Drehmann, Borio e Tsatsaronis, 2012).

Terceira: Os picos no ciclo financeiro tendem a coincidir com as crises bancárias sistêmicas ou sérias distorções. Isso foi verdade para todas as crises após 1985 na amostra dos países desenvolvidos que examinamos (Drehmann, Borio e Tsatsaronis, 2012). E aquelas crises que ocorreram muito longe do pico foram "importadas"; ou seja, refletiram perdas em posições no estrangeiro em outros ciclos econômicos. Lembro aqui, por exemplo, as perdas que os bancos alemães e suíços sofreram na mais recente crise financeira, por suas exposições ao ciclo financeiro norte-americano. Não surpreendentemente, as contrações dos ciclos de negócios que coincidem com um colapso no ciclo financeiro são muito mais profundas.

Quarta: Graças ao ciclo financeiro, simples indicadores de antecedência, também chamados antecedentes — ou seja, que captam certos fatores econômicos antes que a economia siga um determinado padrão — podem identificar riscos de crises bancárias de maneira bem acurada em tempo real (ex ante)[5] e com uma boa vantagem (entre dois e quatro anos, dependendo da calibragem). Os indicadores que nós achamos mais úteis no BIS são baseados nas dispersões positivas das relações entre crédito (do setor privado) e PIB, e de preços de ativos, especialmente preços dos imóveis, excedendo, *conjuntamente,* suas respectivas tendências históricas (por exemplo, Borio e Drehmann, 2009; Borio e Lowe, 2002)[6]. Nós podemos pensar nesses indicadores como procuradores em tempo real para a formação de desequilíbrios financeiros: As dispersões dos preços dos ativos proporcionam uma sensação de probabilidade e tamanho da reversão subsequente; já as dispersões da relação crédito e PIB dão uma ideia da capacidade de absorção de perdas do sistema. Esses indicadores acenderam a luz vermelha nos Estados Unidos em meados dos anos 2000 (figura 6.2).

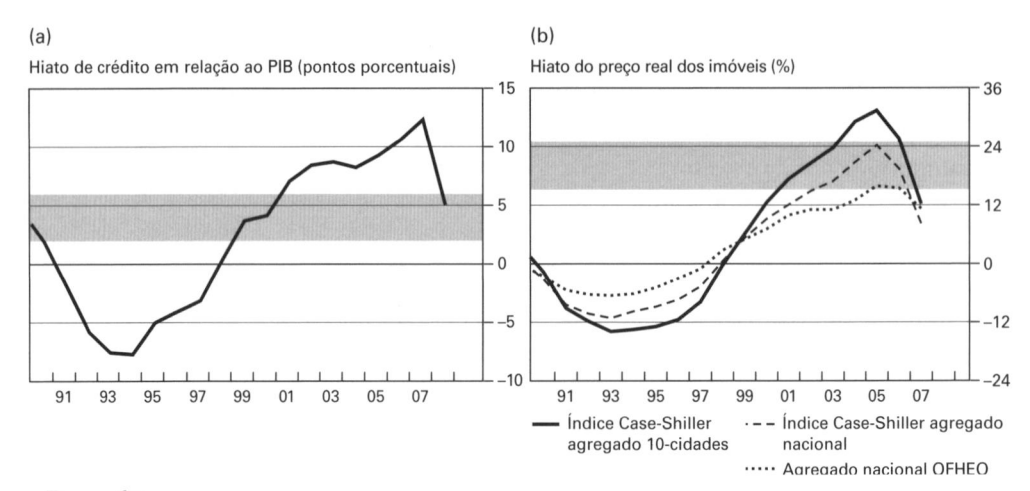

Figura 6.2
Indicadores Antecedentes de Crises Bancárias: Hiatos de Crédito e de Preço de Imóveis, Estados Unidos.
Observação: As áreas sombreadas se referem aos valores atribuídos aos indicadores: de 2 a 6 pontos percentuais para o hiato de crédito em relação ao PIB (a), e 15% a 25% para o hiato de preço real de imóveis (b). O hiato do preço real de imóveis é a média ponderada dos preços de propriedades residenciais e comerciais, com pesos correspondentes às respectivas estimativas de participação na renda do setor imobiliário. A legenda se refere ao componente preço da propriedade residencial. As estimativas para 2008 (a e b) são baseadas em dados parciais (até o terceiro trimestre). OFHEO, Office of Federal Housing Enterprise Oversight.
Fonte: Borio e Drehmann (2009).

Há, também, evidências crescentes de que o crédito estrangeiro ultrapassa, com frequência, o crédito doméstico durante tais booms financeiros (ver Borio, McCauley e McGuire, 2011; Avdjiev, McCauley e McGuire, 2012)[7].

Quinta: Em grande parte pelas mesmas razões, o ciclo financeiro também ajuda a elaborar estimativas de produção sustentável que, comparadas às estimativas tradicionais de produção potencial, são muito mais confiáveis em tempo real, e também estatisticamente mais precisas (Borio, Disyatat e Juselius, 2013). Nenhum dos métodos correntes, desde a abordagem função de produção total, até aquelas que se valem de simples filtros estatísticos, flagrou que a produção estava acima de seu nível potencial sustentável antes da crise financeira. Em trabalho recente, descobrimos que incorporar informações sobre o comportamento do crédito e dos preços dos imóveis nos possibilitava fazer justamente isso.

A Figura 6.3 ilustra bem isso para os Estados Unidos, ao comparar nossas estimativas de hiatos de produção (o assim chamado de hiato "finance neutral"), com as do FMI e do OECD, em que nos baseamos em um modelo de abordagem de maior cobertura e com um filtro estatístico popular (o filtro Hodrick-Prescott).

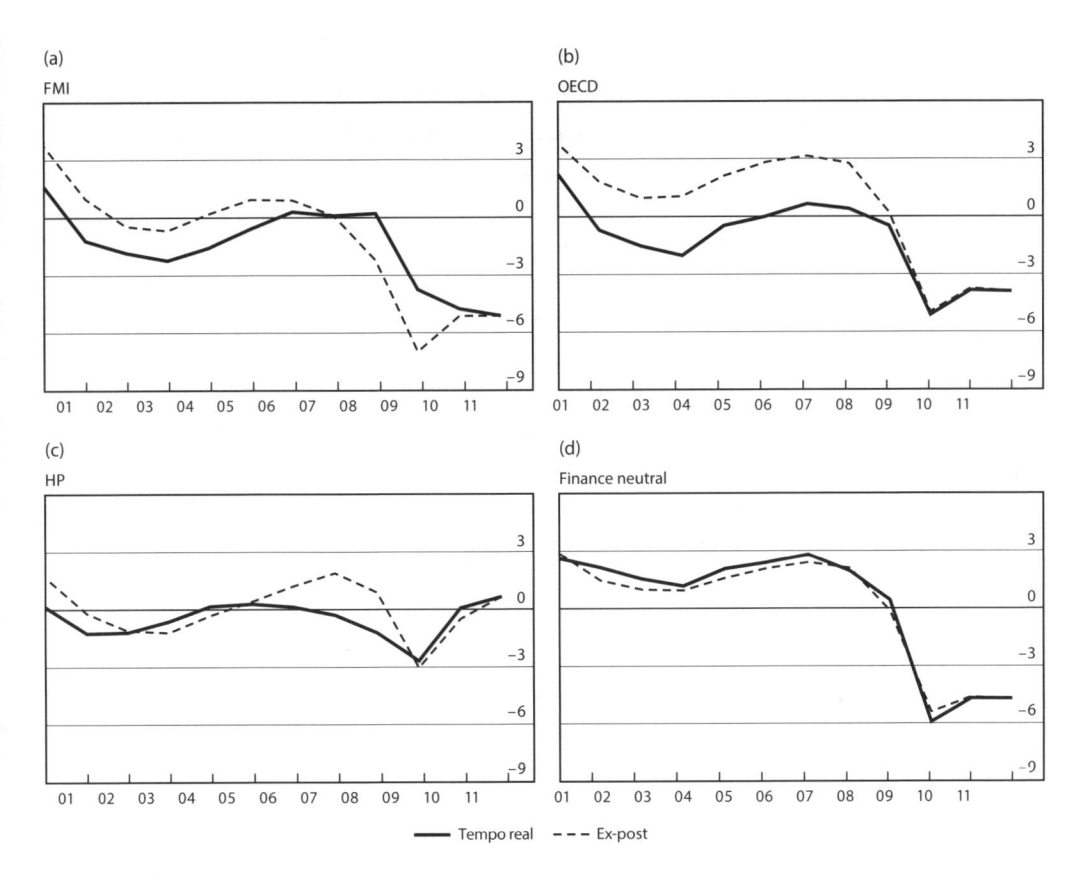

Figura 6.3

Hiato de produção dos EUA: Estimativas Ex Post (baseadas na amostra) e Ex Ante (em Tempo Real) — em pontos porcentuais de produção potencial.
Observações: a. Fundo Monetário Internacional. b. Organisation for Economic Co-operation and Development. c. filtro Hodrick-Prescott. d. Estimativa de "finance neutral" de Borio e outros (2013). Tratam-se de estimativas lineares de hiatos financeiros; as estimativas não lineares, que deveriam captar melhor as forças em ação, mostrariam um hiato de produção que é consideravelmente maior no boom e menor na recessão.
Fonte: Borio, Disyatat e Juselius (2013).

A estimativa tradicional realizada em tempo real durante a expansão econômica que precedeu a crise indicava que o desempenho da economia situava-se logo abaixo, bem próxima, de seu potencial (as linhas contínuas nos painéis correspondentes). Somente após a crise as estimativas revelaram, embora variando em grau, que a produção estivera acima de seu nível potencial sustentável (linhas pontilhadas). Em oposição, as medidas do hiato de produção (o hiato "finance neutral") refletem isso sem cessar (painel d na figura 6.3, linha contínua). E ela dificilmente é revisada com o passar do tempo (as linhas contínua e pontilhada são persistentemente muito próximas uma da outra no painel d). Uma razão pela qual a função da produção e abordagens similares não captam uma expansão insustentável é que elas se prendem à noção de que a inflação é o único sinal de insustentabilidade. No entanto, como sabemos, foi mais adiante, na crise, que o comportamento do crédito e os preços dos imóveis revelaram que o nível de produção estava em um caminho insustentável; quanto à inflação, permaneceu baixa e estável.

Sexta (e crítica): a amplitude e a extensão do ciclo financeiro são "regime-dependentes": elas não são, nem podem ser, uma espécie de constante cósmica. Indiscutivelmente, são três os principais fatores que dão suporte aos ciclos financeiros: a liberalização financeira, que enfraquece as restrições financeiras; as linhas de política monetária, focadas no controle da inflação no curto prazo, o que traz menor resistência à ocorrência de desequilíbrios financeiros desde que a inflação permaneça baixa e estável; e positivos incrementos do lado da oferta na equação econômica (por exemplo, a globalização da economia real), o que alimenta o boom financeiro, enquanto, ao mesmo tempo, diminui as pressões inflacionárias. Não é uma coincidência, portanto, que os ciclos financeiros dobraram sua extensão a partir da liberalização financeira no início e meados dos anos 1980 e que se tornaram particularmente virulentos desde o início dos anos 1990 (ver figura 6.1).

Por fim, a sétima propriedade: a trajetória de baixa dos ciclos financeiros anda de mãos dadas com o "recessões de balanço"[8]. Nesse caso, comparadas a outras recessões, o excesso de dívidas e capital empatado é muito mais relevante, os danos ao setor financeiro muito maiores e o espaço para manobras políticas muito mais limitado à medida que as políticas moderadoras — prudenciais, monetárias e fiscais — se esgotam. Há evidências de que "recessões de balanço" resultam em perdas permanentes de produção (o crescimento pode voltar às taxas de longo prazo pré-crise, mas a produção não retoma sua trajetória anterior) e introduzem longas e vagarosas recuperações. Por quê? Suspeito de que se trate de um legado de booms anteriores e subsequentes tensões financeiras.

O Ciclo Financeiro: Quatro Observações sobre a Política Macroprudencial

Como a política prudencial deveria tratar o ciclo financeiro? O ciclo financeiro requer que a política prudencial tenha uma orientação sistêmica. Isso significa encarar a prociclicidade do sistema financeiro de frente, ou aquilo que vem a ser conhecido como a dimensão temporal da política macroprudencial; essa é a dimensão que se refere a como o risco sistêmico evolui ao longo do tempo (ver Crockett 2000; Borio 2011; Caruana 2012a).[9]

O princípio geral é bem simples de descrever, mas bem difícil de implementar: é o de construir amortecedores durante os booms financeiros para utilizá-los quando o processo se reverte. Isso tem dois objetivos. Aumentar a resiliência do sistema deixando-o em melhores condições quando houver a reversão do ciclo. E, idealmente, restringir logo de início o boom financeiro e, portanto, reduzir a probabilidade de maior intensidade das consequências da inversão do ciclo. Repare que esses dois objetivos são bem diferentes: o segundo é muito mais ambicioso do que o primeiro. Voltarei a essa questão mais tarde.

Permita-me destacar agora quatro observações sobre a política macroprudencial. Todas elas pretendem administrar as expectativas sobre sua eficiência e estabelecer um marco de referência (em inglês, "benchmarks") sobre o que ela pode e não pode fazer — e isso para alguém que tem sido (e continua sendo) um forte defensor da abordagem por mais de uma década. A razão é que o ciclo financeiro é uma força extremamente poderosa.

Primeira Observação

Tenha cuidado com os testes de estresse macroeconômicos como sendo dispositivos de alerta precoce em tempos tranquilos (Borio, Drehmann e Tsatsaronis, 2012). Até onde sei, nenhum deles acendeu a luz vermelha antes da recente crise[10]. A mensagem incessante deles era "o sistema é sólido".

Há duas razões para isso.

A primeira tem a ver com nossa tecnologia de mensuração de risco. Nossos modelos atuais são incapazes de captar de maneira convincente as não linearidades fundamentais e efeitos associados de realimentação que estão no centro da dinâmica das angústias financeiras. Em essência, não importa o quanto você sacuda a caixa, pouca coisa sairá dela. Isso camufla a dimensão dos ônus causados pelos choques, que se tornam exorbitantes mas que são subestimados pelos formuladores de políticas econômicas. O ponto principal aqui é que choques de dimensões normais estão na essência da instabilidade financeira que quebra o sistema. Um sistema instável não é aquele que viria abaixo somente se atingido por um forte abalo, tal como uma recessão descomunal. Um sistema instável é *frágil*. Como as evidências empíricas indicam, os colapsos eclodem quando o ciclo financeiro se aproxima do pico, muito antes do PIB ser mergulhado em profunda recessão ou os preços dos ativos despencarem.

A segunda razão tem a ver com o contexto, ou o que pode ser chamado de "paradoxo da instabilidade financeira" (Borio, 2011). As condições iniciais são inusualmente sólidas pouco antes das tensões financeiras virem à tona. Os preços do crédito e dos ativos crescem logo adiante; a alavancagem dos preços do mercado é artificialmente baixa; os lucros e qualidade dos ativos parecem especialmente saudáveis; e os prêmios de risco e a volatilidade no curto prazo são extraordinariamente restritos. Em termos nominais, esses sinais apontam para um baixo risco, quando de fato são o oposto. O sistema é mais frágil quando parece mais forte. E essa situação é alcançada após anos de expansão sólida e incessante, tipicamente conjugadas a inovações financeiras generalizadas. Em tais condições, a tentação em acreditar que desta vez as coisas são realmente diferentes é extraordinariamente poderosa (Reinhart e Rogoff, 2009).

Resultado: Na pior das hipóteses, testes de estresse macroeconômico podem acalmar os responsáveis pela política econômica dando-lhes uma falsa sensação de segurança. Isto posto, se modelados de acordo, esses testes podem ser um instrumento útil para o gerenciamento e resolução de crises — uma ferramenta para promover a adequação do nível da dívida. Afinal de contas, a crise já promoveu uma quebradeira, as não linearidades já se revelaram, e a arrogância abriu caminho para a prudência. "convenientemente projetados" significa que as autoridades necessitam ter vontade de sacudir o sistema, começar os testes a partir de avaliações realistas do valor dos ativos, e utilizar os recursos que mantém em reserva para promover a necessária liquidez e solvência.*

Segunda Observação

Tenha cuidado com a análise de rede como sendo uma ferramenta para detectar vulnerabilidades (Borio, Drehmann e Tsatsaronis, 2012). Para o ciclo financeiro, as conexões bilaterais (exposição das contrapartes), como fonte de vulnerabilidades, importam menos do que as exposições comuns.

A análise de rede vê o sistema financeiro como uma rede de conexões vinculando instituições. Elas modelam o risco sistêmico rastreando os efeitos indiretos do default (situação de inadimplência do devedor) de uma instituição nas outras às quais está interconectada. Quanto maior a porção do sistema que falha, maior é o risco sistêmico.

O problema principal é que, como evidências empíricas confirmam, dado o tamanho das interconexões, é muito difícil obter grandes efeitos. A razão é simples: exercícios mecânicos abstraídos do comportamento. Uma crise financeira se parece mais com um tsunami que arrasta tudo que se coloca em seu caminho, do que com uma força derrubando o dominó, uma pedra após a outra. Na crise, há uma resposta comportamental indiscriminada. Isso também explica porque o fracasso de instituições pequenas e aparentemente inócuas pode desencadear uma crise pior. As instituições pequenas não fazem a diferença pelo que são, mas sim pelo que sinalizam para o restante do mercado. Elas revelam vulnerabilidades compartilhadas; elas são como sinais da natureza. Quando o ciclo financeiro vira, o fracasso da primeira instituição pode abalar convicções previamente arraigadas e ativar uma mudança de paradigmas.

Isso não implica dizer, todavia, que a informação sobre a exposição bilateral tenha pouco valor. Muito como os testes de estresse macroeconômico, ela pode ser uma ferramenta bem valiosa no gerenciamento para identificar pontos de pressão e entender

---

*N,E,:veja Capítulo 17 sobre as diferenças e semelhanças entre estas duas)

onde e como melhor intervir. Mas para que seja esse o caso, a informação deve estar atualizada e ser bem segmentada (Borio, 2013).

Terceira Observação
Tenha cuidado com a supervalorização da eficácia da política macroprudencial (Borio, 2011; Caruana 2012a). Há dois conjuntos de razões aqui, que também, de certa maneira, ecoam aquelas que explicam as limitações dos testes de estresse.

O primeiro dos conjuntos é técnico. As ferramentas são mais eficientes em reforçar a resiliência do sistema financeiro (o primeiro objetivo mencionado acima) do que em restringir os booms financeiros (o segundo e mais ambicioso objetivo). Sem dúvida, alguns instrumentos são mais eficazes que outros. Por exemplo, é algo lógico, e parece ser confirmado por evidências empíricas, que os limites do índice de cobertura (LTV, sigla em inglês desse índice) e do nível de comprometimento de renda (DTI, sigla em inglês desse indicador) têm mais "pegada" que os requisitos de capital (por exemplo, CGFS, 2012). No final das contas, o capital é farto e barato durante os booms. Mas para uma calibração típica das ferramentas, seria imprudente esperar um forte impacto. Além do mais, e de um modo crítico, todas essas ferramentas são vulneráveis a uma arbitragem regulatória. E quanto mais permanecem em vigor, mais fácil a arbitragem se torna.

O segundo conjunto tem a ver com a política econômica. Comparativamente à política monetária, é ainda mais difícil parar de circular os tira-gostos quando a festa ainda está no início. A defasagem entre a percepção de risco e sua materialização é muito grande, certamente maior do que aquela entre excesso de demanda e inflação (lembro aqui há quanto tempo o ciclo financeiro é comparado com o ciclo de negócios). Para algumas das ferramentas, os efeitos distributivos são mais proeminentes e concentrados. E enquanto há todo um eleitorado contra a inflação, não há quase nenhuma oposição ao sentimento inebriante de se tornar rico. Tudo isso coloca um "algo a mais" no tom da governança para manter um equilíbrio correto entre regras e discricionariedades.

Quarta Observação
Tenha cuidado com o exagero de expectativas quanto à política macroprudencial (ver Caruana, 2011, 2012b; Borio, 2012 a, 2012b). Isso decorre naturalmente de observações prévias. O ciclo financeiro é, simplesmente, poderoso demais para ser combatido exclusivamente por intermédio de uma política macroprudencial ou, na verdade, por políticas prudenciais de forma geral, seja ela micro ou macro. A política macroprudencial precisa do constante apoio de outras políticas.

O que isso significa na prática? Para a política monetária, isso significa agir contra a formação de desequilíbrios financeiros mesmo que a inflação de curto prazo permaneça sob controle exercitando a "lean option[11]"(um sistema de produção "enxuto" considerado de ótimo custo-benefício). A política monetária estabelece o custo universal da alvancagem em uma dada moeda. Em contraste com as ferramentas macroprudenciais, ela não é vulnerável a uma arbitragem regulatória: você pode fugir, mas não pode se esconder. Para a política fiscal, isso significa ser ultraprudente, reconhecendo o efeito altamente favorável dos booms financeiros nas contas fiscais. Isso acontece graças à superestimação do potencial produtivo e dos níveis de crescimento (ver figura 6.3), à natureza pródiga em receitas dos booms financeiros em função dos efeitos composicionais, e ao contingente das responsabilidades necessárias para direcionar o "estouro" subsequente.

Uma observação importante, à parte, diz respeito a uma grande questão em aberto sobre como a estrutura macroprudencial deveria direcionar os riscos inerentes aos títulos soberanos. Essa estrutura foi originalmente configurada tendo em mente as vulnerabilidades do setor privado vinculadas aos ciclos financeiros. Estes, entretanto, provocam sérios danos àqueles títulos, o que pode, facilmente, solapar a solidez dos bancos. Além disso, como mostra a história, os títulos soberanos podem causar crises bancárias bem independentemente dos excessos do setor privado. No momento em que a credibilidade de tais títulos é posta em dúvida, muito mais atenção deve ser dada a essa questão.

Nesse contexto, há risco de que os ajustes na estrutura das políticas econômicas não estejam à altura? É de se supor que era esse o caso antes da crise, mas e quanto ao que se passou posteriormente? Minha resposta é que o risco não deveria ser subestimado.

O progresso tem sido desigual entre as políticas (Borio, 2012b).

A política prudencial se ajustou mais. Uma grande mudança de orientação das políticas micro para macroprudenciais teve lugar na regulamentação e supervisão. Aqui, podemos lembrar a adoção da formação e utilização de capitais em ações contracíclicas em Basileia III (BCBS, 2010; Drehmann, Borio e Tsatsaronis, 2011) e, de modo geral, os esforços visando implementar quadros macroprudenciais plenamente constituídos no mundo todo (CGFS 2012). Isto posto, é grande a expectativa sobre o que tais quadros podem oferecer, e há a questão sobre se já foi feito o suficiente com relação aos instrumentos, a calibração deles e os arranjos de governança. Além disso, mais poderia e deveria ter sido feito para reparar e equilibrar a situação bancária em algumas jurisdições.

O grau de ajustes da política monetária foi menor. Para ser justo, tem havido algumas mudanças em direção à adoção do "opção por agir", mas a disposição para exercitá-lo tem sido bastante limitada. É bem poderosa a tentação de se confiar exclusivamente nas novas ferramentas macroprudenciais para evitar os distúrbios na política monetária. E vale a pena perguntar se as limitações da política monetária como forma de combater fortes ciclos financeiros negativos têm sido efetivamente levadas em consideração.

A política fiscal se ajustou ainda menos. Persiste um menor reconhecimento dos efeitos altamente favoráveis dos booms financeiros no aspecto fiscal, e dos grandes riscos sobre a postura de sustentabilidade e até mesmo eficácia da política fiscal.

Resultado: há um risco real de que as políticas não se deem suficiente apoio mútuo. E, ainda, que elas não sejam simétricas o bastante entre os booms e retrocessos financeiros. Elas são muito pouco restritivas durante os booms, com o sério perigo de que os colchões de proteção financeira se esgotem completamente durante a reversão do ciclo. Isso representa uma enorme contração na margem de manobra — a qual se torna ainda mais estreita ao longo dos ciclos sucessivos. Os horizontes políticos são simplesmente curtos demais — não consentâneos com a duração do ciclo financeiro (Borio, 2012b).

Conclusão

Há necessidade de trazer o ciclo financeiro de volta à macroeconomia. Esta, sem os ciclos financeiros, tem muito a ver com *Hamlet* sem o príncipe. Os desafios analíticos resultantes dessa condição são enormes, cujo enfrentamento pelos economistas apenas se inicia.

Os ciclos financeiros têm maiores implicações na política macroprudencial e além. Destaquei quatro observações: Tenha cuidado com os testes de estresse macroeconômicos como sendo dispositivos de alerta precoce em tempos tranquilos. Tenha cuidado com a análise de rede como sendo uma ferramenta para detectar vulnerabilidades financeiras. Tenha cuidado com as limitações da política macroprudencial. E tenha cuidado com o exagero de expectativas depositadas nela.

Já foi feito o suficiente para ajustar as estruturas de política econômica? A bem da verdade, não. No caso da política macroprudencial, mais e melhor pode ser feito em relação à calibragem e ativação desse instrumento. Quanto à política monetária, pode ser feito mais no que se refere a implementar ações de "opção por agir". E na política fiscal, é preciso reconhecer o efeito altamente favorável que os booms financeiros têm sobre as contas fiscais.

Tanto para a prevenção quanto para lidar com o boom financeiro, como fica a questão de como administrar a reversão do ciclo financeiro? Digamos que, aqui, as questões são muito maiores e mais controversas, ao passo que o progresso tem sido mais limitado (Borio, 2012a, 2012b). Há um sério risco, em especial, de que a eficácia das políticas monetária e fiscal seja superestimada e de uma nova e mais insidiosa forma de inconsistência temporal. Mas essa é uma outra história.

Notas

Os pontos de vista expressados neste capítulo são meus e não necessariamente representam aqueles do Bank for International Settlements.

1. As referências são quase exclusivas do trabalho do BIS, principalmente dos mais recentes, embora o apoio da instituição à política macroprudencial se dê muito antes disso (por exemplo, Clement, 2010). Este trabalho traz vastas referências à literatura.

2. Esta seção fundamenta-se, em especial, em Borio (2012a).

3. O adjetivo "tradicional" é importante. Os dados também revelam oscilações maiores no PIB, que estão mais próximas daquelas do ciclo financeiro. Ver Drehmann, Borio e Tsatsaronis (2012).

4. Embora as mudanças na amplitude dos ciclos financeiros e de negócios ao longo do tempo sejam significativos, porque o ciclo financeiro combina séries diferentes, não é possível delinear inferências sobre a relativa amplitude dos dois ciclos no gráfico da figura 6.1. Ver Drehmann, Borio e Tsatsaronis (2012) para uma discussão sobre os problemas técnicos envolvidos.

5. Estimativas de tempo real ou *ex ante* se referem a uma estimativa que é baseada apenas em informação disponível no tempo em que a estimativa é realizada.

6. Não surpreendentemente, essas tendências são consistentes com a extensão média do ciclo financeiro (ver Drehmann, Borio e Tsatsaronis, 2011).

7. Tudo isso traz dúvidas sobre o ponto de vista segundo o qual os desequilíbrios nas transações correntes foram a causa da crise financeira. Para uma discussão mais profunda dessa questão, ver Borio e Disyatat (2011).

8. Koo (2003) parece ter sido o primeiro a usar tal termo. Ele o emprega para descrever uma recessão derivada de firmas não financeiras que procuravam se ressarcir de seus excessivos encargos da dívida, tal como ocorreu com a explosão da bolha no Japão, no início dos anos 1990. Especificamente, ele defende que o objetivo das empresas financeiras deixa de ser o de aumentar os lucros para buscar minimizar a dívida. O termo é usado aqui mais genericamente, para denotar a recessão associada com a reversão do ciclo financeiro que se segue a um boom financeiro insustentável. Mas as características gerais são similares, principalmente a questão do excesso de endividamento. Isto posto, delineamos diferentes conclusões sobre as respostas políticas apropriadas, em especial com respeito às políticas prudenciais e fiscais (ver Borio, 2012a).

9. Há também uma dimensão cruzada, que se refere a como o risco é distribuído no sistema financeiro em um determinado momento no tempo (ver, por exemplo, Crockett, 2000; Borio, 2011).

10. Até mesmo o Programa de Estabelecimento de Estabilidade Financeira da Islândia, lançado em agosto de 2008, concluiu que "os testes de estresse sugerem que o sistema é resiliente"; ver FMI (2008, 8).

11. A existência de um canal de "assunção de risco" da política monetária, pelo qual mudanças das taxas de juros (e outras ferramentas políticas monetárias) influenciam a percepção e a tolerância de risco, reforçam o caso de um papel ativo da política monetária. Não é, entretanto, uma condição necessária para isso. Ver Borio e Zhu (2011).

Referências bibliográficas

Avdijev, S., R. McCauley e P. McGuire. 2012. "Rapid Credit Growth and International Credit: Challenges for Asia". BIS Working Paper 377, Bank for International Settlements, Basel, abril. http://www.bis.org/publ/work377.pdf.

Basel Committee for Banking Supervision (BCBS). 2010. *Guidance for National Authorities Operating the Countercyclical Capital Buffer.* Basel: Bank for International Settlements, dezembro. http://www.bis.org/publ/bsbc187.htm.

Borio, C. 2011. "Implementing a Macroprudential Framework: Blending Boldness and Realism." *Capitalism and Society 6 (1):* art. 1. http://papers.ssrn.com/sol3/papers.cfm?abstract_id=2208643.

Borio, C. 2012 a. The Financial Cycle and Macroeconomics: What Have We Learnt? BIS Working Paper 395, Bank for International Settlements, Basel, dezembro. http://www.bis.org/publ/work395.htm. A seguir no *Journal of Banking & Finance.*

Borio, C. 2012b. "On Time, Stocks and Flows: Understanding the Global Macroeconomic Challenges." Palestra na série do Seminar Munich series, CESIfo-Group e *Süddeutsche Zeitung,* 15 de outubro. http://www.bis.org/speeches/sp121109a.htm. A seguir em *NIESR Review.*

Borio, C. 2013. "The Global Financial Crisis: Setting Priorities for New Statistics." BIS Working Paper 408, Bank for International Settlements, Basel, abril. http://www.bis.org/publ/work408.htm. A seguir em *Journal of Banking Regulation.*

Borio, C., e P. Disyatat. 2011. "Global Imbalances and the Financial Crisis: Link or No Link?" BIS Working Paper 346, Bank for International Settlements, Basel, maio. http://www.bis.org/publ/work346.htm.

Borio, C., e P. Disyatat, e M. Juselius. 2013. "Rethinking Potential Output: Embedding Information about the Financial Cycle." BIS Working Paper 404, Bank for International Settlements, Basel, fevereiro. http://www.bis.org/publ/work404.htm.

Borio, C., M. Drehmann. 2009. "Assessing the Risk of Banking Crises:Revisited." *BIS Quarterly Review*, março, 29-46. http://www.bis.org/publ/qtrpdf/r_qto93e.pdf.

Borio, C., M. Drehmann, e K. Tsatsaronis. 2012. "Stress-testing Macro Stress Testing: Does It Live Up Expectations?" BIS Working Paper 369, Bank for International Settlements, Basel, janeiro. http://www.bis.org/publ/work369.htm. A seguir em *Journal of Financial Stability*.

Borio, C., e P. Lowe. 2002. "Assessing the Risk of Banking Crises". *BIS Quartely Review*. Dezembro, 43-54. http://www.bis.org/publ/qtrpdf/r_qt0212e.pdf.

Borio, C., R. McCauley, e P. McGuire. 2011. "Global Credit and Domestic Credit Booms." *BIS Quartely Reviews,* setembro 43-57. http://www.bis.org/publ/qtrpdf/r_qt1109f.pdf.

Borio, C., e H. Zhu. 2011. "Capital Regulation, Risk Taking ad Monetary Policy: A Missing Link in the Transmission Mechanism?" *Journal of Financial Stability*, dezembro. Também disponível como BIS Working Paper 268, Bank for International Settlements, Basel, dezembro de 2008. http://www.bis.org/publ/work268.htm.

Caruana, J. 2011. "Monetary Policy in a World with Macroprudential Policy." Discurso proferido no SAARCVFINANCE Governors' Symposium, Kerala, Índia, 11 de junho. http://www.bis.org/speeches/sp110610.htm.

Caruana, J. 2012 "Dealing With Financial Systemic Risk: The Contribution of Macroprudential Policies." Comentários do painel no Banco Central da Turquia/Conferência do G20 para o Risco Sistêmico Financeiro, Istambul, 27-28 de setembro. http://www.bis.org/speeches/sp121002.htm.

Caruana, J. 2012b. "International Monetary Policy Interactions: Challenges and Prospects." Discurso proferido na conferência CEMLA-SEACEN, "The Role of Central Banks in Macroeconomic and Financial Stability: The Challenges in an Uncertain and Volatile World," Punta del Este, Uruguai. 16 de novembro. http://www.bis.org/speeches/sp121116.htm?ql=1.

Clement, P. 2010. "The Term 'Macroprudential': Origins and Evolution." *BIS Quarterly Review*, março, 59-67. http://www.bis.org/publ/qtrpdf/r_qt1003h.htm.

Committee on the Global Financial System (CGFS). 2012. *Operationalising the Selection and Application of Macroprudential Instruments*, publicação 48. Basel, Bank for International Settlements, dezembro. http://www.bis.org/publ/cgfs48.htm.

Crockett, A. 2000. "Marrying the Micro-and Macroprudential Dimensions of Financial Stability." BIS Speeches, Bank for International Settlements, Basel, 21 de setembro. http://www.bis.org/review/r000922b.pdf.

Drehmann, M., C. Borio, e K. Tsatsaronis. 2011. "Anchoring Countercyclical Capital Buffers: The Role of Credit Aggregates." *International Journal of Central Banking 7* (4): 189-239. Também disponível como BIS Working Paper 355, Bank for International Settlements, Basel, novembro. http://www.bis.org/publ/work355.htm.

Drehmann, M., C. Borio, e K. Tsatsaronis. 2012. "Characterising the Financial Cycle: Don't Lose Sight of the Medium Term!" BIS Working Paper 380, Bank for International Settlements, Basel, novembro. http://www.bis.org/publ/work380.htm.

Fundo Monetário Internacional (IMF). 2008. "Iceland: Financial Stability Assessment: Update." Monetary and Capital Markets and European Departments, International Monetary Fund, Washington, DC, 19 de agosto. http://www.imf.org/external/pubs/ft/scr/2008/cr08368.pdf.

Koo, R. 2003. *Balance Sheet Recession.* Cingapura: John Wiley & Sons.

Reinhart, C., e K. Rogodd. 2009. *This Time Is Different: Eight Centuries of Financial Folly.* Princeton, NJ: Princeton University Press.

7
A Política Macroprudencial em Ação: Israel

Stanley Fischer

A supervisão ou política macroprudencial tem a ver com o comportamento do sistema financeiro como um todo, com foco nas interações, indicadores e risco sistêmicos. As consequências da quebra do Lehman Brothers são um arquétipo do resultado do risco sistêmico. A supervisão e política macroprudencial objetivam monitorar esses riscos e utilizar as ferramentas disponíveis para reduzir seus níveis e consequências.

Porém, a palavra "macroprudencial" é utilizada em diversos sentidos, e não é claro que todos queremos dizer a mesma coisa quando usamos o termo. Neste capítulo, discuto principalmente a economia israelense e o que nós temos feito que pode ser chamado de supervisão macroprudencial, ou implementação de política macroprudencial. Ao final do capítulo eu, rapidamente, levanto a questão de se todas as atitudes que são chamadas macroprudenciais o são de fato.

Israel: A Estrutura Institucional

As políticas monetária e macroprudencial em Israel são coordenadas através do Banco de Israel — e a capacidade de coordenação do banco resulta, inteiramente, das características institucionais, cujo papel no trato das questões macroprudenciais é praticamente nulo. Trabalhei como diretor-presidente do Banco de Israel de maio de 2005 a junho de 2013, e espero poder oferecer algumas ideias sob essa perspectiva.

Em nossa organização institucional, a supervisão bancária é função do banco central. Seus propósitos e estrutura são definidos por uma lei (Banking Ordinance 1941), à parte da legislação do Banco de Israel. O responsável pela supervisão bancária se reporta ao diretor-presidente do banco — "se reporta" no sentido de que este pode instruir o supervisor sobre o que fazer, e deve aprovar as medidas mais relevantes. Essa linha de atuação, na qual o diretor-presidente pode instruir o supervisor — sujeito, é claro, a estar em conformidade com a lei relativa à supervisão bancária — parece ser incomum.

As decisões da política monetária são tomadas pelo Comitê de Política Monetária (MPC, em inglês), que tem seis membros, três dos quais não são funcionários do

Banco de Israel. Quando ocorre uma votação apertada, o diretor-presidente tem voto duplo. As leis do Banco de Israel não dão autoridade ao MPC para instruir o supervisor bancário. Muito embora a nova legislação relativa ao Banco de Israel tenha sido aprovada em abril de 2010, como a compreensão sobre a importância das questões macroprudenciais estava ganhando força, não pensamos, na época, na necessidade de coordenar a política macroprudencial com a política monetária.

No Departamento de Pesquisas, nós temos a Unidade de Estabilidade Financeira, que faz um bom trabalho. Uma vez a cada quatro meses há uma reunião especial do MPC, dedicada à estabilidade financeira. A Unidade de Estabilidade Financeira, em colaboração com o Departamento de Supervisão Bancária e o Departamento de Mercados (que é responsável pelas operações bancárias em moeda local (shekel) e estrangeira (mercado de câmbio), prepara e apresenta ao MPC um relatório abrangente sobre a estabilidade financeira.

Além do relatório trimestral, os membros do MPC podem requisitar, dos departamentos competentes, informações sobre desenvolvimentos recentes no setor bancário ou outros segmentos do sistema financeiro. Mais à frente, quando o supervisor do banco estiver planejando ações relevantes ou tem informações sobre a estabilidade financeira, será convidado a relatá-las, de forma condensada, ao MPC. Os membros do comitê são encarregados de fazer todas as perguntas que quiserem e de oferecer aconselhamento, mas eles não tomam nenhuma decisão sobre as ações do supervisor bancário.

Na prática, há uma cooperação informal entre o supervisor bancário e o MPC, em que este órgão recebe uma grande quantidade de informação do supervisor. Mas não há uma coordenação formal entre o MPC e o supervisor: O canal de coordenação flui através do diretor-presidente do Banco de Israel, que ademais de ser a pessoa a quem o supervisor se reporta, ocupa também o posto de presidente do conselho diretor do MPC.

Uma dificuldade desse arranjo é que a Banking Ordinance 1941, a qual determina as responsabilidades do supervisor bancário, não se refere a questões de ordem macroprudencial. A responsabilidade primária do supervisor é cuidar da estabilidade do sistema bancário. Ocasionalmente, o supervisor bancário acaba recusando uma solicitação para implementar medidas que seriam úteis do ponto de vista da política monetária, por julgá-la não consistente com seu mandato.

Dado o arranjo institucional, em que a supervisão bancária está alojada no banco central e na qual os bancos são, predominantemente, instituições financeiras, a articulação entre política monetária e supervisão macroprudencial opera razoavelmente bem. Entretanto, há outros reguladores do sistema financeiro, como, em especial o encarregado do mercado de capitais, e supervisor de seguros e poupança dentro do Ministério das Finanças, e o presidente da Israel Securities Authority (ISA), o equivalente ao Securities and Exchange Commission dos Estados Unidos. A ISA é uma instituição independente, vinculada mais ao Tesouro do que a qualquer outro organismo.

As ações dos outros dois reguladores financeiros também são relevantes para a estabilidade do sistema financeiro. Os três supervisores trabalham bem juntos. Eles têm um comitê que se reúne regularmente, ocasião em que trocam informações. O fato de que cada supervisor é um profissional parece permiti-lhes cooperar na identificação de riscos sistêmicos, discutir o que precisa ser feito e trocar dados e impressões sobre o que está acontecendo em cada uma das áreas pelas quais são responsáveis.

Combinar ações é, normalmente, um processo difícil, mas a informação está aí e estaria, com toda a probabilidade, disponível para quem necessitasse dela em caso de crise. A nova lei (aprovada em 2010) permite ao Banco de Israel agir como fornecedor de último recurso de empréstimos para instituições financeiras não bancárias, e nos é permitido solicitar qualquer informação que precisamos, para qualquer instituição financeira, mesmo antes, se for o caso, de a instituição necessitar de liquidez ou assistência de última instância de empréstimos do Banco de Israel.

Complementarmente, nós tentamos — e continuamos a tentar — estabelecer um comitê de alto nível de estabilidade financeira (FSC) ancorado na lei. O processo não vai bem. A primeira questão - chave tem a ver com os papéis do ministro das finanças e do diretor-presidente do banco; e o segundo é que, compreensivelmente, nenhum dos supervisores quer estar sujeito a qualquer decisão ou ação do comitê de alto nível que exigisse deles qualquer coisa que, de outro modo, não quisessem fazer.

É possível que estejamos nos encaminhando para resolver o problema dos papéis relativos ao ministro das finanças e ao diretor-presidente, usando uma configuração paralela à lei que regula o Banco de Israel: A lei expressa que, na hipótese de uma instituição financeira precisar apenas de assistência para a liquidez, o Banco de Israel pode cuidar do problema sozinho; mas assim que se tenha que lidar com a insolvência de uma instituição financeira, o Tesouro terá que ser envolvido. De acordo com essa linha de pensamento, esperamos que seja viável, em tempos normais, quando o banco central estiver fornecendo nada mais do que assistência de liquidez, que o diretor-presidente possa comandar o FSC, e quando houver o envolvimento com problemas de solvência, que o ministro das finanças desempenhará essa função.

Com referência à segunda questão, os poderes do FSC relativamente aos três supervisores, é provável que se confie no princípio do "obedeça ou explique". Nessa abordagem, o FSC pode sugerir que um supervisor específico faça determinada coisa. Ele, então, irá fazê-lo ou, se não pode ou não quer, explicará o porquê.

Parece fácil, mas complica-se caso as recomendações sejam feitas publicamente. Isso leva os supervisores a se oporem a elas; argumentam que, ao proceder assim, o

FSC na verdade usa a opinião pública para forçar medidas que eles podem não querer tomar. Então, o segundo problema, aquele sobre os poderes do FSC, fica pendente de resolução. Sem dúvida, em um sistema operando perfeitamente, todos iríamos sentar, trabalhar e encontrar uma solução. Mas estes são funcionários importantes, e cada um deles está legitimamente interessado em manter sua independência — e, tenho certeza, se eu fosse um regulador independente, também procuraria manter minha autonomia.

Na prática, não haverá nenhuma forma de manter essas recomendações longe do público. Há uma lei de publicidade da informação. Mais adiante, esse será o tipo de recomendação que irá, com toda a probabilidade, vazar. Então, por agora, nos vemos paralisados na questão dos poderes de um possível FSC.

O que estamos fazendo com as questões macroprudenciais no Banco de Israel? Nós monitoramos a estabilidade bancária e os setores de seguros. Esses são os setores cuja liquidez teremos de suprir se e quando a hora chegar. Dispomos, no Banco de Israel, de dados sobre o sistema bancário, e estamos recebendo informações das companhias de seguros. Aplicamos testes de estresse para tentar detectar pontos de vulnerabilidade nessas instituições ou no sistema financeiro. Além disso, analisamos os riscos nos portfólios dos investidores institucionais que estão elevando sua concessão de empréstimos, o que significa que estão se tornando um sistema bancário camuflado.

Monitoramos, também, o desenvolvimento dos mercados financeiros para tentar verificar a existência de potenciais problemas que possam surgir dali. Temos à disposição uma variedade de indicadores para avaliar a estabilidade financeira, entre eles gráficos de radar (também conhecidos como "de teia de aranha") de todo o setor financeiro.

Com respeito aos testes de estresse, estamos utilizando a análise da dívida contingente*, com a qual nos familiarizamos graças tanto aos membros da missão do Artigo IV quanto da equipe do Financial Sector Assessment Program (FSAP). Tenho algumas perguntas com relação a isso, porque tais análises partem do princípio de que o mercado de ações se acerta em algum momento, e usa os dados desse mercado para identificar e quantificar os riscos — e pode haver um grande hiato entre o que está sendo sinalizado e a situação de fato; ou seja, uma exuberância irracional.

Qual a atitude a tomar se virmos desenvolvimentos em setores fora de nossa área de supervisão que ameaçam a estabilidade financeira? Claro, primeiro tentaríamos trabalhar com os supervisores competentes. Mas se isso não funcionar, teríamos que mobilizar os supervisores dos supervisores e outros membros seniores do governo para tentar implementar as medidas apropriadas. Quanto a isso, percebi que durante o período da intensa crise de 2009 e 2010, apesar de não haver nenhum sistema formal de coordenação envolvendo o Banco de Israel, o Tesouro e o Gabinete do Primeiro-Ministro, a cooperação, de fato, ocorreu de forma eficaz.

---

* N.E.: Trata-se de um método analítico que combina informação baseada no mercado – geralmente os preços das ações – e informação dos balanços para obter um conjunto exaustivo de indicadores de risco financeiro das empresas.

O Problema dos Preços dos Imóveis Residenciais

Agora que descrevi a estrutura institucional para a supervisão macroprudencial, deixe-me exemplificar seu uso, tomando como referência os problemas envolvendo nosso mercado de imóveis residenciais.

Mais cedo, nessa conferência, Allan Meltzer perguntou por que medidas extraordinárias implementadas pelo Fed e outros bancos centrais pareciam ter tão pouco efeito na economia real, ou, em outras palavras, por que o mecanismo de transmissão da política monetária parece ter falhado. Acredito que na maioria dos casos o mecanismo falhou porque o sistema financeiro falhou. Em praticamente todos os países nos quais o sistema financeiro permaneceu intacto, a transmissão ocorreu, com a atividade e o preço dos ativos permanecendo sensíveis à política monetária. Uma vez que quase todos os países cortaram significativamente as taxas de juros para prevenir entradas de capital em larga escala e consequentes valorizações de suas moedas, na medida em que as taxas de juros caíam, a demanda e o preço dos imóveis residenciais e dos imóveis cresciam acentuadamente em países não atingidos pela crise financeira. Isso aconteceu em Cingapura, em Hong Kong, na Coreia, na Austrália, na Noruega, na Alemanha, em Israel e em outros lugares.

O preço das casas e o valor dos aluguéis subiram significativamente a partir de 2008. Desde janeiro desse ano, o preço nominal dos imóveis cresceu 73%, e o preço real um pouco mais de 50%. Os aluguéis elevarem-se 35% nominalmente e cerca de 19% em termos reais. Tratam-se de aumentos muito expressivos.

Eu gostaria, neste ponto, de destacar um fato, ao qual voltarei mais tarde: os israelenses proprietários de casas não estão muito endividados. Seus índices médios de comprometimento de renda (DTI, em inglês) são inferiores aos da Alemanha, os menores entre os grandes países, e muito aquém dos verificados nos EUA. E mais: Os níveis de cobertura dos financiamentos hipotecários (LTV, em inglês) são baixos, em torno de 53% em média. De acordo com recentes mudanças regulamentares, ninguém pode obter uma hipoteca com um LTV de mais de 75%, e na maioria das hipotecas essa relação é de 60% ou menos. (Mais informações a respeito dos índices LTV e DTI, na seção Introdução).

Tem havido, em Israel, grande interesse da imprensa e da opinião pública sobre a questão de que esteja ocorrendo uma bolha nos preços dos imóveis residenciais. Eu tentei demonstrar aos jornalistas que bolha é um fenômeno sujeito a uma definição técnica cuja verificação é acessível a qualquer pessoa. Olivier Blanchard realizou um trabalho fundamental nessa questão há algum tempo, tal como outros o fizeram também.

Todavia, a questão de se estamos em meio a um processo que se enquadra na definição técnica de uma bolha não é, na realidade, muito útil. Ao contrário, o importante é o ritmo de elevação dos preços. O fato de que em dois anos seguidos os preços tenham subido 16% ao ano é um indicativo de que subiram rápido demais.

Então, tentamos lidar com o problema. As medidas macroprudenciais que colocamos em andamento estão listadas na tabela 7.1; providências adicionais tomadas pelo supervisor bancário compõem a tabela 7.2. Em julho de 2010, solicitamos aos bancos, que são os principais financiadores da casa própria, provisões suplementares para os empréstimos imobiliários com elevado LTV. Um pouco mais tarde, lhes pedimos para aumentar as reservas de capital mantidas para fazer face às flutuações na taxa de juros de financiamentos com elevado LTV.

Em maio de 2011, impusemos uma restrição que era, inquestionavelmente, a mais eficaz de todas as medidas macroprudenciais que implementamos. À época, o financiamento hipotecário dos bancos vinculava-se à taxa de juros do Banco de Israel, então de 3%, e a margem de tais empréstimos, refletindo a concorrência entre os bancos, havia declinado para 0,6%. Assim, os proprietários de imóveis podiam obter financiamento com uma taxa hipotecária flutuante, a uma taxa de juros nominal de 3,6%, indexada à taxa de juros do Banco de Israel. A medida macroprudencial que impusemos limitava o montante da hipoteca que podia ser financiada através desse instrumento a 1/3 do financiamento de qualquer empréstimo. Com isso, houve um impacto significativo sobre a demanda de hipotecas e de financiamento de imóveis residenciais.

Tabela 7.1
Medidas para Lidar com O Aumento dos Preços dos Imóveis Residenciais

Julho de 2010	Solicitações aos bancos de provisões suplementares para os empréstimos imobiliários com elevado LTV
Outubro de 2010	Solicitações aos bancos para aumentar as reservas de capital mantidas para fazer face às flutuações na taxa de juros de financiamentos com elevado LTV
Maio de 2011	Limitação do componente ajustável da taxa de juros para financiamentos da casa própria para 1/3 do total do empréstimo.
Novembro de 2012	Limitação do LTV nos financiamentos residenciais: até 75% para compradores da primeira casa, até 50% para investidores e até 70% para aqueles que estivessem reformando suas casas.
Fevereiro de 2013	Mudança na ponderação de riscos relativos às exigências de capital, e aumento das provisões para créditos hipotecários de liquidação duvidosa

Observação: Para medidas adicionais implementadas pelo supervisor bancário, ver *Israel's Banking System — Annual Survey, 2010* (Jerusalém: Banco de Israel, 10 de abril de 2011, p. 46 (http://www.boi.org.il/en/NewsAndPublication/RegularPublications/Pages/skira10_skira10e.aspx).

Tabela 7.2
Mercado de Hipotecas Residenciais: Medidas de Precaução Adicionais

- Solicitações de relatórios detalhados sobre os empréstimos de hipotecas residenciais, incluindo índices de LTV, DTI, etc.
- Coleta e análise dos resultados dos testes de estresse realizados pelos bancos em seus portfólios de hipotecas residenciais.
- O departamento de supervisão bancária também conduz testes de estresse visando identificar vulnerabilidades no portfólio de empréstimos para a casa própria (trabalho em andamento).
- Aumento na supervisão das práticas bancárias (externa e interna) e monitoramento mensal dos desenvolvimentos do mercado consumidor e mercados de empréstimo hipotecários residenciais.
- Cooperação entre o Ministério das Finanças e o Ministério da Construção e Habitação em relação ao mercado imobiliário residencial e seus potenciais impactos na estabilidade financeira.

Observação: As medidas listadas na tabela são efetuadas regularmente e foram modificadas e reforçadas a partir de 2008.

Mais recentemente, em novembro de 2012, limitamos o LTV das hipotecas. O conjunto de medidas continha um elemento não inteiramente consistente com o gerenciamento de risco: por razões políticas, permitimos aos compradores da primeira casa própria um LTV de 75%. Anteriormente (em outubro de 2010), fortemente pressionados porque "não estávamos permitindo a jovens casais comprar uma casa" já havíamos elevado o LTV. Então, em novembro de 2012, liberamos aos compradores de primeira mão um LTV ligeiramente maior — 75% — e reduzimos o LTV em especial para os investidores (assim definidos como aqueles adquirindo um segundo apartamento).

Por fim (até então), em fevereiro de 2013, alteramos os fatores de ponderação de risco para hipotecas. Essa medida foi decorrente de uma iniciativa do supervisor, preocupado com a estabilidade dos bancos caso os preços das residências começassem a cair.

Agora, quero discutir duas questões, a primeira relacionada ao fato de que os preços dos imóveis continuam a crescer. Foram tomadas muitas medidas, e elas ainda não alcançaram os resultados pretendidos. Evidentemente, não foram fortes o suficiente para reduzir a demanda habitacional de modo a frear a alta dos preços.

A questão de quão fortes as medidas macroprudenciais deveriam ser é complicada. Essencialmente, há duas fontes de crescimento na economia. Uma é a construção civil, e a outra na exportação. Nosso mandato prevê, desde que a inflação esteja sob controle, que devemos, também, tentar apoiar o crescimento e reduzir o desemprego, e temos levado essa obrigação a sério, como tem que ser. As exportações sofrem pressão constante devido ao efeito do afluxo de capitais sobre a taxa de câmbio. As exportações representam 37,5% do PIB, com valor agregado de 26% do PIB. As exportações são críticas para o crescimento, e concordamos em restringir o uso da taxa de juros visando reduzir a demanda habitacional.

As atividades ligadas à construção significam cerca de 8% do setor de negócios do PIB, e é preciso ter cuidado para não liquidar com o mercado de imóveis residenciais. Nós poderíamos ter sido muito mais severos nas diversas medidas de contenção que impusemos, mas não queríamos nos arriscar aumentando os efeitos restritivos das medidas macroprudenciais. Além do mais, embora os preços dos imóveis tenham crescido rapidamente, os proprietários israelenses de imóveis residenciais não estão, pelos padrões internacionais, altamente endividados.

Assim, talvez tenhamos feito muito pouco ao implementar essas medidas, mas, a esta altura, nosso conhecimento sobre como as medidas macroprudenciais funcionam está longe de ser preciso. Em algum momento, após pesquisas adicionais, nosso entendimento a respeito deverá ser aperfeiçoado. Enquanto isso, abordaremos o uso de políticas macroprudenciais na área habitacional com cuidado e gradualmente.

A Independência do Banco Central

A segunda questão que quero discutir foi levantada por Olivier Blanchard no material enviado aos participantes da conferência. Se os bancos centrais estão no comando da política monetária, da supervisão financeira e das políticas macroprudenciais, deveríamos repensar a independência do banco central?

A razão para colocar essa questão é que, enquanto há boas razões para isso no que se refere ao controle da taxa de juros, pode ser menos verdadeiro com relação às políticas macroprudenciais. Certamente o Banco de Israel esteve muito mais sujeito a críticas sobre algumas das medidas macroprudenciais que praticou do que sobre as de política monetária habituais. A tendência natural dos economistas seria dizer que, se o governo quer favorecer o acesso de um ou outro grupo às habitações, deveria simplesmente subsidiar o setor imobiliário. O governo pode muito bem responder que o banco central é, tipicamente, crítico quanto aos subsídios, e que dispõe dos meios para resolver a questão.

A resposta para a pergunta de Olivier é sim, nós deveríamos reconsiderar alguns aspectos da independência para os bancos centrais que são, também, supervisores macroprudenciais. Como observado acima, a autonomia do banco central no estabelecimento das taxas de juros, um papel clássico ao menos nos últimos 20 anos, permanece intocada. Mas é necessário reconhecer que alterações nas taxas de juros têm efeitos distributivos. Quando aumentamos a taxa de juros, afetamos os preços das casas e a taxa de câmbio, entre outras variáveis e outros setores. Nós e o público nos acostumamos com isso, e tendemos a aceitá-lo como um uso neutro da política monetária, algo que não é.

Além disso, metas inflacionárias flexíveis deixam um banco central, a todo momento, às voltas com um punhado de opções sobre o dilema (sobre este termo, consulte nota de rodapé no Capítulo 3) entre a inflação e o crescimento. A própria escolha também tem efeitos distributivos, incluindo o desemprego. Muito da pressão pública e política exercida sobre os bancos centrais ao longo dos anos tem relação com o impacto de suas políticas monetárias no crescimento e no desemprego, bem como na inflação. Nós e o público temos, com o passar dos anos, nos convencido de que podemos deixar esse dilema por conta dos bancos centrais, e isso é amplamente aceito.

Então, dada essa ampla aceitação, por que deveríamos nos preocupar tanto sobre o fato de que a política macroprudencial tem efeitos claramente distributivos? Particularmente, acredito que devemos nos preocupar porque os políticos se preocupam com esses efeitos. Isso significa que eles vão pressionar para impor as preferências deles — e nós precisamos descobrir a melhor maneira de reagir a isso.

Gostaria de fazer uma outra colocação aqui, a de que é necessário coordenar as políticas macroprudencial e monetária. Creio que há, em nossa profissão, um teorema "quase" Adam Smith, já caducando, que reaparece com uma frequência alarmante. Segundo ele, se a cada instituição é dada uma meta para atingir, e se cada uma delas procura alcançar essa meta, o resultado é o melhor, socialmente falando. O ponto aqui é "uma meta por instituição".

É pouco provável que o resultado de tal processo seja de que cada instituição atinja seu objetivo, por haver um limite aos dilemas entre as metas de diferentes instituições. Então, a pergunta passa a ser quem vai coordenar e decidir sobre os trade-offs. Essa questão raramente é examinada explicitamente, mas ser respondida.

Não aceito o ponto de vista de que ter a mesma instituição responsável por, vamos dizer, política monetária e políticas macroprudenciais produziria um conflito insolúvel no banco central. O dilema existe, e alguém tem que lidar com ele. O banco central teria, provavelmente, a vantagem de compreender o dilema e suas implicações, podendo tomar uma decisão que leve tudo isso em consideração.

Além do mais, ele pode lidar com qualquer dilema, como o Banco da Inglaterra começou a fazer. Desde quando foi estabelecido, o Comitê de Política Monetária deles (MPC, sigla em inglês) continua a operar, tal como suas contrapartes em muitos outros países, de maneira politicamente independente. Ademais, o Banco da Inglaterra agora dispõe de um Comitê de Política Financeira, no qual os representantes do governo participam como observadores.

Alguns dos meus colegas dizem que o banco central, ou seu diretor-presidente, não podem ser independentes em um papel e dependente em outro. Eu acho isso possível. Não vejo a presença dos observadores do governo em um comitê como interferindo na autonomia das decisões de outro comitê.

Comentários Conclusivos

Para concluir, retorno à questão de se todas as medidas que descrevemos como macroprudenciais o são de fato. As medidas que usamos na tentativa de segurar os preços dos imóveis residenciais e impedir que subam muito rapidamente são de fato macroprudenciais? Sem dúvida, há um medo genuíno de que, caso os preços dos imóveis continuem a subir e, em alguma data futura, venham a cair abruptamente, teremos problemas no sistema bancário. Por isso, um dos motivos das nossas ações tem, claramente, um caráter macroprudencial.

No entanto, acho que há algo mais acontecendo, algo que devemos reconhecer. A política monetária tem efeitos em vários preços relativos e setores econômicos. Talvez o que estamos fazendo seja procurar um instrumento complementar que lide com alguns aspectos do ciclo de negócios, ou da política monetária, e que nós agora estamos usando dois instrumentos de política para alcançar duas variáveis.

Isso é embaraçoso, já que nos leva de volta ao que os bancos centrais costumavam fazer nos anos 1960 e 1970, intervindo em uma ambiciosa frente ampla na tentativa de proceder a um ajuste fino na economia. Dessa forma perdemos a simplicidade do uso do instrumento da taxa de juros, e arriscamos tornar a política monetária muito complicada e, em última análise, menos eficiente.

Há um questionamento sobre o que seria um instrumento macroprudencial puro. Um ponto de vista é que a única ferramenta verdadeiramente macroprudencial são os requisitos de capital contracíclico. Eu duvido, porque há outros instrumentos destinados a garantir a estabilidade financeira, tais como o controle dos índices de LTV.

Por fim, não falei sobre intervenção cambial como sendo macroprudencial. Como li na literatura, a intervenção cambial às vezes é colocada como medida macroprudencial, e você pode questionar esse posicionamento porque, dependendo de como for, o fluxo de capital pode gerar instabilidade financeira no próprio sistema financeiro. Mas, de fato, a intervenção cambial praticada na maioria dos países é, primariamente, um modo de tentar afetar a taxa de câmbio para evitar prejudicar exportações. Não acredito que seja uma intervenção genuinamente macroprudencial.

Agora que entendemos melhor as potenciais consequências das interações sistêmicas adversas, estamos quase convictos de incrementar o uso de políticas macroprudenciais no futuro. Com o passar dos anos, precisaremos desenvolver nossa compreensão sobre o que é a política macroprudencial, quais são as ferramentas macroprudenciais mais úteis, e como funcionam. Fizemos um progresso considerável desde 2008, mas muito mais ainda há a ser feito para desenvolver o pleno potencial e reconhecer as limitações desse novo conjunto de instrumentos.

8

As experiências da Coreia com a Política Macroprudencial

Choongsoo Kim

A Coreia tem uma boa experiência no uso de políticas macroprudenciais para direcionar os riscos financeiros nos mercados de imóveis residenciais e cambial. Esses dois mercados têm sido as principais fontes de risco sistêmico na Coreia, dada a elevada volatilidade do mercado e a susceptividade a bolhas, e o considerável potencial de causar estragos na economia como um todo no caso de desarticulação do mercado. De fato, após uma queda vertiginosa durante a crise financeira de 1997-1998, os preços dos imóveis residenciais cresceram em ritmo veloz na primeira metade dos anos 2000, impulsionados por uma forte expansão do crédito aos interessados. Da mesma forma, no período que antecedeu a crise financeira global, o mercado cambial (MC) viveu uma longa fase de grande afluxo de capital e apreciação do câmbio, panorama que se reverteu drasticamente com a eclosão da crise.

Considerou-se inapropriado conter a ameaçadora iminência de riscos financeiros no mercado de imóveis residenciais ou no MC valendo-se tão somente da política monetária, o que afeta a economia como um todo e, mais tarde, pode inutilizar as ferramentas de identificação dos riscos financeiros. Era necessário uma política mais focada, que combinada com a política monetária, pudesse alcançar a estabilidade, tanto do preço quanto financeira. Para tal, a Coreia recorreu às políticas macroprudenciais enquanto, ao mesmo tempo, ajustava as instâncias da política monetária — mas com um olho no desenvolvimento da economia em geral.

Com relação aos riscos do mercado de casas, a regulamentação quanto aos níveis do LTV e DTI (mais informações a respeito dos índices LTV e DTI, na seção Introdução) visava limitar o volume de financiamentos bancários para habitação. Desde sua introdução, em 2002 (LTV) e 2005 (DTI), essas ferramentas vêm sendo ajustadas de maneira amplamente contracíclica. No que se refere aos riscos relacionados ao MC, a Coreia aprendeu lições importantes, graças à crise financeira global, sobre o perigo dos descasamentos de moeda e de prazo[*]. Com a retomada das entradas de capital em 2009 e, depois, à custa de uma política monetária altamente expansionista nos países

---

[*] N.E.: Descasamento de moeda pode ocorrer quando uma instituição financeira capta recursos em uma moeda estrangeira e os repassa na moeda local, sem qualquer indexação protetora de eventuais prejuízos decorrentes de flutuações cambiais. Descasamento de prazo ocorre quando não há coincidência entre os prazos entre os recursos captados (estrangeiros ou não) e os aplicados (emprestados).

desenvolvidos, houve a necessidade de prevenir tais descasamentos de ocorrerem novamente. Com essa finalidade, medidas macroprudenciais foram adotadas, incluindo graus de alavancagem das posições dos derivativos cambiais, e uma tributação imposta aos passivos bancários não essenciais denominados em moeda estrangeira.

Este capítulo resenha as experiências da Coreia ao usar as políticas macroprudenciais, avalia seus efeitos e discute desafios remanescentes quanto à configuração e implementação de políticas macroprudenciais.

Antecedentes

O mercado de imóveis residenciais da Coreia passou por um período de dramático ajuste de preços após a crise financeira de 1997—1998, possivelmente hipercorrigindo os aumentos de preço anteriores. Ele começou a se recuperar no início dos anos 2000, mas o ritmo da recuperação rapidamente se acelerou (figura 8.1). O preço das casas subiu em uma média anual de 8,9% durante o período de 2000—2002. Subjacente aos incrementos do preço dos imóveis estava o grande avanço do acesso ao financiamento bancário dos interessados na compra da casa própria, aliado às expectativas autorrealizáveis do mercado de ainda maior valorização[1]. Os empréstimos às famílias, incluindo empréstimos hipotecários, aumentaram a uma média anual de 13,9% naquele mesmo período.

Com o forte crescimento no preço dos imóveis e no montante de empréstimos hipotecários, aumentou a preocupação com um eventual superaquecimento do mercado de imóveis residenciais e a correspondente vulnerabilidade financeira, o que poderia se transformar em risco sistêmico. O financiamento bancário para a compra de casas era, em grande parte, oferecido na forma de linhas com taxas de juros variáveis nas quais a última parcela, que tinha valor elevado, poderia ser refinanciada (com a maturidade de três anos ou menos). Essa modalidade de financiamento e de rolagem de dívida, conhecida por "bullet loan", é vulnerável, sujeita a riscos, principalmente se o preço dos imóveis cair. Apesar do aperto da política monetária entre 2005 e 2007, adotada, em parte, para esfriar o mercado imobiliário superaquecido, seus efeitos permaneceram limitados devido à continuidade do ritmo veloz do aumento nos preços dos imóveis.

A entrada de capital na Coreia — em particular, mediante fluxos bancários — tem sido volátil e pró-cíclica à custa de uma grande abertura financeira (figuras 8.2 e 8.3). Por exemplo, cerca de metade dos recursos provenientes de empréstimos bancários nos dois anos imediatamente anteriores ao colapso do Lehman Brothers saíram do país apenas cinco meses após a deflagração da crise. Além disso, houve um descasamento de moeda e de prazo no fluxo de caixa dos títulos da dívida dos bancos — em especial em filiais de bancos estrangeiros — em meados dos anos 2000 (figura 8.4).

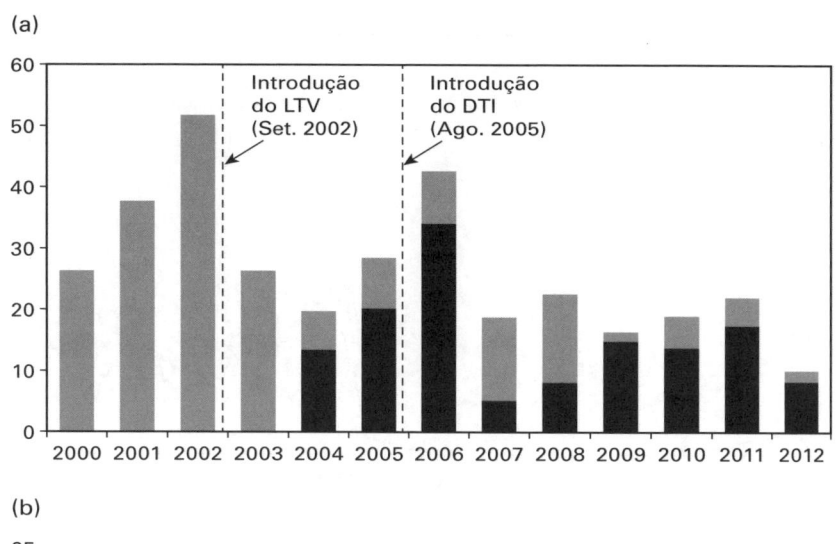

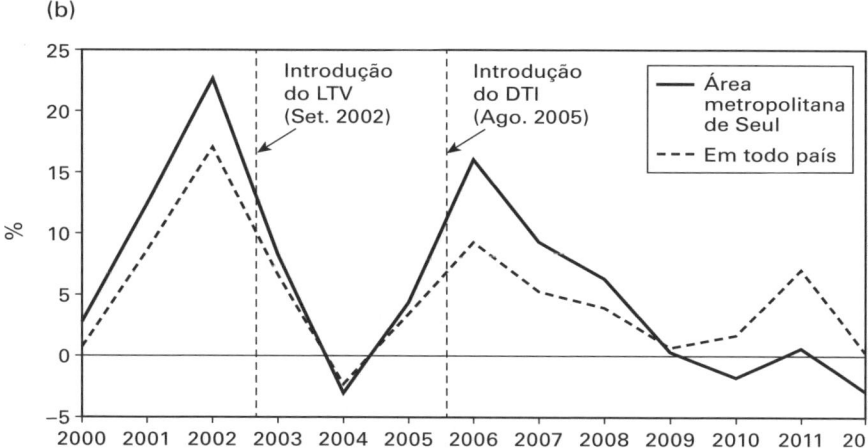

Figura 8.1
Empréstimos para as Famílias e Preços dos Imóveis Residenciais. a. Mudanças nos empréstimos para as famílias/empréstimos hipotecários residenciais (US$ bilhões). As barras escuras representam mudanças nos empréstimos hipotecários residenciais (nenhum dado disponível antes de 2004). b. Taxa de crescimento (%) no preço dos imóveis residenciais (ano após ano).
Fonte: Banco da Coreia

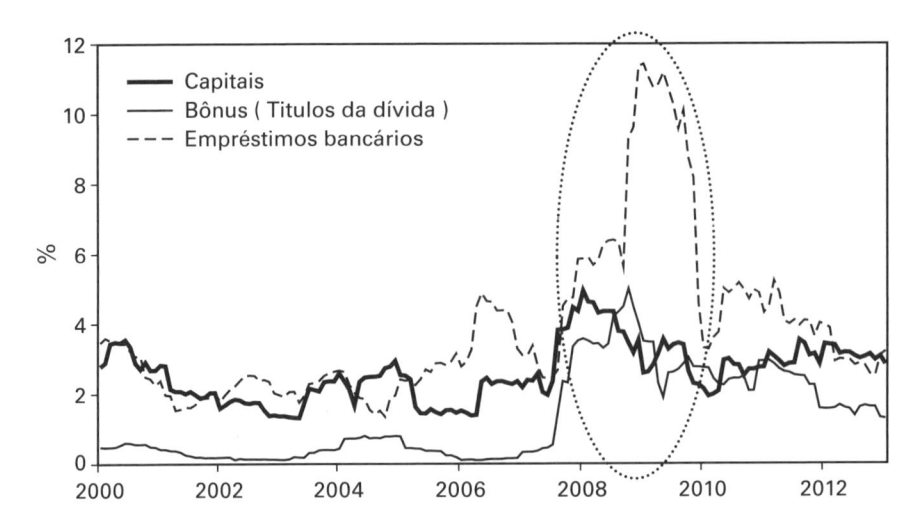

Figura 8.2
Volatilidade do Fluxo de Capital
Observação: As linhas mostram a variação de 12 meses do desvio-padrão dos fluxos de capitais como um porcentual do PIB (anualizado).
Fonte: Banco da Coreia

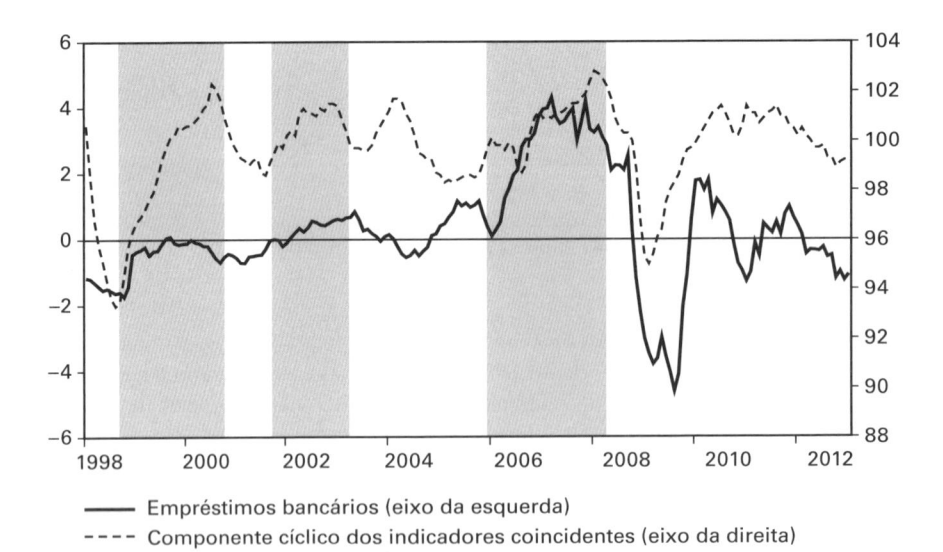

Figura 8.3
Empréstimos Bancários e Ciclo de Negócios
Observação: As linhas mostram a movimentação média (em 12 meses) dos empréstimos bancários (US$ bilhões). A área sombreada indica as fases de retomada cíclicas. Indicadores* coincidentes são índices que mostram o estado da economia em esse período
Fonte: Banco da Coreia

---

*N.E: Indicadores coincidentes são índices que mostram o estado da economia nesse período.
obs: Indicadores coincidentes são índices que mostram o estado de economia

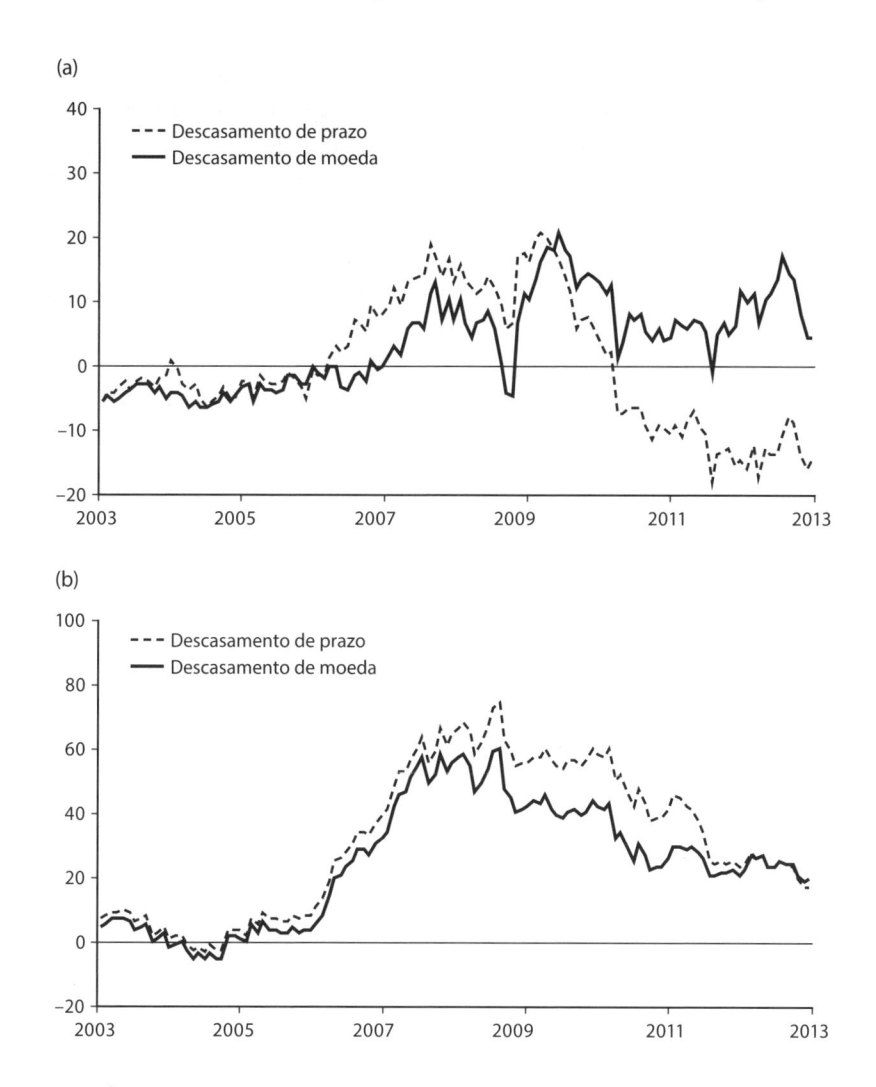

Figura 8.4
Descasamento de Moeda e Descasamento de Prazo (US$ bilhões).
A. Bancos nacionais. b. Filiais de bancos estrangeiros. Os descasamentos de moeda correspondem às obrigações estrangeiras menos os ativos estrangeiros. Os descasamentos de prazo correspondem às obrigações estrangeiras de curto prazo menos os ativos estrangeiros de curto prazo.
Fonte: Banco da Coreia.

Para o setor bancário como um todo, os descasamentos de moeda e de prazo atingiram picos de US$68 bilhões e US$85 bilhões, respectivamente, um pouco antes da crise financeira global.

O principal fator desses desequilíbrios foi a dilatada demanda de hedge (no caso, a procura por proteção, no mercado financeiro, contra flutuações cambiais) por grandes estaleiros em meio a fortes especulações do mercado quanto a uma apreciação da moeda. Os construtores navais e outros exportadores venderam dólares, a serem embolsados no futuro, para os bancos. Estes, então, fizeram hedge para proteger sua posição sobrecarregada de empréstimos em moeda estrangeira, a maioria deles de maturação a curto prazo. A consequência foi um surto de obrigações de curto prazo em moeda estrangeira e de refinanciamento sujeito a riscos. A crise financeira mundial foi um campo de prova para esses riscos, e os bancos coreanos foram reprovados.

A entrada de capitais foi reiniciada na segunda metade de 2009, favorecida por uma ampla liquidez mundial e a disparidade da recuperação observada entre as economias desenvolvidas e as emergentes (figuras 8.5 e 8.6). Embora bem-vinda, essa retomada fez crescer as preocupações da política econômica quanto às implicações na estabilidade financeira, uma vez que os empréstimos externos de curto prazo pelos bancos podem recomeçar a crescer, bem como seu portfólio de aplicações.

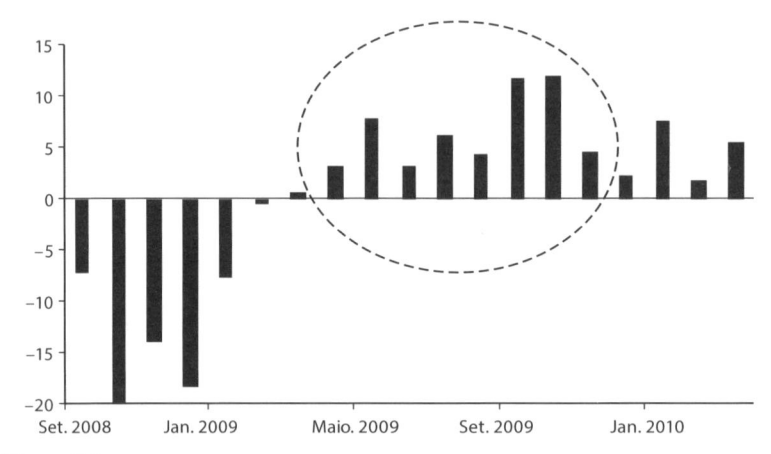

Figura 8.5
Fluxos de Capital de Investimento Direto Não-Estrangeiro (US$ bilhões)
Fonte: Banco da Coreia

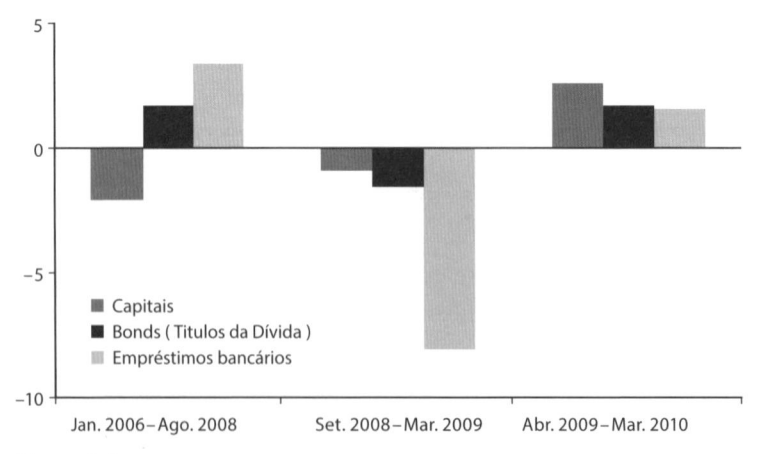

Figura 8.6
Fluxos de Capital Pré e Pós-Crise (Média Mensal, US$ bilhões).
Fonte: Banco da Coreia

Medidas de Política Macroprudencial

Medidas Relativas ao Setor Habitacional

Dois grandes instrumentos políticos foram usados, as regulamentações do LTV e DTI. Eles foram introduzidos em setembro de 2002 e agosto de 2005, respectivamente, em meio ao boom do mercado de imóveis residenciais. Desde essa época, têm sido ajustados de modo amplamente contracíclico, restringindo ou distendendo-os de acordo com os desenvolvimentos cíclicos no mercado imobiliário e nos empréstimos tomados nos bancos (tabela 8.1 e figura 8.7).

Os níveis de LTV foram ajustados nove vezes no total (seis vezes restringindo e três vezes distendendo) dentro de um intervalo de 40% a 70%, e também foram diferenciados dependendo da espécie e estrutura do empréstimo, com padrões mais restritos aplicados nos segmentos do mercado imobiliário nos quais se supunha haver movimentos especulativos. Quanto ao DTI, foi similarmente ajustado em um total de oito vezes (seis vezes restringindo e duas vezes distendendo), em uma faixa entre 40% e 75%, e também foram diferenciados conforme as características do emprestador, tais como estado civil, preço do imóvel e localização geográfica da propriedade, dentre outras.

Tabela 8.1
Mudanças Mais Importantes na Regulamentação do LTV e DTI

Medidas	Tempo	Política
LTV	Set. 2002	Limitação do LTV para menos de 60%
	Mar. 2004	Aumento do LTV para empréstimos parcelados (de 60% para 70%)
	Julho 2009	Diminuição do LTV para a região metropolitana de Seul (de 60% para 50%)
DTI	Ago. 2005	Limitação do DTI em menos de 40% para emprestadores não casados com idade de 30 anos ou menos e para emprestadores casados com empréstimos existentes pelo cônjuge para compra de casa em áreas especulativas
	Nov. 2006	Expansão da lista das áreas reguladas pelo DTI para cobrir os distritos propensos a especulação na região metropolitana de Seul
	Set. 2009	Expansão adicional da lista das áreas reguladas pelo DTI para incluir distritos não especulativos da região metropolitana de Seul
	Ago. 2010	Suspensão temporária das regulações do DTI em distritos não especulativos na área metropolitana de Seul.

Observação: DTI, índice de cobertura da dívida; LTV, índice de comprometimento da renda.
Fonte: Banco da Coreia.

Medidas Relacionadas ao Mercado Cambial

Medidas específicas para direcionar os riscos afeitos ao mercado cambial (MC) foram desenhados espelhando a nova linha de pensamento e evidências relativos às causas subjacentes da crise financeira mundial e também as experiências já vividas da Coreia. Duas delas foram impostas aos bancos: (1) grau de alavancagem das posições dos derivativos cambiais, limitando-os a um nível igual ou inferior ao objetivado (calculado por um porcentual sobre o capital próprio do mês anterior), e (2) uma tributação específica (cuja sigla, em inglês, é MSL) imposta aos passivos bancários não essenciais denominados em moeda estrangeira[2].

Os graus de alavancagem foram primeiramente introduzidas em outubro de 2010 na base de 250% para filiais de bancos estrangeiros e de 50% para os bancos nacionais. A partir de então, foram restringidos duas vezes, em julho de 2011 e janeiro de 2013, e no momento estão em 150% e 30%, respectivamente (figura 8.8). O MSL foi imposto pela primeira vez aos bancos em agosto de 2011 e tem permanecido o mesmo. As taxas do imposto variam de 2 pontos base a 20 pontos base, com uma tributação menor das obrigações a longo prazo (figura 8.9).

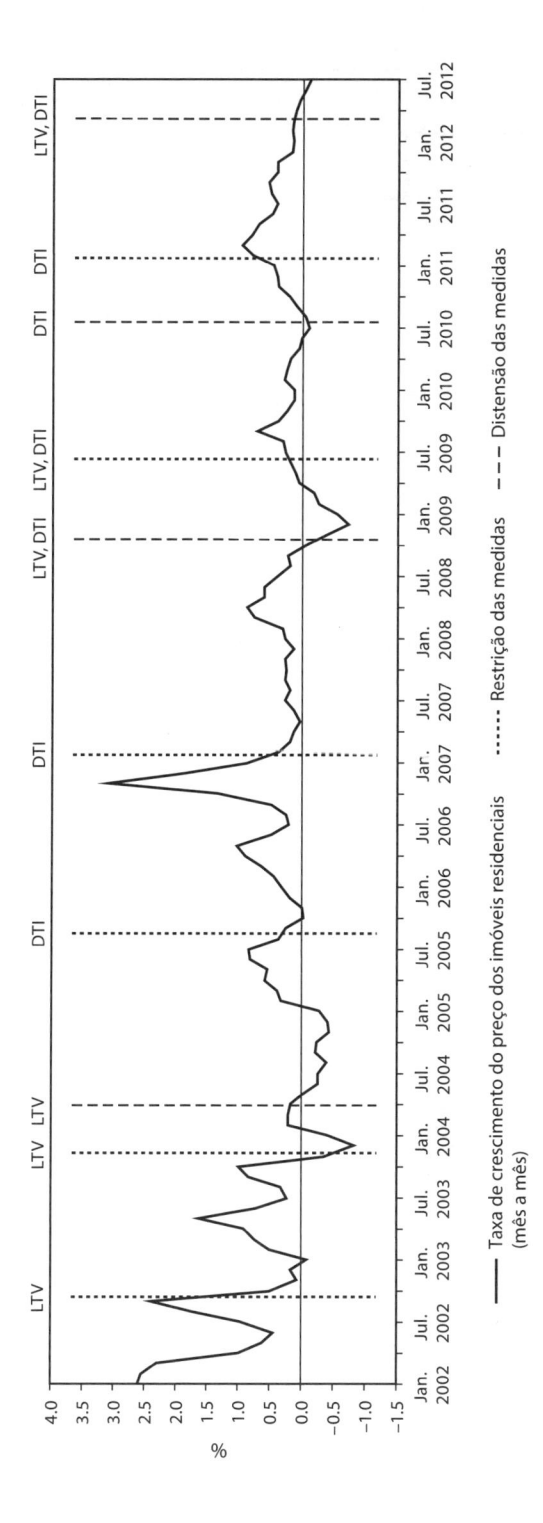

Figura 8.7
Mudanças na Regulamentação do LTV e DTI e Nível de Crescimento no Preço dos Imóveis Residenciais
Fonte: Banco da Coreia, Kookmin Bank.

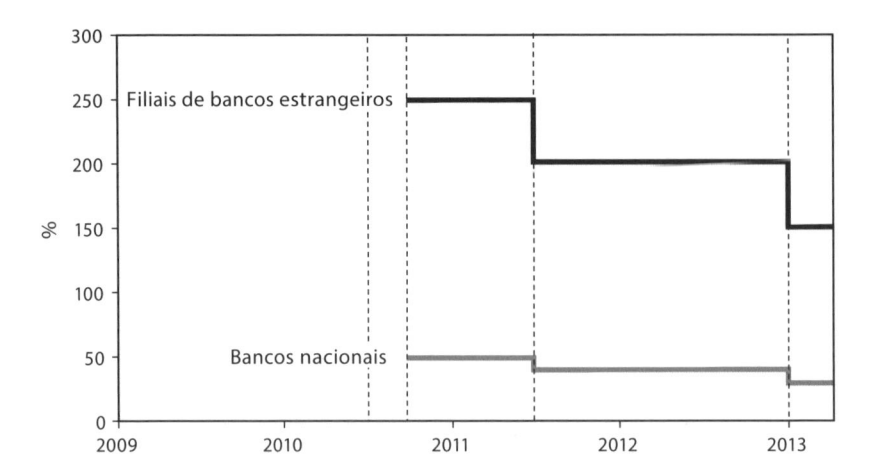

Figura 8.8
Grau de alavancagem das posições dos derivativos cambiais (como % do capital).
Observação: Os graus de alavancagem foram anunciados, primeiramente, em junho de 2010. Em outubro de 2010, foram fixados em 50% para os bancos nacionais e 250% para bancos estrangeiros. Dois ajustes subsequentes foram feitos, em julho de 2011 (para 40% e 200%) e janeiro de 2013 (para 30% e 150%).
Fonte: Banco da Coreia

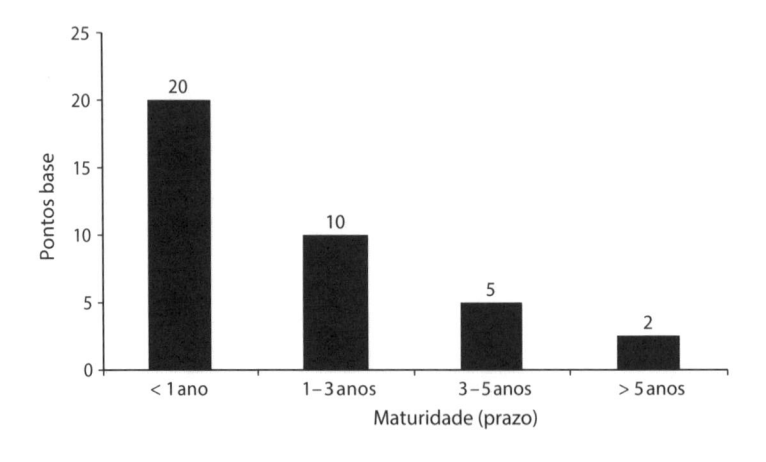

Figura 8.9
Tributação Para Fins de Estabilidade Macroprudencial: Pontos Base Conforme a Maturidade
Fonte: Banco da Coreia.

Efeitos das Políticas

Um Breve Olhar

A simples observação dos indicadores financeiros e econômicos sugere que as políticas macroprudenciais implementadas até agora têm produzido os efeitos pretendidos nos preços das casas, nos empréstimos hipotecários pelos bancos e nos fluxos de capital, ao menos no curto prazo.

Avaliando o ocorrido a partir da data da mudança da política econômica, as restrições do LTV e DTI tendem a ser associadas a um declínio estatisticamente significante na velocidade com a qual o preço dos imóveis residenciais e/ou empréstimos hipotecários aumentaram (figura 8.10).

Especificamente, o nível de aumento no preço das casas caiu, em média, 1,7 ponto porcentual depois que o LTV foi restringido e de 0,8 ponto porcentual após ocorrer o mesmo com o DTI, em comparação com as correspondentes taxas de crescimento durante os dois trimestres anteriores à restrição. São também significativos os efeitos no volume de empréstimos hipotecários: O volume de crescimento dessa modalidade de financiamento caiu em média 43,9% ($6,2 trilhões de won, a moeda sul-coreana) após as regulamentações mais restritivas do LTV, e de 44,4% ($4,9 trilhões de won) depois de idêntico aperto nos índices de DTI.

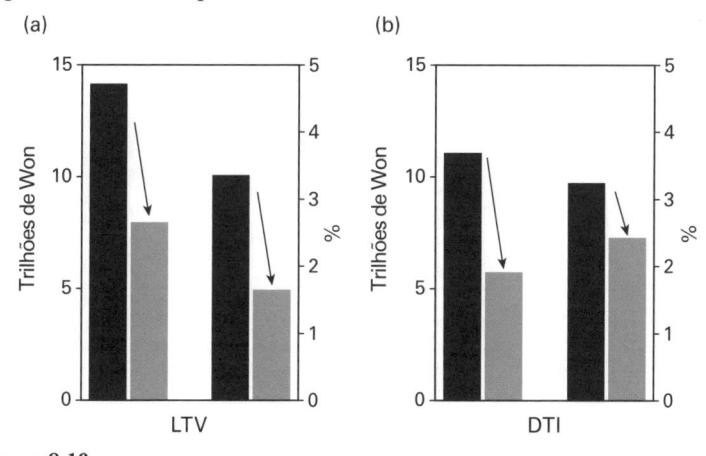

Figura 8.10
Efeitos no Segmento de Imóveis Residenciais das Medidas Macroprudenciais
a. Efeitos potenciais do LTV. b. Efeitos potenciais do DTI. Da esquerda para a direita, a primeira coluna mostra o volume de crescimento dos empréstimos hipotecários antes das medidas restritivas (eixo esquerdo); a segunda coluna mostra o volume de crescimento dos empréstimos hipotecários após as medidas restritivas (eixo esquerdo); a terceira coluna mostra a taxa de crescimento do preço dos imóveis antes das medidas restritivas (eixo direito); a quarta coluna mostra a taxa de crescimento do preço dos imóveis após as medidas restritivas (eixo direito). Os dados estão apresentados por frequência trimestral e abrangem o período que vai do 2º trimestre de 2003 ao 3º trimestre de 2011.

Fonte: NICE Credit Information Service DB, Kookmin Bank.

As políticas macroprudenciais focadas nos riscos do MC também parecem, de um modo geral, ter funcionado a contento, embora os limitados dados disponíveis (graças à curta história de implementação dessas políticas) impeçam análises estatísticas mais consistentes. Quanto aos efeitos do grau de alavancagem de capital, os bancos, principalmente as filiais de bancos estrangeiros, reduziram suas posições de derivativos cambiais e, em consequência, os empréstimos de curto prazo em montante significativo a partir de maio de 2010, quando aquela medida foi anunciada primeiramente (figuras 8.11 e 8.12).[3] O MSL é um custo para o banco e, portanto, *ceteris paribus* (expressão latina que significa "tudo o mais constante"), encolhe a margem de arbitragem (figura 8.13). A estimativa preliminar sugere que a arrecadação de impostos poderia chegar a 12% do lucro líquido para as filiais de bancos estrangeiros enquanto seria menor que 1% para os bancos nacionais (figura 8.14). Não é de se admirar que o "funding" (total de recursos captados) dos bancos nacionais seja constituído predominantemente de moeda local, enquanto o dos bancos de fora seja majoritariamente formado em moeda estrangeira.

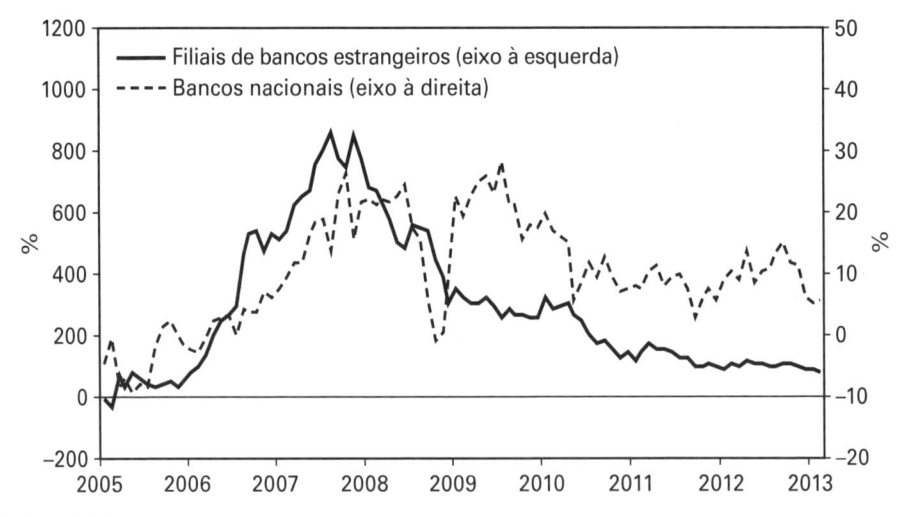

Figura 8.11
Posição de Derivativos Cambiais (% do capital do banco).
Fonte: Banco da Coreia.

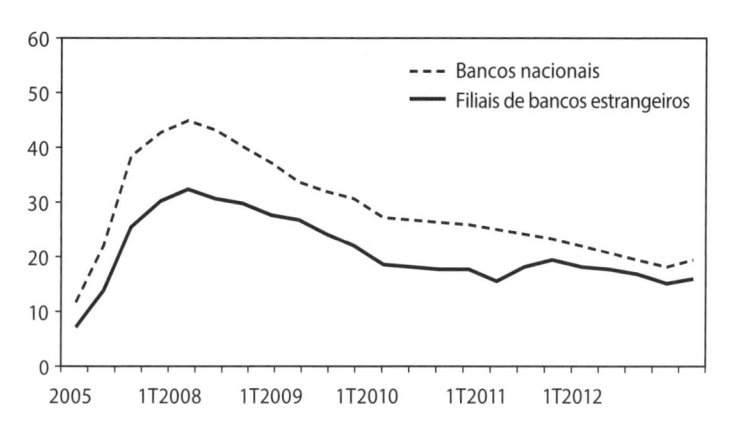

Figura 8.12
Posição de Derivativos Cambiais, Relativos aos Construtores Navais ($ bilhões de dólares).
Observação: Dados anuais para períodos anteriores a 2008.
Fonte: Banco da Coreia.

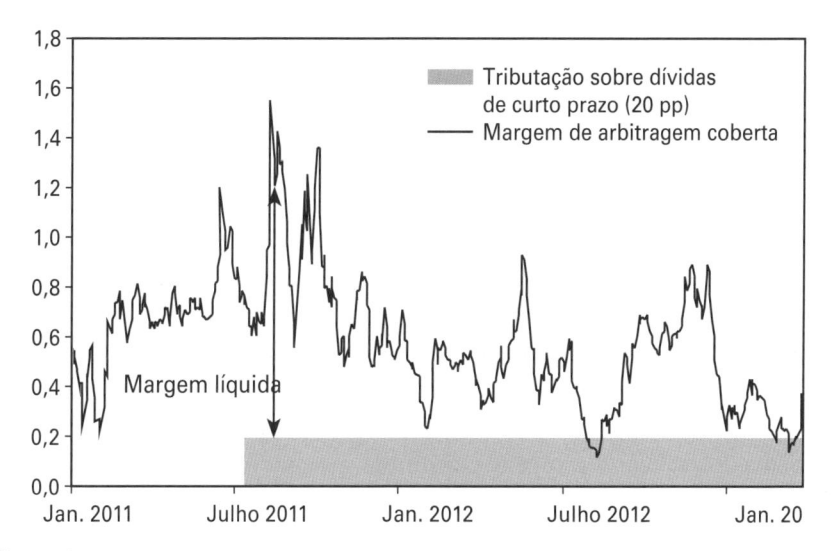

Figura 8.13
Incentivos para Operações de Arbitragem (Filiais de Bancos Estrangeiros, Pontos Porcentuais).
Observação: Incentivos são medidas como a taxa diferencial de juros (3 meses) menos a taxa de swap (3 meses).
Fonte: Banco da Coreia.

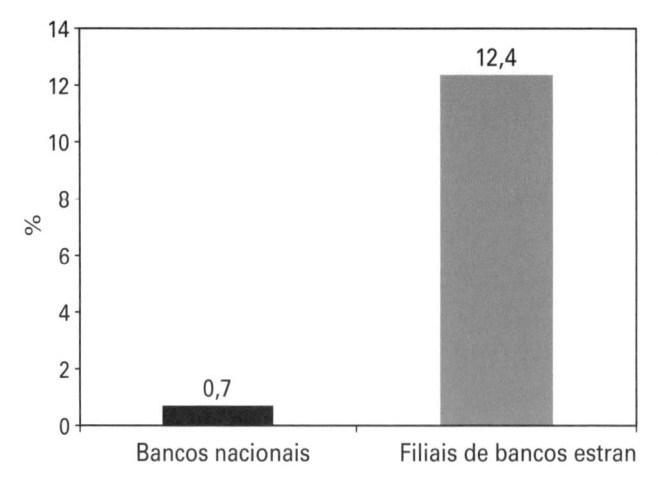

Figura 8.14
Tributação: Porcentual sobre Lucro Líquido (a partir do final de 2012).
Observação: Os lucros são estimativas do staff do Banco da Coreia.
Fonte: Banco da Coreia.

A estrutura de maturação (distribuição dos prazos de vencimento) da dívida externa também melhorou, particularmente no caso das filiais de bancos estrangeiros, em decorrência da introdução dos graus de alavancagem e MSL (figura 8.15). Durante cerca de dois anos após o 1º semestre de 2010, os empréstimos de curto prazo das filiais de bancos estrangeiros diminuíram em US$35 bilhões, enquanto os de longo prazo cresceram US$20 bilhões. Para ser mais exato, as filiais de bancos estrangeiros incorreram em mais empréstimos "inter-office" (aqueles efetuados junto a suas matrizes) de longo prazo para poder reduzir seu MSL e, também, aumentar sua capacidade de compra em resposta ao aperto dos graus de alavancagem de sua posição em derivativos cambiais[4]. Como consequência, a participação de empréstimos de curto prazo das filiais dos bancos estrangeiros diminuiu, passando de 93% para 58% durante o período de 2010-2012.

Análise Formal

Uma análise empírica mais formal visa aferir os efeitos da implementação das políticas nos riscos e variáveis envolvidos. Frise-se logo de início, porém, que a análise apresentada abaixo é altamente preliminar e sujeita a muitas ressalvas, associadas a eventuais elementos contrafactuais desconhecidos (aqueles que não aconteceram – ou, pelo menos, não foram percebidos – mas que poderiam ter ocorrido) e à limitada disponibilidade de dados. Mesmo assim, os resultados empíricos parecem promissores para a eficácia das políticas macroprudenciais em alcançar a estabilidade financeira.

(a)

(b)

■ Curto prazo ■ Longo prazo

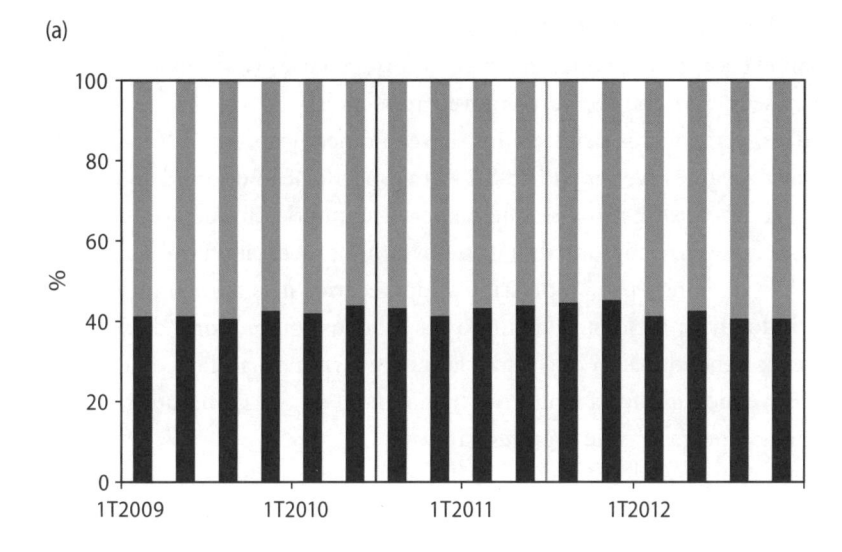

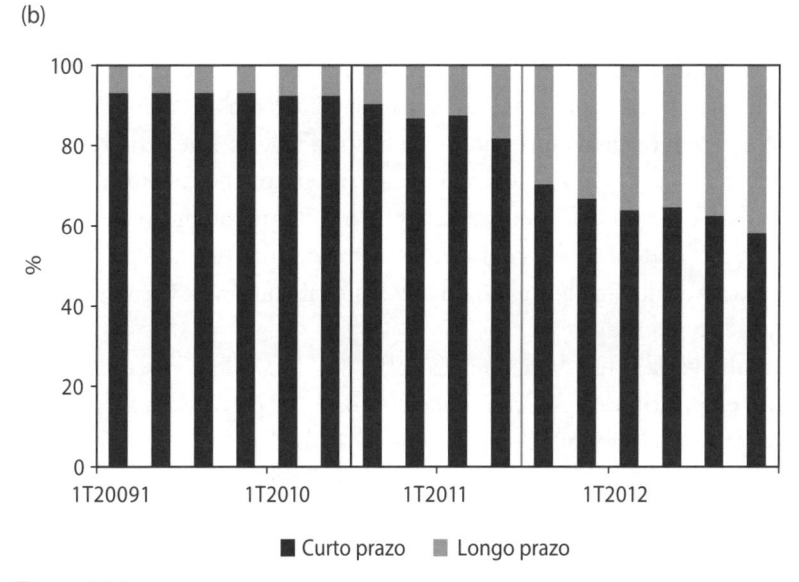

Figura 8.15
Maturação da Dívida Externa (%).
a. Bancos nacionais. b. Filiais de bancos estrangeiros.
Observação: As linhas verticais pretas e cinzas indicam as datas de introdução do grau de alavancagem e MSL, respectivamente.
Fonte: Banco da Coreia.

Efeitos da Regulamentação do LTV e DTI

Um vetor de painel composto de duas variáveis autorregressivas (PVAR)* é estimado para a taxa de crescimento do preço dos imóveis residenciais e o volume de empréstimos hipotecários, controlados pelos efeitos da regulamentação do LTV e do DTI e outras políticas relevantes (ver apêndice 8.1 para especificação do modelo e resultados estimados completos). Estima-se que o aperto na política monetária tenha os efeitos desejados, enquanto a maior tributação dos ganhos de capital também parece ter desencorajado a demanda por empréstimos hipotecários mas aumentou o preço das casas, sugerindo maior incidência de impostos sobre os compradores desses imóveis em relação aos vendedores (o que é parcialmente atribuído ao fato de que esse mercado era mais vendedor (oferta maior que a demanda) do que comprador, fase na qual prevalecem as expectativas de grandes ganhos).

Os coeficientes relativos "dummies†" de LTV e DTI são negativos, como esperado, e altamente significantes na maioria dos casos; algumas "dummies" do DTI incluídas na equação do crescimento do empréstimo hipotecário são estimadas de forma imprecisa, indicando que a regulamentação do LTV pode ter sido mais eficaz do que a regulamentação do DTI, ao menos na Coreia. Mais ainda, o coeficiente estimado sugere que regulamentações mais restritivas do LTV (com um menor grau do LTV) tem um efeito redutor mais forte no preço das residências e nos empréstimos hipotecários dos bancos. Por último, mas não menos importante, os efeitos reais das regulamentações do LTV e do DTI podem ser ainda mais fortes do que os esperados se o possível viés de alta endógeno dos coeficientes estimados (decorrentes da resposta endógena das políticas de desenvolvimento do mercado habitacional e financiamento bancário) for levado em consideração.

Os efeitos cumulativos das regulamentações do LTV e do DTI no preço dos imóveis residenciais e empréstimo hipotecários são simulados a partir da aplicação do modelo PVAR. Segundo os resultados de uma simulação dinâmica, o preço das casas e o expressivo volume de empréstimos hipotecários teriam sido 75% e 137% maiores do que seus respectivos níveis reais no segundo trimestre de 2012 caso não houvesse regulamentação alguma durante o período analisado (tabela 8.2 e figura 8.16).[5] Em que pesem os efeitos estimados das políticas, principalmente aqueles sobre os empréstimos hipotecários, possam parecer, de alguma forma, maiores que os esperados, eles são razoáveis no contexto do ritmo galopante da expansão do crédito observado em muitos booms imobiliários das economias emergentes.[6]

---

* N.E.: Trata-se de uma metodologia estatística na qual valores futuros são estimados com base em uma somatória ponderada de valores passados.

† N.E.: Em estatística e econometria, "dummies" ou "variáveis binárias" são aquelas que assumem valor 1 ou 0 (um ou zero), ou seja, mutuamente excludentes, indicando a ausência ou presença de algum efeito importante que possa influenciar o resultado de uma análise.

Efeitos dos Graus de Alavancagem e MSL

Os efeitos das políticas de limitação da alavancagem e do MSL são estimados utilizando o modelo VAR Bayesiano (método estatístico que utiliza variáveis aleatórias e a teoria das probabilidades para determinar o vetor autorregressivo – VAR) para empréstimos de bancos estrangeiros e outras variáveis financeiras relacionadas, tais como VIX[7] (estas medem a volatilidade do mercado para um determinado período de tempo. Ver apêndice 8.2 para especificações do modelo e as respostas estimadas). O pressuposto básico é que os graus de alavancagem são restrições quantitativas e, por isso, afetam diretamente os empréstimos dos bancos estrangeiros, enquanto o MSL faz o mesmo, mas, principalmente, em função de mudanças no custo do "funding" ou retornos líquidos[8]. O modelo estimado foi então usado para produzir duas previsões condicionais para os empréstimos dos bancos estrangeiros, uma com políticas macroprudenciais (cenário com as políticas) e a outra sem nenhuma política macroprudencial (cenário sem as políticas). A diferença entre os dois cenários é considerada como a estimativa dos efeitos das políticas.

Tabela 8.2
Empréstimos Hipotecários Simulados e Cenário do Preço das Casas

	Nivel				Relação		
	Real (A)	Nenhum LTV (B)	Nenhum DTI (C)	Sem LTV ou DTI (D)	(B–A)/A	(C–A)/A	(D–A)/A
Empréstimos Hipotecários[a]	312,0 (2,2%)	702,0 (4,5%)	325,0 (2,3%)	739,1 (4,6%)	125,0%	4,2%	136,9%
Preço das Casas[b]	139,8 (0,9%)	241,9 (2,4%)	141,6 (1,0%)	244,8 (2,5%)	73,0%	1,3%	75,1%

Observação: a. Em trilhões de won. b. 1T 2003 = 100. Os números entre parênteses indicam a taxa média trimestral de crescimento durante o período de 1T 2003 a 2T 2012.

Estima-se que o grau de alavancagem tenha contribuído para aprimorar o perfil de maturação das obrigações dos bancos estrangeiros. No que diz respeito às filiais de bancos estrangeiros, a estimativa de contribuição aponta para uma redução dos empréstimos de curto e longo prazo de cerca de 0,6% e de 0,2% do PIB anual, respectivamente, em termos cumulativos ao longo do horizonte de um ano desde sua implementação (figura 8.17). Para os bancos domésticos, estima-se que os efeitos sejam apenas um décimo dos relativos às filiais dos bancos estrangeiros. Tal diferença entre bancos estrangeiros e nacionais não surpreende, uma vez que, na época de sua introdução, os graus de alavancagem eram compulsórios para os primeiros mas não para os últimos.

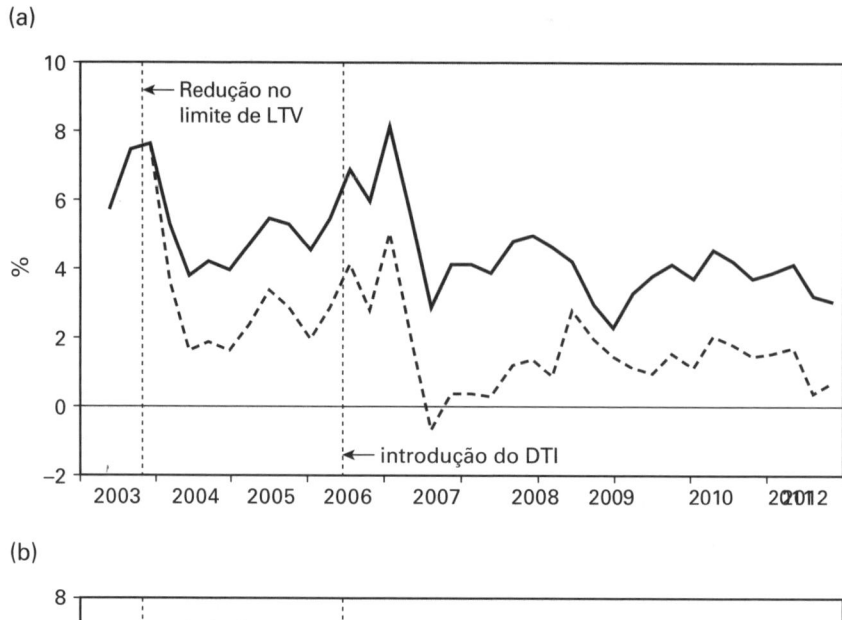

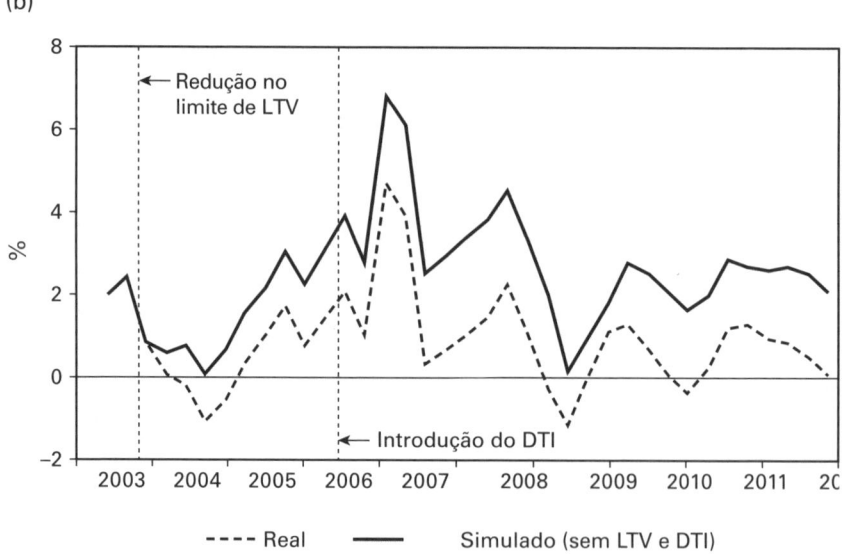

Figura 8.16
Taxas de Crescimento dos Empréstimos Hipotecários e Preços das Casas (Real *versus* Simulado, %).
a. Empréstimos Hipotecários. b. Preço das Casas
Fonte: Banco da Coreia.

a. Filiais de Bancos Estrangeiros

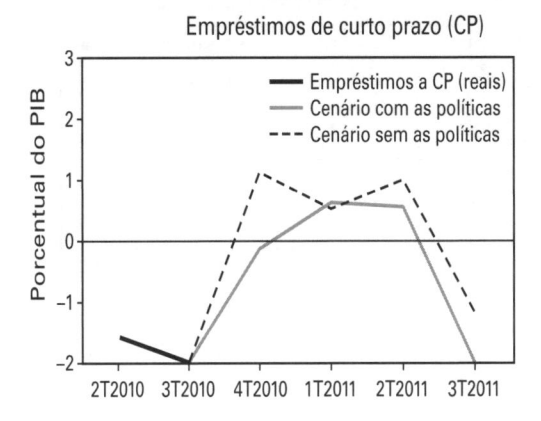

Empréstimos de curto prazo (CP) | Empréstimos de longo prazo (LP)

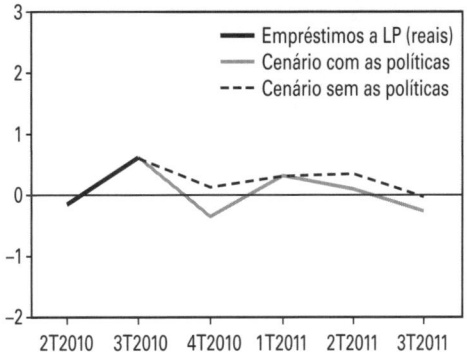

b. Bancos Domésticos

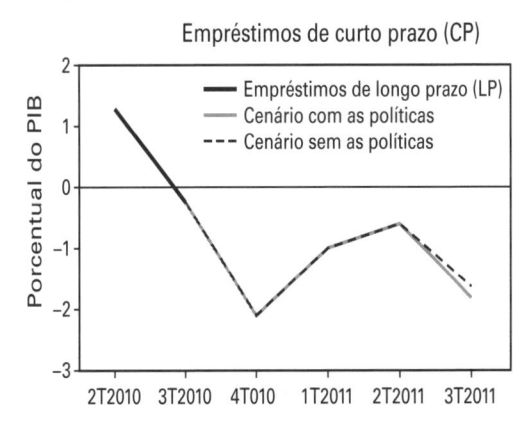

Empréstimos de curto prazo (CP) | Empréstimos de longo prazo (LP)

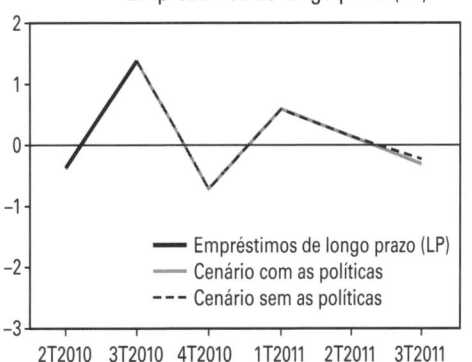

Figura 8.17
Impacto dos Graus de Alavancagem nos Empréstimos Externos (% do PIB)
Observação: Linhas cinzas (linhas tracejadas) referem-se às previsões condicionais em cenários com (sem) as políticas; as linhas contínuas pretas indicam valores reais.
Fonte: Banco da Coreia.

a. Filiais de Bancos Estrangeiros

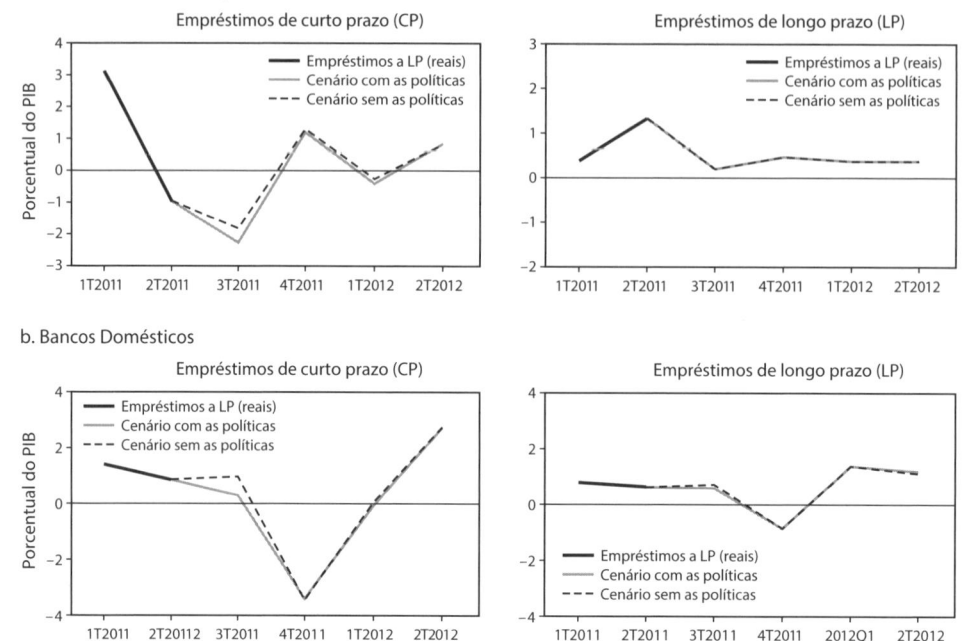

Figura 8.18
Impacto do MSL nos Empréstimos Externos (% do PIB).
Observação: Linhas cinzas (linhas tracejadas) referem-se às previsões condicionais em cenários com (sem) as políticas; as linhas pretas indicam valores reais. MSL, tributação específica visando estabilidade macroprudencial
Fonte: Banco da Coreia.

A estimativa dos efeitos do MSL na estrutura de maturação das dívidas dos bancos estrangeiros é menor do que os da limitação da alavancagem, mas, não obstante, moderados considerando que as taxas tributárias foram estabelecidas em níveis relativamente baixos. Em termos cumulativos ao longo do horizonte de um ano, o MSL reduziu os empréstimos de curto prazo dos bancos domésticos e estrangeiros em algo próximo a 0,2% do PIB anual com nenhum impacto discernível nos empréstimos de longo prazo (figura 8.18).

Implicações Quanto ao Risco Sistêmico

Evidências de eficácia das políticas macroprudenciais podem ter implicações positivas no que se refere ao risco sistêmico. De fato, regulamentações do LTV e DTI parecem ter provocado resultados significativos na mitigação do risco de crédito dos financiamentos hipotecários. Por exemplo, os índices de inadimplência e o Valor em Risco (valor esperado da máxima perda em uma operação financeira dentro de um horizonte temporal com um certo intervalo de confiança) tendem a diminuir após um aperto no LTV ou DTI, e vice-versa (figura 8.19). A regulamentação do DTI, introduzida no final de 2005, também parece ter afetado a composição dos empréstimos hipotecários. A participação dos empréstimos parcelados no total dos financiamentos hipotecários era inferior a 40% ao final de 2005. Ela começou a subir de 2006 e estacou em 65 por cento em 2012 (figura 8.20). A crescente participação dessa modalidade de financiamento indica uma diminuição dos riscos associados ao refinanciamento das dívidas por parte dos tomadores e, assim, menor risco de inadimplência dos credores hipotecários.

Mas as políticas macroprudenciais nem sempre podem auxiliar a reduzir o risco sistêmico. Por exemplo, a participação de empréstimos hipotecários de longo prazo com maturação de dez anos tem sido crescente desde a regulamentação do DTI no final de 2005. Da mesma forma, a duração dos empréstimos hipotecários aumentou de 3,8 anos para 5,5 anos ao longo do período 2006–2012 (figura 8.21). Embora uma maior participação dos empréstimos parcelados possa ajudar a reduzir o risco de inadimplência, a maior duração dos empréstimos hipotecários pode ter elevado as taxas de juros dos bancos e os riscos de liquidez.

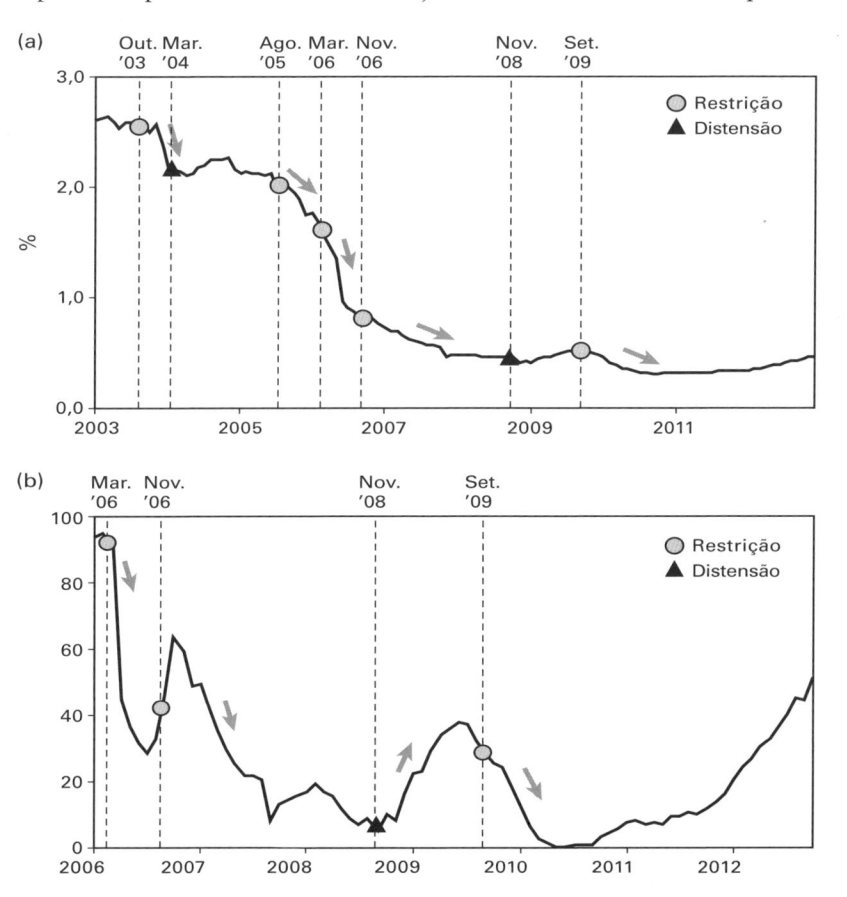

Figura 8.19
Risco de Crédito dos Empréstimos Hipotecários
a. Taxa de Inadimplência (%). b. Valor em risco. O valor em risco é normalizado para ficar entre 0 e 100.
Fonte: Banco da Coreia.

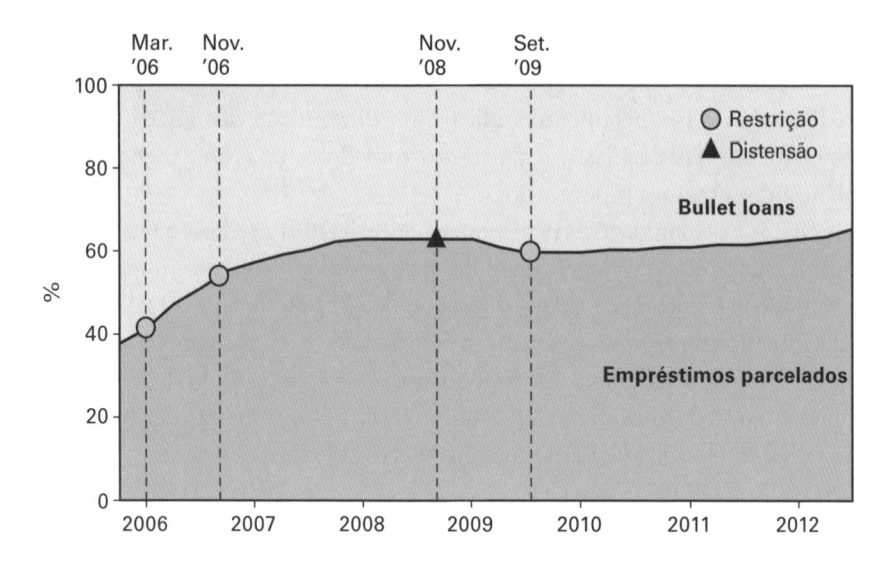

Figura 8.20
Participação dos Empréstimos Parcelados (%).
Fonte: Banco da Coreia.

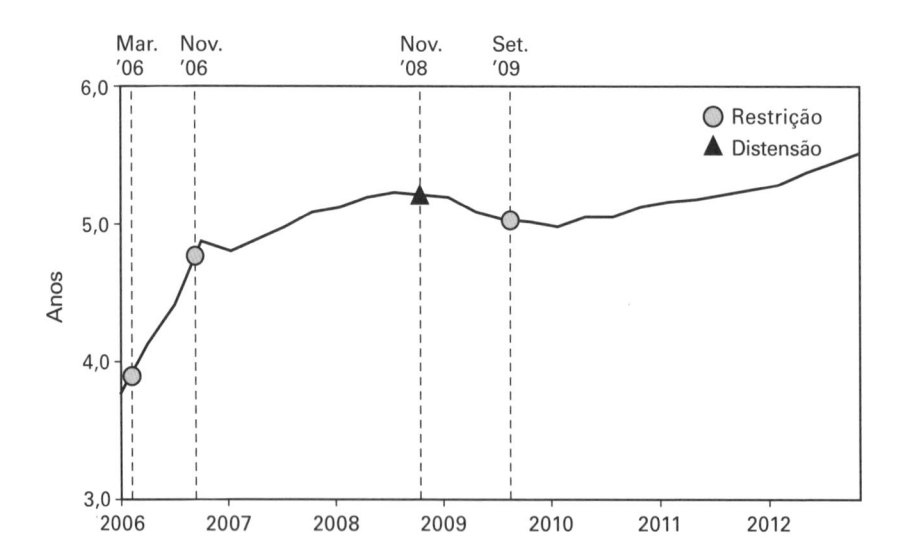

Figura 8.21
Média Ponderada da Duração dos Empréstimos Hipotecários, 2006–2012 (anos).
Fonte: Banco da Coreia.

Observações Finais

Na Coreia, evidências preliminares parecem oferecer um forte apoio quanto à utilidade e eficácia das políticas macroprudenciais como ferramenta para alcançar e garantir a estabilidade macrofinanceira. As regulamentações do LTV e do DTI têm ajudado a estabilizar o mercado de imóveis residenciais e manter sob apropriado controle a expansão do crédito. De igual forma, políticas macroprudenciais aplicadas nos mercados cambiais, tais como imposição de limites de alavancagem e tributação bancária, parecem ter contribuído para aperfeiçoar o perfil da dívida externa contraída pelos bancos e reduzido a probabilidade de interrupções repentinas.

Diversos problemas e lições sobre essas políticas estão surgindo da experiência da Coreia. Primeiro, circunstâncias intrínsecas do país podem influenciar de maneiras importantes a eficácia das políticas macroprudenciais. Por exemplo, o papel relevante exercido pela regulamentação do LTV e do DTI na Coreia parece ter se beneficiado da grande presença de empréstimos hipotecários de curto prazo do tipo bullet, que são tratados como novos empréstimos quando há a rolagem da dívida. Em segundo lugar, as autoridades responsáveis pelas políticas macroprudenciais deveriam ter em mente exercitar a vigilância em relação à variedade de consequências não pretendidas. As regulamentações do LTV poderiam se tornar pró-cíclicas se os ajustes no grau de alavancagem viessem a ficar bem aquém dos movimentos nos preços das casas. Apesar das regulamentações do DTI haverem induzido os bancos a oferecer mais financiamentos parcelados a longo prazo, o perfil do funding dessas instituições falhou em crescer de acordo com tal orientação, resultando em acentuado descasamento de prazos, elevadas taxas de juros e aumento do risco de liquidez.

Em terceiro, a prática de contornar os procedimentos regulamentados pela política macroprudencial deveria ser levada a sério porque ela pode aumentar ou até criar um risco sistêmico, para não mencionar que pode minar a eficácia da política. Como as regulamentações da LTV e DTI tinham seu foco nos bancos, os empréstimos hipotecários (menos regulamentados e não adequadamente capitalizados) por instituições não bancárias cresceram rapidamente. Por último, mas não menos importante, mais pesquisas se fazem necessárias para responder como melhor combinar as políticas macroprudenciais e monetárias.

Apêndice 8.1

Estimativa dos Efeitos das Regulamentações do LTV e DTI: Painel VAR

Dados e Especificações Um painel com vetor autorregressivo (PVAR) é estimado para os preços dos imóveis residenciais e o volume de empréstimos hipotecários pelos bancos (ambos ajustados sazonalmente), controlando os efeitos das regulamentações do LTV e DTI. O exemplo usado para a análise é um painel balanceado que cobre 43 áreas durante o período do 2º trimestre de 2003 ao 2º trimestre de 2012. A especificação do PVAR é a seguinte:

$$X_t = A_0 + A_1 X_{t-1} + BP_{t-1} + CZ_{t-1} + e_t$$

onde X é um vetor de variáveis endógenas (preço das casas e empréstimo hipotecário), P é um vetor de variáveis políticas e Z representa outros controles, tais como PIB nominal e "dummies" para as áreas especulativas e a crise financeira global. As variáveis políticas consideradas incluem a taxa de juros "overnight" — de um dia para o outro — (como uma proxy das orientações de política monetária), "dummies" das regulamentações do LTV e DTI e "dummies" para as políticas de tributação dos ganhos de capital (ver tabela A8.1).

Levando em conta que as regulamentações do LTV foram inicialmente introduzidas em um pico de 60% e permaneceram em vigor durante todo o período da amostra e ao longo de todas as áreas, os coeficientes estimados das "dummies" do LTV incluídos no VAR, LTV4 e LTV5, capturam os efeitos das políticas relativos ao cenário básico do índice de LTV limitado a 60%. Para as regulamentações do DTI, três "dummies" — DTI4, DTI5 e DTI6 — são usados no VAR, já que a amostra inclui os períodos e/ou áreas nas quais nenhuma regulamentação de DTI vige. Portanto, seus coeficientes refletem os efeitos das políticas relativos ao cenário básico de nenhuma regulamentação do DTI. As "dummies" de LTV são baseadas no limite aplicado aos empréstimos hipotecários com maturação entre 3 e 10 anos, os quais representam o grosso do montante dessa modalidade de empréstimos pelos bancos (o limite do LTV para empréstimos com vencimento em 10 anos ou mais foi estabelecido em 70%, mas parece não ter caráter compulsório). As "dummies" de DTI são relativamente livres da questão de cobertura porque as regulamentações do DTI são aplicadas uniformemente, exceto para os dez primeiros meses, quando as regulamentações do DTI são aplicadas apenas para grandes empréstimos hipotecários, que excedem 600 milhões de won.

Tabela A8.1
Descrição das Variáveis na Tabela A8.2

Nome	Descrição
Empréstimo	Taxa de crescimento trimestral dos empréstimos hipotecários (s.a., %)
Preço das casas	Taxa de crescimento trimestral do preço das casas (s.a., %)
NGDP	Taxa de crescimento trimestral do PIB nominal (s.a., %)
LTV4, LTV5	LTV4 (LTV5) igual a 1 se o limite de LTV for 40% (50%), ou 0, se não for
DTI4, DTI5, DTI6	DTI4 (DTI5, DTI6) igual a 1 se o limite de DTI for de 40% (50%, 60%), ou 0, se não for
Overnight	Taxa de juros de um dia para o outro (%).

Imposto	Imposto igual a 1 se a taxa de juros sobre ganho de capital for 50%, ou 0, se não for
SPA	SPA igual a 1 se a região for designada como uma área especulativa, ou 0, se não for
CS	CS igual a 1 pelo período de 4T 2008 a 3T 2009, ou 0, se não for

Observações: s.a., dados sazonalmente ajustados.

Resultados Estimados

O modelo é estimado usando o método generalizado de momentos (MGM), uma técnica econométrica de estimação de parâmetros de uma equação de regressão. As restrições superidentificadas não são rejeitadas em ambas as equações se o teste Hansen (que é mais consistente em termos de heterocedasticidade) for aplicado*. Os coeficientes estimados das "dummies" do LTV e do DTI são estatisticamente significantes, e têm o sinal esperado na maioria dos casos, embora alguns coeficientes do DTI sejam estimados imprecisamente na equação relativa ao financiamento hipotecário. O aperto monetário (em função da taxa de juros) acabou sendo eficaz na contenção do boom no mercado habitacional e dos empréstimos bancários. A política fiscal parece ter reduzido o crescimento do financiamento hipotecário, mas inflacionou o preço das casas.

Apêndice 8.2

Estimativa dos Efeitos dos Graus de Alavancagem e MSL: VAR Bayesiano

O modelo que serve de cenário básico para a estimativa é um modelo de quatro variáveis VAR Bayesiano:

$$Y_t = \Phi_0 + \sum_{j=1}^{p} \Phi_j Y_{t-j} + e_t$$

onde Y é o vetor para empréstimos estrangeiros feitos por bancos nacionais ou filiais de bancos estrangeiros e outras variáveis financeiras (OVFs) que são consideradas como tendo influência nos riscos do mercado cambial. Para os bancos nacionais, as OVFs incluem a posição em derivativos cambiais (como porcentual do capital dos bancos), VIX (Índice de Volatilidade) e o spread (sobretaxa) acima da Libor (taxa referencial mundial de juros dos empréstimos interbancários definida pelo mercado londrino). Para as filiais de bancos estrangeiros, as OVFs incluem as mesmas variáveis, exceto que O spread sobre a Libor é substituído pelos dos desvios da taxa de paridade coberta de juros – CID (trata-se de um método de neutralização, via operações no mercado futuro de títulos, do diferencial entre as taxas de juros vigentes em países distintos).

---

*N.E.: Como se pode observar, o autor baseia seu trabalho em uma análise de regressão aplicada sobre dados estatísticos, e a valida citando um teste de consistência. Os nomes e expressões são de uso corrente entre os especialistas em análise econométrica.

Na amostra usada para a estimativa os dados estão em frequência trimestral e cobrem o período de 1T 2003 a 2T 2012. A utilização de dados trimestrais é ditada pela disponibilidade de dados não agregados de empréstimos estrangeiros por bancos nacionais e por filiais de bancos estrangeiros (para uma melhor observação, entretanto, o modelo também é estimado usando dados mensais ou variáveis representativas).

Tabela A8.2
Resultados Estimados

	Empréstimo	Preçodacasa
Empréstimo	0,228***	0,042**
	(0,027)	(0,020)
Preço da casa	0,052	0,477**
	(0,038)	(0,024)
NGDP	-0,373***	0,079**
	(0,056)	(0,039)
Overnight	-0,251**	-0,255***
	(0,104)	(0,069)
Imposto	-1,650 ***	0,781***
	(0,352)	(0,225)
LTV4	-3,157***	-1,587***
	(0,805)	(0,468)
LTV5	-2,056***	-0,954***
	(0,389)	(0,248)
DTI4	-0,346	0,178
	(0,323)	(0,189)
DTI5	0,128	-0,370
	(0,335)	(0,233)
DTI6	-0,191	-1,241***
	(0,552)	(0,379)
SPA	2,211**	1,694***
	(0,867)	(0,493)
CS	-0,880***	-0,819***
	(0,252)	(0,167)
Constante	5,152***	0,679*
	(0,602)	(0,385)
Observações	1,505	1,505
No. de áreas	43	43
Teste de Sargan (valor de p)	590,4 (0,863)	1.458,9
		(0,001)
Teste de Hansen J. (valor de p)	40,8 (0,999)	41,1 (0,999)

Observação: *, ** e *** se referem ao nível de significância de 10%, 5% e 1%, respectivamente.

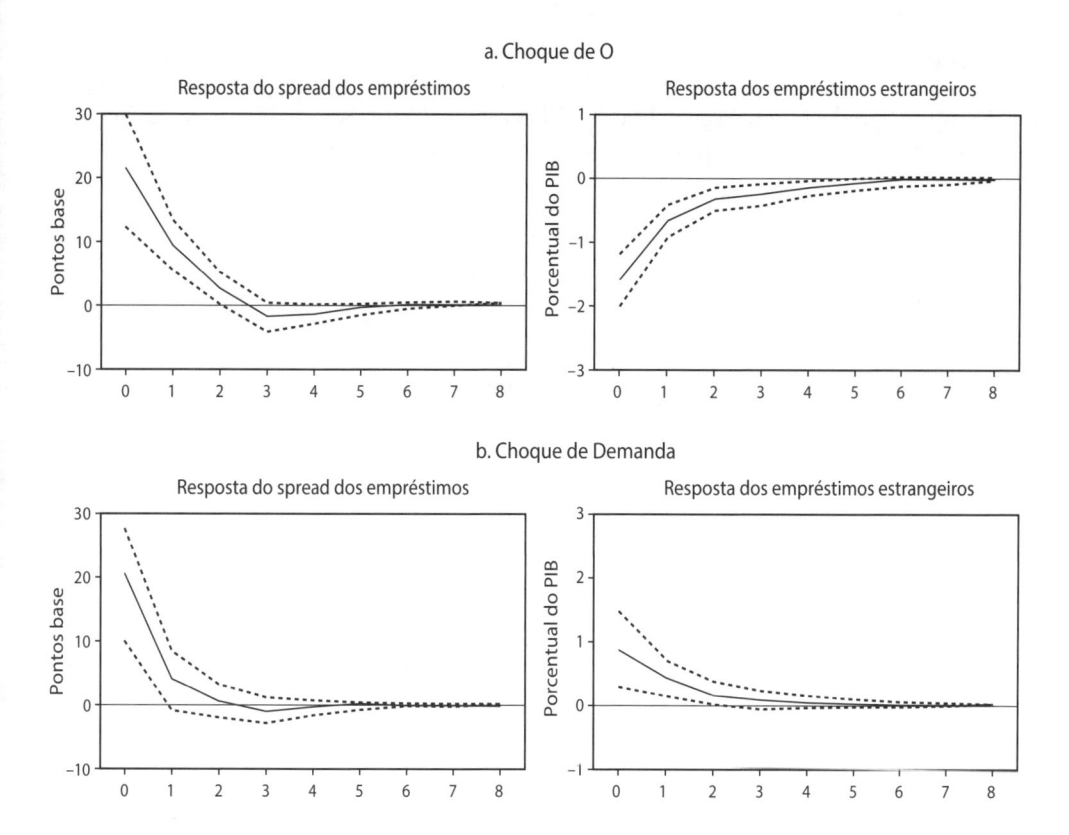

Figura A8.1
Respostas ao Impulso dos Choques de Oferta e Demanda
Observações: Os resultados estimados referem-se aos bancos domésticos. As linhas sólidas indicam os valores das medianas das respostas, as linhas pontilhadas indicam 68% de nível de confiança.
Fonte: Banco da Coreia.

Quatro choques estruturais do modelo são identificados ao se usar tanto as restrições de sinal e de exclusão (técnicas econométricas de consistência), como sugerido pela teoria econômica e instituições. Primeiro, o choque da percepção do risco global (ou uma inovação no VIX) é assumida como ortogonal para outros choques estruturais. Segundo, um choque de oferta (ou fator de impulso) supõe uma movimentação de preço (spread dos empréstimos ou CID) e quantidade (empréstimos estrangeiros) em direção oposta. Terceiro, o choque de demanda (ou fator de atração) move preço e quantidade na mesma direção. Por fim, um choque no câmbio é considerado como exógeno e ortogonal para choques contemporâneos nas variáveis preço e quantidade, tomando as mudanças no mercado cambial como não relacionadas aos empréstimos estrangeiros.

Notas

O autor agradece, em especial, a Jun Il Kim, Jong Ku Kang, Hoon Kim, Seung Hwan Lee, Namjin Ma, Changho Choi, e Yong Min Kim do Banco da Coreia por suas contribuições e assistências tão úteis.

1. Após a crise financeira de 1997, os bancos domésticos mudaram sua estratégia de negócios, deixando de priorizar os empréstimos corporativos e passando a centrar-se nos empréstimos para as famílias. A desregulamentação do segmento bancário, a privatização do Housing and Commercial Bank em 1996 (cujo principal negócio era empréstimo hipotecário de longo prazo), e a reduzida demanda por empréstimos das grandes corporações induziu os bancos comerciais a entrar agressivamente no mercado de financiamento hipotecário.
2. A visão "excesso de atividade bancária global" exposta por Shin (2012), em oposição à visão de excesso de poupança global, foi fundamental no desenho e na implementação do MSL.
3. À época do anúncio da política, a alavancagem média cambial das filiais de bancos estrangeiros superou os 260% do capital próprio. A mesma relação caiu drasticamente para 87% em janeiro de 2013.
4. Para as filiais de bancos estrangeiros, parte de seus empréstimos de longo prazo (com maturação superior a um ano) de suas matrizes é considerado como capital bancário (conhecido como Capital B) e isenta do MSL. Porque o grau de alavancagem é definido como uma porcentagem do capital próprio, aumentar o Capital B, *ceteris paribus*, permite às filiais de bancos estrangeiros comprar dólares no mercado futuro em grandes quantidades. O Capital B das filiais de bancos estrangeiros aumentou para $ 16 milhões de won no final de março de 2012, para $ 6,1 trilhões de won no final de março de 2010.
5. Para os efeitos das regulamentações do LTV, o cenário de "nenhuma regulamentação" se refere ao caso em que vige um LTV de 60% (ver apêndice 8.1 para mais detalhes).
6. Um viés de variável omitida é outra possibilidade para a grande estimativa dos efeitos da aplicação da política, algo que merece uma análise mais aprofundada em futuros estudos.
7. VIX implica volatilidade no índice de opções de ações da S&P 500.
8.Especificamente, o spread sobre a Libor representa os custos dos empréstimos dos bancos domésticos, ao passo que o CID (cobertura da taxa de paridade de juros) representa o retorno líquido das filiais dos bancos estrangeiros. Essas duas variáveis de preço são escolhidas em vista de sua centralidade na gestão dos ativos e obrigações dos bancos estrangeiros.

Referência

Shin, Hyun-Song. 2012. "Global Banking Glut and Loan Risk Premium." *IMF Economic Review 60 :155-192*

III
Regulamentação Financeira

9

Tudo que o FMI Queria Saber sobre a Regulamentação Financeira e Não Tinha Medo de Perguntar

Sheila Bair

Senti-me honrada com o convite do FMI para atuar como moderadora no painel "Financial Regulation" na conferência "Rethinking Macro Policy II" deste ano. E mesmo apresentando uma das mais esclarecedoras e instigantes discussões da conferência, falhei em minha obrigação, como moderadora, de assegurar que os palestrantes respondessem todas as excelentes perguntas que nossos patrocinadores nos enviaram. Claro, isso era de se esperar, uma vez que os palestrantes nesse tipo de evento quase nunca abordam todos os tópicos levantados (eu, com certeza, nunca consigo) mas sim, como os candidatos a presidente, respondem às questões que querem responder. Entretanto, aceitando a responsabilidade de meu mau desempenho, vou agora relacionar e responder essas perguntas eu mesma.

1. Alguém tem uma visão clara do sistema financeiro que se deseja no futuro?

Sim, eu. Ele deveria ser menor, mais simples, menos alavancado e mais focado em encontrar as necessidades de crédito da economia real. E nós deveríamos banir da face da Terra o uso especulativo dos swaps de créditos inadimplentes[*] ("credit default swaps").

2. Os caixas eletrônicos são a única inovação financeira útil dos últimos 30 anos?

Não. Se os banqueiros tratarem seu negócio como uma forma de proporcionar maior valor ao menor custo para seus consumidores (e isso pode trazer dificuldades), a tecnologia fornece uma mina de ouro virtual para produtos inovadores. Por exemplo, estou no momento testando um cartão de débito pré-pago que me permite fazer todas as minhas transações bancárias através de meu iPhone. Ele monitora os gastos, me diz quando estou estourando meu orçamento e me permite bloquear temporariamente o uso do cartão quando minha filha, sem eu saber, o pegou da minha carteira para

---

[*] N.E.: Trata-se de uma operação do mercado de derivativos financeiros em que um comprador de títulos de dívida corporativa ou soberana tenta eliminar possíveis perdas decorrentes da inadimplência do emissor dos títulos.

comprar o último lançamento de calça jeans da Aéropostale (marca de roupas casuais de grande prestígio entre os adolescentes americanos). O cartão, apropriadamente chamado de Simples, foi projetado por dois "techies" (especialistas em computação) de Portland, Oregon. Cabe, aqui, uma sugestão para os grandes bancos: abandonar os ternos de risca de giz e adotar o estilo da Dockers (marca de roupas masculinas casuais dos EUA). E usar sandálias havaianas. Afinal, os "techies" estão chegando.

3. Faz algum sentido a ideia de um conjunto principal de atividades seguras e regulamentadas, e um conjunto secundário de atividades menos seguras e menos regulamentadas?

Não, não faz.

A ideia de um conjunto principal de atividades com acesso a uma rede de segurança (seguros de depósitos, empréstimos do banco central) e outro, de atividades secundárias menos seguras e mais regulamentadas que em nenhuma circunstância tenham acesso a uma rede de segurança — isso faz sentido.

4. Como as diferentes propostas (a regra Volcker, as regulamentações de Liikanen, a delimitação de Vicker) se posicionam a esse respeito?

Coloque-as todas juntas e você já terá 2/3 da resposta. A regra Volcker (regulamentação federal americana que leva o nome de um ex-presidente do Federal Reserve, Paul Volcker) admite a necessidade de restrições rígidas sobre investimentos especulativos através das organizações bancárias, incluindo as operações com valores mobiliários e derivativos no assim chamado "cassino bancário". Erkki Liikanen (presidente do banco central da Finlândia) e John Vickers (eminente economista britânico) apontam a necessidade de proteger os depósitos garantidos dos bancos comerciais tradicionais e constranger a captação de fundos nas atividades de alto risco do cassino bancário. A combinação de todas essas propostas nos daria um sistema financeiro muito mais seguro.

Mas nenhuma dessas propostas resolvem de fato o problema do risco excessivo representado pelas instituições financeiras não bancárias como a AIG (American International Group, a maior empresa seguradora dos EUA). O Tópico I da lei Dodd-Frank Wall Street Reform and Consumer Protection Act dá poder ao Financial Stability Oversight Council de trazer essa espécie de "bancos paralelos" (em inglês, "shadow banks", veja mais no Capítulo 11) à supervisão prudencial do Fed. Claro, essa lei foi promulgada três anos atrás, e por quase dois anos os responsáveis por sua regulamentação prometeram que "em breve" esse tipo de organizações seria submetido à supervisão. Em 22 de maio de 2013, isso foi reiterado pelo Secretário do Tesouro Jack Lew, antes do Comitê Bancário do Senado (mas, dessa vez, ele realmente quis dizer isso). Por alguma razão, o Fed e o Departamento do Tesouro foram capazes de compreender, que a AIG e o GE Capital eram sistêmicos em um nanosegundo em 2008, quando a injeção de dinheiro público estava em jogo; mas quando se trata de submetê-los a uma maior regulamentação, bem, "ei, nós precisamos agir com cuidado aqui".

5. Quanto os elevados requisitos de adequação de capital afetam, de fato, a eficiência e a lucratividade dos bancos?

Não é preciso ser muito eficiente para fazer dinheiro valendo-se de um alto grau de alavancagem, e depois jogar as perdas nas costas do governo quando as coisas vão mal. A experiência me diz que os bancos com sólidos requisitos de capital são aqueles melhor gerenciados, que fazem um bom trabalho na concessão de empréstimos e têm lucros mais sustentáveis a longo prazo, com o benefício adicional de não colocar os contribuintes em risco e continuar emprestando durante os períodos de desaceleração econômica.

6. Deveríamos adotar elevados requisitos de adequação de capital?

Sim. Eu defendi um nível mínimo de 8% de alavancagem, mas acho os 10% de John Vickers melhor ainda.

7. Há virtude na simplicidade — por exemplo, alavancagem simples em vez de requisitos de capital — ou a simplicidade só vai aumentar a arbitragem regulatória?

O falecido Pat Moynihan (político e sociólogo americano) disse certa vez que há coisas que só um PhD pode estragar. As regras do Comitê de Basileia de ponderação dos riscos de ativos exibem A.

Essas regras são irremediavelmente supercomplicadas. Elas estavam sujeitas à desenfreada jogatina e arbitragem anteriores à crise, e ainda estão. (Se você não acredita em mim, leia o relatório do Senador Levin na London Whale.) Um simples grau de alavancagem deveria ser uma restrição obrigatória, que suplementada por um sistema padronizado de ponderação de riscos forçaria o aumento dos níveis de capital dos bancos que assumiam riscos indevidos. É risível pensar que o nível de alavancagem é mais suscetível à arbitragem do que o atual sistema de ponderação de risco, dada a forma como os riscos eram mal tratados antes da crise, por exemplo, movendo os ativos para o "trading book" (portfólio de instrumentos financeiros especulativos), securitizando empréstimos para obter menores encargos de capital, envolvendo obrigações com colaterais de alto risco em operações de credit default swap visando zerar os riscos, investindo cegamente em valores mobiliários segurança "triple A" (classificação que indica segurança máxima), sobrecarregando-se de títulos soberanos de elevado risco, operações de overnight... Preciso continuar?

8. Podemos, de modo realista, resolver o problema do "grande demais para quebrar"?

Nós temos que resolvê-lo. Se não podemos, então temos que nacionalizar esses gigantes e remunerar as pessoas que os dirigem com os mesmos salários pagos a todos que trabalham para o governo.

9. Em que pé estamos nos processos de resolução, tanto a nível nacional quanto internacional?

Houve um bom progresso, mas não o suficiente. A autoridade de resolução nos Estados Unidos poderia ser operacionalizada agora, se necessário, mas seria confusa e demasiadamente onerosa para os credores. Precisamos de colchões de liquidez mais densos para os megabancos, padrões mínimos de emissão de ações e títulos de dívida a longo prazo em nível das holdings (empresas controladoras) para facilitar a estratégia "single point of entry" do Federal Deposit Insurance Corporation* e — mais importante — reguladores que deixem claro que têm a coragem de colocar um megabanco sob sua tutela. O setor afirma que quer terminar com o chavão de "grande demais para quebrar", mas não faz tudo que pode para garantir que a autoridade de resolução funcione sem atropelos. Por exemplo, grupos como o International Swaps and Derivatives Association poderiam facilmente agilizar as resoluções internacionais de revisão dos padrões globais para uma troca de documentação reconhecendo a autoridade do governo em requerer uma performance contínua dos contratos de derivativos contida na resolução Dodd-Frank (lei federal dos EUA que coloca a regulamentação do setor financeiro nas mãos do governo).

10. Podemos ter a esperança de um dia conseguir mensurar o risco sistêmico?

Sim. Tem a ver com interconectividade, algo que megabancos e reguladores deveriam ser capazes de medir. Ironicamente, a interconectividade é estimulada por aquelas regras %$#@& da Basileia para avaliação dos riscos de capital. Emprestar para a IBM é visto como cinco vezes mais arriscado do que emprestar para o Morgan Stanley.

---

*N.E.: O FDIC é uma agência independente criada pelo Congresso dos EUA cuja atribuição é manter a estabilidade do sistema financeiro do país. "Single point of entry" é a denominação dada a uma estratégia dessa agência para lidar com o processo de liquidação de grandes instituições financeiras sistemicamente importantes.

Os (empréstimos interbancários) repos são considerados de risco extremamente baixo, mesmo que o excesso de confiança no funding para essas operações quase tenha derrubado nosso sistema. Qual a lógica disso?

Nós precisamos fixar as regras de capital. Os reguladores também precisam prestar mais atenção nos relatórios de exposição de crédito que são solicitados pela lei Dodd-Frank. Esses relatórios identificam e quantificam a exposição mútua entre os grandes bancos. Cenários de ruptura também deveriam ser considerados nos testes de estresse dos megabancos.

(Uma vez que essas questões estão relacionadas com a regulamentação financeira, não vou opinar sobre a formulação de métodos de mensuração do risco sistêmico como resultado de uma política monetária frouxa.)

11. Os bancos estão, de fato, conduzindo o processo de reforma?

De certo parece que sim.

12. Os reguladores jamais poderão ser tão ágeis quanto os regulamentados?

Jamais. Leia o livro de Roger Martin, *Fixing the Game* (Harvard Business Review Press, 2011). Os reguladores financeiros deveriam buscar inspiração na NFL (sigla, em inglês, da Liga de Futebol Americano).

13. Graças ao jogo de gato e rato entre reguladores e os regulamentados, nós temos que conviver com a incerteza regulatória?

Regulamentações simples que focam na disciplina do mercado e requerimentos do tipo "skin in the game"* são difíceis de emplacar e mais adaptáveis às mudanças do que regras que tentam ditar um comportamento. Por exemplo, espessos colchões de liquidez ajudarão a assegurar que, sejam quais forem as tolices que os bancos venham a cometer no futuro (e eles vão cometer), haverá significativa capacidade de absorção das perdas resultantes desses erros. Infelizmente, a tendência tem ido na direção de regras complexas e prescritivas das quais os espertos advogados dos bancos adoram tirar partido. O setor bancário geralmente gosta de regras prescritivas porque sempre encontra um modo de contorná-las, e os reguladores não se atualizam.

Você pode observar essa dinâmica acontecendo agora, quando o segmento de seguros busca minar uma determinação da lei Dodd-Frank pela qual os corretores de seguros separem cinco centavos de cada dólar como prevenção de perdas em hipotecas

---

* N.E.: Em tradução livre, algo como "dar a cara para bater". Trata-se de um termo cunhado pelo mega investidor Warren Buffett para se referir a uma situação em que os funcionários de alto escalão investem seu próprio dinheiro na compra de ações da companhia em que trabalham, para transmitir ao público seu comprometimento.

que eles securitizam. Eles dizem que a retenção de risco não é mais exigida porque o Consumer Bureau divulgou padrões para empréstimos hipotecários. Mas essas regras são bem permissivas (não requerem um sinal, e impressionantes 43% de comprometimento da renda), e eu tenho certeza de que o Mortgage Bankers Association já está buscando formas de se eximir disso.

Regras que ditam comportamentos podem ser úteis às vezes, mas forçar os participantes do mercado a arcar com as perdas de suas arriscadas tomadas de risco pode ser bem mais eficaz. Uma abordagem lhes diz que tipos de empréstimo podem fazer. A outra diz que, independentemente do tipo de empréstimo que fizerem, eles vão arcar com as perdas em caso de inadimplência.

10
Regulamentando As Grandes Instituições Financeiras

Jeremy C. Stein

Vou centrar minhas colocações nos recorrentes desafios regulatórios associados às grandes e sistemicamente importantes instituições financeiras, ou SIIFs. Em parte, o foco está em fazer a pergunta que parece estar na cabeça de todo mundo hoje em dia: em que pé estamos quanto a resolver a questão de "ser grande demais para quebrar" (GDPQ)? Estamos fazendo um progresso satisfatório, ou é hora de pensar em mais iniciativas?

Devo lembrar, a princípio, que resolver o problema GDPQ tem dois aspectos distintos. Primeiro, e o mais óbvio, é o de chegar a uma situação em que todos os participantes do mercado compreendam — com plena certeza — que se uma grande SIIF quebrar, as perdas recairiam sobre os acionistas e credores, e os contribuintes não seriam prejudicados. Essa é, contudo, apenas a condição necessária, mas não suficiente, para o sucesso. O segundo é que a falência de uma SIIF não deve jogar tudo nas costas do restante do sistema financeiro, na forma de efeitos de contágio, venda de títulos com grandes deságios, aperto de crédito, e coisas parecidas. Claramente, esses dois elementos estão intimamente relacionados. Se a política financeira fizer um bom trabalho em minimizar tais repercussões, ganha mais credibilidade a afirmação de que se uma SIIF quebrar não poderá contar com ajuda financeira do governo para se reerguer.

Então, em que pé estamos? Acredito que há duas declarações igualmente verdadeiras. Nós fizemos um progresso considerável com relação às SIIF desde a crise financeira. E não chegamos, ainda, a um ponto em que possamos nos dar por satisfeitos.

As áreas de progresso são muito conhecidas. Requisitos de capital, liquidez e testes de estresse maiores e mais robustos deveriam, todos, ajudar a reduzir substancialmente a probabilidade de uma SIIF se encontrar à beira da falência. E se, a despeito de todas essas medidas, isso ocorrer, a autoridade competente de liquidação (ACL) conforme Título II da Dodd-Frank Wall Street Reform and Consumer Protection Act oferece agora um mecanismo para recapitalizar e reestruturar a instituição impondo as perdas aos acionistas e credores. Serei breve e não entrarei em detalhes sobre a ACL. Porém, meu colega do conselho Jay Powell discorreu profundamente sobre esse tópico em uma palestra no mês passado, e vou apenas registrar minha total concordância com a conclusão a que ele chegou — a saber, a abordagem do Federal Deposit Insurance Corporation's (FDIC's) também chamada de "single point of entry" (veja nota de rodapé no Capítulo 9) é promissora (ver Powell, 2013). O Federal Reserve continua a trabalhar com o FDIC em cima dos vários e difíceis desafios que ainda perduram, mas eu acredito que essa abordagem de primeira linha da ciência econômica está correta e, em última análise, tem boas chances de ser eficaz.

Com relação à questão do GDPQ, se uma SIIF de fato falir, tenho poucas dúvidas de que os investidores privados vão, de fato, suportar o prejuízo — mesmo se isso levar a um resultado mais confuso e oneroso para a sociedade do que iríamos querer idealmente. A lei Dodd-Frank é bem clara ao dizer que o Federal Reserve e outros reguladores não podem usar sua autoridade emergencial para dar assistência financeira a uma instituição em estado falimentar. E, na qualidade de membro do conselho, estou comprometido a seguir tanto o teor quanto o espírito da lei.

Assim, estamos bem distantes de resolver por completo os problemas políticos associados às SIIFs. O mercado parece, ainda, crer na possibilidade, em algum grau, de haver assistência financeira do governo aos credores de uma SIFI; isso pode ser visto na elevação dos fundos de auxílio ao desenvolvimento concedidos aos grandes bancos baseados nos ratings de avaliação das agências quanto à probabilidade de apoio governamental. Embora esses fundos tenham se retraído um pouco desde a promulgação da lei Dodd-Frank, ainda são relevantes.[1] Tudo o mais constante, tais recursos se constituem em um subsídio às grandes instituições financeiras.

Além disso, como já observei, mesmo que os bailouts (como são chamados os empréstimos para assistência financeira do governo) fossem considerados como um evento improvável, o problema de transferir a responsabilidade permanece. Uma coisa é acreditar que uma SIIF poderá quebrar sem que o governo vá agir em contrário; outra é confiar que essa falência não infligirá danos significativos em outras áreas do sistema financeiro. Na presença de tais externalidades, as instituições financeiras podem ainda ter excessivos incentivos privados para que continuem grandes, complicadas e interconectadas, porque elas usufruem de quaisquer benefícios — por exemplo, em termos de economias de escala e de escopo — mas não incorporam todos os custos sociais.

Como podemos melhorar? Algumas pessoas argumentam que o atual caminho não é funcional e que precisamos ter uma abordagem fundamentalmente diferente.[2] Tal abordagem alternativa pode incluir, por exemplo, absoluta limitação do porte dos bancos, individualmente falando, ou um retorno ao tipo de restrição de atividades do Glass-Steagall (lei americana de 1933 que separava a atividade de banco comercial da de banco de investimento).

Minha opinião pessoal é um tanto diferente. Mesmo concordando que há, ainda, um longo caminho pela frente, acredito que a forma para se chegar lá não é abandonar a atual agenda de reformas, mas sim manter seus contornos gerais e ser mais contundente em suas várias dimensões. Nesse sentido, duas ideias merecem consideração: (1) um aumento na inclinação da função de sobretaxa sobre o capital com relação a grandes e complexas organizações e (2) a imposição, ao nível das empresas da holding, de requisitos substanciais para a determinação dos credores preferenciais em uma eventual liquidação, para facilitar resoluções sob o Título II da Dodd-Frank. Em paralelo com a sobretaxa de capitais, requisitos de dívidas preferenciais também podem, potencialmente, ser uma função da importância sistêmica de uma instituição.

Para ilustrar meu argumento, vamos tomar como dada a premissa daqueles que são a favor de um limite de tamanho, ou seja, que a sociedade estaria melhor se a distribuição dos bancos não fosse tão enviesada em direção a um punhado de grandes instituições. (Para ser mais claro, estou usando a palavra "tamanho" como uma simplificação do conceito de importância sistêmica de uma instituição, o qual, além do tamanho, deve refletir a complexidade, a interconectividade e a extensão global das operações.) Em outras palavras, vamos simplesmente colocar que o objetivo da regulamentação deveria ser o de se inclinar contra o porte dos bancos, e perguntar: Quais são as melhores ferramentas regulatórias para alcançar esse objetivo? Tal como em muitos outros conjuntos regulatórios, essa questão pode ser inserida no quadro "preço versus quantidade" apresentado por Martin Weitzman quase 40 anos atrás.[3] Aqui, uma limitação de tamanho é uma forma de regulação quantitativa, enquanto os requisitos de capital que aumentam com o porte dos bancos podem ser pensados como uma forma de regulamentação de preço, no sentido de que tais requisitos de capital são análogos a uma tributação proporcional ao tamanho do banco.[4]

O desafio principal com respeito à regulamentação baseada em quantidade é que alguém tem que decidir qual o limite. Isso exige um regulador bastante conhecedor da natureza das economias de escala e escopo das grandes empresas financeiras. Além disso, mesmo considerando a literatura empírica como sendo bastante cética sobre a existência de tais economias além de certo ponto na distribuição dos tamanhos — uma proposição que, por si só, é questionável —, o melhor que tais estudos podem conseguir são afirmações sobre médias das economias de escala e de escopo.[5] Esses estudos ainda deixam em aberto a possibilidade de uma considerável heterogeneidade entre as empresas, e que algumas delas são capazes de adicionar considerável valor a uma determinada linha de negócios por serem muito grandes — mesmo se a empresa média na população não for. E tal heterogeneidade, sozinha, é suficiente para criar inconveniências significativas para a regulamentação baseada em quantidade.

Considere o seguinte exemplo: Há três bancos, A, B e C. Tanto A quanto B têm $1 trilhão em ativos, e C é menor, com apenas $400 bilhões em ativos. O banco A gera economias de escala significativas, de modo que é socialmente ótimo para ele continuar do mesmo tamanho. Os bancos B e C, ao contrário, têm economias de escala mais modestas, insuficientes para compensar os custos que seus tamanhos e complexidade impõem à sociedade. Sob a perspectiva de um planejador social onisciente, seria melhor que tanto B quanto C tivessem a metade do porte atual.

Agora, cabe perguntar o que acontece se impusermos uma limitação de tamanho de, digamos, $500 bilhões. Com relação ao banco B, faremos a coisa certa ao diminuí-lo a um tamanho social ótimo. Mas agiremos equivocadamente com respeito aos bancos A e C, e por razões diferentes. No caso de A, o limite força-o a encolher quando não deveria porque, dadas as especificações de seu modelo de negócios, ele na verdade cria um montante considerável de valor por ser grande. E, no caso de C, comete-se o erro oposto. Seria de fato benéfico pressionar C para diminuir a margem — ou seja, se mover na direção de um banco de $200 bilhões, em vez de um de $400 bilhões —, porém, como está abaixo do limite, nada pode ser feito nesse sentido pela regulamentação.

Vamos supor que lidaremos com o problema impondo requisitos de capital que são uma função do crescimento do porte do banco. Essa abordagem baseada no preço inclina todos os três bancos a encolher, mas lhes permite equilibrar esse incentivo contra os benefícios de escala que obtêm por serem grandes. Nesse caso, nós esperaríamos que A, com sua economia de escala significativa, absorva a elevada tributação e opte por permanecer grande, enquanto que para B e C, com economias de escala mais modestas, espera-se que diminuam mais radicalmente. Em outras palavras, a regulamentação baseada no preço é mais flexível, deixando a decisão quanto ao porte por conta dos gestores dos bancos, os quais, por sua vez podem basear suas decisões na compreensão que têm sobre a sinergia — ou falta dela — nos respectivos negócios.

Essa lógica pode ser pensada como um apoio à abordagem do Basel Committee on Banking Supervision com relação à sua regra de impor uma sobretaxa sobre o capital social (somente sobre as ações ordinárias) das instituições bancárias consideradas sistemicamente importantes globalmente. A alíquota exata da sobretaxa vai variar de 1% a 2,5% e dependerá de fatores que incluem o porte do banco, complexidade e interconexões, medidos por uma série de indicadores variáveis.[6] As sobretaxas progressivas são, efetivamente, um tipo de regulamentação baseada no preço e, portanto, deveriam ter as vantagens que apontei.

Entretanto, um defensor da limitação de tamanho pode responder, com boa dose de razão: "Tudo bem, mas como vou saber se essas sobretaxas são de fato suficientes para modificar comportamentos — ou seja, exercer uma influência significativa na distribuição de tamanhos das instituições do sistema bancário?" Afinal, a analogia entre um requisito de capital e um imposto é, de certa forma, imperfeita porque nós não sabemos ao certo a taxa de juros implícita associada a um dado nível de capital. Há quem veja os requisitos de capital como bem onerosos, o que significaria que mesmo 2% de sobretaxa é algo significativo e, consequentemente, um forte incentivo para que um banco diminua de tamanho, enquanto outros argumentam que os custos ocasionados pelos requisitos de capital são modestos, o que implicaria em pouco incentivo para o encolhimento[7] dos bancos.

Essa incerteza sobre o efeito final de um determinado regime de sobretaxa do capital sobre a distribuição do porte dos bancos pode, potencialmente, pender a balança em favor de uma regulamentação baseada em quantidade, tal como limites de tamanho. E, de fato, se formos confrontados a chegar a uma decisão definitiva e permanente, não acho que um arrazoado econômico, sozinho, poderia nos dar uma resposta cabal sobre se deveríamos preferir limites em vez de sobretaxa do capital. Essa ambiguidade representa, em algum sentido, a mensagem central da análise original de Weitzman.

Um jeito de resolver essa tensão é nos abstermos da imposição de ter que tomar uma decisão definitiva em meio a tamanha incerteza. Em vez disso, pode ser preferível tentar aprender com os dados que chegam e se ajustar com o tempo, principalmente desde que as recentes mudanças já em vigor na regulamentação de capital podem se constituir em um experimento bastante informativo. A meu ver, essa observação sobre o potencial aprendizado inclina a balança a favor da sobretaxa do capital. Por exemplo, a tabela de sobretaxa do capital proposta pelo Basel Committee para os bancos sistemicamente importantes pode ser um ponto de partida razoável; porém, se após algum tempo não tiver demonstrado ter trazido muitas mudanças no porte e complexidade dos grandes bancos, se poderá concluir que a taxa implícita era muito pequena e deve ser aumentada.[8] Em princípio, essa abordagem controladora me parece estar no caminho certo: ela mantém a característica de flexibilidade que torna atraente a regulamentação baseada no preço, e ao mesmo tempo minimiza o risco de que a taxa de juros implícita seja estabelecida em nível muito baixo. Claro, reconheço que sua natureza gradualista apresenta desafios práticos, em especial o de sustentar um grau de comprometimento regulatório e determinação suficiente para manter o controle desde que essa seja a coisa certa a fazer.

Antes de encerrar, deixe-me mencionar brevemente outra peça do quebra-cabeças que acho que por vezes é negligenciada, mas que me parece ter potencial para ter um importante papel complementar nos esforços para encaminhar o problema do GDPQ: As corporações governamentais. Vamos supor que fizemos tudo certo com relação à regulamentação do capital e estabelecemos um sistema de sobretaxa do capital que impõe uma forte pressão de encolhimento naquelas instituições que não geram grandes sinergias. Como, de fato, se daria o processo de ajuste? O primeiro passo seria dado pelos acionistas que, obtendo um retorno de capital inadequado, venderiam suas ações, o que faria com que os preços das ações dos bancos caíssem. O segundo passo caberia aos gestores, que procurando restaurar valor para os acionistas, se desfariam seletivamente de ativos.

Mas, como décadas de pesquisa em finança corporativa nos ensinaram, não devemos tomar o segundo passo como garantido. Inúmeros estudos através de uma vasta gama de setores de atividade documentaram quão difícil é para os administradores "emagrecerem" voluntariamente as empresas, mesmo quando o mercado de ações está mandando um sinal claro de que isso seria o melhor para os terceiros interessados. Com frequência, mudanças desse tipo requerem a aplicação de alguma força externa, seja vindo do mercado no que se refere ao controle corporativo, seja de um investidor ativista ou um conselho de administração forte e independente[9]. À medida que avançamos, deveríamos manter esses mecanismos de governança em mente e fazer o que pudermos para garantir que eles apoiam uma ampla estratégia regulatória.

Notas

Este capítulo foi originalmente entregue em 17 de abril de 2013, como colaboração para a conferência International Monetary Fund's "Rethinking Macro Policy II". As opiniões e ideias apresentadas são minhas. Elas não são necessariamente compartilhadas por meus colegas no Conselho de Diretores do Federal Reserve. Sou grato aos membros do conselho, Michael Gibson, Michael Hsu, Nellie Liang e Mark Van Der Weide por seus aconselhamentos.

1. Por exemplo, em junho de 2012, Moody descreveu seu processo de classificação para o JP Morgan Chase como segue: "Os benefícios da elevação do rating da JP Morgan em três níveis na avaliação independente de crédito para a área comercial, e de dois níveis para a companhia holding refletem os pressupostos da Moody's sobre a elevada probabilidade de apoio do governo dos EUA aos detentores de ações ou outros credores na eventualidade de tal apoio ser requerido para prevenir uma situação de inadimplência [...] A perspectiva negativa da empresa holding parental reflete a visão da Moody's de que o apoio governamental às holdings das companhias americanas credoras está se tornando menos certo e menos previsível, dada a evolução da postura das autoridades dos EUA para a resolução de grandes instituições financeiras, enquanto o apoio para os credores de entidades em operação permanece suficientemente provável e previsível para garantir uma perspectiva estável." (Moody's Investors Service 2012, pp.11-12 da versão em pdf). Ver também declarações similares da Moody's no mesmo documento para o Bank of America (pp.4-5) e Citibank (p.7).

2. Ver Fisher (2013), que disse: "Nós recomendamos que as maiores holdings de empresas financeiras sejam reestruturadas de modo que cada uma de suas entidades corporativas esteja sujeita a um rápido processo de falência e, no caso das próprias entidades bancárias, que elas sejam do tamanho 'pequenas demais para salvar'. Conduzir o tamanho institucional é vital para manter uma ameaça verossímil de

quebra, fornecendo, assim, um caso convincente de que a política de fato mudou." (parágrafo 40).

3. Ver Weitzman (1974). Haldane (2010) também usa a estrutura de Weitzman para falar a respeito da regulamentação preço *versus* quantidade no contexto do GDPQ. Deve ser observado que há várias abordagens híbridas que não são nem puramente quantitativas nem somente via regulamentação de preço. Por exemplo, a discussão de Tarullo (2012) sobre limites das dívidas não seguradas não é um rígido limite de tamanho, uma vez que ela não obriga um tamanho absoluto de uma instituição, na medida em que ela ajusta o mix de seu funding.

4. Para ser claro, esse aspecto tributação dos requisitos de capital não o único ou mesmo principal deles. Mesmo que fosse quase sem ônus impor maiores requisitos de capital aos grandes bancos — de modo a ser um fator essencialmente não desencorajador do tamanho dos bancos — ainda pode ser uma boa ideia agir assim por razões puramente prudenciais. Em outras palavras, requisitos de capital servem simultaneamente como um amortecedor prudencial e imposto, e podem ser uma ferramenta regulatória útil por ambas as razões.

5. Ver Hughes e Mester (2011) para uma contribuição recente à literatura sobre economia de escala no sistema bancário.

6. Ver BCBS (2011) para uma descrição da metodologia.

7. Para diferentes estimativas dos custos dos requisitos de capital para os bancos, ver Baker e Wurgler (2013), Admati e outros (2011), e Hanson, Kashyap e Stein (2011).

8. Novamente, deve ser enfatizado que o problema intrínseco não é apenas o porte de uma instituição mas sim sua importância sistêmica — a qual, somada à questão do tamanho, refere-se à sua complexidade, interconectividade e extensão global de operações.

9. Jensen (1993) é um tratamento clássico dessas questões.

Referências

Admati, Anat R., Peter M. DeMarzo, Martin F. Hellwig, e Paul Pfleiderer. 2011. "Fallacies, Irrelevant Facts, and Myths in the Discussion of Capital Regulation: Why Bank Equity Is *Not* Expensive." Working Paper, Graduate School of Business, Standford University, Standford, CA e o Max Planck Institute for Research on Collective Goods, Bonn. http://www.gsbapps.stanford.edu/researchpapers/library/RP2065R1&86.pdf.

Baker, Malcom, e Jeffrey Wurgler. 2013. "Would Stricter Capital Requirements Raise the Cost of Capital? Bank Capital Regulation and the Low Risk Anomaly." Working Paper, Harvard Business School, Cambridge, MA e NYU Stern School of

Business, Nova York. http://www.people.stern.nyu.edu/jwurgler/papers/Bank%20Capital%20Regulation.pdf.

Basel Committee on Banking Supervision (BCBS). 2011. "Global Systemically Important Banks: Assessment Methodology and the Additional Loss Absorbency Requirement." Bank for International Settlements, Basel, novembro. http://www.bis.org/publ/bcbs207.pdf.

Fischer, Richard W. 2013. "Ending 'Too Big to Fail'" Discurso proferido na Conservative Political Action Conference, National Harbor, MD, 16 de março. http://www.dallasfed.org/news/speeches/fisher/2013/fs130316.cfm.

Haldane, Andrew G. 2010. "The $100 Billion Question". Discurso proferido no Institute of Regulation & Risk, Hong Kong, 30 de março. http://www.bis.org/review/r100406d.pdf.

Hanson, Samuel G., Anil K. Kashyap e Jeremy C. Stein. 2011. "A Macroprudential Approach to Financial Regulation." *Journal of Economic Perspectives* 25 (1): 3-28. http://www.people.hbs.edu/shanson/hanson_kashyap_stein_JEP.pdf.

Hughes, Joseph P., e Loretta J. Mester. 2011. "Who Said Large Banks Don't Experience Scale Economies? Evidence from a Risk-Return-Driven Cost Function." Working Paper 11-27, Federal Reserve Bank of Philadelphia, Philadelphia, PA, Julho. www.phil.frb.org/research-and-data/publications/working-papers/2011/wp11-27.pdf.

Jensen, Michael C. 1993. "The Modern Industrial Revolution, Exit and the Failure of Internal Control Systems," *Journal of Finance* 48 (3): 831-880. http://www.onlinelibrary.wiley.com/doi/10.1111/j.1540-6261.1993.tb04022.x/full.

Moody's Investors Service. 2012. "Moody's Downgrades Firms with Global Capital Markets Operations." Comunicado à imprensa, Moody's Investors Service, Nova York, 21 de junho. www.moodys.com/research/Moodys-downgrades-firms-with-global-capital-markets-operations--PR_248989?WT.mc_id=BankRatings2012.

Powell, Jerome H. 2013. "Ending 'Too Big to Fail'" Discurso proferido no Institute of International Bankers 2013 Washington Conference, Washington, DC, 4 de março. http://www.federalreserve.gov/newsevents/speech/powell20130304a.htm.

Tarullo, Daniel K. 2012. "Industry Structure and Systemic Risk Regulation." Discurso proferido na Brookings Institution Conference, "Structuring the Financial Industry to Enhance Economic Growth and Stability." Brookings Institution, Washington, DC, 4 de dezembro. http://www.federalreserve.gov/newsevents/speech/tarullo20121204a.htm.

Weitzman, Martin L. 1974. "Prices vs. Quantities." *Review of Economic Studies* 41 (Outubro): 477-491. http://www.scholar.harvard.edu/files/weitzman/files/prices_vs_quantities.pdf.

11

O Perfil da Atividade Bancária e o Futuro de sua Regulamentação

Jean Tirole

Todas as crises, sejam aquelas cujos efeitos adversos atingem o sistema bancário ou a soberania parecem-se umas com as outras e têm uma característica em comum: após anos de negligência e de um quase *laissez faire* que acabam levando à crise, os políticos e estudiosos trabalham assiduamente em novos esquemas para prevenir a próxima crise. Embora essa se constitua em uma reação útil, o processo também reflete um imediatismo político como uma perspectiva de longo prazo. O título da conferência, "Rethinking Macro Policy II: First Steps and Early Lessons", nos lembra, modesta, mas diretamente, os limites de nosso conhecimento nessas áreas.

Este capítulo discute brevemente três tipos de reformas na elaboração das regulamentações financeiras: reformas estruturais (entre as quais eu incluiria governança e interação com as entidades não-bancárias que agem como se fossem bancos), solvência e regulamentação da solvência e liquidez, (veja Capítulo 17 sobre as diferenças e semelhanças entre as duas)e reforma institucional/de supervisão.

Antes de começar, duas observações preliminares se fazem necessárias. Inicialmente, precisamos por um momento dar um passo atrás e pensar por que o setor bancário é regulamentado em primeiro lugar, independentemente de seu grau de competitividade. Há inúmeras razões para isso. A mais universal de todas é a de proteger os depositantes, ou o fundo garantidor de depósitos e o contribuinte, caso os depósitos estejam cobertos explícita ou implicitamente. O estado representa os interesses dos depositantes, que não tem a expertise, a informação ou a iniciativa de monitorar as atividades registradas e as não registradas (aquelas que, por sua própria natureza, não aparecem nos balanços, como os arrendamentos operacionais, por exemplo) nos balanços de seus bancos. Essa "hipótese de representação" explica porque inclusive bancos pequenos, sem expressão no mercado e sistemicamente não importantes, são supervisionados, e porque fundos de pensão e empresas de seguro estão sujeitas a idênticos requisitos prudenciais.[1] E também explica a razão pela qual os bancos de investimento, sem nenhum investidor varejista, têm sido deixados à margem ou sob débil regulamentação.

A hipótese de representação, entretanto, não conta nos recentes bailouts (assistência financeira governamental) que socorreram os bancos de investimento e a holding da AIG nos Estados Unidos ou, em 1998, a Long-Term Capital Management (LTCM) — uma empresa de gestão de fundos de hedge. Também não explica a ênfase atual em regular sistemicamente instituições financeiras importantes (SIFIs). O risco sistêmico é geralmente invocado como argumento para que se preste mais atenção às instituições financeiras, então, a representação e a lógica do risco sistêmico estão relacionadas. Quando grandes instituições quebram, as dívidas não pagas (risco da contraparte) e as alienações de valores mobiliários com grande deságio (as chamadas "fire sales") criam externalidades no setor prudencialmente regulado e podem colocar em risco alguns bancos varejistas ou companhias de seguro.[2] Essas externalidades, para ser preciso, são altamente endógenas. Elas seriam bem mais fracas se, por exemplo, os bancos varejistas, por ter uma limitada exposição das contrapartes a instituições de fora do setor prudencialmente regulado, fossem um assunto observado *a posteriori*. Voltarei a esse ponto mais tarde.

A segunda observação preliminar é que nós devemos progredir com vistas a um equilíbrio geral, e não apenas por razões macroprudenciais padrão. Tornar os títulos da dívida mais seguros é um objetivo louvável à luz da recente experiência, mas não pode ser a única consideração. De outra forma, as regulamentações prudenciais seriam uma questão bastante simples: seria suficiente impor requisitos de capital muito altos, demandaria CoCos — obrigações conversíveis contingentes[3] — em grandes quantidades, ou exigir que os bancos investissem somente em títulos do governo alemão. Há uma demanda por instrumentos seguros e líquidos criados pelo lado do passivo dos bancos, como ilustrado na teoria da liquidez agregada, porém, até agora, essa última tem sido precariamente conectada à análise de regulamentação prudencial. Há também uma incidência de regulamentação bancária no volume de crédito da economia, assim como implicações quanto aos incentivos para os gestores e acionistas.

Reformas Estruturais

A razão para separar o varejo dos bancos de investimento é salvaguardar os serviços bancários básicos — e, dessa forma, a trilogia depositantes, fundo garantidor e contribuintes — dos riscos inerentes aos bancos de investimento. Trata-se de uma simples recusa a se envolver em subsídios cruzados (apoio a um produto a partir dos lucros gerados por um outro) evitando, assim, promover investimentos marginais em serviços bancários de valor decrescente.

Em certo sentido, a reforma estrutural, vinda, ainda por cima, da regulamentação prudencial Basileia III, é uma admissão de que a sociedade irá sempre perder no jogo de gato e rato na regulamentação prudencial; esta deve ser capaz de, pelo menos, duplicar as reformas estruturais (o que com frequência é um caso especial de regulamentação prudencial sem separação, mas com infinitos pesos em ativos ou atividades) e deveria, em teoria, funcionar melhor. Desse modo, ou não se confia nos reguladores para escolher e forçar ponderações de risco menos extremadas, ou há a sensação de que a proibição total tem efeitos, provenientes de uma avaliação de risco elevado, bem diferentes. Nesta última hipótese, uma peculiaridade da atividade bancária é que o rato se move muito rapidamente; de fato, há poucos setores em que a situação patrimonial e financeira pode ser mudada substancialmente em questão de dias. A atividade bancária, ao menos em seus segmentos mais "inovadores", é altamente complexa, e a assimetria das informações com o regulador é fator preponderante. Há uma demora na adequação aos requisitos de capital e liquidez, a qual, se estiverem disponíveis instrumentos muito arriscados, pode dar margem a tentativas desesperadas de ressuscitação quando o banco estiver prestes a se afogar.

As diversas propostas de separação estrutural foram descritas e comentadas cuidadosamente por aí.[4] Farei aqui apenas algumas observações na economia de tais regras para apontar onde nosso conhecimento deve ser aprimorado.

Para fins ilustrativos, vamos considerar a regra Vickers.[5] Em essência, ela cria uma subsidiária relativamente autônoma (o banco varejista) com um escopo limitado de atividades: Pode emprestar apenas a famílias e empresas não financeiras, e negociar títulos mobiliários de alta qualidade. Ela pode proteger o risco de exposições correspondentes — o relatório da Independent Commission on Banking (ICB)[6] chama isso de "Função do Tesouro". Todas as outras atividades são vedadas ao banco subsidiário mas podem ser realizadas pelo restante do banco (o banco de investimento). O banco subsidiário (em inglês, "ring-fenced bank"; veja mais no Capítulo 11) tem independência operacional e está proibido de receber apoio do banco de investimento.

Como o relatório do ICB enfatiza, subsidiárias não são um substituto para os requisitos de adequação capital e liquidez. Na verdade, o relatório clama por requisitos de adequação de capital mais exigentes para as subsidiárias, em relação aos atuais, o que equivale a dizer que elas podem não ser tão seguras assim.

A regra de Vickers tem um grande número de propriedades desejáveis, uma das quais é a facilitação da resolução. Como no caso de regulação prudencial, esse argumento é algum tipo de admissão de que os requisitos de diretrizes (por exemplo, a previsão de um banco detalhando as informações sobre como as autoridades podem proceder à dissolução do banco em decorrência de uma determinação de execução) não funcionarão apropriadamente, ou ao menos precisam ser reforçados por uma separação estrutural.

Embora a finalidade de uma separação estrutural seja bem fundamentada, há, no entanto, sérias preocupações de que a regra possa não atingir seus propósitos. Aqui estão algumas razões potenciais, sobre as quais os economistas provavelmente deveriam pesquisar mais:

- Os bancos varejistas podem ocasionar grandes riscos do ponto de vista macro, mantendo em carteira negócios sujeitos a risco imobiliário (pense nos bancos da Irlanda, Espanha e Estados Unidos), ou através de simples produtos financeiros oferecidos a seus clientes, tais como garantias de retorno mínimo nos portfólios de investimento (como ocorrido com alguns bancos europeus). De fato, várias das quebras recentes tiveram a ver com instituições então respeitadoras dos requisitos de separação, bancos primariamente varejistas e grandes bancos de investimento.
- O relatório do ICB reconhece que tal risco existe e, por isso, permite ao banco varejista fazer hedge. Essa é uma operação que, reconhecidamente, é uma faca de dois gumes. Caso não seja bem monitorada, ela pode levar as instituições (involuntariamente ou não) a correr riscos elevados. Cabe lembrar que o corretor da JP Morgan, cujo apelido era "London Whale", estava na realidade usando swaps de títulos de dívida inadimplente como parte de operações de hedge.
- Não deve ser o caso das autoridades que se sentem compelidas a resgatar os bancos de investimento. Podem haver duas razões para tal: uma é o risco para a reputação do banco de varejo, embora esse argumento valha para os dois lados (por exemplo, o banco de investimento pode se achar compelido a resgatar o banco de varejo). O outro motivo é mais um padrão: Em 2008, o governo norte-americano deu assistência financeira a todos os bancos de investimento (exceto ao Lehman Brothers), bem como à AIG, porque estava preocupado com o risco sistêmico.[7] A exposição direta e indireta das entidades varejistas reguladas, em relação àquelas à beira da falência, bem como as alienações de títulos com enormes deságios, provavelmente contribuíram para o infortúnio do mercado.[8]

Relacionamento com Instituições Não Bancárias
Fala-se, aqui, dos "shadow banks"(bancos paralelos), instituições não bancárias que, não obstante, atuam como tal. A performance dessas instituições (um setor não regulamentado que passa por um processo de amadurecimento e que, como não opera com depósitos em conta-corrente, não tem acesso a programas de liquidez ou seguro de depósitos/créditos do banco central) tem sido extremamente prejudicada por dois motivos diferentes. Primeiro, no caso de bancos integrados, as atividades de depósitos de varejo e o acesso àqueles programas podem levar a subsídios cruzados em ambas as atividades; esse é um fator racional para introduzir a separação estrutural. Segundo, bancos de investimento não-integrados e outros bancos paralelos podem tirar proveito, eles próprios, de massivo acesso ao dinheiro dos contribuintes, como ocorreu em 2008.[9]

Até hoje, o exato calibre das regras para os bancos paralelos ainda é incerto (Adrian e Ashcraft, 2012). Cabe destacar as propostas, nos últimos anos, para regulamentação das SIFIs. Embora esteja de acordo com as premissas e propósito dessa reforma, tenho lá minhas reservas. Primeiro, em meio a um ambiente de produtos complexos e informações fragmentadas sobre a situação financeira e patrimonial dos participantes, é mais difícil identificar atores sistemicamente importantes[10]. A AIG teria sido reputada como sistemicamente importante? A LTCM? Segundo: há, no momento, muito poucos reguladores para supervisionar as instituições de varejo; fiscalizar cuidadosamente os bancos de investimento, fundos de hedge e outros SIFIs potenciais exigiria uma expansão substancial dos recursos regulatórios. Além disso, as atividades continuam migrando; amanhã, novas entidades (tais como companhias de energia, que já são ativas nos mercados financeiros) podem expandir seus envolvimentos financeiros em resposta a um aperto na regulamentação dos bancos de investimento e fundos de hedge. A questão migratória intensifica a dificuldade de alcançar uma regulamentação financeira mais abrangente com recursos escassos.

Não há consenso sobre essa questão, mas, em minha opinião, que passa ao largo da visão majoritária, é que, em vez de tentar uma regulamentação ubíqua, pode ser preferível isolar entidades prudencialmente reguladas (bancos de varejo, companhias de seguro, fundos de pensão) de riscos de suas contrapartes financeiras não regulamentadas. Isso contribuiria para ocasionar o impasse da chamada "síndrome da restrição orçamentária suave*", apreciada por uma série de entidades não regulamentadas, as quais se prendem a refinanciamentos pouco seguros graças à expectativa de serem salvas pelo dinheiro público quando chegar a hora da verdade. Uma migração mais rápida em direção ao uso de uma central de trocas (a qual necessita ser prudencialmente regulamentada) e mais desincentivos quanto à utilização, por parte das entidades prudencialmente regulamentadas, dos mercados de balcão (sigla em inglês: OTC) seriam desejáveis nesse sentido.

A regra Vickers é um passo na direção dessa estratégia de isolamento: O banco de varejo terá uma exposição limitada a seu próprio banco de investimento. A extensão da regra do isolamento do impacto de quebras de entidades não afiliadas permanece como um ponto de interrogação, uma vez que as exposições podem residir na função do Tesouro através das transações OTC; para ter certeza, os proponentes da regra parecem favoráveis ao uso de câmaras de compensação (sigla em inglês: CCP) no debate CCP/OTC[11].

Operações de Renda de Ativos

A separação estrutural é um exemplo das operações de renda de ativos; ou seja, a compartimentalização dos títulos da dívida através de uma ação de "earmarking" (ativos específicos designados a emprestadores específicos). Enquanto a separação estrutural é demandada pelas autoridades e visa proteger os depositantes em bancos de varejo e contribuintes contra certos tipos de riscos do lado do ativo, as operações

---

* N.E.: A "síndrome de restrição orçamentária suave" é geralmente associada ao papel paternalista do Estado para com as organizações econômicas e empresas privadas, instituições sem fins lucrativos e famílias.

de renda de ativos são suportadas pelos financiadores privados. Nessa medida, o "earmarking" sempre existiu: empréstimos interbancários, (cujo uso aumentou enormemente quando foram levantadas incertezas legais a respeito da eficácia da garantia do "earmarking") e obrigações hipotecárias são exemplos. E em tempos difíceis, tais operações, adotando diversos disfarces (diminuição dos prazos de vencimento dos empréstimos aos clientes, aumento das garantias exigidas) elevam-se. Esse é o caso específico de hoje.

Designar ativos específicos para obrigações específicas tem dois benefícios (analogamente, ambos são mencionados pelos defensores da separação estrutural como argumentos a favor). Primeiro, isso facilita a resolução. De modo semelhante, os emprestadores precisam determinar apenas o valor de um ativo específico que equivalha à dívida deles, e não a qualidade do total dos títulos da dívida, uma tarefa possivelmente intimidadora para o emprestador; em contraste, assegurar-se do valor de um único ativo (vamos dizer, um título do governo) não requer grande esforço mental. Como alternativa, os emprestadores podem se valer de seus conhecimentos especializados para avaliar o valor da garantia; eles, assim, se certificam da qualidade de parcela do total de títulos.

Mas o "earmarking" também tem custos. Primeiro, é sabido que selecionar pode ser menos prejudicial ou causar menos dano moral do que centrar-se em um único ativo[12]. Segundo, e atualmente muito a propósito, cria mais escopo para a corrida do rato, na qual cada emprestador tenta obter prioridade sobre outros emprestadores[13]. De fato, uma das preocupações correntes é que o Deposit Insurance Fund (um fundo que garante os depósitos dos correntistas até um certo limite, que equivale, no Brasil, ao Fundo Garantidor de Créditos) encararia uma caixa vazia quando tenta coletar depois que todos os ativos de primeira linha tiverem sido caucionados pelos financiadores privados; colocando de forma diferente, tal operação de renda de ativos torna as fianças inafiançáveis. Pode-se, assim, esperar para o futuro próximo mais movimentos prudenciais em direção à limitação de tais operações; um caso que vem bem a propósito é a recente decisão australiana de limitar a 8% a fração de ativos que podem ser usados para lastrear obrigações hipotecárias.

Reformas da Regulamentação Prudencial

Este não é o lugar para resenhar a vasta discussão e alterações com relação a vários aspectos da reforma regulatória: adequação de capital, amortecedores contracíclicos, tratamento de derivativos, e por aí vai. De igual forma, não posso cobrir todas as perguntas remanescentes hoje, incluindo o futuro dos modelos internos ou a homogeneização e coordenação dos processos de resolução. Vou me ater apenas a ligeiras observações em relação a uma inovação nas reformas atuais: a introdução de requerimentos de liquidez dos acordos da Basileia, através de dois indicadores — o de cobertura da liquidez (sigla em inglês: LCR) e o de funding líquido estável (sigla em inglês: NSFR). Reflexões sobre o primeiro índice estão mais avançadas; o LCR será operacional em 2019 (com uma versão mais branda em 2015).

O LCR será baseado em testes de estresse: os bancos devem alegar acesso a um colchão de liquidez de ativos de alta qualidade suficiente para poderem encarar o fluxo de saídas durante um mês. O NSFR relacionará um funding de longo prazo de liquidez de longo prazo.

As contribuições acadêmicas quanto à liquidez tem ajudado a deixar clara a necessidade dos requerimentos de liquidez a uma situação de solvência. A ênfase recai em três razões principais: agência, externalidades microeconômicas e preocupações macroprudenciais. Há na questão da agência um padrão de sabor prudencial e tem a ver com a necessidade de restringir uma forma específica de tomada de risco: envolver-se em uma excessivamente desbalanceada transformação da estrutura de maturação dos vencimentos por não se proteger de choques de curto prazo, colapso do mercado ou elevação das taxas de juros. A lógica das externalidades é prevenir a propagação para outras instituições financeiras mediante o risco das contrapartes ou alienações efetuadas com pesados deságios. Já a terceira razão, que também tem a ver com a primeira, enfatiza as complementaridades estratégicas nos descasamentos do perfil dos títulos da dívida. As autoridades (primeiro, a monetária, depois, a fiscal) são mais inclinadas a dar assistência ao setor financeiro quanto mais instituições estiverem envolvidas em perigosos níveis de desequilíbrios entre saídas e entradas (mais especificamente, prazos de pagamentos no curto prazo e prazos de recebimento de longo prazo); o exemplo clássico de ajuda financeira governamental coletiva é a transferência massiva de renda dos poupadores para os tomadores de empréstimos durante períodos de baixas taxas de juros[14].

A meu ver, onde as pesquisas acadêmicas falham é em providenciar um guia sobre questões técnicas, porém importantes, da regulamentação de liquidez. Os fatores de risco relativos aos ativos líquidos deveriam ser ponderados nos indicadores de liquidez como os ativos em geral nos indicadores de adequação de capital? (Parece que sim.) Deveriam os ativos elegíveis dos bancos centrais, que são líquidos por definição, ser contados como ativos líquidos, dado que a escolha, tanto do que conta como liquidez no cálculo do índice de liquidez, quanto das garantias tidas como aceitáveis pelos bancos centrais são duas de caução coletiva são duas (imperfeitamente substituíveis) intervenções do setor público visando prover a liquidez agregada? Poderia o foco em determinado horizonte dar origem a "cliff effects" (resultados proporcionalmente positivos ou negativos de uma ação) e estratégias voluntariosas (por exemplo, rolagem automática/substituição de obrigações com vencimento logo acima do horizonte)? Em que medida o colchão de liquidez deveria ser utilizável? Como nós incorporamos considerações de equilíbrio geral e especificidades dos países? Por exemplo, os países diferem quanto ao montante da dívida pública e dos depósitos bancários dos correntistas, os quais serão considerados muito mais estáveis do que os depósitos de investidores institucionais, grandes bancos, fundos de pensão e correlatos regulamentados pelo LCR. Além disso, as implicações das dificuldades financeiras dos bancos diferem entre os países segundo a dívida pública de cada país ou da autonomia da política monetária. A qualidade do ativo deveria ser avaliada através dos ratings (classificação de risco de agências especializadas), como é proposto atualmente, a despeito da hostilidade da lei Dodd-Frank Act a eles? Essa lista está longe de ser exaustiva.

Esta discussão aponta para a necessidade flagrante de pesquisa acadêmica na área. Nos últimos 20 anos os economistas fizeram bastante progresso na conceitualização de liquidez, mas eles ainda não chegaram ao ponto em que suas teorias podem ser operacionalizadas para propósitos prudenciais. Na melhor das hipóteses, o novo conhecimento sugere palpites educados, mas isso não basta.

Fortalecimento das Instituições Regulatórias: União Bancária da Europa

A regulamentação não faz sem sentido sem uma boa supervisão. Por esse motivo, concluirei com algumas palavras sobre um assunto institucional específico, o nascimento da união bancária da Europa. Meu sentimento aqui é que a Europa, nessa área, está definitivamente no rumo certo, e, ainda assim, as novas instituições não só não se completam com relação à resolução e seguro dos depósitos, mas também provavelmente não funcionarão bem do jeito como estão configuradas atualmente.

Há três razões para abandonar as regulamentações domésticas. A primeira é a expertise. No jogo de gato e rato discutido anteriormente, é bastante improvável que haja uma adequada expertise nos 27 supervisores nacionais; agrupar os recursos pode capacitar os reguladores a terem acesso a mais expertise. A segunda é que há fortes externalidades para além das fronteiras em caso de quebra de um banco na Europa, incluindo o impacto sobre contrapartes estrangeiras e os tomadores de empréstimos, o efeito sobre o esquema estrangeiro de seguro de depósitos (para subsidiárias, embora não para filiais), "ring fencing" (proteção legal de ativos contra restrições indevidas ou encargos fiscais) e apropriação de liquidez. Terceira, falências bancárias podem aumentar a dívida do governo e, mais tarde, forçar a Europa a socorrer o país em questão. O Maastricht Treaty (tratado cuja entrada em vigor em 1993 criou a União Europeia e lançou as bases para uma moeda única, o euro) não assimilou o fato de que a dívida de um banco pode se transformar em dívida pública.

Apesar do movimento recente no sentido de criar uma supervisão supranacional a partir do Banco Central Europeu (BCE), ainda há um grande receio de que interesses nacionais continuem vigorosos sob o novo sistema. Em minha opinião, há necessidade de estabelecer em cada país supervisores nacionais com status e compromisso com a missão europeia. De outra forma, há o perigo real de que a informação fique retida no BCE precisamente quando deveria estar disponível para acionar sem demora uma intervenção ou resolução. Esse status europeu também deixaria a diretoria menos permeável a interesses nacionais. Temos observado o quanto grupos responsáveis pelas tomadas de decisão, compostos majoritariamente por representantes nacionais, podem ser bastante ineficientes em assumir decisões difíceis; um caso a relatar seria a atuação do Economic and Financial Affairs Council (Ecofin) no período que precedeu a crise europeia.

De um modo geral, a união bancária europeia ainda se ressente, e bastante, de uma autoridade executiva. O Competition Directorate é, na atualidade, um substituto para tal autoridade, mas apenas em alguns aspectos; ele dificulta a assistência financeira e tenta prevenir que os bancos em situação delicada utilizem de maneira indevida os recursos governamentais para se reerguerem. Mas não tem dinheiro algum para criar "bad banks" (um expediente para retirar dos balanços dos bancos ativos desvalorizados visando recuperar a instituição financeira) ou facilitar alienações acionárias. No futuro, será necessário que o tratamento de falências individuais sejam financiadas por um fundo garantidor de depósitos/créditos, formado por taxas coletadas das instituições seguradas. Já quanto às quebras sistêmicas será imprescindível um fortalecimento do poder de fogo do European Stability Mechanism (uma organização internacional criada para essa finalidade com relação aos países que integram a zona do euro).

A criação de um esquema de seguro de depósitos europeu deveria ser implementado de forma a angariar credibilidade, mediante supervisão europeia. A esta altura, entretanto, perdas vinculadas a um legado de ativos de baixa qualidade poderiam implicar em subsídios cruzados entre os países sob um esquema comum de seguro de depósitos. Colocar esses ativos em "bad banks" que se tornaram propriedades dos países é justo, e começar do zero novamente pode fazer com que o seguro comum de depósitos venha a se concretizar. Com certeza, tais ativos "tóxicos" piorarão a situação financeira dos países. Porém, em uma condição de reestruturação, não há distinção entre dívida pública causada por prodigalidade e dívida pública ocasionada por negligência na supervisão prudencial.

Notas

Sou grato aos participantes e debatedores desta conferência, e a Joshua Felman por suas respostas tão úteis às ideias desenvolvidas aqui.

1. Ver Dewatripont e Tirole (1994) para um argumento mais detalhado sobre a hipótese de representação.

2. Outra fonte comum de risco sistêmico derivado de falências bancárias é a criação de risco soberano mediante assistências financeira do governo e recessões, como é dramaticamente ilustrado pelos recentes exemplos da Espanha, Irlanda e Chipre.

3. CoCos, ou obrigações conversíveis contingentes, são títulos de dívida que são convertidos em capital na ocorrência de um evento específico, tais como uma inadequação dos requisitos de capital.

4. Ver, por exemplo, Vickers (2012).

5. Como John Vickers observou durante a conferência, a regra US Volcker tem alguns inconvenientes, o que leva os europeus (mais notadamente, o U.K. Independent Banking Commission, presidido por John Vickers, e o Liikanen Commission, no nível europeu) a procurar abordagens diferentes para isolar os bancos de varejo dos bancos de investimento (Liikanem, 2012). Em poucas palavras, a regra de Volcker desconsidera o "proprietary trading" (transações da empresa diretamente no mercado financeiro em vez de fazê-lo por conta de terceiros), a propriedade de fundos de hedge e de "private equity" (instituições que investem, essencialmente, em empresas cujas ações ainda não estão listadas em bolsas de valores), e atividades que levam a um conflito de interesses. Ao mesmo tempo, permite o hedging (transações no mercado de derivativos realizadas para reduzir o risco de movimentações adversas de preços), operações de "proprietary trading" com títulos do governo norte-americano, "underwriting" (lançamento de ações ou debêntures para subscrição pública)registrado, e "market making" (operações em que uma corretora de valores mobiliários aceita o risco de manter em estoque um certo número de títulos a fim de garantir sua comercialização). (Cumpre observar que o "market-making" é, em essência, "proprietary trading", e "underwriting" é uma "opção de venda"(um contrato que dá ao proprietário de uma ação o direito, mas não a obrigação, de vendê-la a um certo preço em certa data).

6. Ver ICB (2011).

7. A empresa de seguros AIG era relativamente saudável, assim como uma "ring-fenced" do banco de investimento. Portanto, estamos discutindo a assistência financeira governamental a um banco de investimento em vez de uma entidade prudencialmente regulada.

8. Esta não é uma lista exaustiva. Por exemplo, pode-se pensar em salvar "bancos paralelos" que emprestam para entidades politicamente sensíveis.

9. As atividades bancárias tradicionais são realizadas cada vez mais por uma grande variedade de "players", tais como fundos de hedge. Por exemplo, os fundos de hedge operam com empresas de capitalização média.

10. Cada regulador conhece sua jurisdição. Questões no âmbito doméstico, interesses nacionais, e mera imposição excessiva de limites sobre o compartilhamento de informações entre os reguladores.

11. Os vínculos também podem ocorrer mediante "fire sales" e "wholesale funding" (embora vá haver restrições posteriormente), e não apenas transações de derivativos.

Esse isolamento do setor não varejista não seria completo, embora devesse ser seriamente reduzido.

12. Ver, por exemplo, Diamond (1984) e Farhi e Tirole (2013).
13. Ver, por exemplo, Bizer e DeMarzo (1992) e Brunnermeier e Oehmke (2013).
14. Ver Farhi e Tirole (2012). A transferência e diversificação concomitante das poupanças para outros fins não são o único custo. Baixas taxas de curto prazo encorajam futuros descasamentos de prazos e, por isso, uma fragilidade recorrente do setor financeiro. Ademais, as instituições que se comprometeram com retornos certos para seus clientes são altamente incentivadas a estratégias controvertidas para se manterem em atividade (no idioma financeiro, na busca por rendimento).

Referências

Adrian, T., e A.B. Ashcraft. 2012. "Shadow Banking: A Review of the Literature." Federal Reserve Bank of Nova York. Staff Report 580, Federal Reserve Bank of Nova York, Nova York, outubro. http://www.newyorkfed.org/research/staff_reports/sr580.pdf.

Bizer, D. S., e P. M. DeMarzo. 1992. "Sequential Banking." *Journal of Political Economy* 100:41, 61.

Brunnermeier, M., e M. Oehmke. 2013. "The Maturity Rat Race." *Journal of Finance 68* (2): 483-521.

Dewatripont, Mathias, e Jean Tirole. 1994. *The Prudential Regulation of Banks.* Cambridge, MA: MIT Press.

Diamond, D. 1984. "Finacial Intermediation and Delegated Monitoring." *Review of Economic Studies* 51:393-414.

Fahri, E., e J. Tirole. 2012. "Collective Moral Hazard, Maturity Mismatch and Systemic Bailouts." *American Economic Review* 102:60-93.

Fahri, E., e J. Tirole. 2013. "Liquid Bundles." Artigo de faculdade, Departamento de Economia, Universidade de Harvard, Cambridge, MA e Toulouse School of Economics, Toulouse, França. http://www.files.conferencemanager.dk/medialibrary/51432ddb-bbe3-4327-85f4-be3493077470/images/liquid_bundles_07_08_13.pdf.

Independent Commission on Banking (ICB). 2011. "Final Report: Recommendations." European Corporate Governance Institute, Londres, setembro. http://www.egci.org/documents/icb_final_report_12sep2011.pdf.

Liikanen, E., e o High-Level Expert Group on Reforming the Structure of EU Banking Sector. 2012. "Final Report of the High-Level Expert Group on Reforming the Structure of EU Banking Sector." Comissão Europeia, Bruxelas, 2 de outubro. http://www.ec.europa.eu/internal_market/bank/docs/high-level_expert_group/report_en.pdf.

Vickers, J. 2012. "Some Economics of Banking Reforms." Artigo de discussão 632, Departamento de Economia, Universidade de Oxford, Oxford.

12

A Reforma Bancária na Inglaterra e Europa

John Vickers

Para começar, nós precisamos de um progresso concreto na questão do "ser grande demais para quebrar" (GDPQ). Precisamos de uma discussão em nível mundial sobre os pós e contras das restrições diretas sobre modelos de negócios.
— Christine Lagarde, Toronto, 25 de outubro de 2012.

Uma discussão internacional sobre a estrutura bancária levou um longo tempo para acontecer. Nos Estados Unidos, o debate estrutural desde a crise econômica mundial de 2008-2009 focou em como implementar a regra Volcker, que proíbe os bancos de se envolverem em "proprietary tradings" (a propósito, veja Capítulo 11) não relacionadas com seus clientes. No Reino Unido, o debate tem se concentrado no "ring-fencing" — a separação entre grupos bancários de varejo e de banco de investimento. França e Alemanha estão desenvolvendo um certo híbrido entre "ring-fencing" e "proprietary trading". A primeira consideração internacional sobre reforma estrutural foi o relatório Liikanen (2012) para a União Europeia, que, tal como a abordagem do Reino Unido, recomendava a separação, no interior das holdings bancárias, entre depósitos e negócios.

Como essas iniciativas de reforma relacionam-se entre si? O que elas buscam alcançar? Este capítulo leva em consideração essas questões, antes porém, antes coloca a reforma estrutural no contexto da reforma bancária de maneira mais abrangente.

Reforma Estrutural no Contexto

O caso da reforma estrutural dos bancos não está em que ela resolva a problemática do GDPQ por si só. Em vez disso, a reforma estrutural é um dos elementos no pacote de uma política ótima, no centro da qual deve também estar uma capacidade muito maior dos bancos de absorver perdas.

Um argumento estruturalista puro pode ser apresentado assim: (1) o varejo bancário tem baixo risco e é essencial, (2) bancos de investimento são arriscados e não essenciais e (3) separar os dois limita a rede pública de proteção às atividades essenciais e de baixo risco, deixando para as forças do mercado a tarefa de disciplinar as tomadas de risco dos bancos de investimento.

Quem dera as coisas fossem tão simples! Na realidade, ao contrário da primeira proposição, a menos que seja definida de forma tão restrita que se excluam todos os empréstimos, o varejo bancário é algo arriscado. Emprestar envolve riscos de crédito, muitos dos quais estão vinculados ao valor das propriedades, que tanto podem cair quanto subir (ao menos nos países desenvolvidos, como mostrou a crise). E com relação à segunda proposição, mesmo se os bancos de investimento forem separados completamente dos bancos de varejo, a ocorrência de riscos nas operações dos bancos de investimento pode, através de muitos canais, pôr em perigo os serviços bancários essenciais.

A reforma bancária — tanto para varejistas quanto para os bancos de investimento — deve, assim, objetivar, primordialmente, uma maior capacidade de absorção de perdas. A crise expôs um duplo problema com a absorção de perdas por parte dos bancos. Primeiro, os bancos não estão nem perto do capital próprio suficiente — até o momento, estão muito alavancados — relativamente aos riscos em que incorrem. Segundo, depois que a fina camada de capital se foi, os detentores de títulos sofreram perdas notavelmente pequenas. Eles arcariam com as perdas de uma quebra, mas a troco de preservar a continuidade dos serviços essenciais, os governos protelaram a falência providenciando o apoio dos contribuintes. Assim, os detentores de títulos, em geral, se livraram do prejuízo, com a bolsa pública suportando as perdas em seu lugar. Mais ainda, quando ausente a situação preferencial dos correntistas, em uma falência, os possuidores de títulos teriam o direito legal de serem tratados em igualdade de condições com os correntistas comuns.

Sob o acordo Basileia II, que vai ser implementado até 2019, os bancos necessitarão manter capital próprio de pelo menos 7% do risco ponderado dos ativos, ou até 9,5% para bancos de importância sistêmica mundial. Mas a ponderação de riscos, que foi um fracasso no período que antecedeu a crise, está, tipicamente, bem abaixo da unidade, com o que as operações financeiras representam um grande múltiplo do capital próprio, gerando um elevado montante de títulos da dívida. Uma proposição limitando a alavancagem para até 33 vezes o capital está em curso.[1]

Pelo senso comum, 33 é uma alavancagem e tanto, e se situa bem acima das normas corporativas do restante da economia. Lembre-se também que isso é para o mundo *pós*-reforma. É verdade que muitos bancos estiveram muito mais alavancados na pré--crise, então, a reforma de capital da Basileia III, que também direciona as questões sobre as ponderações de risco, representa uma mudança fundamental em comparação a como as coisas estavam antes. Mas dada a escala da crise, tal pretensão é pouco ambiciosa, e pode não ser alcançada se a implementação for falha. É realmente o caso de questionar se é prudente operar economias de mercado com sistemas bancários tão modestamente capitalizados como as reformas da Basileia ainda permitirão.[2]

Um remédio parcial para este problema pode ser o "bail-in". Trata-se de um procedimento de eliminar uma dívida, convertendo-a em capital próprio, quando baixos requisitos de capital são transgredidos. Desse modo, o regulador "afiança" os detentores de títulos em vez de, como tende a acontecer na crise, os contribuintes o fazerem. Mas para que isso ganhe credibilidade, a dívida sujeita ao "bail-in" não deve ser garantida, ter prazo de vencimento significativo (por exemplo, ao menos um ano) para não correr o risco de ser executada, e ser secundária em relação a outra obrigação, particularmente, depósitos de varejo. E para que as dívidas submetidas ao "bail-in" tenham maior relevância quanto à absorção das perdas, os bancos precisam ter o suficiente delas para adicionar ao capital próprio (ou, então, muito mais capital próprio do que o mínimo estipulado pelo acordo da Basileia). O debate internacional tem sido muito mais silencioso sobre quanto "bail-in" é necessário, um elemento muito importante esquecido pela atual política internacional sobre absorção das perdas.

Contra esse pano de fundo, o que a política estrutural — formas de separação entre os bancos de varejo e de investimento — pode acrescentar? Há três contribuições potenciais. Primeiro, a reforma estrutural pode ajudar a conter, mas não pode prevenir totalmente, tipos de contágio intrabanco de choques provenientes dos bancos de investimento nos serviços varejistas essenciais, os quais não podem ter solução de continuidade face aos imperativos econômicos e sociais. Um choque externo, tal como o de 2008 no "subprime" (mercado de títulos) que não são prime de hipotecas e derivativos relacionados, põe diretamente em xeque o setor bancário varejista doméstico dos bancos universais (aqueles que oferecem uma infinidade de serviços bancários) cuja estruturação interna é deficiente (por exemplo, o RBS — Royal Bank of Scotland). A separação, em conjunto com uma absorção de perdas independente para o setor varejista, representam um obstáculo à propagação interna. A separação também cria a possibilidade de diferentes requisitos de absorção de perdas para bancos de varejo e de investimento.

Segundo, a separação ajuda na gestão e resolução da crise. Diferentemente de 2008-2009, ela permitiria aos formuladores de políticas econômicas promover políticas distintas para bancos de varejo e de investimento, em vez de tratá-los indiscriminadamente, como um todo. Assim, a separação ajuda a capacidade de resolução, algo universalmente conhecido como ingrediente essencial da reforma bancária. De fato, é difícil ver como planos de resolução para grandes e complexas instituições podem ter credibilidade sem medidas de separação *ex ante* (predeterminadas)[3]. Por razões parecidas, a separação pode auxiliar a supervisão bancária em tempos normais.

Terceiro, ao cercear a garantia implícita dos contribuintes, a separação, junto com elevados requisitos de absorção de perdas, aprimora as disciplinas ex ante sobre tomadas de risco. Em especial, se um banco de investimento não puder mais ser financiado pelos (garantidos pelo governo) depósitos do varejo, enfrentará os consequentes riscos, tal como deveria, e se beneficiará dos custos do financiamento governamental correspondente. Dependendo de como for configurada a separação, isso, por sua vez, deveria promover a concessão de empréstimos para a economia real financiada, entre outras coisas, por depósitos, incluindo aqueles não garantidos.

Opções de Reforma Estrutural

Em termos amplos, a reforma estrutural dos bancos envolve duas questões. Uma é onde estabelecer a linha (ou linhas) divisória entre os diferentes tipos de atividade bancária. A outra é o quão forte a separação deveria ser.

Estados Unidos

Os Estados Unidos se constituem em uma referência útil para comparar os atuais esforços de reforma na Grã-Bretanha e Europa. De 1933 até os anos 1990, a legislação dos EUA *proibia,* conforme o diploma legal denominado Glass-Steagall, a afiliação entre bancos comerciais e empresas "comprometidas principalmente" com negócios no setor de valores mobiliários. Isso estabelecia uma separação total entre bancos de varejo/comerciais e bancos de investimento. Com o tempo, a permissividade regulatória e o desenvolvimento do mercado levaram a um efetivo descumprimento da proibição, até a revogação da lei em 1999. Desde então, a afiliação tem sido permitida, mas um substancial conjunto de leis regulamenta a maneira pela qual os bancos varejistas podem ou não lidar com seus bancos de investimento afiliados, destacando-se a seção 23A do Federal Reserve Act e sua implementação denominada Regulation W. Tais regras nem sempre foram estritamente aplicadas no passado, e o Act Dodd-Frank de 2010 as tornou mais restritivas.

Desse modo, a revogação da proibição Glass-Steagall não significou uma separação para bancos universais não estruturados. Ao contrário, representou um movimento voltado aos bancos universais com regulamentação estruturada.

A famosa regra Volcker, que também integra a legislação Dodd-Frank, é um *acréscimo* àquela espécie de regulamentação estrutural. Tal como a legislação Glass-Steagall, é uma proibição. Seu objetivo é prevenir que as instituições bancárias se envolvam em "proprietary trading" (veja o Capítulo 11) especulativas — ou seja, negociações não relacionadas aos clientes. A regra também proíbe uma substancial participação societária nos bancos de fundos de hedge e "private equity" (veja o Capítulo 11). O propósito não é proibir grupos bancários de realizarem "proprietary trading" relacionadas ao consumidor, tais como "market-making"("formadores de mercado" (veja o Capítulo 11) que está exemplificada na regra. Ela tem, contudo, mostrado ser difícil distinguir na prática entre tipos de "proprietary trading", e a implementação da regra está aquém do programado[4].

Grã-Bretanha

A Grã-Bretanha passou por uma séria crise bancária, e está sofrendo severas consequências econômicas e fiscais, em parte devido ao tamanho de seus bancos em relação à economia — cerca de cinco vezes seu PIB anual. Em resposta, o Reino Unido decretou um programa de reforma de longo alcance, com base no relatório da Independent Commission on Banking (ICB 2011).[5]

Foram solicitadas ao ICB recomendações sobre medidas estruturais — "incluindo a questão complexa de separar as funções de varejo e de banco de investimento" — e "medidas não estruturais relacionadas" de modo a promover estabilidade financeira e concorrência. A concorrência foi outra casualidade da crise, mas não é considerada aqui mais do que fazer lembrar que a questão "grande demais para quebrar" (veja o Capítulo 10), se não solucionada, é um problema para a competição tanto quanto o é para a estabilidade financeira e as finanças públicas.

Em relação às medidas não estruturais, o ICB focou na absorção das perdas e recomendou requisitos de capital maiores do que os estipulados na Basileia para os principais bancos varejistas, graus de alavancagem mais restritivos, requisitos quantitativos para a capacidade primária de absorção (por exemplo, dívidas de longo prazo, não cobertas por seguros, sujeitas a "bail-in") em cima dos requisitos de capital e credores preferenciais para depósitos não segurados.

Quanto à reforma estrutural, o ICB levou em consideração um leque de opções e recomendou o "ring-fencing", (veja o Capítulo 11), solicitando que os bancos de varejo fossem considerados uma entidade separada dos bancos de investimento, com seu próprio capital e capacidade de absorção de perdas, e governança apropriadamente autônoma. A instituição varejista poderia ser parte de um grupo bancário mais amplo, mas com restrições rígidas em suas transações, e nível de exposição, ao restante do grupo.

Sobre a linha divisória entre os bancos de varejo e de investimento, a abordagem do ICB foi identificar (1) as atividades típicas de varejo, a atuação contínua no que é essencial, o que pode ser efetuado somente em uma "ring-fenced" (entidade subsidiária especificamente criada para esse fim), e (2) atividades proibidas, que não podem ser realizadas em uma "ring-fenced" (mas que são permitidas no restante do grupo). Depósitos e empréstimos em conta-corrente para indivíduos e pequenos negócios são atividades típicas. As atividades proibidas incluem transações no mercado financeiro (não apenas "proprietary trading" no conceito Volcker), "underwriting", derivativos (outros que não os riscos de hedging de varejo) e muitos negócios estrangeiros fora do Espaço Comum Europeu. Itens importantes da atividade dos bancos comerciais — por exemplo, financiamento hipotecário e empréstimos a grandes corporações não financeiras — nem são típicos nem proibidos nesses termos. Na abordagem do ICB, os bancos e seus clientes são livres para decidir se querem ou não realizar tais transações no âmbito de uma instituição de varejo. Nesse sentido, a barreira é flexível. Mas é rígida com relação à independência entre a entidade "ring--fenced" e o restante do grupo bancário ao qual ela pode pertencer.

O ICB levou em consideração, mas não recomendou, a separação total entre os bancos de varejo e de investimento. Isso traria custos consideravelmente altos, e para um ganho incerto na estabilidade financeira. Há circunstâncias em que uma separação total protegeria os bancos de varejo de choques externos com mais segurança do que o faria o "ring-fencing". Mas, de igual forma, há situações em que a separação total seria prejudicial à estabilidade financeira. Criaria um setor bancário doméstico intercorrelacionado, autônomo, sem recursos para suportar a eventualidade de uma crise doméstica vinda de outra parte dos grupos bancários, de outra parte, tal como uma desvalorização abrupta no valor das propriedades. Essas crises são perfeitamente possíveis de acontecer, e podem muito bem ser mais agudas se não houver mais a diversificação.

O ICB não favoreceu a regra de Volcker como alternativa ao "ring-fencing". Ela teria sido aplicada a uma proporção muito pequena dos títulos da dívida pública do Reino Unido e, por si só, não teria ido muito longe, na análise do ICB, na proteção aos bancos de varejo e às finanças públicas contra os riscos dos bancos de investimento. E ainda teria sido de complexa implementação.

O governo do Reino Unido aceitou as recomendações do ICB, inclusive aquelas pertinentes à concorrência, em grande parte[6], e uma lei de reforma bancária tramitou pelo Parlamento[7]. O projeto legislativo foi debatido na Parliamentary Commission on Banking Standards, organismo estabelecido no verão de 2012 após o escândalo da taxa interbancária de Londres (LIBOR). Entre outras coisas, essa comissão propôs fortalecer o "ring fencing" e sua durabilidade via "eletrificação" — reserva de poderes aos reguladores, sujeitos a um rol de responsabilidades, para separar completamente as instituições individuais, e mesmo o setor como um todo, no caso daquele "ring--fencing" estar sendo sabotado. A Parliamentary Commission também examinou a possibilidade de *adicionar* aspectos da regra de Volcker no "ring fencing", mas concluiu contra legislar isso agora, em parte à luz das reivindicações dos bancos britânicos de que eles não se envolvessem de modo algum em tal "proprietary trading".

Um observador casual poderia pensar que a reforma do Reino Unido, com "ring fencing", está em um caminho diferente da reforma nos Estados Unidos, a qual adota a regra de Volcker. Mas isso é olhar por alto o fato de que os Estados Unidos já têm, e estão reforçando, uma estrutura de separação entre os bancos de varejo e seus bancos de investimento afiliados em holdings bancárias. Portanto, o retrato mais fiel é de uma *convergência* REINO UNIDO-EUA no que se refere a estruturas bancárias universais. Os Estados Unidos passaram da separação para uma estrutura bancária universal com o desrespeito e posterior revogação da proibição Glass-Steagall. Eles estão acrescentando a regra Volcker a esse modelo. O Reino Unido está legislando por uma estrutura bancária universal contra um pano de fundo de fragilidade estrutural. (Para o Reino Unido, haveria um ganho pequeno, mas também haveria algum custo em acrescentar a regra Volcker). Assim, o Reino Unido e os Estados Unidos partiram de direções diferentes para chegar a um lugar bastante parecido.

Europa
A UE está seguindo adiante com uma variedade de reformas no setor financeiro, notavelmente em diretivas sobre requisitos de capital para implementar o acordo Basileia III e uma recuperação e resolução bancária[8]. A questão da ampla reforma estrutural da UE foi posta em 2012 pela criação, através da Commissioner Barnier, de um grupo de especialistas de alto nível, presidido por Erkki Liikanen, presidente do Banco da Finlândia.

As recomendações do relatório Liikanen (2012) têm muito em comum com as reformas do Reino Unido acima delineadas, mesmo que a área de atuação do grupo fosse toda a UE. Ele recomenda que para bancos acima de determinado tamanho, as operações de "trading" (as transações no mercado de valores mobiliários) deveriam ser separadas dos depósitos bancários, mas ambas as atividades poderiam coexistir nas companhias holdings. Adicionalmente, deveria ser concedida autorização para realizar uma separação ainda maior se isso fosse julgado necessário para resolver a questão. O relatório fazia, também, uma série de recomendações sobre absorção de perdas, por exemplo, em relação às dívidas "bail-in" e ponderação de risco.

Especialmente à luz de um escopo geográfico mais amplo da revisão de Liikanen, há notáveis pontos em comum com as reformas do Reino Unido. Ambos entreviam um movimento em direção a um banco universal estruturado, em vez de não estruturado. (Separar transações no mercado de valores mobiliários dos depósitos bancários é, essencialmente, o mesmo que "ring-fencing"/bancos comerciais, assim como construir uma cerca para separar leões de veados é a mesma coisa que construir uma cerca em volta da reserva dos veados para manter os leões afastados[9].) Nem favorece acrescentar uma regra Volcker, ainda menos adotando-a em vez do "ring-fencing". E, tal como o ICB, o relatório de Liikanen dá ênfase à absorção das perdas e sua inter--relação com a reforma estrutural.

Há diferenças, algumas das quais refletem um escopo geográfico diferente. Desse modo, por exemplo, uma abordagem europeia comum para a ponderação de risco do "trading-book" (o portfólio de títulos do mercado de valores mobiliários) faz sentido, enquanto uma abordagem que leva em conta um único país poderia ter consequências danosas para uma arbitragem geográfica. Uma diferença mais surpreendente tem a ver com a subscrição de valores mobiliários ("underwriting"), a qual o relatório Liikanen permitiria com depósitos bancários. Além da observação histórica de que isso é o oposto do estabelecido na lei Glass-Steagall, a lógica econômica sugere que tal subscrição faça parte do leque de negociações que se desenrolam no mercado de valores mobiliários (o "trading"), já que envolve grandes opções escriturais de venda (sobre opções de venda, veja o Capítulo 11). Os clientes corporativos ainda poderiam obter um compreensivo conjunto de serviços bancários, incluindo underwriting, de um único banco, mas com o risco passando ao largo dos depósitos da entidade bancária.

Enquanto as abordagens de Liikanen e do Reino Unido estão em franca harmonia, a legislação dos parlamentos francês e alemão tem uma abordagem minimalista sobre a reforma estrutural. Em essência, ela requer que os maiores bancos conduzam as "proprietary trading" especulativas em subsidiárias separadas. Muito pouco do total do passivo dos bancos envolvidos — talvez 1% por cento ou por volta disso — poderia, ao que parece, ser afetado; e se a experiência dos EUA com a regra Volcker é uma referência, as dificuldades de definição e de implementação parecem ser consideráveis. Ainda assim, tratam-se de passos na direção da reforma estrutural. Permanece indefinido se as reformas de longo alcance recomendadas no relatório Liikenen serão adotadas por toda a Europa. O relatório está atualmente sendo estudado pelo European Commission em Bruxelas.

Sua importância é aumentada em face da questão de uma união bancária para a zona do euro, que é vista como crucial para o futuro do desenvolvimento macroeconômico da região. Seja ou não uma união bancária — de uma forma que implique um grau de mutualização dos passivos contingentes dos bancos da zona do euro mediante um fundo segurador comum de depósitos ou coisa parecida— é uma boa ideia que depende muito da futura resiliência dos bancos em questão. Uma união bancária tem um potencial de grandes vantagens se seus integrantes forem capitalizados e sensivelmente estruturados, mas, caso contrário, pode ser uma empreitada errônea. De fato, uma união entre bancos não estruturados e pouco capitalizados pode piorar o *conundrum(enigma)* -"grande demais para quebrar"- e colocar mais contribuintes da zona do euro sujeitando-se a mais riscos bancários.

Conclusão

A crise financeira começou mais de cinco anos atrás. Os prolongados custos macroeconômicos e fiscais das crises financeiras manifestam-se em todos nós. Mesmo assim, o progresso na reforma bancária não tem sido linear, e muitos assuntos permanecem inacabados. Com respeito à absorção de perdas, há a preocupação de que os requisitos de capital da Basileia III não pecam pela ambição e são susceptíveis de se diluírem durante a implementação. Por outro lado, há vozes, incluindo algumas nos Estados Unidos, clamando por um enrijecimento em relação ao preceituado por aquele acordo. Surpreendentemente, tem havido pouca discussão pública, fora do Reino Unido e da Suíça, sobre o tema complementar do montante de "bail-in" que deveria ser requerido dos grandes bancos.

Quase houve um debate internacional sobre a reforma estrutural, mas já se observa uma mudança. Iniciativas para a reforma estrutural nos Estados Unidos (a regra Volcker) e no Reino Unido ("ring-fencing") podem aparentar ser contrastantes, mas, no fundo, ambas convergem sobre bancos universais estruturados, não obstante, historicamente, tenham partido de diferentes direções. A adoção pela UE das recomendações do relatório Liikanen promoveria, futuramente, a convergência internacional, além de ser adequado para a Europa, principalmente com a união bancária despontando no horizonte. Mais bancos resilientes — com maior absorção de perdas, estruturas mais sólidas e menor contingente de dependência dos contribuintes — são, além disso, um bem público mundial.

Notas

Sou grato aos meus ex-colegas na Comissão Bancária Independente do Reino Unido por muitas discussões úteis sobre os tópicos deste capítulo, que forneceram a base para as minhas observações na conferência "Rethinking Macro Policy II" do FMI em Washington, D.C., em 16 e 17 de abril de 2013. Uma discussão completa das questões econômicas apresentadas neste capítulo está em Vickers (2012).

1. A definição de capital para este grau de alavancagem é mais ampla do que capital próprio, então, isso permite uma alavancagem mais próxima de 40 vezes em relação ao capital próprio.

2. Um caso econômico de requisitos de capital muito maiores do que os da Basileia III é elaborado por Admati e Hellwig (2013).

3. Isto se dá se a estratégia de resolução envolve um "single point of entry" (ver nota p.100) (por exemplo, tipicamente dentro de empresas controladoras por um regulador doméstico) ou "multiple point of entry" (por exemplo, por diversos reguladores em uma base geográfica ou funcional).

4. Duffie (2012) traz uma análise crítica sobre as questões.

5. Eu presidi a comissão, que funcionou de junho de 2010 a setembro de 2011. Os outros membros eram Clare Spottiswoode, Martin Taylor, Bill Winters e Martin Wolf.

6. Ver HM Treasury (2012, 2013).

7. A lei Financial Services (Banking Reform) foi promulgada em dezembro de 2013.

8. Na Europa, além da UE, a reforma na Suíça é digna de nota. Tal como no Reino Unido, a Suíça tem (dois) grandes bancos em relação ao PIB, e estabeleceu uma comissão de reforma bancária. A Comissão Suíça recomendou requisitos de capital muito superiores aos da Basileia III.

9. Uma metáfora, por Martin Taylor.

Referências

Admati, A., e M. Hellwig. 2013. *The Bankers' New Clothes*. Princeton, NJ: Princeton University Press.

Duffie, D. 2012. "Market Making under the Proposed Volcker Rule". Trabalho de faculdade, Rock Center for Corportate Governance and Graduate School of Business, Universidade de Stanford, Palo Alto, CA. http://www.gbs.stanford.edu/news/packages/PDF/Volcker_duffie_011712.pdf.

HM Treasury. 2012. *Sound Banking: Delivering Reform*. Cm 8453. Londres: HSMO, outubro.

HM Treasury. 2013. *Banking Reform: A New Structure for Stability and Growth*. Cm 8545. Londres: HMSO, fevereiro.

Independent Commission on Banking (ICB). 2011. "Final Report: Recommendations." European Corporate Governance Institute, Londres, setembro. http://www.egci.org/documents/icb_final_report_12sep2011.pdf.

Liikanen, E., e o High-Level Expert Group on Reforming the Structure of the EU Banking Sector. 2012. "Final Report of the High-Level Expert Group on Reforming the Structure of the EU Banking Sector." Comissão Europeia, Bruxelas, 2 de outubro. http://www.ec.europa.eu/internal_market/bank/docshigh-level_expert_group/report_en.pdf.

Vickers, J. 2012. "Some Economics of Banking Reform." *Rivista di Politica Economica* 4:11-35.

13
Alavancagem, Estabilidade Financeira e Deflação

Adair Turner

Em 2009, a Rainha Elizabeth visitou o Departamento de Economia da London School of Economics, discutiu a crise financeira e fez uma pergunta simples: "Como ninguém viu que isso fosse acontecer?" Foi uma boa pergunta, mas que agora poderia ser expandida, já que ocorreram duas falhas.

Primeiro, houve uma falha absoluta em prever a crise se avizinhando — uma falha em, digamos, 2005 ou 2006 ou 2007, em entender que nós estávamos caminhando rumo a um grande colapso financeiro. Houve algumas notáveis exceções. Em diferentes graus, Nouriel Roubini, Raghu Rajan e Bill White fizeram algumas advertências. Mas, como um todo, os bancos centrais e reguladores mundiais, ministérios das finanças e o FMI não só não cuidaram de impedir o desastre, mas, em geral, propagaram a tese de que a inovação financeira e o aumento da intensidade financeira tornavam a crise menos provável.

E, então, uma segunda falha ocorreu na primavera de 2009, quando a severa crise de 2008 já estava sobre nós: não prever quão difícil e lenta seria a recuperação. Nenhuma previsão oficial vislumbrou nada parecido com a escala e extensão da subsequente recessão, e quase ninguém antecipou o grau de estímulos de política econômica que iríamos implantar na tentativa de contrabalançar a força da recessão. Não houve, que eu saiba, nenhuma previsão oficial ou do mercado de que as taxas básicas de juros, tendo caído para níveis próximos de zero, ficariam ali por quatro anos (até agora) e provavelmente por muito mais tempo.

Como essa falha dupla ocorreu? Por diversas razões específicas. Particularmente, a deficiente estrutura da zona do euro teve um papel-chave na grande repercussão subsequente ao choque inicial. Entretanto, neste capítulo, eu apresento o argumento — não original, mas que acho tão fundamental que vale a pena salientar —, central para nossa pobre capacidade de previsão: Falhamos durante várias décadas em valorizar e focar na importância capital da escala dos contratos de dívidas para a estabilidade financeira e macroeconômica — o nível de alavancagem do setor financeiro e da economia real, seja no setor privado, seja no setor público.

Também argumento que, uma vez fixados na importância fundamental das dívidas e da alavancagem, podemos precisar levar em conta políticas mais radicais, tanto macroprudenciais quanto monetárias, em relação ao que foi feito até agora.

Mervyn King, em palestra realizada no último outono, afirmou que o dominante modelo novo-Keynesiano de economia monetária "ressente-se da falta de um componente de intermediação financeira, de modo que dinheiro, crédito e bancos não desempenham um papel significativo" (King 2012).

Em retrospecto, foi uma omissão muito estranha. Afinal, uma vez que a política monetária funciona através de taxas de juros, deve-se presumir que isso se dê através de sistemas de intermediação financeira, contratos de dívidas e bancos. Mas a omissão não foi apenas estranha, foi também bastante perigosa, porque os contratos de dívidas têm características muito específicas cujas implicações são importantes para a estabilidade financeira e macroeconômica.

Tais características eram óbvias e foram um elemento importante para muitos economistas de meados do século XX que escreveram em meio aos destroços do "crash" financeiro de 1929 a 1933 e a subsequente Grande Depressão, escritores como Irving Fisher e Henry Simons (Fisher 1933, 1936; Simons, 1936). E se alguém ler esses economistas novamente, é surpreendente o papel central que eles atribuem à criação e destruição de dívidas na origem e desenvolvimento da Grande Depressão, e o quão radicais foram suas prescrições de política econômica.

Pensa-se em Henry Simon, tipicamente, como figura fundadora da escola de economia de Chicago e da política do laissez-faire. Mas ele argumentou que "tem sido permitida muita liberdade à iniciativa privada para determinar o caráter de nosso sistema financeiro e em direcionar mudanças na quantidade de moeda e quase moeda". Ele queria tornar ilegal o sistema bancário no qual apenas uma fração de seus depósitos é composta por dinheiro vivo e disponível para saque a qualquer momento (o chamado "fractional reserve banking", em inglês). Mas não só isso: defendia também restringir severamente o papel que até mesmo os contratos de dívidas não bancárias, em oposição aos contratos de conversão em ações ("equity contract", em inglês), poderiam ter na economia.

Simons e Fisher acreditavam que quanto mais contratos de dívidas existissem na economia, mais frágil ela ficaria e mais vulnerável se tornaria aos ciclos financeiros do tipo que Claudio Boro descreve no Capítulo 6 deste volume. Há, pelo menos, cinco razões interligadas explicando porque isso poderia acontecer — por que contratos de dívidas e de conversibilidade em ações são coisas diferentes.

A primeira é o fenômeno que Gennaioli, Shleifer e Vishny (2010) rotularam como "pensamento local": a tendência a ignorar, nos tempos bons, o "risco de cauda", ou seja, a extensão e intensidade da baixa na distribuição de possíveis retornos de dívidas. Quando possuímos um "equity contract", a variação dos preços das ações nos lembra todos os dias que os retornos podem subir e descer, e que temos em mãos um investimento de risco. Mas se tivermos um contrato de dívida, nos tempos bons nós observamos apenas o não-inadimplemento, o resultado do pagamento total. Há, assim, o perigo de que os investidores venham a acreditar que os inerentemente arriscados contratos de dívida são investimentos livres de risco, e, portanto, há o perigo de que o valor agregado dos instrumentos de dívida, aparentemente de baixo risco, supere aquele realmente seguro, dados os riscos, subjacentes à economia real, enfrentados pelas empresas e famílias. Consequentemente, tal como colocaram Gennaioli, Shleifer e Vishny (2010), um sistema financeiro livre pode produzir grandes volumes de títulos de dívida "que devem sua própria existência ao risco negligenciado".

Uma segunda razão são a rigidez e fragilidades criadas pela inadimplência e processos de recuperação judicial ("bankruptcy"). Como observou Ben Bernanke, "Em um mundo de mercados, o 'bankruptcy' nunca deveria ocorrer." Em seu lugar, deveríamos ter uma redefinição contínua, serena e sem atropelos dos termos da dívida — convertendo-a, de modo firme, em capital — na medida em que sua solvabilidade declina (Bernanke, 2004). E como Charles Goodhart e Demetrius Tsomocos exploraram na Conferência de Mayekawa, em 2011, uma das principais deficiências da moderna teoria macroeconômica, com sua ficção de um agente representativo, é a ausência da possibilidade de falência — das empresas, das famílias ou dos próprios bancos (Goodhart e Tsomocos, 2011). Mas, no mundo real, ela ocorre, e como Bernanke e Irving Fisher descreveram, sua existência pode ter um papel maior na propagação de recessões e depressões.

Em terceiro, dívida é bem diferente de capital porque precisa ser continuamente refinanciada. É possível imaginar uma economia de mercado funcionando mesmo que não houvessem novas emissões de ações por, digamos, cinco anos. Obviamente, haveria desvantagens, mas isso não iria, por si só, empurrar a economia para uma recessão porque os investimentos de capital preexistentes ainda estariam presentes — eles não são continuamente retornáveis. No entanto, os contratos de dívidas permanecem vencendo, então, a estabilidade macroeconômica depende de modo crucial da continuidade sem sobressaltos da oferta de novos créditos, uma vulnerabilidade que deixou Simons tão cauteloso a respeito dos contratos de dívida de curto prazo que ele tanto almejava após uma economia na qual apenas contratos de dívida de longo prazo (ele sugeriu 50 anos ou mais) seriam permitidos.

A quarta razão está em um elemento-chave do pensamento de Simons e Fisher, no qual é um fato que os bancos, ao contrário do que muitos livros-texto erroneamente colocam, não se limitam a apenas intermediar dinheiro e crédito. Em vez disso, eles criam novos créditos e dinheiro novo, e introduzem riscos de descasamento de vencimentos ao tomar empréstimos de curto prazo e conceder empréstimos a prazos mais longos (em inglês, esse procedimento é chamado "maturity transformation risk").

E, por último, existe o potencial para extensão de crédito com base nos ativos — em especial, do mercado imobiliário — que, por si só, exerce influência no valor desses ativos, um processo que pode desencadear ciclos do tipo Minsky, no qual mais criação de crédito bancário pode gerar ainda mais crédito, incentivando credores e devedores, e ocasionando fortes efeitos pró-cíclicos na economia. Em outras palavras, um ciclo de crédito e preço dos ativos se estabelece e passa a ser, como Claudio Boro mencionou no Capítulo 6, não apenas uma parte, mas o elemento central do ciclo financeiro.

Essas características distintas dos contratos de dívida têm, acredito, duas implicações:

- Primeiro, não podemos presumir que o livre mercado, por si só, levará a um equilíbrio ótimo dos contratos de dívida e de "equity". De fato, haverá uma tendência sistemática de longo prazo de criar muita dívida e excessiva alavancagem.

- Segundo, quanto mais alavancagem — provavelmente melhor mensurada pela relação entre o total de dívidas e o PIB —, além de um determinado ponto, mais potencialmente frágeis se tornam o sistema financeiro e a macroeconomia. Isso é o que a teoria deveria, acredito, nos dizer, e o que alguma pesquisa empírica está começando a confirmar.

Em um importante artigo do Bank of International Settlements, Steve Cecchetti e Enisse Kharroubi (2012) sugeriram que a relação dívida/PIB e as taxas de crescimento de longo prazo devem estar relacionadas em uma função de U invertido, com o crescimento se elevando no início, acompanhando a variação do incremento da intensidade financeira, porém revertendo e declinando em determinado ponto.

Essas descobertas não teriam surpreendido os economistas de meados do século XX, que escreveram na onda do "crash" de 1929-1930. Mas nós, de alguma forma, esquecemos da importância dos níveis do estoque das dívidas ou, erroneamente, as descartamos como sendo não importantes, e como resultado ignoramos, ou tomamos como benigno, o enorme aumento da alavancagem no sistema financeiro e na economia real, tanto no sistema bancário formal como no dos "shadow banks"("bancos paralelos") (sobre estas instituições, veja o Capítulo 11), que ocorreu ao longo de várias décadas após a crise.

E em nossa resposta regulatória à crise, receio que ainda não reconhecemos a escala da fragilidade que os riscos financeiros dos contratos de dívida podem criar. E, também, que não temos sido adequadamente radicais em nossa resposta a isso.

Melhoramos significativamente os requisitos de capital dos bancos. Mas há, creio, argumentos persuasivos — como, por exemplo, colocado no novo livro de Anat Admati e Martin Hellwig (2013) — de que índices ótimos de capital dos bancos (aqueles que estabeleceríamos se fôssemos ditadores benevolentes de uma economia "greenfield"*) seriam muito maiores, mais próximos a 25% ou 30%.

---

* N.E.: Em abstrato, uma economia que é estruturada a partir do zero.

Mais fundamentalmente, nossa resposta regulatória ainda não reconhece de maneira evidente que o nível de alavancagem da economia real é uma variável potencialmente vital.

Pegue, por exemplo, a medida indicada para operacionalização de colchões de liquidez contracíclicos proposta no acordo Basileia III. Ele preconiza que a medida deveria ser posta em prática se o crescimento do crédito estiver significativamente acima da tendência passada, e reduzida se estiver abaixo. Isso implica que enquanto o crescimento do crédito estiver alinhado com a tendência — desde que seja um crescimento suave —, então, tudo bem, mesmo se o crescimento da tendência for mais rápido do que o crescimento do PIB nominal. E mesmo, portanto, se a relação dívida/PIB estiver implacavelmente crescendo.

Eu acredito que a medida é inadequada e que temos que começar a tratar os níveis de alavancagem agregada (privada e pública) como um indicador crucial e buscar medidas de política econômica que contenham esse nível através, por exemplo, de limitação do nível máximo do LTV (mais sobre esse índice na Introdução do livro).

Deflação na Desaceleração Econômica

Falhamos em perceber a crise chegando, e depois, em não perceber o quanto era perigosa, porque consideramos o inexorável processo de agravamento financeiro como neutro ou benigno. Mas o que dizer da incapacidade de ver, no começo de 2009, o quão difícil seria a recuperação, uma vez que a crise já estava instalada?

Aqui, novamente penso que nossa cegueira crucial esteve relacionada à dívida: uma falha em antecipar a força do ímpeto deflacionário criado pela tentativa do setor privado de reduzir o nível de alavancagem no rescaldo da crise gerada por um excesso de endividamento — embora o Japão tivesse, nos últimos 20 anos, nos dado uma forte ilustração de tais efeitos, bem descrito por Richard Koo (Koo, 2009) ao tratar do que ele denominou "recessão de balanço" (um tipo particular de recessão ou crise impulsionada pelo ciclo de crédito – alto endividamento – e não pelas flutuações no ciclo de negócios):

- Deixa o ciclo de recuperação com níveis de estoque das dívidas que agora se acredita serem excessivos, constrangendo empresas ou famílias a diminuírem seu grau de alavancagem. Elas buscam gerar excedentes financeiros com os quais pagar as dívidas. E suas decisões de investimento e consumo se tornam altamente inelásticas com relação às reduções das taxas de juros.
- A política de manter as taxas básicas de juros (conhecida como Zero Lower Bound) em números próximos de zero, portanto, produz pouco estímulo à demanda privada, que cai. Os deficit públicos crescem, compensando a queda da demanda privada, mas às expensas do aumento dos níveis da dívida pública.

- No nível agregado, a alavancagem não cai de fato, mas apenas se transfere do setor privado para o público — o padrão claramente visto no Japão nos últimos 20 anos e no Reino Unido, Irlanda, Espanha e Estados Unidos nos últimos quatro anos.

Essa descrição, acredito, é bastante persuasiva. O trabalho de Eggertsson e Krugman, de 2012, traz uma explanação formal matemática do processo em curso, integrando em um modelo novo-Keynesianismo o pressuposto de que alguns agentes são restringidos pelas preocupações decorrentes do estoque das dívidas e, como resultado, tomam decisões marginais diferentes daquelas dos agentes não restringidos.

Novamente, o que surpreende, em retrospecto, é quão nova é essa integração e o quão ignorados são os níveis de estoque das dívidas nos modelos anteriores. Afinal, na arena da política monetária internacional em que viemos discutindo por décadas o impacto potencialmente deflacionário de uma assimetria nas respostas das nações credoras e devedoras, os que antes se constrangiam em cortar a demanda agora não se constrangem em estimulá-la. O que Eggertsson e Krugman fazem é simplesmente explorar o mesmo potencial assimétrico entre devedores líquidos restringidos e credores líquidos não restringidos de uma economia. Essa assimetria, diminuição da alavancagem, e a recessão de balanço são, em minha opinião, um fator crucial para explicar a lenta recuperação desde 2009.

Então, a pergunta é: Quais políticas auxiliarão a navegar melhor em tal ambiente inerentemente desafiador de redução da alavancagem? Volto a sugerir que precisamos dar maior abertura a políticas mais radicais do que as atualmente aplicadas. Vamos supor que desejamos estimular a demanda nominal agregada, e trilhar um caminho de crescimento mais rápido do PIB nominal, como Michael Woodford propõe no capítulo 4 deste volume. Claro, nós podemos não querer. Mervyn King chama a atenção no capítulo 3 sobre assumir que uma demanda agregada deficiente é o único problema, e eu, com certeza, concordo com isso, particularmente no Reino Unido. Mas vamos supor que isso seja pelo menos parte do problema: como estimular melhor? A abordagem atual predominante é usar ferramentas monetárias não convencionais.

A política de taxas básicas de juros dos últimos quatro anos tem sido a de mantê-las próximas de zero, porém, políticas não convencionais — "quantitative easing"("flexibilização quantitativa"), "forward guidance"("orientação futura") (a propósito destas duas ferramentas, consulte a Introdução), instrumentos de facilitação de crédito, crédito subsidiado, apoio do Banco Central à liquidez — estão disponíveis e foram implantados. Todas essas ferramentas funcionam via um ou dois mecanismos de transmissão relacionados: ou (1) elas procuram influenciar um conjunto mais amplo de taxas de juros da economia do que o faz a política de juros básicos sozinha: de longo e de curto prazo, expectativas de taxas futuras e correntes, taxas de juros efetivas da economia real para pequenos e grandes tomadores ou (2) elas funcionam através do preço dos ativos e dos efeitos de balanço de um portfólio de títulos: preços elevados de ações ou títulos produzindo o chamado "efeito renda" (propensão a consumir maior, derivada da contínua valorização do portfólio de títulos em função da escalada das cotações) e busca por rendimento.

A melhor evidência parece ser que aquelas políticas, funcionando através desses canais, tiveram alguns impactos positivos tanto no nível de preços quanto no resultado real. Contudo, deve haver duas preocupações a respeito disso.

- Primeiro, tais políticas, operando através de canais indiretos e das expectativas, devem estar, potencialmente, sujeitos a um declínio em sua eficácia marginal no caso de circunstâncias específicas de excesso de endividamento em uma recessão de balanço. Porque se nós de fato temos empresas restringidas por dívidas ou famílias visando em diminuir a alavancagem, elas podem ser relativamente inelásticas quanto à redução das taxas de juros de longo prazo ou às taxas que de fato pagam, assim como em relação à política corrente de taxas básicas de juros.
- Segundo, um período longo e sustentado de baixa taxa de juros deve ter consequências adversas do tipo que Jeremy Stein destacou no Capítulo 10, descritas no último relatório Global Financial Stability Report — com o risco da estabilidade financeira crescendo na medida em que os agentes do mercado financeiro assumem a alavancagem, subscrevendo opções de venda e se envolvendo em transações já alavancadas. A elasticidade de baixa das taxas de juros atuais e esperadas como resposta à especulação de ativos e busca por rendimento via inovação financeira pode acabar sendo maior do que a elasticidade da resposta ao investimento e consumo da economia real. A confiança exclusiva nos estímulos da política monetária, funcionando através de canais indiretos e das expectativas pode, portanto, ser perigosa.

Uma alternativa, ou um complemento, é o estímulo fiscal — injetando diretamente poder de compra na economia em vez de operar via canais indiretos. O argumento clássico contra isso diz que os efeitos da primeira rodada do estímulo são compensados pelo "crowding out" (em português, "efeitos de deslocamento", que correspondem à diminuição ou substituição dos gastos do setor privado em função do aumento nos gastos públicos), pela resposta do banco central, e pelos efeitos da equivalência Ricardiana*, reduzindo a ação dos multiplicadores fiscais.

Mas em recente estudo, Brad DeLong e Lawrence Summers (2012) trazem argumentos persuasivos para acreditar que nas condições atuais de excesso de endividamento e do movimento do setor privado no sentido de reduzir a alavancagem, e com os bancos centrais comprometidos em manter as taxas de juros básicas em um nível próximo de zero por muitos anos à frente, os multiplicadores fiscais ampliam sua ação.

---

* N.E.: Conceito econômico desenvolvido pelo economista David Ricardo, no século XIX, segundo a qual, quando um governo tenta estimular a demanda, seja por meio dos impostos, seja financiando a dívida, a demanda agregada permanecerá inalterada.

E isso — ao lado das limitações e perigos potenciais da política monetária operando inteiramente via canais indiretos — sugere a necessidade de cautela sobre a prescrição de políticas que combinam uma consolidação fiscal rápida compensada, supõe-se, por estímulos monetários não convencionais.

De igual forma, não podemos ficar alheios ao dramático aumento dos níveis da dívida pública. Richard Koo pode estar certo ao afirmar que sem o enorme deficit fiscal japonês dos últimos 20 anos, a economia japonesa teria sofrido uma grande depressão. Mas o nível da dívida do governo japonês, acima de 200% do PIB e crescendo, não pode ser simplesmente ignorado. E na medida em que as empresas e os consumidores japoneses estão cientes do ônus que isso representa — e, em algum nível, eles devem, com certeza, saber — um tal patamar da dívida pode, de fato, gerar compensações do tipo da equivalência Ricardiana na confiança e, portanto, na demanda.

Como resultado, parece possível que recessões de balanço possam nos colocar em uma posição em que as autoridades fiquem sem qualquer munição — balas monetárias puras ineficazes trazendo o perigo de efeitos colaterais adversos, são o mesmo que um paiol fiscal vazio. Mas as autoridades fiscais e monetárias, combinadas, nunca ficam sem munição. Elas sempre podem fazer o que Ben Bernanke propôs para o Japão em 2003.

- Ele propôs "um corte de impostos para famílias e empresas que seja explicitamente conjugado com aquisições incrementais pelo Banco do Japão de títulos da dívida pública, de modo que o corte de impostos é, com efeito, financiado pela criação de moeda.
- Ele enfatizou que seria importante deixar claro que "boa parte ou todo o aumento no estoque de moeda seja visto como permanente."
- Ele sugeriu que as companhias deveriam estar dispostas a gastar o dinheiro recebido desde que "nenhum serviço da dívida, corrente ou futuro, fosse criado" (isto é, nenhuma equivalência Ricardiana surgiria logicamente).
- Ele argumentou que o indicador dívida/PIB falharia, uma vez que não haveria nenhum aumento na dívida nominal, mas um aumento no PIB nominal.

Como rotulei em uma palestra recente, isso é "a manifestação de financiamento monetário de um deficit fiscal crescente" (Turner, 2013). É uma opção política disponível e, em termos técnicos, não há nenhuma razão para acreditar que seria mais inflacionária (isto é, produziria um equilíbrio menos favorável entre os efeitos sobre preço e produção) do que qualquer outra política que seria bem-sucedida em estimular o PIB nominal.

Todavia, com certeza poderia haver razões político-econômicas poderosas para descartar essa opção, para tratá-la como tabu. Porque se o tabu fosse quebrado, os políticos poderiam querer usar essa opção em excesso e o tempo todo, em vez de em pequenos montantes e em condições específicas extremas de equilíbrio das recessões de balanço. E se pode discutir por não ser explícito sobre a monetização da dívida. Como comentou Michael Woodford em uma conversação na London Business School (Reichlin, Turner e Woodford, 2013):

- Se você injetar um estímulo fiscal contra um pano de fundo de um banco central comprometido em manter a taxa de juros baixa por muitos anos,
- e esse compromisso ganha credibilidade em função de um nível de preços ou objetivo monetário para o PIB,
- e se você aceitar a possibilidade — na verdade, a probabilidade — de que algum incremento da base monetária acabará se tornando permanente,
- então, você tem uma estratégia substancialmente próxima da sugestão de Bernanke, mas sem quebrar o potencialmente valoroso tabu de política econômica.

Porém, essa estratégia ainda pede um grau de coordenação das políticas fiscal e monetária, e uma aceitação pelo banco central de que está facilitando a política de estímulo fiscal em vez de compensar a austeridade fiscal através de estímulos de política monetária inteiramente via taxa de juros, expectativas e canais de equilíbrio de portfólio.

Essa coordenação é realizada, em essência, por condições específicas do pós-crise da recessão de balanço. Teria sido melhor, em primeiro lugar, se nós nunca tivéssemos chegado a essa situação, nunca tivéssemos permitido tamanha alavancagem para o desenvolvimento. Mas nós permitimos, e temos que moldar as políticas de hoje nas condições específicas criadas pelas equivocadas políticas do passado.

A crise aconteceu e não foi prevista porque falhamos em reconhecer a importância fundamental da alavancagem agregada. E nossa falha em prever a lenta e difícil recuperação reflete o fato de que nossos modelos macroeconômicos, embora incorporando preços e salários rígidos, falharam completamente em refletir a talvez ainda mais importante rigidez introduzida pelos contratos de dívidas, níveis de estoque de dívidas e processos de inadimplemento.

Integrar estrutura financeira, contratos de dívidas, inadimplemento e o sistema bancário nos modelos macroeconômicos é, portanto, crítico, mas ainda em estágio inicial.

O que faz o subtítulo da conferência "Primeiros Passos e Lições Iniciais" ter sido muito bem escolhido.

Referências

Admati, Anat, e Martin Hellwig. 2013. *The Bankers' New Clothes: What's Wrong with Banking and What to Do about It.* Princeton, NJ: Princeton University Press.

Bernanke, Ben S. 2003. "Some Thoughts on Monetary Policy in Japan." Discurso diante da Sociedade Japonesa de Economistas Monetaristas, Tóquio, maio. http://www.federalreserve.gov/boarddocs/speeches/2003/2003/0531.

Bernanke, Ben S. 2004. "Non-Monetary Effects of the Financial Crisis." In *Essays on the Great Depression*. Princeton, NJ: Princeton University Press.

Cecchetti, Stephen G., e Enisse Kharroubi. 2012. "Reassessing the Impact of Finance on Growth." BIS Working Paper 381, Monetary and Economic Department, Bank for International Settlements, Basel, julho. http://www.bis.org/publ/work381.pdf.

DeLong, Brad, e Lawrence Summers. 2012. "Fiscal Policy in a Depressed Economy." Brookings Paper on Economic Activity, Brookings Institution, Washington, DC, primavera. http://www.brookings.edu/~/media/Projects/BPEA/Spring%20 2012/2012a_DeLong.pdf.

Eggertsson, Gauti B., e Paul Krugman. 2012. "Debt, Deleveraging, and the Liquidity Trap: A Fisher-Minsky-Koo Approach." *Quarterly Journal of Economics* 127 (3): 1469-1513.

Fisher, Irving. 1933. "The Debt-Deflation Theory of Great Depressions." *Econometrica* 1 (4): 337-357.

Fisher, Irving. 1936. "100% Money and the Public Debt." *Economic Forum*, primavera, 406-420.

Gennaioli, Nicola, Andrei Shleifer, e Robert Vishny. 2010. "Neglected Risks, Financial Innovation, and Financial Fragility." NBER Working Paper 16068, National Bureau of Economic Research, Cambrigde, MA. junho. http://www.nber.org/papers/w16068.

Goodhart, Charles, e Dimitrios Tsomocos. 2011. "The Role of Default in Macroeconomics." Mayekawa Lecture, Institute for Monetary and Economic Studies, Banco do Japão, Tóquio, novembro. *Monetary and Economic Studies*, vol. 29. http://www.imes.boj.or.jp/research/abstracts/english/me29-4.html.

King, Mervyn. 2012. "Twenty Years of Inflation Targeting." Stamp Memorial Lecture, London School of Economics, Londres, outubro.

Koo, Richard. 2009. *The Holy Grail of Microeconomics: Lessons from Japan's Great Recession*. Nova York: John Wiley & Sons.

Reichlin, Lucrezia, Adair Turner, e Michael Woodford. 2013. "Helicopter Money as a Policy Option." VoxEu, 20 de maio. http://www.www.voxeu.org/article/helicopter-money-policy-option.

Simons, Henry. 1936. "Rules versus Authorities in Monetary Policy." *Journal of Political Economy* 44 (1): 1-30.

Turner, Adair. 2013. "Debt, Money, and Mephistopheles: How Do We Get Out of This Mess?" Palestra na Cass Business School, fevereiro. http://www.fsa.gov.uk/library/communication/speeches/2013/0206-at.

IV
Política Fiscal

14
Definindo o Papel Ressurgente da Política Fiscal

Janice Eberly

Boa parte das inovações de política econômica durante a crise financeira de 2008-2009 envolveram a política monetária — e, principalmente, a política monetária não convencional. De lá para cá, houve atenção renovada com a política fiscal. O foco monetário deveu-se, em parte, ao fato de que as autoridades monetárias são capazes de agir rápida e decisivamente, enquanto a política fiscal tende a reagir mais lentamente, tanto nas tomadas de decisão quanto na implementação. Essa maior atenção à relevância da política fiscal ocorreu porque a gravidade da crise exigiu que todas as ferramentas disponíveis fossem utilizadas e, também, em face do esgotamento das opções da política monetária. A natureza da crise financeira e o uso de instrumentos monetários não convencionais forçaram uma revisão de conceitos acerca do monetarismo, em particular para incorporar os mercados financeiros nos modelos monetaristas. Até agora, não havia motivo para repensar tão fundamentalmente a política fiscal, embora trabalhos recentes sugiram a possibilidade de considerá-la de maneira diferente, em um mundo no qual a política monetária está manietada em função da fixação das taxas de juros básicas em níveis próximos de zero.

Não irei me ocupar aqui com as questões afeitas a este e aos próximos capítulos sobre as fases do ciclo de negócios, as quais se vinculam, implicitamente, ao nosso pensamento sobre o papel cíclico da política fiscal. Entretanto, na conclusão desta introdução, voltarei ao potencial papel da política fiscal nas tendências econômicas.

Começando com a pré-recessão, ou período de boom na economia, quanta margem de segurança um país deveria manter em sua relação dívida/PIB? Essa pergunta é uma contraparte ao conceito de finança corporativa sobre capacidade de endividamento, e a questão de quanto dela manter de reserva. A crise nos ensinou que, ao reduzir impostos, aumentar os gastos e gerar deficit durante os ciclos de boom — seja distantes de conveniências políticas, seja como estratégia para pressionar pela diminuição do tamanho do governo — os formuladores de política econômica exaurem a capacidade de endividamento que seria necessária mais tarde quando a crise finalmente bater. Os períodos de reversão do ciclo econômico são naturalmente associados com grandes deficit, provenientes, ao menos, dos estabilizadores automáticos* e, mais ainda, de uma política fiscal ativa, e com a necessidade de explorar os mercados de crédito. Essa tarefa se torna mais fácil e mais barata quando a relação dívida/PIB herdada de épocas de boom é relativamente baixa. Tal abordagem preventiva com respeito à capacidade de endividamento é menos controversa do que a espinhosa questão quantitativa que segue: *Quanta* capacidade de endividamento um país deve reservar no período anterior a uma recessão e, se isso depende de fatores de estado, o que determina o tamanho dessa capacidade?

Em segundo lugar, vinda a recessão, qual será a dimensão dos multiplicadores de política fiscal e, se eles estão ligados a contingências de estado, de que dependem? Até agora, as pesquisas enfatizam que os multiplicadores fiscais podem ser muito maiores quando a política monetária está presa a taxas de juros básicos próximas de zero. Outro estudo mostrou que excesso de capacidade ou hiatos de produção na economia aumentam os multiplicadores fiscais. Essa análise é crucial para a abordagem de consolidação fiscal dos formuladores de política econômica quando uma economia ainda está debilitada, ou enfrentando as consequências danosas de uma crise, ou, pior, durante uma crise associada a desequilíbrios de estrutura fiscal. Os responsáveis pelas políticas encaram o dilema essencial de que os mercados financeiros estão procurando aumentar a credibilidade na orientação fiscal, ao mesmo tempo que a economia sofrerá mais com o arrocho fiscal.

Uma abordagem para essas questões é colocar as regras fiscais em prática, tal como as regras monetárias propostas pelos bancos centrais para angariar credibilidade. Em princípio, tais regras podem abrir espaço para gastos deficitários quando a economia estiver mais fraca e os multiplicadores forem maiores, desde que haja um compromisso com a sustentabilidade fiscal à medida que a economia for se recuperando. As regras também podem ajudar a impor a disciplina durante os "tempos bons" para recuperar a capacidade de endividamento e diminuir a relação dívida/PIB após a reversão do ciclo. Da mesma forma, tais regras podem permitir deficit cíclicos no decorrer do período recessivo, em linha com os estabilizadores automáticos, que surgem naturalmente quando a economia se fortalece. As regras também podem atenuar os atrasos nas tomadas de decisão que limitam a eficácia da política fiscal em razão da típica alternância do ciclo de negócios. Os efeitos desses estabilizadores podem ser expressivos: O Congressional Budget Office (CBO, 2013) estima que os gastos e a perda de receitas, associados aos estabilizadores automáticos, somaram, em média, mais de $350 bilhões por ano nos Estados Unidos, de 2009 até o presente (ano fiscal de 2013), representando mais de 2,5 vezes o total de estímulos incluídos no American

---

* N.E.:Correspondem a políticas e programas econômicos concebidos para compensar flutuações na economia de um país, que são acionados automaticamente, sem a intervenção explícita do governo. A estrutura de tributação progressiva e as transferências de renda, como o seguro-desemprego, são exemplos de estabilizadores automáticos.

Recovery and Reinvestment Act. Embora a utilização de estabilizadores automáticos esteja bem estabelecida, reforçar e expandir as regras fiscais pode ser problemático. Mais regras fiscais gerais trazem problemas bem conhecidos porque são rígidas em sua configuração e difíceis de customizar para condições econômicas específicas; de fato, permitir interpretações ou "janelas de fuga" para acomodar circunstâncias não previstas pode erodir a credibilidade que uma regra é elaborada para ter.

Por fim, com o abrandamento das consequências negativas do ciclo de baixa, quão rapidamente deveria ocorrer a consolidação fiscal durante a recuperação? Os formuladores de políticas econômicas costumam empreender com rapidez a consolidação fiscal, pressionados pelos mercados financeiros para reduzir a dívida soberana ou, pelo menos, novos empréstimos. Países que não estão sob pressão imediata argumentam que uma redução nos empréstimos é necessária para preveni-la. Quando os responsáveis deveriam começar a levar em conta essa preocupação? Eles deveriam reagir antes que se chegasse a um nível mais elevado na relação dívida/PIB que eles não deveriam romper ou que os mercados financeiros não tolerariam? A preocupação com o apetite dos investidores em assumir o risco dos títulos soberanos pode levar a restrições precoces ou muito severas, porque os custos são percebidos como assimétricos: Esperar demais e arriscar uma retirada dos empréstimos pode ser bastante oneroso.

Essas questões são quase que inteiramente focadas no gerenciamento cíclico das dívidas e deficit. Ainda assim, a severidade e persistência da recente recessão, e o lento andor da recuperação subsequente levantam a preocupação de que a crise terá um efeito duradouro na macroeconomia, talvez em termos de redução da produção potencial. A possibilidade de que a produção possa ser permanente e profundamente afetada pavimenta o caminho para uma recessão, ainda que o mecanismo através do qual uma crise financeira ou uma severa recessão afetam a capacidade de produção da economia não seja bem compreendido. Há evidências de que ficar desempregado por longo tempo deteriora as habilidades funcionais de um trabalhador e reduz a probabilidade de recolocação no mercado. Um outro mecanismo potencial tem contornos menos nítidos. Há uma redução de inovação ou de mudanças tecnológicas embutidas no investimento em capital físico? Restrições à mobilidade no trabalho e à recolocação prejudicam a produtividade? Alguns desses mecanismos deveriam se beneficiar de intervenções fiscais, seja para incrementar a atividade econômica, seja, de modo mais específico, para, por exemplo, promover o desenvolvimento de habilidades e empregar o profissional certo no lugar certo. No entanto, sem o entendimento exato do que causa danos de longo prazo na economia, qualquer intervenção política é inteiramente especulativa.

Concluindo, lembro que comecei enfatizando o momento de profunda revisão dos conceitos em economia monetária para, explicitamente, incorporar os mercados financeiros. A política monetária adotou os mercados de crédito como um mecanismo de estímulo monetário, e o mesmo pode ser verdadeiro para a política fiscal. O uso fiscal da política de crédito tem ocorrido, primariamente, por razões microeconômicas: para remediar falhas do mercado e apoiar benefícios sociais quando eles excedem os benefícios privados. Na prática, contudo, a política de crédito tem sido amplamente utilizada na crise pelas autoridades fiscais, em particular no mercado de imóveis residenciais e para dar apoio aos pequenos negócios. Na medida em que repensamos a economia fiscal, os formuladores de políticas econômicas poderiam, provavelmente, usufruir de uma melhor conceituação e compreensão empírica do papel potencial da política macroprudencial e de crédito na política fiscal contracíclica.

Referência

Congressional Budget Office (CBO). 2013. "The Effects of Automatic Stabilizers on the Federal Budget as of 2013." CBO, Washington, DC, março. http://www.cbo.gov/sites/default/files/cbofiles/attachments/43977_AutomaticStabilizers3-2013.pdf.

15
A Política Fiscal Sob a Sombra da Dívida: As Ideias de Keynes Ainda Funcionam

Anders Borg

O tema desta conferência é repensar a política macroeconômica, e eu gostaria de destacar algumas lições importantes trazidas pela crise econômica mundial de 2008 quanto ao design da política fiscal, em virtude de minha experiência como ministro das finanças da Suécia e membro do Ecofin Council (Economic and Financial Affairs Council of the European Union) nos últimos seis anos. Neste capítulo, examino o papel atual da política fiscal e, com base em várias e importantes lições que a crise nos trouxe, concluo com a discussão dos problemas que a Europa precisa lidar. Há, aqui, três mensagens básicas:

- Primeira: A política fiscal deveria ser usada como uma ferramenta de estabilização. É muito importante entender que as instituições devem ser reformadas de modo que a política fiscal possa ter um papel ativo na estabilização da economia.
- Segunda: dívida é algo muito sério. Dívida alta é um constrangimento em uma política econômica racional.
- Terceira: a diferença principal entre como a política fiscal é vista nos Estados Unidos e na Europa tem a ver com o fato de que os problemas europeus são fundamentalmente estruturais. Isso não significa que não haja escassez de demanda na Europa, mas sim que os problemas têm uma maior dimensão estrutural do que os dos Estados Unidos.

A Atual Situação

Em uma visão mais abrangente da crise, dados empíricos demonstram que a Europa cresceu, de fato, bem devagar — menos de meio ponto porcentual no decorrer dos últimos seis ou sete anos. Mesmo em uma perspectiva de dez anos, a Europa tem crescido perto de um ponto porcentual. Fundamentalmente, então, há ali um problema de longo, e não de curto prazo. Isso também alimentou o desemprego. O desemprego na zona do euro está agora próximo dos 12%. O nível de emprego nos Estados Unidos e na Europa está pelo menos 5% ou 10% aquém do que deveria caso a economia estivesse funcionando adequadamente. E isso em cima de um expressivo aumento do nível da dívida (ver figuras 15.1 a-d). Qual deveria ser a postura fiscal apropriada nessas circunstâncias?

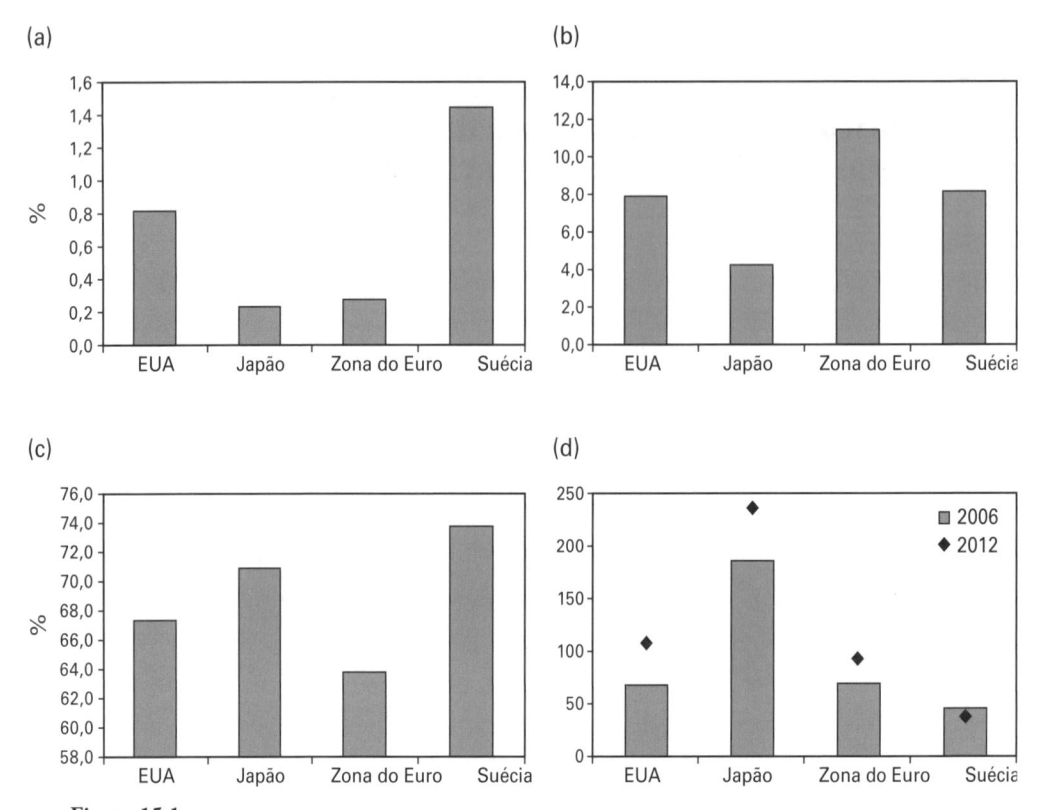

Figura 15.1
Indicadores Principais relativos a Estados Unidos, Japão, Zona do Euro e Suécia.
a. Crescimento do PIB. Taxa média de crescimento, 2007-2012 (em %). b. Taxa de desemprego a partir do 4T de 2012 (em %). Os dados da zona do euro representam 17 países. c. Nível de Emprego, pessoas entre 15 e 64 anos, a partir do 4T de 2012 (em %). Os dados da zona do euro representam 17 países; a partir do 3T de 2012. d. Dívida bruta pública como porcentagem do PIB.
Fontes: a-c. OECD. d. *European Economic Forecast*, primavera, 2013.

Posição Fiscal

Deve-se ter cautela ao declarar que a crise acabou. É preciso, ainda, que as políticas fiscal e monetária permaneçam expansionistas. No momento, as considerações de política fiscal envolvem obter um delicado equilíbrio entre necessidade de consolidação das finanças públicas, crescimento sustentável, e combate persistente ao elevado desemprego. Nessa tarefa, é imperativo que os governos não percam a confiança nos atores do mercado, empresas e cidadãos. Permita-me ilustrar o que quero dizer.

Itália, Espanha, e outros países sob considerável pressão dos mercados, devem cumprir seus compromissos de política fiscal em ritmo suficiente para restaurar a confiança do mercado. Há um risco claro de que um retrocesso em medidas já implementadas possa levar a um retorno da incerteza do mercado. Mas pode-se argumentar que um crescimento menor do que o esperado não deveria ser fruto de medidas de consolidação adicionais.

Países em posição relativamente forte, mas ainda enfrentando alguns desafios consideráveis, tais como França e Reino Unido, deveriam deixar os estabilizadores automáticos funcionarem a todo vapor. (veja nota de rodapé na Introdução). É evidente que o governo francês vai precisar de mais tempo para alcançar os 3% de nível do deficit. Esse é um posicionamento razoável por parte do governo francês e da Comissão Europeia. Deixar os estabilizadores automáticos trabalharem plenamente neste momento é uma abordagem bem interessante. Também é importante implementar reformas estruturais para aumentar a competitividade e melhorar a funcionalidade do mercado de trabalho para estimular o crescimento.

Para países com margens suficientes nas finanças públicas, é desejável uma política fiscal ativa para apoiar a recuperação. Eu argumentaria que a situação em meu próprio país, a Suécia, reivindica uma política fiscal expansionista. Na Suécia, a dívida pública representa cerca de 40% do PIB, as finanças públicas estão em equilíbrio estrutural e há um alto grau de sustentabilidade no longo prazo. Porém, ao mesmo tempo, a Suécia tem uma alta taxa de desemprego como resultado da crise. Nessas circunstâncias, parece razoável continuar a tomar medidas, tanto no lado dos gastos quanto das receitas, a fim de estimular a economia.

A situação é diferente na Alemanha. Nesse país, a dívida pública atinge 80% e o desemprego está ao redor de 5%. Em meio a isso, há algumas questões, de longo prazo, relativas às finanças públicas. Se há um certo espaço fiscal na Alemanha, eu diria que uma parte substancial dele deveria ser mantido como uma reserva — uma margem de segurança — por duas razões. Uma, é que pode haver outros países na zona do euro que venham a precisar de novos programas no curto ou médio prazo; portanto, a âncora em todo o sistema do euro deve estar no lado seguro e em terreno firme. Também pode haver a necessidade de construir uma união bancária mais ampla, o que pode ter implicações fiscais. Uma boa parte desse espaço de manobra fiscal da Alemanha deveria ser reservada para futuros programas de países em dificuldade ou como parte de uma espécie de último recurso, em vez de apoiar uma estabilização política de curto prazo na Alemanha. No entanto, também há argumentos a serem considerados quanto a saber se a Alemanha e outros países podem fazer mais para estimular o crescimento. Vistos a partir de uma perspectiva geral, impostos menores para a população de baixa renda, e aumento dos dispêndios que favoreçam o crescimento, tais como em educação e infraestrutura, deveriam ser levados em consideração.

O Que Essa Crise Nos Ensinou Sobre Política Fiscal?

A Política Fiscal É Importante para a Estabilização da Economia

A crise mostrou a importância do apoio da política fiscal à política monetária na ação contracíclica em períodos recessivos, principalmente quando existem grandes hiatos e as taxas básicas de juros estão próximas de zero. Isso é particularmente verdadeiro para as economias europeias com profundos problemas estruturais e um setor privado continuamente alavancado. Todavia, a eficácia da política fiscal depende de sua credibilidade perante os mercados financeiros. A sustentabilidade a longo prazo das finanças públicas é, assim, um fator crucial se a política fiscal quiser ter um papel de destaque na estabilização da economia.

Não deixa de ser irônico concluir que enquanto nós estamos convencidos de que a política fiscal deveria ser usada ativamente, muitos países têm níveis de dívida que não permitem tais ações. Acreditar que a política fiscal tem um papel importante significa que deveria ficar bem claro que, a longo prazo, é necessário diminuir as dívidas para um nível que viabilize tal comportamento.

Em termos da visão tradicional de estabilização através de política fiscal, a concepção geral tem sido de que as medidas deveriam ser temporárias, direcionadas e oportunas. Vejo a política fiscal de forma diferente. Em minha opinião, há nela três focos principais: distribuição, estabilização e crescimento. A política fiscal deveria lidar com todos esses três objetivos ao mesmo tempo. É muito importante, em especial em países europeus com problemas estruturais, que medidas de curto prazo, estruturadas para estabilizar a economia, também apoiem o aumento do crescimento a longo prazo. Em teoria, quando se trata de medidas discricionárias, as temporárias são preferíveis; na prática, porém, há riscos substanciais de que as medidas temporárias se tornem permanentes, de modo que devem ser usadas com toda a cautela possível.

A Política Fiscal Tem Seus Próprios Problemas

Se formos usar a política fiscal, precisamos entender que a política fiscal é um animal difícil de conviver. Uma das dificuldades principais da política fiscal é que ela é precedida de longos intervalos decisórios, principalmente no tocante a reformas estruturais. Estas são geralmente complexas e demandam longa preparação. Podemos considerar o orçamento sueco de 2013 como um exemplo. Tendo em vista o crescimento mais fraco da zona do euro e o claro risco financeiro, associados ao aumento da concorrência internacional às exportações suecas (um setor de enorme importância), a situação era propícia para implementar medidas estruturais de apoio ao crescimento. Após o orçamento de 2012 ter sido apresentado ao Riksdag (parlamento sueco) em setembro de 2011, o Ministério das Finanças passou a discutir as medidas apropriadas para o fortalecimento da economia. Em novembro, os elementos básicos da reforma foram definidos: Aumentar o investimento em infraestrutura, elevar os gastos em pesquisa e desenvolvimento, diminuir os impostos corporativos e alargar a base tributária pela redução das deduções nas taxas de juros. A proposta fiscal foi elaborada por uma comissão governamental e, subsequentemente, avaliada juridicamente antes que pudesse ser apresentada ao Riksdag. Isso demandou certo tempo, até que, em abril, se chegasse a uma visão clara sobre como essa proposta funcionaria e o que custaria. Em agosto, decidimos qual deveria ser o tamanho do corte de impostos.

Combinar política fiscal e medidas estruturais requer estabelecer um planejamento adequado. É preciso decidir com um ano de antecedência as propostas básicas para o orçamento, e trabalhar com medidas escaláveis que possam ser adaptadas a mudanças na amplitude da reforma.

Em contraste, mudanças na política monetária são decididas e implementadas quase que instantaneamente. Essa é a diferença fundamental entre política fiscal e monetária. Portanto, é importante pensar sobre como lidar com o longo intervalo decisório. Muitas das questões de política econômica que, normalmente, envolvem a política fiscal podem ser contornadas e resolvidas estabelecendo instituições que sejam bem equipadas para lidar com tomadas de decisão de longo prazo. Um ponto importante é evitar a indexação automática dos gastos; por exemplo, transferências de renda que são diretamente indexadas aos salários. Há vinte anos, na Suécia, temos reduzido o reajuste automático das despesas. Essa redução foi positiva. A indexação total tende a levar a um crescimento descontrolado dos gastos e, por fim, a problemas orçamentários. Ela também reduz a pressão por mudanças no setor público e amarra as mãos dos políticos democraticamente eleitos para estabelecer prioridades no orçamento anual. Uma tendência mais prudente das despesas também faz sentido em termos de uma política de estabilização. Se os dispêndios são reduzidos de modo semiautomático, é mais provável que a política fiscal volte a um caminho sustentável quando a economia se recuperar.

Há um sentido profundamente democrático na política fiscal. Ela tem a ver com negociação e reconciliação de conflitos entre princípios diferentes. E precisa lidar com grupos de interesses distintos. Grupos que representam formas de canalizar diferentes pontos de vista que são parte do bom funcionamento da democracia. Os economistas necessitam compreender a elaboração da política fiscal como um processo de negociação no qual as forças democráticas têm um papel central. Entretanto, também é evidente que ao estruturar essas negociações, afeta-se os resultados finais. Com uma boa organização dos processos de negociação e elaboração orçamentária, os conflitos entre princípios e interesses são muito mais fáceis de solucionar. Isso me leva à lição sobre credibilidade.

Credibilidade é Fundamental

A lição final é que credibilidade é algo fundamental para que uma política econômica seja bem-sucedida. Vou colocar um argumento diferente do que é normalmente feito sobre credibilidade. As sociedades modernas são construídas com base na confiança. Os cidadãos precisam poder confiar no contrato social entre os indivíduos e o estado. Nele, cada indivíduo deve confiar que sua contribuição à sociedade lhe renderá um retorno quando houver necessidade. Isso deve valer tanto no curto quanto no longo prazo. Esse é, particularmente, o caso da Suécia, na qual a política fiscal tem uma influência profunda na vida dos cidadãos, dado o substancial suprimento de serviços públicos. Vejamos, por exemplo, a educação ou a assistência à saúde. Independentemente do ciclo de negócios, um cidadão sueco deve confiar que se sofrer um ataque do coração terá um bom atendimento, e que seu filho se beneficiará de uma boa educação quando for para a escola.

Se houver incerteza sobre a capacidade da política fiscal lidar com o estado de bem-estar social, os cidadãos terão problemas de confiança. Países que aumentam os deficit e as dívidas criarão problemas de credibilidade que arriscam quebrar a confiança. Se acreditamos que um estado de bem-estar social tem mais sucesso em criar boas condições de vida para as pessoas, é muito importante lidar com prudência com as questões de deficit e de dívida. Dessa forma, os países europeus diferem significativamente dos países com níveis substancialmente mais baixos de gastos voltados a uma política de bem-estar social, tal como os Estados Unidos.

Os Problemas Europeus se Aprofundam

Aonde isso nos leva em termos da crise do euro? Da forma como vejo, a maneira como os países emergem da crise não tem a ver, primariamente, com estabilização de curto período, mas com as projeções de longo prazo de crescimento e coesão social. É importante saber as diferenças estruturais entre as economias dos EUA e europeia. Essas diferenças são, provavelmente, uma das principais razões para as visões polarizadas sobre a política de estabilização, tanto acadêmicas quanto políticas.

Se você fizer um balanço da economia norte-americana, é muito difícil ver qualquer problema fundamental no mercado de trabalho. A taxa de desemprego dos EUA provavelmente cairá para 5% ou 6% novamente sem nenhuma grande reforma estrutural. Talvez ocorram alguns problemas de histerese* no mercado de trabalho, mas os fatores fundamentais — regulamentação do mercado de produtos, proteção do emprego, seguro-desemprego, impostos marginais, determinação de níveis salariais

---

* N.E.: No caso, trata-se de uma perturbação que muda o rumo do mercado de trabalho. Por exemplo, com o aumento do desemprego, mais pessoas se ajustam a um padrão de vida mais baixo e se desestimulam a retomá-lo; além disso, estar desempregado se torna socialmente mais aceitável e, mesmo que o mercado de trabalho volte ao normal, algumas pessoas se desinteressam em voltar à força de trabalho.

— tudo aponta na direção de um baixo nível de desemprego estrutural. Não se pode dizer o mesmo para muitos países da Europa. O nível de desemprego estrutural na zona do euro é, provavelmente, de pouco menos de 10%, e há argumentos fortes para esse alto nível. Na Europa, os mercados geralmente são muito mais regulamentados. Além disso, os impostos e o auxílio-desemprego são maiores (figuras 15.2 a-d).

Meu argumento não é que a economia europeia deveria ser semelhante à dos Estados Unidos em cada detalhe. Minha tendência é simpatizar com a economia social de mercado e o estado de bem-estar social. A Europa necessita de reformas, mas elas precisam estar em linha com o modelo social europeu. Contudo, é importante perceber que, nessas circunstâncias, há um risco muito maior para um panorama de elevado desemprego estrutural. Avaliando a estrutura das finanças públicas, é também muito mais provável que os Estados Unidos reduzirão o nível de seu deficit, e, desse modo, vão lidar com o problema da dívida deles automaticamente quando a economia se recuperar. Esse não é o caso da Europa.

Dados os problemas de expressivo endividamento, baixo crescimento de longo prazo e elevado desemprego estrutural, o conjunto de medidas fiscais na Europa, principalmente na zona do euro, precisa encaminhar esses problemas. Necessitamos confrontar os problemas fundamentais estruturais da zona do euro, iniciando pelo mais importante, o funcionamento do mercado de trabalho. Se formos usar a política fiscal, é importante manter em mente seus objetivos de distribuição, crescimento e estabilização. Quando lidarmos com as questões da estabilização, é preciso também tentar estimular o crescimento a longo prazo. Em vez de serem temporárias e oportunistas, as medidas devem ser direcionadas a enfrentar questões mais fundamentais que de fato determinarão as projeções de crescimento de longo prazo e o escopo do modelo social europeu. Assim, deve-se usar a política fiscal, mas de forma a inspirar credibilidade não apenas entre os mercados, mas também em termos de confiança da sociedade.

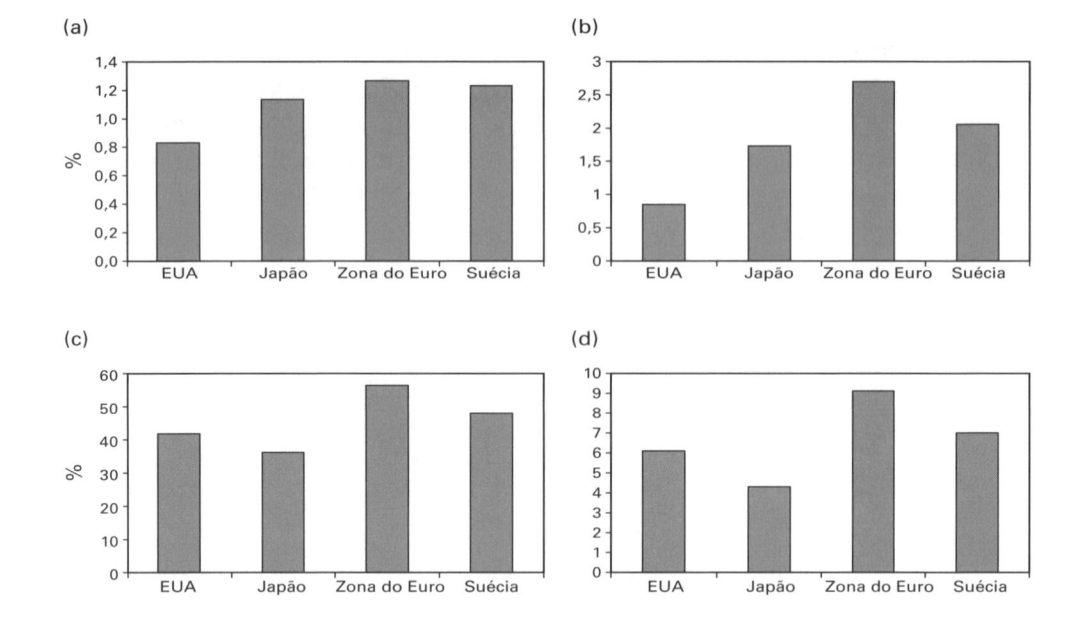

Figura 15.2
Diferenças entre as economias americana, japonesa e europeia.
a. Regulamentação do mercado produtivo. Mostra-se o índice de regulamentação do mercado de produção global da OECD para 2008 em uma escala de 0 a 6, onde 6 é o mais restritivo. b. Rigidez da proteção ao emprego. Mostra-se o índice do rigidez da proteção ao emprego OECD para 2008 em uma escala de 0 a 6, onde 6 é o mais restritivo. c. Taxa marginal de juros. Carga fiscal marginal do assalariado principal (em %). d. Taxa de desemprego estrutural, porcentual da força de trabalho, 2012.
Observações: Zona do euro se refere à média ponderada em relação ao PIB (2011) e representa 15 países da OECD.
Fontes: a e b. OECD e cálculos próprios. c. OECD. d. *Economic Outlook* da OECD, 2012.

Conclusão

- A política fiscal deve apoiar a política monetária, principalmente no que se refere a lidar com problemas específicos estruturais e distributivos. Mas a política fiscal tem seu próprio conjunto de problemas, em especial os longos intervalos decisórios inerentes às reformas estruturais.
- As finanças públicas sustentáveis no longo prazo são uma condição fundamental para conduzir a política fiscal e manter a confiança, especialmente para países com elevadas ambições de bem-estar social e menor eficiência dos mercados de trabalho e produção.
- A Europa precisa manter o foco nas reformas estruturais e enfrentar as questões fundamentais que afetam as condições de longo prazo do crescimento e do aumento da coesão social e da confiança.

Observação

Agradeço a Philip Löf por sua ajuda em alinhavar o discurso no qual este capítulo é baseado.

16
Políticas Fiscais em Recessões

Roberto Perotti

Idealmente, um governo gostaria de usar a política fiscal como uma ferramenta contracíclica enquanto, ao mesmo tempo, convence os mercados de que continua solvente e/ou sua dívida permanece sustentável.[1] Já o que ele *pode* fazer depende da situação inicial. Neste capítulo, considero um formulador de política econômica que tenha algum "espaço fiscal". Em outras palavras, há ambiente para algum, talvez temporário, aumento no deficit. Pode-se dizer que os "vigilantes da dívida" (investidores que aumentam o spread exigido para os títulos da dívida ou se recusam a comprá-los) não estão a postos. Confessadamente, esses são termos perdedores; não vou tentar defini-los formalmente, e muito menos determinar o ponto em que o "espaço fiscal" está disponível.

Vou explorar três opções populares; a ênfase será nas questões de políticas, mas também vou tratar dos desafios subsequentes para o pensamento macroeconômico.

Opção 1: Ignorar a disponibilidade de espaço fiscal, cortar os gastos do governo e os impostos. Assim, o PIB, o consumo e o investimento do setor privado começarão a crescer, e isso dará conta de quaisquer questões de sustentabilidade e liquidez.

Essa é a noção dos "efeitos expansionistas da consolidação fiscal". É óbvio que seus proponentes raramente argumentaram que corte de gastos, por si só, incentivará o crescimento; reformas estruturais dos mercados de trabalho, bens e de crédito também são necessários.

Quais são os fundamentos empíricos desse ponto de vista? Um primeiro método para investigar os efeitos de uma consolidação fiscal é simplesmente extrapolar as estimativas correntes de impostos e multiplicadores a partir dos estudos de vetores de séries temporais autorregressivos. Há diversas pesquisas recentes sobre resultados efetivos, a maioria com base em dados dos EUA, e estimativas dos multiplicadores fiscais que foram alvo de intensos debates na primeira conferência sobre repensar a política macro. Assim sendo, vou me concentrar nos estudos que focam explicitamente em episódios de consolidação fiscal.

Um método que tem sido amplamente utilizado no exame dos efeitos da consolidação fiscal consiste em uma simples comparação de médias das variáveis ao longo do tempo. Especificamente: (1) definir a "consolidação fiscal", por exemplo, como um ano/país quando o declínio discricionário[2] do deficit primário for maior do que, digamos, 1,5% do PIB, ou como dois anos/país consecutivos quando for de pelo menos 1% cada ano; então, (2) considerar uma variável macroeconômica relevante, tal como o consumo do setor privado, e comparar a média dessa variável nos dois anos após (ou durante) a consolidação com a média nos dois anos anteriores a ela. Essa abordagem de comparação de média traria estimativas não enviesadas dos efeitos médios das consolidações se os eventos forem completamente aleatórios — no caso, é essencialmente um estimador "difference in difference" (técnica estatística usada em econometria que utiliza dados observacionais).

Essa é a metodologia aplicada por Alesina e Perotti (1995) e Alesina e Ardagna (2010), com dados ciclicamente ajustados, e por Alesina e Ardagna (2012) com dados do FMI de Devries e outros (2011).[3]

O resultado típico é que a consolidação baseada na despesa (na qual o declínio discricionário do deficit consiste em um corte de pelo menos 50%) tende a ser de longa duração e é associada a um aumento do crescimento do PIB ou com uma pequena recessão, enquanto as consolidações baseadas na tributação têm vida curta e são associadas a uma desaceleração do crescimento, ou até mesmo a uma recessão. Com algumas variações, o consumo do setor privado, o investimento e as exportações apresentam esse padrão. Além disso, no geral, essas variáveis são particularmente responsáveis pelos cortes nos gastos sociais ou na remuneração salarial do setor público — os dois maiores itens de despesas governamentais da OECD (Organisation for Economic Co-operation and Development).

Consolidações fiscais são, normalmente, eventos multianuais. Por este método, uma consolidação fiscal que dura quatro anos apareceria como três consolidações consecutivas de dois anos; além disso, um dado ano pode aparecer em todos os grupos "pré", "durante" e "pós" em datas diferentes. Não é claro o que o método pode oferecer nesses casos.

Um segundo problema com essa abordagem é que é difícil controlar os efeitos concomitantes. Por exemplo, um resultado típico é que consolidações baseadas nos gastos são associadas com depreciações reais da taxa de câmbio e melhoria no custo unitário relativo da mão de obra. Isso é uma consequência da consolidação baseada nos gastos ou o resultado de políticas específicas implementadas simultaneamente com a consolidação baseada nos gastos? Como sempre, a causalidade é difícil de se comprovar.

As políticas associadas podem ter diversas formas que podem ser difíceis de identificar com uma ou mais variáveis: Considere, por exemplo, as reformas no mercado de trabalho, ou mudanças no mercado cambial ou nos regimes de política monetária.

Por fim, os orçamentos do governo e documentos técnicos vinculados precisam ser estudados com mais profundidade visando determinar as medidas discricionárias com um mínimo de confiança.

Por todas essas razões, é útil complementar as evidências existentes com uma abordagem diferente. Perotti (2013a) apresenta uma discussão detalhada sobre as quatro maiores consolidações baseadas nos gastos — Dinamarca, de 1983 a 1987, Irlanda, de 1987 a 1989, Finlândia, de 1992 a 1996 e Suécia, de 1993 a 1997 — baseada nos documentos originais do orçamento e em debates contemporâneos, tais como os relatórios anuais da OECD e do FMI, e fontes específicas dos países[4]. Fixo-me em duas questões. Primeiro, há evidência de que consolidações com grandes orçamentos podem ter efeitos expansionistas a curto prazo? Segundo, quão útil é essa experiência do passado como um guia para os países da zona do euro de hoje?

As principais conclusões dos estudos de caso vêm a seguir:

1. As consolidações são menores do que pensávamos anteriormente, e não são baseadas nos gastos.

Todas aquelas consolidações têm sido consideradas por muito tempo como casos quintessenciais de uma grande "consolidação baseada nos gastos". Duas delas foram realmente de grandes proporções: como mostrado na tabela 16.1 na coluna intitulada "FMI", o deficit primário discricionário, na Finlândia, caiu para 11,5% do PIB em 5 anos (tudo isso cortando gastos), de acordo com a mensuração efetuada por Devries e outros (2011) constante em relatório do FMI, e na Suécia para 10,6% do PIB em 5 anos (dos quais quase 7 pontos porcentuais decorreram de cortes de gastos do PIB).

Mas um olhar mais minucioso dos números do orçamento mostra que, em muitos casos, os cortes de gastos anunciados não foram implementados, ou depois desfeitos por suplementação orçamentária ao longo dos anos fiscais. Como resultado, a queda no deficit do orçamento na Finlândia foi de apenas 5 pontos porcentuais do PIB; além disso, quase toda ela consistia de aumento de receita (ver tabela 16.1, coluna intitulada "Real"). Minha estimativa de corte de gastos na Suécia é cerca de metade da estimativa do FMI. Apenas na Irlanda os cortes de gastos foram maiores do que o aumento de receita[5]. Essas conclusões são corroboradas por documentos e debates contemporâneos sobre as políticas, os quais não demonstram nenhuma consciência sobre viver num "banho de sangue orçamentário"[6].

Tabela 16.1
Grandes Consolidações Fiscais na Europa

Dinamarca, 1983-1987	Real	FMI
Despesas	-4,0	-4,3
Receitas	4,9	2,4
Superavit	8,9	6,7
Irlanda, 1987-1989		
Despesas	-3,0	-2,5
Receitas	-0,1	0,4
Superavit	2,9	2,9
Finlândia, 1992-1996		
Despesas	-0,9	-12,1
Receitas	3,8	-0,6
Superavit	4,9	11,5
Suécia, 1993-1997		
Despesas	-4,2	-6,8
Receitas	4,6	3,8
Superavit	8,8	10,6

Fonte: Perotti (2013a)

2. Depreciação e o papel da taxa de câmbio e dos regimes monetários.

As tabelas 16.2 e 16.3 apresentam o comportamento da taxa de câmbio nominal multilateral e do custo multilateral por unidade de mão obra na produção, respectivamente. Durante as consolidações, Dinamarca e Irlanda usaram a taxa de câmbio como uma âncora nominal, comprometendo-se com uma indexação total junto ao European Exchange Rate Mechanism (ERM). A Dinamarca vinha desvalorizando recorrentemente sua moeda antes da consolidação, entrando, assim, com um câmbio desvalorizado na consolidação, mas às custas de taxas de juros muito altas (superiores a 23%). Durante a fase de consolidação, a Irlanda também se beneficiou da grande apreciação da moeda de seu principal parceiro comercial, o Reino Unido, que não era membro do ERM.

Tabela 16.2
Taxa de Câmbio Nominal Efetiva

	t-1	t	t+1	t+2	t+3	t+4	t+5
Dinamarca	-3,4	0,9	-2,3	2,2	5,7	3,6	-1,1
Irlanda	8,0	-,4	-1,9	-,7	8.6		
Finlândia	-2,9	-12,2	-10,0	13,4	15,0	-2,4	-2,1
Suécia	2,4	-17,7	1,2	0,4	10,1	-3,3	-0,2

Observação: A área sombreada corresponde a anos de consolidação.

Fonte: Perotti (2013 a).

Tabela 16.3
Custo relativo por unidade de mão obra na produção

	t-2	t-1	t	t+1	t+2	t+3	t+4	t+5
Dinamarca	-4,9	-1,2	1,6	0,9	4,1	8,8	11,5	-0,2
Irlanda	1,5	9,3	-6,2	-7,3	-6,8	0,3		
Finlândia	5,3	-0,9	-20,7	-24,2	5,2	16,0	-5,5	-5,9
Suécia	2,9	-2,7	-26,8	-6,4	-4,1	12,8	-7,2	-6,4

Observação: A área sombreada corresponde a anos de consolidação.
Fonte: Perotti (2013 a).

A Finlândia e a Suécia também depreciaram repetidamente, mas, em seguida, flutuaram suas moedas um pouco antes da consolidação, experimentando mais depreciação. No geral, suas moedas se desvalorizaram entre 15% e 25% em termos multilaterais nos primeiros dois anos da consolidação. Como âncora nominal, a Finlândia e a Suécia introduziram a meta inflacionária. Há algumas evidências de que, mesmo sendo completamente nova na época, essa abordagem era tida como crível desde o início: De acordo com quem, na ocasião, acompanhava o caso de perto, ela "teve um impacto profundo no comportamento dos participantes do mercado de trabalho" (Jonung, Kiander e Vartia 2008, 37).

3. O papel-chave das políticas salariais.

As consolidações fiscais foram acompanhadas por políticas salariais explícitas, porque o governo, os sindicatos trabalhistas e as organizações patronais chegaram a um acordo para trocar moderação salarial por menores impostos sobre a renda e contribuições sociais. A Irlanda retornou aos acordos salariais tripartites em 1987 (ver tabela 16.3), que estabeleciam um reajuste máximo nos salários de 2,5% em 1988, 1989 e 1990. A Finlândia e Suécia assinaram acordos salariais desse tipo no início da consolidação e, então, depois de alguns desvios durante três anos da consolidação (ver tabela 16.3), o governo convocou novamente os sindicatos de empregados e as associações industriais para assinarem outro acordo salarial. Esses acontecimentos foram considerados como muito relevantes por seus contemporâneos. Como Jonung, Kiander e Vartia (2008, 35) escreveram, baseados nos relatos contemporâneos, "Talvez a maior mudança nos anos 1990 na Finlândia tenha sido a adoção e ampla aceitação de uma política de moderação salarial de longo prazo."

As políticas salariais foram particularmente explícitas na Dinamarca. Lá, o governo renunciou a qualquer depreciação cambial e, ao contrário, confiou em uma desvalorização interna: Ele suspendeu a indexação salarial, limitou os aumentos de salários contratuais e congelou subsídios ao desemprego e transferências, tudo em troca de menores impostos sobre a renda e contribuições para a segurança social.

A moderação salarial, que se tornou possível graças às políticas salariais, serviu como instrumento para manter os benefícios das depreciações nominais e na redução das expectativas inflacionárias e das taxas de juros.

4. As recuperações foram, na maioria, movidas pelas exportações.

Todas as estabilizações estavam associadas a grandes aumentos no crescimento do PIB, normalmente cerca de 4% em alguns anos (tabela 16.4).

A fonte da recuperação é crucial na tentativa de jogar luz no mecanismo. A maioria dos modelos pressupõe que a consolidação fiscal aumenta a confiança dos consumidores e investidores mediante o efeito renda ou outros canais e, assim, deveria causar um rápido crescimento no consumo e no investimento privado. Entretanto, com exceção da Dinamarca (onde a recuperação já estava em curso na época da consolidação), o consumo do setor privado começou a se recuperar entre seis e oito trimestres depois do início da consolidação; na Suécia, no primeiro ano, a demanda doméstica entrou em colapso, com os investimentos caindo 15% (tabelas 16.5 e 16.6). No princípio, e novamente com exceção da Dinamarca, a recuperação deveu-se às exportações (tabela 16.7): Na Finlândia, Irlanda e Suécia, as exportações tiveram um acréscimo de cerca de 10% anuais por muitos anos após a consolidação.

Tabela 16.4
Crescimento do PIB

	t-2	t-1	t	t+1	t+2	t+3	t+4	t+5
Dinamarca	-0,9	3,7	2,7	4,2	4,0	4,9	0,3	-0,1
Irlanda	1,9	0,4	3,6	3,0	5,6	7,7		
Finlândia	0,5	-6,0	-3,5	-0,8	3,6	4,0	3,6	6,2
Suécia	-1,1	-1,2	-2,1	4,0	3,9	1,6	2,7	4,2

Observação: A área sombreada corresponde a anos de consolidação.
Fonte: Perotti (2013 a).

Tabela 16.5
Crescimento do Consumo do Setor Privado

	t-2	t-1	t	t+1	t+2	t+3	t+4	t+5
Dinamarca	-1,7	1,4	2,0	3,8	4,3	7,5	-1,9	-1,7
Irlanda	2,7	2,8	2,1	3,6	3,3	3,2		
Finlândia	-1,1	-3,7	-3,8	-3,5	2,4	4,5	3,8	3,3
Suécia	0,9	-1,3	-3,6	2,1	1,1	1,8	2,8	3,3

Observação: A área sombreada corresponde a anos de consolidação.
Fonte: Perotti (2013 a).

Tabela 16.6
Crescimento do Investimento Privado

	t-2	t-1	t	t+1	t+2	t+3	t+4	t+5
Dinamarca	-17,6	10,3	4,3	11,2	15,3	19,3	2,3	-6,4
Irlanda	-7,9	-0,5	-2,3	-0,2	13,5	13,9		
Finlândia	-5,7	-20,6	-17,9	-13,0	-1,6	18,5	9,3	9,2
Suécia	-8,5	-11,3	-14,6	7,0	9,9	4,7	0,6	8,8

Observação: A área sombreada corresponde a anos de consolidação.
Fonte: Perotti (2013 a).

Tabela 16.7
Crescimento das Exportações

	t-2	t-1	t	t+1	t+2	t+3	t+4	t+5
Dinamarca	8,5	3,2	4,6	3,5	6,0	1,3	4,9	8,8
Irlanda	6,6	2,7	13,9	8,1	11,4	9,2		
Finlândia	1,7	-7,2	10	16,3	13,5	8,5	5,9	13,9
Suécia	-1,9	2,0	8,3	13,5	11,3	4,4	13,8	9,0

Observação: A área sombreada corresponde a nos de consolidação.
Fonte: Perotti (2013 a).

Tabela 16.8
Taxas de juros de Longo Prazo

	t-1	t	t+1	t+2	t+3	t+4	t+5
Dinamarca	21,2	15,0	14,4	11,6	10,1	11,3	9,9
Irlanda	11,2	11,3	9,4	9,2	10,3		
Finlândia	11,7	12,0	8,8	9,0	8,8	7,1	6,0
Suécia	10,0	8,6	9,7	10,3	8,1	6,7	5,0

Observação: A área sombreada corresponde a anos de consolidação.
Fonte: Perotti (2013 a).

Isso foi possível graças à combinação de depreciação nominal e moderação salarial: entre 1992 e 1995, o custo multilateral por unidade de mão obra na Suécia caiu quase 40% (ver tabela 16.3).

A Dinamarca, que, sozinha, seguiu uma política de indexação total, vivenciou todas as características marcantes da "estabilização baseada na taxa de câmbio", estudada em vasta literatura nos anos 1980 e 1990 (ver, por exemplo, Ades, Kiguel e Liviatan, 1993): de início, à medida que a inflação e as taxas de juros caíam rapidamente, a demanda doméstica explodiu, mas, como a política salarial, por si só, mostrou-se insustentável após mais ou menos dois anos, a competitividade e as contas-correntes pioraram; por fim, o crescimento estancou e o consumo caiu por três anos. Esse processo perdurou por vários anos (ver tabela 16.4).

5. Elevação e declínio das taxas de juros

Em todos os países a consolidação foi acompanhada por quedas grandes e rápidas nas taxas nominais de juros, que se encontravam em níveis muito altos. Em dez anos, na Dinamarca, a taxa de juros caiu de 21% em 1982 para 11% em 1987; na Finlândia, passou de 12% em 1992 para 7% em 1996, ocorrendo fenômeno parecido nos outros dois países (tabela 16.8). Isso foi possível em virtude da moderação salarial, a qual, por sua vez, deu credibilidade às âncoras nominais.

Na Dinamarca e na Irlanda, a redução das taxas de juros levou a um grande crescimento no preço dos imóveis residenciais e provocou um expressivo efeito renda nas famílias. De acordo com Giavazzi e Pagano (1990), esse fator foi responsável por considerável parcela da expansão do consumo do setor privado.

Quais são as principais conclusões políticas derivadas desses episódios? Causalidade é algo difícil de estabelecer em economia, ainda mais a partir de alguns poucos estudos de caso. Mas certos padrões passíveis de serem detectados podem trazer ideias úteis — e advertências — para a situação em curso, principalmente nos países da zona do euro.

1. As citadas consolidações expansionistas da Europa nos anos 1980 e 1990 foram menores e menos baseadas em gastos do que se achava anteriormente.

2. Tudo começou com níveis muito altos das taxas de juros nominais e reais, que, em seguida, caíram rapidamente. As taxas de juros estão, historicamente, em níveis baixos hoje em dia, exceto naqueles países periféricos que incluem um prêmio de risco de inadimplência (default risk premium).

3. A moderação salarial foi a razão principal da credibilidade à indexação total na Dinamarca e Irlanda, e para manter os benefícios da desvalorização na Finlândia e Suécia. Contudo, a inflação dos salários dificilmente constitui um problema no cenário de baixa inflação atual. Além do mais, as políticas salariais foram o instrumento para chegar à moderação salarial.

4. Exceto na Dinamarca, as exportações foram o fator principal na recuperação por muitos trimestres e, posteriormente, mantiverem-se crescendo em ritmo sustentável por muitos anos; a demanda doméstica inicialmente estagnou ou até mesmo caiu. Todos os países, incluindo a Dinamarca e a Irlanda, que fixaram a taxa de câmbio (ou seja, atrelaram suas moedas a uma divisa mais forte) durante a consolidação — o caso de maior relevância para os atuais membros da zona do euro — desvalorizaram sua moeda recorrentemente antes das consolidações. Essa opção, obviamente, não está disponível para os membros da zona do euro, exceto em relação a países não incluídos nesse sistema de moeda única. A Irlanda também se beneficiou da apreciação da moeda de seu principal parceiro comercial, o Reino Unido. Por outro lado, a expansão dinamarquesa foi de curta duração, já que

rapidamente se encaminhou para uma perda de competitividade que prejudicou o crescimento por muitos anos.

A observação acima sugere que a noção de "austeridade fiscal expansionista" *a curto prazo* é, provavelmente, uma ilusão: parece existir um conflito de escolha entre austeridade fiscal e crescimento a curto prazo.

Como se compara essa evidência com a prova econométrica dos estudos de séries temporais? Ao contrário da opinião geral, há muito pouco desacordo sobre o fato de que um choque positivo de gastos do governo causa um aumento do PIB. A divergência se dá em relação ao efeito no consumo, no investimento e no PIB do setor privado. Não quero revisitar esse debate aqui, mas gostaria de apontar que a prova de que os gastos do governo ocasionam um "crowding out" (veja o Capítulo 13) com respeito ao PIB do setor privado, está nos choques provenientes dos gastos de defesa ou quando estes dispêndios são dominantes (por exemplo, durante a II Guerra Mundial). A resposta do PIB privado e seus componentes aos choques de gastos civis é positiva e vasta.

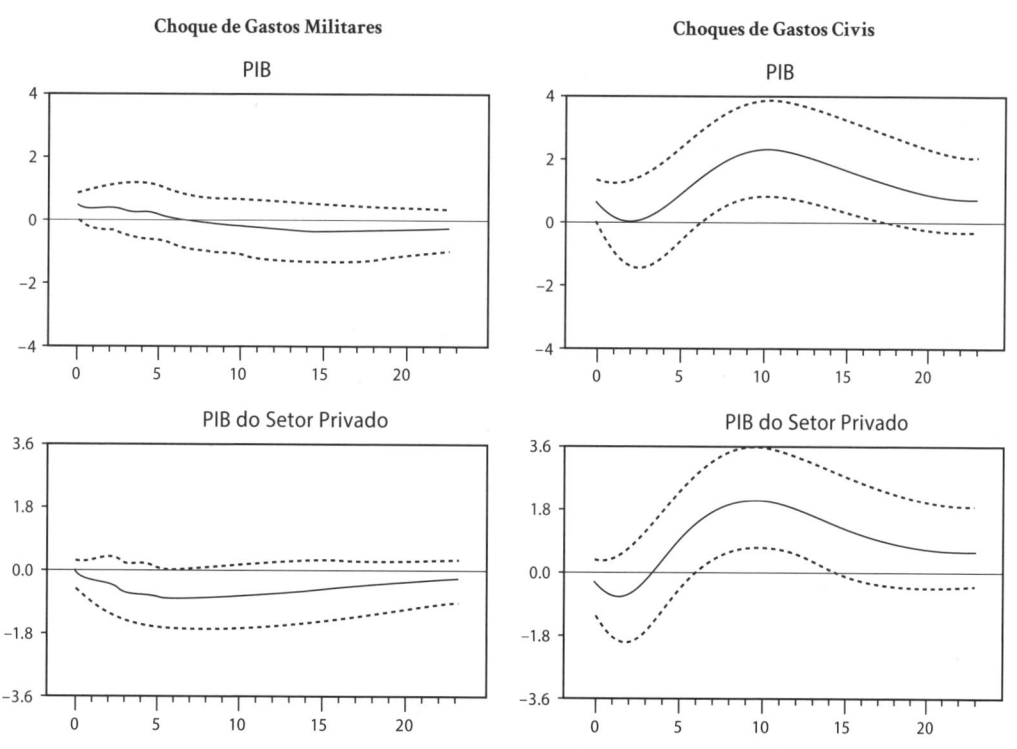

Figura 16.1
Efeitos de Diferentes Choques de Gastos do Governo, Gastos do Governo *versus* PIB Privado.
Fonte: Perotti (2013b).

Há, todavia, uma advertência importante em tudo isso: ao contrário do que ocorre com as despesas governamentais com bens e serviços, sabemos muito pouco, na verdade quase nada, sobre os multiplicadores das transferências do governo.

Opção 2: Expandir os gastos do governo temporariamente.

A segunda opinião para um governo com algum espaço fiscal que deseja usar a política fiscal como ferramenta antirrecessiva é aumentar seus gastos e convencer os mercados de que vai cortá-los mais tarde. As vantagens dessa política são claras. Ela reconcilia solvência e sustentabilidade com a utilização contracíclica da política fiscal; e tem a vantagem de elevado efeito multiplicador das despesas em uma situação de taxas básicas de juros próximas de zero (ZBL – sigla em inglês; veja mais na Introdução) ou, de maneira mais geral, em uma recessão (mais sobre isso, adiante).

Essa opção tem sido frequentemente proposta, uma vez que se encaixa bem na situação atual. Mas é preciso ter cuidado. Planos de orçamentos multianuais são perigosos: Para os políticos, há um incentivo óbvio para anunciar cortes futuros de gastos e, quando o futuro chega, adiá-los. Algo nitidamente visível nos orçamentos do presidente Clinton (no fim das contas, o problema foi resolvido pela recuperação econômica); e também na experiência da Finlândia e, em especial, da Suécia no início dos anos 1990, descritas acima, quando, ao se iniciar um novo governo foram anunciados planos de grandes cortes para os cinco anos seguintes, cuja materialização ficou muito aquém do prometido[7].

Duas condições importantes geralmente acompanham essa proposta: metas orçamentárias e compromissos devem ser estabelecidos em termos ciclicamente ajustados, e um "conselho fiscal" deve ser constituído para monitorar a implementação dos planos. Em teoria, ambos fazem todo sentido. Na prática, porém, não devemos nos esquecer que ajustes cíclicos são mais uma arte do que ciência; a dispersão dos números ajustados periodicamente sobre um mesmo agregado por diferentes instituições em determinado momento no tempo, e pela mesma instituição em distintas ocasiões, deveria ser levada em conta como um aviso importante. Devido a essa incerteza, dados ajustados ciclicamente são propensos a serem politicamente manipulados e a causarem disputas intermináveis e, no final, podem ocasionar mais confusão nos mercados do que os números crus.

Os conselhos fiscais também fazem, teoricamente, muito sentido. O paralelo é traçado, com frequência, com o movimento pela independência dos bancos centrais, observado nas últimas três décadas. Mas há uma diferença fundamental. Os bancos centrais controlam muito poucos instrumentos (e, há apenas alguns anos, a política de taxa de juros), com efeitos distributivos limitados nem sempre imediatamente aparentes. A política fiscal consiste em uma miríade de instrumentos, com enormes implicações distributivas. Nenhum governo ou parlamento jamais abrirá mão disso inteiramente. Isso não significa dizer que os conselhos fiscais podem não desempenhar nenhum papel, mas é difícil evitar a conclusão de que vão funcionar em países nos quais os ambientes cultural e político sejam receptíveis a uma política fiscal responsável.

A política de aumentar os gastos do governo para levar a vantagem do empurrãozinho extra do ZLB está ganhando impulso na Europa, como contraponto à "austeridade alemã", que também tem se fortalecido em todos os lugares. Academicamente, há algumas evidências empíricas que apoiam a ocorrência de um maior efeito multiplicador que os gastos governamentais podem ter durante as recessões (ver, por exemplo, Eggertsson, 2010). Entretanto, essa é apenas uma evidência indireta concernente à ZLB em si, uma vez que nem todas as recessões coincidiram com taxas de juros próximas de zero. Em cima disso, o mecanismo de funcionamento não está claro. Teoricamente, a política fiscal é mais poderosa em uma ZLB porque, em um modelo de preços rígidos, um aumento persistente nas despesas do governo causa uma elevação na expectativa de inflação e, portanto, uma queda na taxa real de juros caso a taxa de juros nominal seja de 0%; segundo a equação de Euler, isso faz com que o consumo do setor privado aumente hoje. Contudo, à primeira vista, as experiências daqueles países que aumentaram os gastos do governo com taxas de juros muito baixas no começo da crise, ou o Japão em 1990, dificilmente parecem se enquadrar nesse mecanismo.

Além disso, um multiplicador maior não significa necessariamente maior prosperidade. Em um modelo de agente representativo, é fácil verificar que a prosperidade pode diminuir mesmo se um multiplicador em uma situação ZLB for grande, e em um modelo de agente não representativo, os poupadores, em geral, serão prejudicados por tal política (ver Bilbiie, Monacelli e Perotti. 2013).

Opção 3: Cortar os impostos temporariamente.

Os resultados baseados em dados tributários de Romer e Romer sugerem que os multiplicadores de impostos podem ser muito expressivos (Romer e Romer, 2010; Mertens e Ravn, 2013), ainda que, provavelmente, não tão grandes quanto no estudo original de Romer e Romer (Perotti, 2012). Outra vantagem dessa política pode ser uma melhora de Pareto (na economia neoclássica, uma ação econômica que não prejudica ninguém e ajuda pelo menos uma pessoa), que não é o caso de uma política de aumento de gastos públicos. Embora os poupadores sejam prejudicados por um aumento nos gastos do governo, mesmo na ZLB, eles ainda podem se beneficiar por um corte temporário de impostos. Quando há restrições de liquidez individuais, um corte de impostos funciona como uma transferência de quem poupa para quem pede emprestado hoje, o que é contrabalanceado por uma transferência na direção oposta amanhã. Ambos tomadores de empréstimos e poupadores, podem se beneficiar dessa operação (ver Bilbiie, Monacelli e Perotti, 2013).

No entanto, no mundo real, uma redução de impostos tem uma desvantagem: Pode ter efeitos distributivos ruins, uma vez que não beneficia a população de baixa renda. Isso sugere duas áreas sobre as quais precisamos aprender mais. A primeira é o efeito de equilíbrio geral dos tipos diferentes de alterações tributárias, com efeitos distributivos distintos. A evidência empírica que dispomos são provenientes dos dados de Romer e Romer sobre mudanças agregadas nos impostos (Mertens e Ravn [2013] estudam os diferentes efeitos do imposto de renda pessoal e corporativo). De modo geral, precisamos compreender melhor como moldar econômica e politicamente políticas viáveis capazes de proteger os segmentos populacionais de baixa renda durante períodos de ajuste fiscal.

Notas

1. Um governo é solvente quando os impostos futuros são suficientes para cobrir gastos futuros mais a dívida existente. Um governo que não é visto atualmente como solvente deve, portanto, reduzir os deficit agora ou mais tarde (ou usar a inflação para reduzir o valor presente da dívida). O nível atual da dívida é sustentável se, dado o deficit primário corrente, o crescimento do PIB é suficiente para manter constante a relação dívida corrente/PIB. Um governo cuja dívida não é percebida como sustentável deve obter um maior crescimento ou uma taxa de juros mais baixa no caso de não querer diminuir o deficit primário.

2. A mudança "discricionária" no deficit é a parte da mudança nessa diferença que não é devida à resposta automática do deficit ao ciclo econômico. Nesse sentido, ela pode ser interpretada como parte da mudança no deficit ocasionada por ações intencionais dos formuladores de políticas econômicas, tais como mudanças nas taxas de juros, níveis de seguro-desemprego, gastos militares, etc. A mesma definição se aplica a cada componente individual do orçamento.

3. Há dois métodos para obter medidas "discricionárias" de mudança em uma variável orçamentária. Primeiro, o método de "ajuste cíclico": Estimar a elasticidade de uma variável orçamentária em relação à, digamos, produção e inflação, e subtrair da mudança efetiva na variável orçamentária, a mudança na produção multiplicada pela elasticidade da produção, e a mudança na inflação multiplicada pela elasticidade da inflação. Segundo, o método "narrativo", apresentado por Romer e Romer (2010) para mudanças na receita: Usar os documentos do orçamento para inferir a mudança discricionária na arrecadação de impostos, ou gastos decretados por qualquer lei que tenha consequências no orçamento. Devries e outros (2011) computam mudanças

discricionárias anuais nos gastos e receitas do governo durante períodos de redução do deficit em 15 países.

4. Os prós e contras dos estudos de caso *versus* uma abordagem econômica são bem conhecidos. Consequentemente, não revisitarei aqui esse debate.

5. Tudo isso ainda exclui as medidas de apoio aos bancos. Por exemplo, na Finlândia, o governo gastou cerca de 10% do PIB para esse fim.

6. Por exemplo, um funcionário da administração irlandesa escreveu, na época: Em resumo, não houve nenhuma redução significativa no volume real das despesas correntes como resultado da [revisão de gastos estabelecida pelo novo governo em 1987]. Houve um aperto adicional nos investimentos de capital, um erro em retrospecto, mas a maior parte do ajuste veio do lado da receita. As histórias do tipo "cortar e queimar" sobre 1987, referências ao ministro das finanças como "Mac the Knife" (algo como Mac Navalha), a dizimação dos serviços públicos e por aí vai são apenas invenções jornalísticas. Isso nunca aconteceu. (McCarthy 2010, 45).

7. Mauro (2011) atribui essa não realização dos planos originais em grande parte aos choques. Eu acredito que, em muitos casos, é apenas uma simples questão de inconsistência temporal.

Referências

Ades, A., M. Kiguel, e N. Liviatan. 1993. "Exchange-Rate-Based Stabilization: Tales from Europe and Latin America". Policy Research Working Paper 1087, Banoc Mundial, Washington Dc.

Alesina, A., e S. Ardagna. 2010. Large Changes in Fiscal Policy: Taxes versus Spending. In *Tax Policy and the Economy,* vol. 24, ed. Jeffrey E. Brown. Cambridge, MA: National Bureau of Economic Research.

Alesina, A., e S. Ardagna, 2012. "The Design of Fiscal Adjustments." Faculty paper, Universidade de Bocconi, Milão.

Alesina, A., e R. Perotti. 1995. "Fiscal Expansions and Adjustments in OECD Economies." *Economic Policy* 21:207-247.

Bilbiie, F., T.Monacelli e R. Perotti. 2013. "Tax Cuts vs. Government Spending: Welfare at the Zero Lower Bound." Faculty paper, Universidade de Bocconi, Milão.

Devries, P., J. Guajardo, D. Leigh, e A. Pescatri. 2011. "A New Action-Based Dataset of Fiscal Consolidation". Working paper do FMI 11/128, Fundo Monetário Internacional, Washington, DC. Conjunto de dados disponíveis em www.imf.org/external/pubs/cat/longres.aspx?sk=24892.0.

Eggertsson, G. 2010. "What Fiscal Policy IS Effective at Zero Interest Rates?" In *NBER Macroeconomics Annual* 2010, vol. 25, 59-112. Cambridge, MA: MIT Press.

Giavazzi, F., e M. Pagano. 1990. "Can Severe Fiscal Contractions Be Expansionary? Tales of Two Small European Countries." In *NBER Macroeconomics Annual 1990*, vol. 5, 75-122. Cambridge, MA: MIT Press.

Jonung, L., Kiander, e P. Vartia. 2008. "The Great Financial Crisis in Finland and Sweden: The Dynamics of Boom, Bust, and Recovery, 1985-2000." Economic Paper 350, Directorate-General, Economic and Financial Affairs, European Commission, Bruxelas, dezembro. http://www.ec.europa.eu/economy_finance/publications/publication13551_en.pdf.

Mauro, P., ed.2011. *Chipping Away at Public Debt*. Nova York. Wiley.

McCarthy, C. 2010. "Ireland's Second Round of Cuts: A Comparision with the Last Time." In *Dealing with Debt: Lessons from Abroad,* ed. J. Sprigford, 41-54. CentreForum (Centre for Reform), Canadá, Ernst & Young.

Mertens, K., e M. Ravn. 2013. "The Dynamic Effects of Personal and Corporate Income Tax changes in the United States." *American Economic Review* 103(4): 1212-1247.

Perotti, R. 2012. "The Effects of Tax Shocks on Output: Not So Large, but Not Small Either." *American Economic Journal: Economic Policy* 42:214-237.

Perotti, E. 2013a "The Austerity Myth: Growth without Pain?" In *Fiscal Policy after the Great Recession,* ed. A. Alesina e F. Giavazzi. Chicago: Editora da Universidade de Chicago.

Perotti, R. 2013b. "Defense Government Spending Is Contractionary; Civilian Government Spending Is Expansionary." Faculty paper, Universidade de Bocconi, Milão.

Romer, C., e D. Romer. 2010. "The Macroeconomics Effects of Tax Changes: Estimates Based on a New Measure of Fiscal Shocks." *American Economic Review* 100 (3): 763-801.

17
Política Fiscal

Nouriel Roubini

A recente crise global financeira, e suas consequências danosas, trouxeram de volta a atenção dos analistas e formuladores de políticas econômicas para o papel da política fiscal. Diversas questões importantes precisaram ser encaminhadas: Qual é a relação entre níveis de dívida pública e crescimento econômico? Quais são as causas do excesso de endividamento e deficit — política fiscal frouxa ou fraco crescimento econômico? Qual o tamanho dos multiplicadores fiscais, e como eles dependem das condições dos ciclos de negócios? Existe risco de dominância fiscal*(veja mais na Introdução)? Como podemos diminuir uma dívida excessiva e implementar um processo de diminuição paulatina do elevado grau de alavancagem? Qual é o ritmo ideal da consolidação fiscal? A questão sobre política fiscal é importante, de modo que vou tentar responder essas perguntas.

A primeira delas requer direcionar as preocupações sobre a relação entre dívida pública e crescimento econômico, e os custos dessa dívida elevada. A teoria econômica sugere que, em algum momento, a alta dívida pública pode ter um efeito negativo no crescimento econômico. Ela pode levar a altas taxas reais de juros e ao "crowd out" (veja o capítulo 13) dos investimentos e do consumo. Ela pode aumentar o risco de uma crise da dívida com todos os efeitos colaterais negativos que uma situação de inadimplemento pode trazer. E pode forçar os responsáveis pelas políticas a aumentar a tributação para evitar a inadimplência, ocasionando distorções que afetam negativamente o crescimento econômico.

São esses os fatores que podem levar a um crescimento mais lento acompanhado de elevados e crescentes níveis de dívida pública. Pesquisas recentes de diversos acadêmicos, principalmente Carmen Reinhart e Kenneth Rogoff, (Reinhart e Rogoff, 2010) sugerem que pode haver uma relação empiricamente significante entre dívida pública alta e baixo crescimento econômico. De acordo com tais estudos, o ponto crítico nas economias desenvolvidas foi alcançado quando a dívida era maior do que 90% do PIB (nos mercados emergentes o limite é inferior). A essa altura, os efeitos negativos sobre o crescimento econômico passam a ser relevantes. De fato, a mediana

---
* N.E.: Influência da política fiscal (ou da preocupação com a sustentabilidade fiscal) na condução da política monetária.

dessa relação nas economias avançadas, ao redor de 60% do PIB antes da crise, subiu para um nível próximo de 100% hoje em dia.

Quando se leva em consideração os resultados empíricos trazidos por Reinhart e Rogoff, há duas coisas importantes para se manter em mente. Uma delas é, claro, a questão causal. É a elevada proporção da dívida que provoca um crescimento menor da economia, ou cabe ao processo recessivo da crise financeira, ocasionados pelos choques, a responsabilidade pela fraqueza da economia que resulta em aumento da relação dívida/PIB? Assim, a primeira pergunta é sobre causalidade.

Um trabalho acadêmico recente (Herndon, Ash e Pollin, 2013) mostrou alguns sérios problemas metodológicos nos resultados de Reinhart e Rogoff: a relação entre a dívida alta e o crescimento econômico pode não ser tão robusta quanto eles pensavam que fosse. Desse modo, o conhecimento convencional recente de que uma dívida alta leva a um crescimento menor tem sido severamente desafiado empiricamente.

Como Olivier Blanchard, Giovanni Dell'Ariccia e Paolo Mauro sugerem na introdução deste livro, outro grande risco e potencial efeito da dívida alta é o risco de equilíbrios múltiplos. Se uma substancial dívida pública necessita ser refinanciada, há o risco de se chegar a uma situação na qual a crise da dívida é autorrealizável. Isso levará a maiores spreads (margem de juros a título de prêmio de risco) e à insustentabilidade, situação na qual um problema de liquidez leva à insolvência. Uma dívida soberana solvente, mas sem liquidez, pode acabar em inadimplência se tal acontecimento de fato ocorrer; esse é um equilíbrio ruim, que não pode ser descentrado. Tudo o mais constante, dispor de uma baixa relação da dívida e menor risco de liquidez com dívidas de longo prazo pode reduzir o risco de um equilíbrio ruim.

Há, certamente, uma solução para a crise de liquidez. Sabemos o que é isso no caso de uma corrida aos bancos, mas o mesmo ocorre quanto à dívida do governo. Se houver uma fonte de financiamento a quem recorrer como último recurso — um banco central que pode dar liquidez para os títulos soberanos pela monetarização da dívida — pode-se evitar esse mau equilíbrio. Essa foi, com certeza, a situação da zona do euro no verão de 2012, quando a taxa de juros da dívida italiana subiu para quase 7% e a da dívida da Espanha chegou perto de 8%. Quando Mario Draghi (presidente do BCE) proferiu seu discurso "fazer o que for preciso" e o Banco Central Europeu (BCE) anunciou seu programa Outright Monetary Transactions (OMT), uma redução significativa de ganhos e spreads ocasionou uma nítida diminuição tanto do risco de redenominação da moeda* na zona do euro, quanto de uma corrida em cima da dívida pública. Isso sugere um elemento de autorrealização de um equilíbrio ruim no caso da Espanha e da Itália no verão de 2012, quando o spread manteve-se crescendo a níveis insustentáveis. A existência de uma fonte de financiamento de última instância pode ajudar a evitar esses equilíbrios ruins.

---

* N.E.: Processo de alterar o valor nominal de uma moeda buscando maior segurança financeira. Um exemplo foi a substituição do Cruzeiro Real pelo Real, no Brasil em 1994.

Da mesma forma, as taxas nos Estados Unidos e Japão são baixas porque esses mercados são portos seguros durante os períodos em que a probabilidade de risco é menor e tende a cair? Ou são baixas em função da aplicação em larga escala do "quantitative easing" – "flexibilização quantitativa (veja na Introdução) que é, efetivamente, uma forma de monetização da dívida que reduz o risco de fuga da dívida pública e mantém baixas as taxas por mais tempo do que ocorreria de outra forma?

Sim, sem dúvida é necessário, então, encaminhar os problemas de risco moral (mudança de comportamento dos agentes econômicos decorrente de não assumir seus riscos) que tal intervenção/seguro contra a perda de liquidez da dívida pública pode induzir.

A segunda questão que vale a pena discutir tem a ver com as causas dos problemas de dívida alta. A resposta em termos de política econômica sobre o que devemos fazer com respeito a níveis elevados de dívida depende, em parte, dos fatores que a levaram a crescer e alcançar tal magnitude. Ao examinar a experiência dos últimos anos, certamente se encontram exemplos de países nos quais a política fiscal foi frouxa e imprudente. O exemplo óbvio pode ser a Grécia, cujos deficit orçamentários insustentáveis levaram o país à crise financeira iniciada em 2010. Os responsáveis pela política econômica de lá de fato ludibriaram e mentiram sobre o verdadeiro tamanho do deficit, que acabou chegando a 15% do PIB, muito mais alto do que o anunciado anteriormente.

Por certo, havendo uma situação de grandes deficits orçamentários por razões que têm a ver com distorções técnicas que levaram a dívida a crescer a ponto de se tornar insustentável, se está em uma situação típica de sofrer uma crise de dívida causada por uma política fiscal negligente. E níveis elevados da dívida terão nítidos efeitos negativos no crescimento econômico.

Entretanto, a experiência da última década sugere que muitas das crises financeiras que levaram a um grande crescimento da dívida pública e deficit, tiveram seu início a partir de excessos financeiros do setor privado, não do setor público. Houve bolhas de todos os tipos — de crédito, de imóveis residenciais e de ativos — que, por fim, explodiram, e, em decorrência, causaram um aumento significativo no deficit orçamentário e na dívida pública. Esses aumentos foram impulsionados, primeiro, pela recessão subsequente, que acionou os estabilizadores automáticos. Desse modo, com o passar do tempo, as receitas declinaram fortemente enquanto cresciam os gastos.

Segundo, quando uma crise financeira de fato acontece — tal como aquela de 2008-2009 —, também há o risco de que uma grande recessão também se transforme em outra Grande Depressão. Por isso, a resposta ótima de política para evitar tal hipótese foi um estímulo fiscal — mais necessário em uma situação na qual a demanda privada está colapsando. Se o consumo do setor privado e o investimento estão em queda livre e não houver um grande estímulo fiscal (um aumento nos gastos ou uma redução nos impostos ou uma combinação de ambos), uma economia pode entrar em uma depressão. Na verdade, uma das lições da Grande Depressão foi que você precisa de um estímulo fiscal quando há um colapso da demanda privada.

Terceiro, a ação fiscal de sanear, resgatar e balizar o sistema financeiro, ou mesmo corporações (a assistência financeira governamental à GM e à Chrysler) ou, ainda, às famílias, implica que haverá grandes custos. Nessas crises financeiras, um grande contingente de obrigações emergirá, e se tornará uma fonte adicional de aumento da dívida pública.

Novamente, as experiências dos últimos anos, talvez especialmente os exemplos de Irlanda, Islândia, Espanha, Reino Unido e Estados Unidos — e mesmo mercados emergentes, como Dubai — foram todos essencialmente induzidos pelos excessos do setor privado que levaram a bolhas. Excessos que afinal ocasionaram quebras e uma severa crise financeira que gerou deficit e aumento da dívida pública. Isso implica que, talvez, a resposta da política econômica para a "crise de balanço" (veja no Capítulo 13) deva ser diferente da resposta para uma situação na qual havia um comportamento fiscal negligente em primeiro lugar. Nas crises de balanço — quando o choque leva o setor privado a um nítido processo de redução da alavancagem do consumo e investimento — um grande estímulo fiscal é necessário para prevenir que o colapso da demanda privada gere uma recessão ainda mais severa. Desse modo, o estímulo fiscal (junto com uma forte expansão monetária), em vez de uma contração fiscal, é a resposta de política apropriada para crises de balanço induzidas pelo setor privado. Essa é a ação que economistas como Richard Koo identificaram, corretamente, como adequada para crises de balanço.

A terceira pergunta a se discutir tem a ver com o tamanho dos multiplicadores fiscais. Uma expansão fiscal aumenta o PIB? Quão grandes são esses multiplicadores fiscais? Eles são ou não maiores do que 1? A questão envolvida é se a consolidação fiscal é expansionista. Uma hipótese bem conhecida é que uma consolidação fiscal terá um efeito de confiança positivo como "confidence fairy", (algo como "confiança de fadas", pelo seu caráter pouco crível na opinião dos críticos) no crescimento econômico; ou seja, que reduzir o deficit fiscal aumentará a atividade econômica mesmo no curto prazo. Essa visão é correta?

Se alguém olhar para a evidência empírica, quatro resultados aparecem. Primeiro, como Roberto Perotti apresenta no capítulo 16, não há nenhuma prova real de que a consolidação fiscal seja expansionista a curto prazo; ao contrário, ela tende a ter efeitos negativos na atividade econômica. Este é o caso até mesmo na zona do euro, na qual a consolidação fiscal pode ser necessária ao longo do tempo para evitar uma crise da dívida. Na verdade, a concentração da austeridade fiscal em um período de tempo muito curto na periferia da zona do euro é uma das razões pelas quais essa região deu um duplo mergulho recessivo (recessão seguida de breve recuperação e de nova recessão) em 2011 e 2012.

Segundo, o trabalho que o FMI fez é consistente com a visão de que a austeridade fiscal é contracionista, ao menos a curto prazo. Se você aumenta os impostos e, assim, reduz a renda disponível, ou se você corta os gastos do governo, mesmo os improdutivos, você está reduzindo a demanda agregada. Portanto, reduzir a renda disponível e a demanda agregada vai afetar negativamente a atividade econômica a curto prazo. Além disso, quando a austeridade fiscal é sincronizada em várias partes do mundo, os multiplicadores fiscais serão maiores. De fato, até 2012, a austeridade fiscal era limitada à periferia da zona do euro e ao Reino Unido. Mas, em 2013, até mesmo os Estados Unidos terão um arrasto fiscal (aumento da carga tributária sem elevação de alíquotas) significativo e, em função do European Fiscal Compact (um tratado intergovernamental sobre disciplina orçamentária), mesmo o coração da zona do euro (Alemanha e outros) implementará a austeridade fiscal. Então, em uma situação em que muitos países estão praticando a austeridade simultaneamente, esses multiplicadores fiscais podem acabar sendo, na realidade, maiores quando a austeridade fiscal é menos sincronizada globalmente.

Terceiro, há cerca de uma dúzia de estudos econométricos/estatísticos sobre o estímulo fiscal dos EUA em 2009. A maioria desses estudos relata que foi expansionista em relação ao PIB e que os resultados foram grandes e relevantes.

Quarto, há uma crescente evidência de que os multiplicadores fiscais são maiores quando você atinge uma situação de taxas básicas de juros próximas de zero e quando há uma folga significativa na economia, ou seja, quando há recessão ou crescimento muito lento.

Então, uma leitura equitativa das evidências empíricas sugere que o estímulo fiscal é eficaz em estimular o crescimento, principalmente após uma crise financeira, quando a economia está debilitada e está em uma armadilha de liquidez; reciprocamente, uma consolidação fiscal excessivamente concentrada em um período curto tem um efeito negativo no crescimento.

Evidências empíricas e argumentos conceituais sobre como responder apropriadamente à crise de balanço por intermédio de um estímulo fiscal explica algumas das mais severas contrações econômicas experimentadas pelas economias da zona do euro. Por exemplo, na Espanha e na Irlanda havia clara evidência de que se estava vivendo uma crise de balanço, oriunda do comportamento do setor privado. Mas quanto da severidade da crise na Espanha, com a taxa de desemprego em 27% e crescendo (55% e crescendo entre os jovens) deveu-se ao fato de que inicialmente houve uma limitada expansão fiscal, e depois, quando os spreads aumentaram a uma política de austeridade fiscal?

Roberto Perotti, no Capítulo 16, argumenta que a resposta ótima para elevados deficit e dívidas depende em parte se o país tem "espaço fiscal" ou não, significando se os "vigilantes" ativos do mercado de títulos aumentaram os spreads dos títulos soberanos e levaram ou não a uma perda de acesso ao mercado. O argumento também sustenta que no caso da periferia da zona do euro não havia nenhuma opção de estímulo fiscal: Se os mercados estão punindo um país e os spreads são altos e crescentes, ou se o país não tem mais acesso ao mercado, a única opção é o ajuste fiscal.

Esse argumento é apenas parcialmente válido, podendo-se fazer, pelo menos, três importantes advertências. Em primeiro lugar, se um país tem ou não espaço fiscal depende em parte se tem um banco central que está disposto a dar andamento a ações de "quantitative easing"("flexibilidade quantitativa") ou monetizar a dívida pública. No caso da zona do euro, se o comportamento do BCE tivesse sido mais conciliador, a implicação do espaço fiscal teria sido diferente.

O segundo ponto é a existência de um banco central disposto a evitar um equilíbrio autorrealizável ruim. Isso significa que uma fuga da dívida pública ou a ampliação dos spreads pode ser evitada mesmo que a monetização efetiva da dívida não ocorra, mas esteja apenas disponível como uma alternativa. Pense no programa OMT do BCE: em certo sentido, essa tem sido a mais bem-sucedida ferramenta de política monetária, porque nenhum euro sequer foi gasto, ainda, para dar suporte à Itália, Espanha ou qualquer outro país. Mas os spreads na Itália e na Espanha caíram em 250 a 300 pontos base em 2013, em comparação ao que eram no verão de 2012.

Então, a mera existência de uma fonte de financiamento de última instância pode levar a um equilíbrio melhor, mesmo que não se recorra a ele. Esse é um fator importante para determinar se um país tem ou não acesso ao mercado.

Terceiro, mesmo se um país (seus títulos soberanos) não tiver acesso ao mercado, seja porque o tenha perdido ou porque o setor privado está impondo disciplina de mercado, a existência de credores oficiais (por exemplo, o FMI, a UE, o European Financial Stabilization Mechanism [EFSM], o European Stability Mechanism Mecanismo de Estabilidade Europeia [ESM] pode representar alento com algum ritmo fiscal. Dada a existência de credores externos oficiais que podem substituir os credores privados, a pergunta é: qual o seu uso ótimo? Sempre esteve em discussão a questão envolvendo um país— digamos, uma nação emergente que esteja com problemas — e a existência de uma organização que proporcione apoio financeiro condicionado a austeridade e reformas. O FMI permite a um país sob estresse financeiro ter um caminho rumo à consolidação fiscal melhor do que ele teria se esse financiamento oficial não existisse.

No caso da zona do euro, claro, a existência de credores oficiais (um mecanismo de empréstimo e de liquidez da zona do euro) também dá aos títulos soberanos sob pressão algum grau de flexibilidade. Portanto, ao avaliar se um país tem ou não espaço fiscal, as considerações acima são importantes. Países como os Estados Unidos, o Reino Unido e o Japão ainda têm taxas de juros bem baixas a despeito do grande deficit fiscal e nível da dívida em parte porque os bancos centrais dispõem-se a realizar "flexibilidade quantitativa" e efetiva monetização da dívida. Enquanto isso, nos países da zona do euro onde os níveis da dívida não são, relativamente, maiores que os de Estados Unidos, Reino Unido ou Japão (em alguns casos, são menores), os spreads eram altos e crescentes quando o BCE estava, essencialmente, se recusando fazer aquele tipo de expansão monetária.

O próximo tópico que vale a pena discutir é a dominância fiscal e o quanto se deveria estar preocupado com ela. Em uma situação na qual os deficit orçamentários são robustos e há um viés político em relação aos deficit, há sempre o risco de dominância fiscal. O risco é que o banco central se verá forçado, em essência, a monetizar esses deficit para prevenir a crise da dívida. Com a autoridade fiscal e a autoridade monetária encarando-se mutuamente, esta é a última a piscar se as regras de dominância fiscal predominarem.

Na questão da dominância fiscal, há uma diferença entre os pontos de vista em comum do BCE e do Banco do Japão (BDJ) sob a direção de Masaaki Shirakawa (ambos preocupados com o efeito da dominância fiscal) e os pontos de vista do Fed e do BDJ sob a direção de Haruhiko Kuroda (os quais não pareciam se preocupar com tal risco).

É possível interpretar o ponto de vista do Fed como segue. Primeiro, o banco central não pode forçar as autoridades fiscais a uma disciplina fiscal. Um banco central não pode, na realidade, submeter a autoridade fiscal e obrigá-la a fazer ajustes fiscais negando-se a promover uma necessária expansão monetária.

Segundo, se o banco central tentar submeter as autoridades fiscais, ele pode vir a provocar um confronto político, e a reação contrária pode levar a uma perda formal da autonomia do banco central.

Terceiro, se o banco central se abstém de realizar um necessário estímulo de política monetária porque quer forçar a autoridade fiscal a implementar ajustes, pode não ser bem-sucedido e acabar, de fato, causando uma severa recessão. Então, a política monetária deveria fazer o que fosse necessário para a economia, independentemente do que estiver acontecendo do lado fiscal.

Desse modo, o melhor que um banco central pode fazer — como o presidente do Fed tem feito — é persuadir os formuladores de políticas fiscais a fazerem os ajustes fiscais necessários. Valer-se de ameaças, omitindo a implementação dos estímulos fiscais necessários para induzir o ajuste fiscal tem como resultados efeitos negativos e perversos.

No entanto, o posicionamento do BCE e da Alemanha sobre a questão da dominância fiscal tem sido bastante diferente. Por exemplo, no caso da zona do euro, o OMT subordinou-se a rigorosas condições fiscais e estruturais como forma de limitar ativamente a dominância fiscal.

Segundo, pela redução do spread, a existência do OMT trouxe a preocupação para a Alemanha, e até mesmo para o Bundesbank (banco central alemão), de que há folga e demora na política aplicada na periferia na zona do euro. De acordo com essa visão, há ali, complacência e risco moral na periferia da zona do euro; austeridade e reformas não estão acontecendo na velocidade desejada pelo BCE e pelos países centrais da zona do euro. Portanto, a opinião da Alemanha e do Bundesbank é que a disciplina do mercado às vezes é boa e necessária para pressionar os governos a implementarem, sem demora, a política econômica necessária. Por outro lado, excessiva disciplina de mercado em excesso — na forma de elevados spreads — desestabiliza as tentativas de reduzir os deficit e tornar as dívidas sustentáveis. Ou seja, disciplina do mercado é uma faca de dois gumes.

Com certeza há riscos de dominância fiscal no apoio à liquidez do banco central. E também há o perigo de risco moral se houver outras fontes oficiais de recursos — tais como empréstimos do ESM, EFSM e FMI — para ajudar as nações sob pressão.O argumento sobre o risco moral, entretanto é um pouco excessivo. Imagine um governo que tenha que promover uma dolorosa austeridade fiscal, mas sem que a fada da confiança venha junto (isto é, os spreads não caem apesar da austeridade e das reformas) porque há uma incerteza sobre a credibilidade das ações do governo e sobre quanto tempo o governo permanecerá fiel às políticas. Há um sério risco de que o ajuste fiscal e a reforma possam falhar em uma situação em que ainda não ganharam a credibilidade dos mercados. Nesse caso, se não houver apoio oficial (seja do banco central, seja dos credores oficiais), o incentivo para realizar reformas e praticar uma dolorosa austeridade fiscal pode diminuir, mesmo porque a tentativa de realizá-las pode falhar e redundar em uma crise da dívida. Por isso, o risco moral se reduz, em vez de aumentar, com a presença de dinheiro oficial, porque você tem uma "cenoura" induzindo o governo a implementar políticas dolorosas que, provavelmente, falhariam na ausência de um financiamento oficial. Aqui, a cenoura é que, se o governo implementar as necessárias e doloridas medidas, a liquidez reduzirá o risco de um equilíbrio ruim. Portanto, havendo a disponibilidade de financiamento oficial, evita-se uma crise autorrealizável e o risco moral não aumenta, ao contrário, diminui.

Alguns anos atrás, escrevi um artigo com Giancarlo Corsetti e Bernardo Guimarães (Corsetti, Guimarães e Roubini, 2004) no qual mostramos, usando o quadro analítico dos jogos mundiais (um modelo econômico da Teoria dos Jogos em que as informações são incompletas, e os "jogadores" recebem sinais possivelmente correlacionados sobre o que ocorre no mundo), que a existência de financiamento oficial pode reduzir o risco moral em vez de aumentá-lo. O financiamento oficial se constitui em uma cenoura que incentiva um governo que poderia, não fosse isso, perguntar-se: "se é provável que eu não consiga, por que deveria me esforçar?" A presença de um financiamento oficial reduz a probabilidade de um equilíbrio ruim, então, o argumento de que um apoio oficial causa risco moral e dominância fiscal pode estar incorreto.

A pergunta seguinte é sobre como reduzir uma dívida excessiva; ou seja, qual a abordagem ideal para diminuir a alavancagem dos altos níveis de dívida pública e privada? Há muitas opções. A primeira é a austeridade fiscal: Um governo pode cortar gastos, aumentar impostos, e, assim, aumentar a poupança pública. Mas essa opção, se for implementada muito rápida e concentradamente, leva ao paradoxo Keynesiano da parcimônia: se o ajuste fiscal for muito rápido, a economia pode se retrair novamente, e o objetivo de reduzir os deficit e a dívida pode fracassar. Isso é, em parte, o que tem acontecido na zona do euro e no Reino Unido. A segunda opção é uma reestruturação/redução coercitiva da dívida. Isso pode se tornar necessário e inevitável se um país tem um problema de solvência (quando as obrigações superam os ativos, ou seja, já não há recursos para cobrir as contas) em vez de problemas de liquidez (dificuldade de transformar ativos em recursos disponíveis).

Outra opção é uma política monetária bem agressiva (política de taxa de juros zero e "flexibilidade quantitativa"); essa é uma forma eficaz de monetização da dívida que leva a uma taxa de juros nominal baixa e a possíveis taxas de juros reais negativas. Essa alternativa pode não ser inflacionária se o país está em uma armadilha de liquidez e há uma grande folga nos mercados de trabalho e de bens. Uma variante dessa opção é o financiamento por parte dos credores oficiais (o FMI, a UE), o que permite uma redução gradual dos ajustes nos gastos e na poupança.

Uma outra opção é causar uma inflação esperada ou inesperada para zerar o valor real da dívida pública nominal. Há, ainda, a alternativa de tributar o patrimônio/fortunas ou os credores como forma de eliminar o excesso de dívida. Uma variação disso seria usar a repressão financeira e controles de capital para manter os rendimentos dos títulos do governo abaixo do que, de outro modo, seriam.

Todas as alternativas, com exceção da primeira, ajustes e aumento da poupança, implicam em alguma transferência de renda dos credores e poupadores para os devedores e tomadores de empréstimos (por exemplo, um governo endividado). Mas o ajuste de um excesso de dívida que comprime os gastos dos devedores necessariamente implica que tal redistribuição de renda deve ocorrer com o tempo. A questão política é: Quem deveria tomar a decisão política a esse respeito? Caberia às autoridades fiscais, mediante impostos sobre o capital/fortunas ou reestruturação da dívida, ou o banco central deveria ter o poder de alcançar o mesmo resultado via monetização da dívida?

Alguém pode argumentar que não deveria ser concedido tal poder ao banco central, já que se tratam de decisões eminentemente fiscais e, por isso, de políticas econômicas. Mas se baixas taxas nominais e taxas reais negativas originadas da monetização da dívida permitem um processo paulatino de diminuição da alavancagem que reduz os riscos de uma recessão derivada de um excesso de austeridade e previne uma reestruturação de dívida mais disruptiva ou aos custos de distorção de uma repressão financeira, controles de capital e tributação do capital, a monetização da dívida pode ser a opção menos onerosa.

A questão final sobre a qual vale a pena pensar vincula-se às preocupações com o ritmo ideal da consolidação fiscal após uma crise financeira que tenha levado a um expressivo crescimento da dívida pública.

Na maioria dos casos nos quais o acesso ao mercado não foi perdido, ou que é disponibilizado em razão de haver financiamento oficial (do banco central ou de credores externos oficiais), a velocidade ideal da consolidação fiscal implicaria em um estímulo fiscal de curto prazo, embora a economia esteja debilitada e o setor privado passando por um processo de redução da alavancagem de seu endividamento, além de um plano confiável de médio a longo prazo de consolidação fiscal, a ser implementado quando a economia tiver se recuperado o suficiente e a situação financeira do setor privado estiver equilibrada. Esse ajuste de curto/médio/longo prazo pode ser auxiliado por uma monetização eficiente da dívida pelo banco central, o que torna o processo de desalavancagem mais suave e evita o risco de corrida aos bancos e fuga dos títulos do governo. Atrasar indefinidamente o ajuste fiscal pode gerar uma "zumbificação" dos governos e agentes privados e, finalmente, uma crise da dívida, mesmo que o primeiro surto de deficit público deva-se à crise de balanço do setor privado. De modo inverso, uma concentrada e rápida consolidação fiscal arrisca pressionar uma economia frágil e a empurrá-la em um duplo mergulho recessivo que apenas fará piorar os problemas com o deficit e a dívida.

Comparada a esta trajetória ótima de consolidação fiscal, as principais economias desenvolvidas — a zona do euro, o Reino Unido e os Estados Unidos — seguiram um caminho subótimo. Na zona do euro e no Reino Unido, a austeridade fiscal foi concentrada no curto prazo. Essa é uma das razões — ao lado de uma política monetária não suficientemente frouxa e de bancos zumbis não capitalizados apropriadamente, levando, assim, a uma crise de crédito — pelas quais ambas as regiões caíram em um duplo mergulho recessivo.

Nos Estados Unidos, os impasses e a falta de consciência bipartidária no Congresso fizeram parecer que o país não tinha nenhum caminho confiável para uma consolidação fiscal de médio e longo prazo, com os republicanos bloqueando mais aumentos de impostos e os democratas impedindo reformas de despesas e benefícios. Enquanto isso, a curto prazo (graças aos mesmos impasses), o arrasto fiscal foi excessivo em 2013 por causa da concentração da consolidação fiscal engendrada em meio a impasses insuperáveis. Assim, os Estados Unidos estão na contramão do caminho ideal: forte arrasto fiscal no curto prazo em 2013 e 2014, sem nenhum plano confiável de consolidação em médio prazo. Não obstante, em comparação com a zona do euro e o Reino Unido, que concentraram no curto prazo sua austeridade fiscal desde 2011, os Estados Unidos postergaram com sucesso a austeridade do governo central até 2013, o que explica o porquê de o país estar crescendo, embora de modo anêmico, em oposição ao que ocorre na zona do euro e no Reino Unido.

O ajuste fiscal na zona do euro tem sido um exemplo de mau planejamento político; isso explica porque a periferia da região ainda vive uma recessão que está se transformando quase em depressão em alguns países (Grécia e Espanha) e a razão pela qual a recessão está até mesmo se expandindo para certas áreas da região central (França e Bélgica). Há algumas observações importantes a fazer com relação ao ajuste fiscal na zona do euro.

Primeiro, a austeridade tem sido excessivamente concentrada no curto prazo na periferia da zona do euro, com sérios efeitos negativos. Ela deveria mudar significativamente de orientação.

Segundo, a flexibilidade que a Comissão da UE permite, de alcançar metas ajustadas ciclicamente, e o alívio fiscal que oferece aos países em recessão são paliativos que ocorrem após o paciente quase ter entrado em óbito. Estabelecer metas fiscais estruturais muito agressivas para um país, e permitir alguma folga cíclica nessas metas depois que as medidas de austeridade causaram uma recessão que piorou o deficit, bem, não é uma solução inteligente. Objetivos fiscais estruturais devem ser, antes de mais nada, realistas, para evitar uma recessão induzida pela austeridade.

Terceiro, há assimetria no ajuste na zona do euro entre a periferia e o centro e, por isso, ele é recessivo e deflacionário. Se os países e os governos que gastam demais e poupam de menos fizessem justamente o contrário, países mais poupadores (como a Alemanha) deveriam gastar mais e poupar menos (em parte, através de políticas fiscais de redução de impostos e aumento de despesas). De outra forma, o ajuste é assimétrico e recessivo, uma vez que conduz a uma redução da demanda agregada para toda a região.

Quarto, há espaço fiscal no centro da zona do euro, principalmente em países como a Alemanha, onde as taxas de juros são baixas e o acesso ao mercado é amplo. É verdade que a dívida pública da Alemanha é de 80% do PIB e que as obrigações implícitas do envelhecimento populacional são uma carga fiscal adicional. Mas os spreads dos títulos soberanos são tão baixos na Alemanha que se o país fosse implementar por alguns anos um estímulo fiscal na forma de diminuição de impostos e de aumento dos gastos do governo como forma de impulsionar o crescimento de sua própria economia e da zona do euro em geral, tal ação política não levaria a nenhuma perda de credibilidade fiscal contanto que o país tenha um plano para uma consolidação fiscal de médio a longo prazo. Estamos falando de um programa de curto prazo para tentar impulsionar o crescimento econômico em uma área do euro que está em recessão profunda.

Quinto, embora os problemas de crescimento na zona do euro sejam mais estruturais do que cíclicos em comparação aos Estados Unidos, em 2012-2013 a zona do euro não cresceu nem sequer em termos de sua mais baixa taxa potencial de crescimento, e entrou em recessão. O fato de que a região estava presa em meio a uma recessão sugere que a carência de demanda agregada, e não apenas de constrangimentos do lado da oferta, explica essa queda econômica persistente.

Além do mais, parte da reforma estrutural necessária é, assim como a austeridade fiscal, contracionista a curto prazo. Vamos supor, por exemplo, que um país torne seu mercado de trabalho mais flexível e reduza os custos de contratação e demissão. O primeiro impacto de tal reforma será um aumento da taxa de desemprego, já que as empresas que não podiam demitir funcionários redundantes, agora poderão fazê-lo. O surto de desemprego foi exatamente o que ocorreu na Alemanha, quando o país implementou a reforma estrutural no início dos anos 2000. A implicação é que tem que haver um conflito de escolha entre reformas estruturais e austeridade fiscal, em vez de uma concentração recessiva prejudicial em um lado ou outro. Por exemplo, se um país implementa uma rápida reforma estrutural que seja recessiva no curto prazo, então deveria ser dada maior flexibilidade fiscal, já que a reforma pode agravar a recessão no curto prazo. Foi exatamente isso o que a Alemanha alegou quando colocou em andamento a Agenda 2010 e sua taxa de desemprego estava crescendo; os alemães solicitaram à UE uma pausa fiscal porque a reforma estava provocando um aumento no desemprego, que, por sua vez, estava ocasionando um deficit fiscal maior. Eles argumentaram, com razão, que a reforma iria, por fim, aumentar o crescimento. A curto prazo havia um aumento no deficit, que se desfaria uma vez que os efeitos das reformas no crescimento se materializassem a médio prazo.

Assim, tem existido um conflito entre austeridade e reformas. Não se pode simplesmente concentrar no curto prazo austeridade e reformas estruturais. Se você fizer mais do lado estrutural, tem que dar maior flexibilidade fiscal a curto prazo; de outra forma, a recessão pode acabar se tornando mais severa.

Uma observação final sobre a zona do euro: não há absolutamente nenhuma tratativa quanto a uma agenda de crescimento. Há conversas sobre união bancária, união fiscal, união política. Mas se não houver crescimento econômico, e se a austeridade agravar a recessão, ocorrerá, no final das contas, um retrocesso social e político em relação à austeridade. Além disso, as nações soberanas estão tentando estabilizar suas dívidas públicas, doméstica e externa, relativamente ao PIB. Pode-se fazer o que quiser com o numerador da relação dívida/PIB, mas se o denominador (PIB) permanecer em queda, essa proporção vai continuar crescendo e se tornar insustentável.

Uma consolidação fiscal excessivamente concentrada no curto prazo, tanto na periferia quanto no centro da zona do euro tem se revelado contraprodutiva. É um fator importante para explicar por que a região sofreu um duplo mergulho recessivo no período 2012-2013.

Referências

Corsetti, Giancarlo, Bernardo Guimarães, e Nouriel Roubini. 2004. "International Lending of Last Resort and Moral Hazard: A Model of IMF's Catalytic Finance." CEPR Discussion Papers 4383. Londres: CEPR.

Herndon, Thomas, Michael Ash, e Robert Pollin. 2013. "Does High Public Debt Consistently Stifle Economic Growth? A Critique of Reinhart and Rogoff." University of Massachusetts Amherst, Working Paper #322, abril. http://www.peri.umass.edu/fileadmin/pdf/working_papers/working_papers_301-350/WP322.pdf.

Reinhart, Carmen, e Kenneth Rogoff. 2010. "Growth in a Time of Debt." *American Economic Review.* (maio): 573-578.

V
Regimes Cambiais

18
Como Escolher um Regime Cambial

Agustín Carstens

Para qualquer país, a escolha de um regime cambial apropriado é uma questão que tem sido de extrema importância, no passado e ainda hoje. É uma decisão política que, em larga medida, condiciona o quadro macroeconômico de um país. Este capítulo discute uma série de questões relacionadas a essa importante decisão. Primeiro, trata da importância de escolher o regime. Depois, analisa as implicações do grau de rigidez ou flexibilidade da taxa de câmbio em uma economia doméstica, em particular com relação a outras políticas macroeconômicas. Daí então, examinamos o caso específico da zona do euro. E, por fim, o capítulo explora os efeitos colaterais associados com a escolha de um regime cambial.

Entre as decisões econômicas que um país precisa tomar, dificilmente haverá uma mais importante do que escolher o regime cambial. Isso acontece por, pelo menos, duas razões:

- Primeiro, essa opção condiciona o escopo e a flexibilidade do restante das políticas macro que o país pode implementar. Com certeza, tal observação, sozinha, torna a escolha do regime cambial uma questão extremamente crucial.
- Segundo, tal escolha afeta as relações econômicas do país com o resto do mundo.

Os efeitos condicionantes da determinação de um dado regime cambial implica conflitos de escolha muito difíceis, que os formuladores de política econômica têm que avaliar com o máximo cuidado e conscientização quando estiverem decidindo sobre o sistema cambial mais conveniente para a economia do país.

Em particular, a decisão se resume em estabelecer o grau de flexibilidade que a taxa de câmbio deve ter, ou seja, quanto o valor relativo da moeda nacional pode variar com relação a outra(s) moeda(s). Normalmente, quando estão definindo um regime cambial, as autoridades se referem ao preço relativo da moeda nacional em comparação à moeda de seu principal parceiro comercial e/ou da moeda que predomina na região.

Em princípio, é possível dizer que quanto menor a flexibilidade da taxa de câmbio, maior a rigidez que um país impõe a suas demais políticas econômicas. Por exemplo, um país, quando mantém fixa sua taxa de câmbio, sacrifica a independência do instrumento da política monetária, porque, em larga medida, importa a política monetária do país cuja moeda serviu de base para a fixação do câmbio. Nessas circunstâncias, a condição de um banco central nacional de "financiador de última instância" (veja no capítulo 17) para o sistema bancário ou para dar liquidez aos títulos soberanos fica severamente comprometida. Mais ainda, a sustentabilidade do regime também impõe restrições à política fiscal e torna primordial preservar a saúde do sistema financeiro.

Na verdade, na medida em que fixar a taxa de câmbio impõe fortes condicionalidades ao restante da estrutura macroeconômica, escolher tal regime tem sido usado, normalmente, como um dispositivo de compromisso. Ou seja, para um país tornar sustentável uma taxa de câmbio específica, ele tem que observar todas as obrigações que tal regime traz. Colocado de forma diferente, quanto mais forte for o compromisso político, maior a credibilidade do regime cambial.

Não obstante, por décadas, o verdadeiro desafio para a maioria dos países tem sido atingir e preservar a capacidade e a vontade política de permanecer fiel a tais compromissos e manter a confiança no regime cambial. Ao longo do tempo, o que se tem visto é que, por fim, depois de alguns anos, às vezes até mesmo alguns meses, tais compromissos tendem a ser ignorados, e o regime cambial vai por água abaixo. A maneira pela qual as autoridades lidam com uma mudança de regime também é fundamental, uma vez que se essa mudança for mal trabalhada, tem o potencial de gerar consequências negativas para o crescimento e o desenvolvimento por anos a fio.

É preciso lembrar que estabelecer um regime de câmbio flutuante impõe outros tipos de restrição e expõe o país a outros tipos de risco. Sob tal regime, o desafio principal é estabelecer uma âncora nominal eficaz para a economia. Há uma série de opções para isso, que vão da adoção de objetivos de agregados monetários, a metas de inflação. Eventos recentes mostraram as limitações da meta de inflação, em especial o fato de que o banco central não deve ignorar a inflação dos preços dos ativos, de modo a preservar a estabilidade financeira.

Com respeito a fixar a taxa de câmbio, há muitas formas diferentes de implementação. A alternativa mais simples é estabelecer o valor de uma dada moeda em relação a uma outra moeda. A fixação "definitiva" envolveria o estabelecimento de uma união monetária na região, fazendo com que as moedas nacionais desaparecessem por completo em favor da adoção de uma moeda única, tal como o euro. A sustentabilidade de um regime tão complexo quanto esse traz condições muito restritas e exige determinadas condições de todos os países-membros. No que diz respeito à zona do euro, a verdadeira pergunta é quão eficaz ela tem sido, como um todo, em preencher essas condições de uma maneira confiável. Nesse sentido, muita coisa tem deixado a desejar; dessa forma, importantes esforços, mediante ajustes nas políticas, têm que ser feitos não apenas para preservar a credibilidade do regime, mas também para aprimorá-lo, de modo que, assim, a possibilidade de um fracasso do euro seja retirada de cena para sempre.

Há uma outra dimensão importante nos regimes cambiais, relacionada ao fato de que uma taxa de câmbio nada mais é que o preço relativo entre duas moedas. Portanto, sob uma perspectiva nacional, tal preço relativo pode ser afetado pelas ações (expansão monetária, controle de capital, etc) que outros países podem realizar, e tais ações, com frequência, têm consequências negativas não intencionais (ou intencionais) na taxa de câmbio. Desse modo, a moeda nacional pode ser valorizada ou desvalorizada em resposta a ações levadas a efeito por outro país, dando origem a debates permeados por frases como "guerra cambial" ou "empobrecer a política do vizinho".

Com relação a essa questão, tem sido discutido recentemente que as políticas monetárias de alguns países desenvolvidos geraram grandes entradas de capital em outras economias, principalmente as emergentes e em desenvolvimento, gerando, consequentemente, ajustes reais das taxas de câmbio. Alguns desses ajustes são valorizações monetárias não equilibradas, afetando as transações comerciais e o crescimento potencial das economias emergentes. Esse é o típico exemplo de um efeito de contágio das ações de política monetária de um país desenvolvido. Mais ainda, tal efeito pode detonar ou provocar diferentes tipos de reação, incluindo algumas formas de retaliação, levando a perdas, em termos líquidos, para o mundo como um todo.

Para lidar com essas situações, caberia a tentativa de uma coordenação internacional em torno de um conjunto de objetivos cambiais. No passado, isso foi feito com a ajuda do FMI. Uma questão válida é se a comunidade internacional deveria tentar fazer isso novamente.

Em suma, a opção por um regime cambial é uma decisão fundamental que um país tem que fazer. Tal decisão tem importantes implicações para a economia como um todo, já que afeta os graus de liberdade de outras políticas, assim como o relacionamento da economia doméstica e as demais. Assim, as enormes implicações na política econômica que a escolha de um regime cambial acarreta faz dela um tópico extremamente relevante. Para ilustrar isso, vou terminar com uma passagem pitoresca: no início dos anos 1990, o México enfrentava uma grande crise e, pragmaticamente, sua única opção era substituir o regime de câmbio fixo por um de taxas flutuantes. Não havia, absolutamente, apoio algum da sociedade. O então presidente do banco central foi convocado pelo senado para explicar as razões pelas quais o México trocaria um sistema de câmbio fixo muito mal sucedido e sujeito a recorrentes ajustes, com frequentes e trágicas consequências, por um regime de câmbio flutuante. E ele não conseguia encontrar um meio de justificar porque, para o México, a melhor decisão era adotar um regime de taxas de câmbio flutuantes.

Por fim, o presidente teve a brilhante ideia de explicar tal movimento usando uma analogia. E disse aos senadores: Imaginem que vocês têm a tarefa de pintar uma casa. Bem, há duas maneiras de fazer isso. Uma delas seria colocar a broxa em uma posição fixa e mover a casa, o que seria equivalente a fixar a taxa de câmbio. A alternativa é manter a casa onde está e mover a broxa. Com uma mão firme, é bem provável que, a tarefa possa ser executada de maneira mais barata, mais benéfica e mais eficiente.

Essa simples analogia convenceu o senado e, hoje, temos no México uma taxa de câmbio flutuante, que, por sinal, tem funcionado muito bem.

19

Repensando os Regimes Cambiais no Pós-Crise

Jay C. Shambaugh

A decisão de um regime cambial é uma das mais importantes que um país pode fazer em termos de política macroeconômica. Ela traz implicações significativas sobre como um país lidará com sua conta de capitais (item do balanço de pagamentos que reflete a mudança líquida da titularidade dos ativos nacionais) e suas opções de política monetária. Este breve capítulo não pode repassar todos os aspectos que envolvem uma decisão dessas; em vez disso, centra-se em uma coisa: O que aprendemos da crise de 2008-2009 sobre taxas de câmbio fixas e flutuantes, assim como do projeto institucional das uniões monetárias.

Minha tese é que reaprendemos muitas coisas que já deveríamos ter incorporado antes da crise. Em muitas áreas, tais como a das políticas fiscal e monetária em um ambiente de taxas de juros básicas próximas de zero, ou política macroprudencial, essa crise surpreendeu a muita gente e, pelo menos, trouxe luz para questões sobre as quais não tínhamos um claro entendimento. Reciprocamente, no que diz respeito aos regimes cambiais, um graduando a quem tenham sido ensinados os conceitos fundamentais de macroeconomia internacional poderia, provavelmente, descrever com antecipação a maior parte dos eventos chaves que ocorreram. Esse estudante teria conhecimento de que, em geral, a flutuação é um instrumento de absorção de choques, que facilita ajustes externos e demonstra que ingressar em uma união monetária com um preço errado pode ser bastante doloroso. Tratam-se de coisas que já sabíamos, mas também se tratam de coisas que vimos se repetirem, novamente, ao longo da crise.

Uma surpresa foi que, quando uma taxa de câmbio fixa não funciona durante a crise, não há um descontrole total. Dessa vez, quando isso ocorreu, os países tenderam a abandonar as bandas cambiais que limitavam a taxa, em vez de sofrer uma forte desvalorização da moeda. Essa foi uma nova experiência, mas outro conjunto de fatos estilizados (simplificações a partir de dados empíricos) são coisas que os acadêmicos e os formuladores de políticas econômicas deveriam ter entendido.

Essas mesmas lições podem servir como um lembrete daquilo que a estrutura institucional deve representar para as uniões monetárias, e destacam os custos de uma absorção inadequada do choque dentro de uma união monetária.

A Flutuação como Amortecedor de Choques

Uma piada popular, meio de humor negro, do início de 2009, perguntava: "Qual a diferença entre a Irlanda (Ireland, em inglês) e a Islândia (Iceland, em inglês)? A resposta: "Uma letra e seis meses". Descobriu-se, também, que havia uma outra diferença bem evidente (dentre tantas): uma tinha uma taxa de câmbio flutuante e a outra, não. Com relação à crise, a Islândia estava em muito pior situação, com um deficit em conta corrente superior a 20% do PIB anual, contra um pico de quase 5% na Irlanda. Ambas, porém, tiveram grandes booms de crédito e debacles financeiras um tanto quanto espetaculares. E, mesmo assim, os dois países tiveram experiências bem diferentes.

Nas figuras 19.1 a-f, a linha contínua é a Irlanda, e a pontilhada, a Islândia. A moeda desse país foi fortemente depreciada quando a crise bateu (figura 19.1 a). Havia uma alta taxa de inflação oriunda da crise (figura 19.1b). Porém, a inflação não contrabalançava toda a depreciação, assim, havia uma depreciação efetiva da taxa de câmbio em termos reais (figura 19.1c). Na economia real, as exportações cresciam rapidamente (figura 19.1d). Os números do PIB real (figura 19.1e) mostram uma modesta diferença, entretanto, dependendo da base anual utilizada, a situação parece diferente. A figura 19.1f, porém, mostra a diferença mais gritante: o salto acentuado da taxa de desemprego na Irlanda relativamente ao da Islândia.

Há muitas outras diferenças entre esses dois países, e a Islândia não tem sido, necessariamente, um paradigma de gestão de política financeira, mas o contraste é um lembrete de que quando há choques severos, é útil contar com a taxa de câmbio como válvula de escape.

Em um olhar mais abrangente, quando a crise chegou, países como Israel, Polônia, Suécia e Reino Unido se beneficiaram da capacidade de mexer na taxa de câmbio. Alargando ainda mais o campo de observação, nas duas décadas anteriores à crise, países com câmbio ajustado ou não (veja no Capítulo 16) tenderam a crescer ao redor da mesma taxa. Mas, durante a crise, os países com câmbio ajustado cresceram cerca de um ponto porcentual mais lentamente. Podem ter havido choques diferentes, assim como um mix de muitas outras políticas conspirando para esse resultado. Assim, a questão é que isso não é conclusivo. E alguns países que mantiveram uma taxa de câmbio flutuante nos últimos cinco anos sentiram que estavam apreciando demais o câmbio e, provavelmente, teriam preferido uma taxa de câmbio fixa. Não obstante, uma taxa de câmbio flutuante, tanto em teoria quanto em observações casuais efetuadas no decorrer da crise, pode servir para amortecer os choques.

Figura 19.1

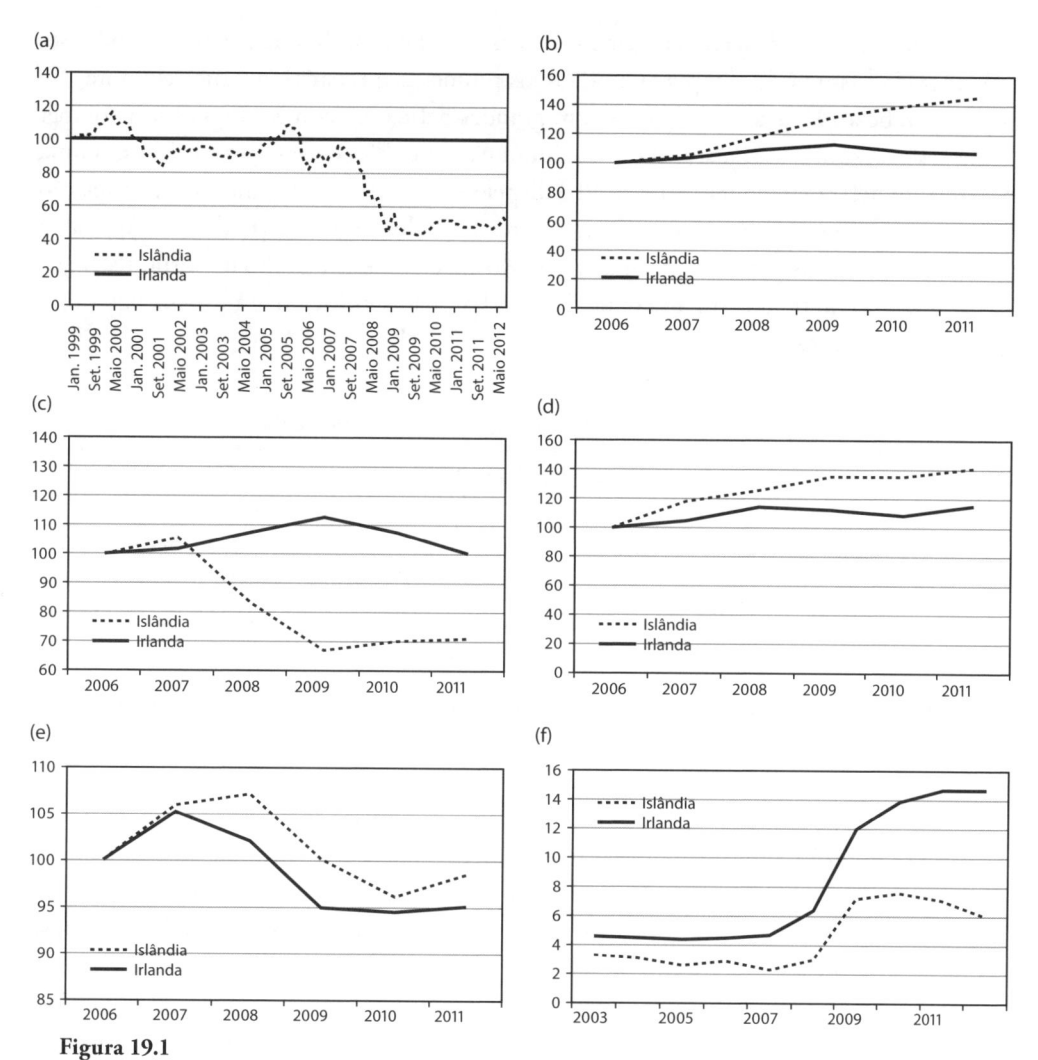

a. Taxa de câmbio *versus* o euro (Jan. 1999 = 100). b. Índice de Preços ao Consumidor (2006 = 100). c. Índice da taxa de câmbio efetiva real (2006 = 100). d. Índice de exportações reais (2006 = 100). e. Índice do PIB real (2006 = 100). f. Taxa de desemprego.

Mudanças na Taxa de Câmbio e Ajustes Externos

A grande questão é o que acontece quando um ajuste é necessário. Câmbio fixo *versus* flutuante não deveria fazer um país crescer mais rápido ou mais devagar ao longo do tempo, mas a flexibilidade da taxa de câmbio deveria ajudar a fazer um ajuste externo, caso necessário.

Olhando agora para ajustes externos com taxas fixas, algo que os economistas sabem há um bom tempo é que deve ser mais difícil para um país gerenciar uma mudança considerável de sua conta corrente se a taxa de câmbio for fixa. Os preços são rígidos. E são rígidos, em especial, no sentido descendente. Desse modo, é difícil ocorrer uma substancial depreciação real se a taxa de câmbio nominal não puder ser alterada.¹ Isso pode complicar ainda mais promover um ajuste externo relevante.

A tabela 19.1 avalia dez países com grandes deficit em conta corrente ao irromper a crise e expressivos ajustes externos durante a crise. Eles entraram na crise com uma relação deficit em conta corrente/PIB de pelo menos 10%, e diminuíram essa relação em pelo menos 10 pontos percentuais. Grosso modo, há uma certa divisão equitativa entre economias com câmbio ajustado e não ajustado. Isso é muito importante, já que destaca o fato de que uma taxa de câmbio fixa não significa que um país não possa ter um ajuste externo.

Tabela 19.1
Experiência dos Países Realizando Grandes Ajustes Externos Durante a Crise

	Número	Número dos Que Cresceram	Δ PIB Médio	ΔE. vs. Base	ΔREER
Indexados	6	0	-10%	0%	3% valoriz.
Não Indexados	4	3	7%	15% desvaloriz.	4% desvaloriz.

Observação: "E" é a taxa de câmbio nominal medida com relação a um relevante país base. REER é o índice da taxa real de câmbio efetiva.

Por outro lado, dos seis países com câmbio ajustado, nenhum experimentou um crescimento real do PIB entre 2008 e 2011, ao contrário de três dos quatro países com câmbio não ajustado. Em média, os países com câmbio ajustado tiveram uma contração de cerca de 10%, contra uma expansão nos países com câmbio não ajustado. Estes obtiveram, em média, uma relativamente ligeira mudança na taxa de câmbio em relação ao país base; não foram, em absoluto, grandes desvalorizações, mas representaram uma diferença significativa nas experiências da economia real desses países. São países pequenos, e essa é uma amostra pequena. Não se trata de uma rigorosa evidência econométrica, mas, a experiência é um indicativo do que teria acontecido mais amplamente na crise. Quando os fluxos financeiros cresceram e o financiamento externo ficou mais difícil, os países com câmbio ajustado que fizeram grandes ajustes tiveram mais dificuldades do que aqueles com taxa flutuante.

Preços Relativos ao Ingressar em uma União Monetária

Os economistas sabem também, há muito tempo, certamente desde 1925, quando Keynes estava escrevendo um ensaio crítico sobre Churchill (Keynes, 1925), que se você entrar em uma união monetária com o preço errado, pode se dar mal. Keynes assinalou que remontar o padrão ouro no preço errado foi muito desagradável para a Grã-Bretanha, e isso é algo que tanto a teoria quanto a vivência dos países após a I Guerra Mundial demonstrou.

Quando se olha para a trajetória que conduziu ao euro, os critérios de convergência foram inflação, dívida e deficit, e uma taxa de câmbio estável. Em recente discussão com meus alunos sobre a zona do euro, perguntei: "Quais eram os critérios de convergência?" Uma aluna levantou o braço e disse: "O deficit do balanço de pagamentos não podia ser tão grande." Alguém a cutucou no ombro e disse: "Não, você quer dizer deficit fiscal." E ela disse "Certo, certo, o deficit fiscal não pode ser tão grande." E eu pensei comigo mesmo, isso é algo interessante. Embora parecesse algo intuitivo o que deveriam fazer, as regras não estavam impondo limites ao deficit do balanço de pagamentos. Não havia nenhuma regra de paridade do poder de compra como referência. Os formuladores de política econômica estavam prestes a fixar a taxa de câmbio nominal para sempre. Contudo, confirmar que os preços relativos estavam no nível certo não constava dos critérios de entrada.

Durante o período de adesão até 2007, os deficit e superavit em conta corrente eram bastante persistentes na zona do euro. A figura 19.2 a mostra a relação conta corrente/ PIB ao entrar (eixo dos x) e em 2007 (eixo dos y).

A relação é bem forte e a inclinação é próxima de 1. Essa persistência foi registrada antes (ver, por exemplo, Lane e Pels, 2012 ou Kang e Shambaugh, 2013 para mais discussões). Os dois gráficos seguintes apresentam outros grupos de países para ver se o padrão é diferente.

A figura 19.2b estuda os países que entraram mais recentemente na zona do euro e/ou países atrelados ao euro.

A linha também tem uma inclinação próxima de 1, mas a distribuição em torno da linha é um tanto dispersa (o R^2 é baixo). A figura 19.2c seleciona os países restantes da base de dados do Eurostat, que não são nem os 12 que aderiram primeiro ao euro (aqueles que entraram antes de 2003) nem os que entraram depois e se atrelaram.

Há uns 15 países permeando esse conjunto de dados. Os preços relativos podem mover-se com fluidez nesses países, já que a taxa de câmbio nominal é flutuante. Mesmo assim, também estão dispostos quase que em uma perfeita linha reta. No processo de formação da crise, as contas correntes, não importando o regime cambial, eram bem constantes. Os países que apresentavam deficit continuaram com deficit. Países que obtinham superavit permaneceram com superavit. Não parecia haver pressão para forçar os países a equilibrar as contas correntes. Não houve indícios de que uma taxa de câmbio flutuante auxiliou esses países a caminhar para uma situação de equilíbrio.

Porém, e a questão volta à tona, uma vez ocorrido o ajuste, havia alguma diferença? Aqui, a resposta parece ser sim. As figuras 19.3 a-c mostram a conta-corrente em 1999 (ou entrada na união monetária do euro) no eixo dos x, e a mudança na taxa de desemprego durante a crise no eixo dos y.

A relação aparenta ser drástica para os primeiros membros do euro. Países que tinham um grande deficit em conta corrente ao aderir ao euro acabaram tendo um pico muito maior na taxa de desemprego após os ajustes. Para os países com câmbio ajustado e aqueles que entraram depois, o relacionamento não é tão acentuado, no sentido de que um dado deficit em conta corrente correlaciona-se com um aumento menos importante da taxa de desemprego. Para países com taxa de câmbio flutuante, a relação é essencialmente plana. A condição da conta corrente em 1999 quase não teve influência na variação do desemprego durante a crise. O deficit em conta-corrente corresponde a um valor líquido de empréstimos feitos com o restante do mundo – empréstimos tomados pelo país, não pelo governo. Aqueles países que estavam extensivamente endividados quando o euro começou, parecem ter pago um preço uma vez que os ajustes tinham que acontecer. Isso é menos verdadeiro para países com taxas de câmbio flutuantes. Eles tiveram mais flexibilidade no modo como abordaram a crise.

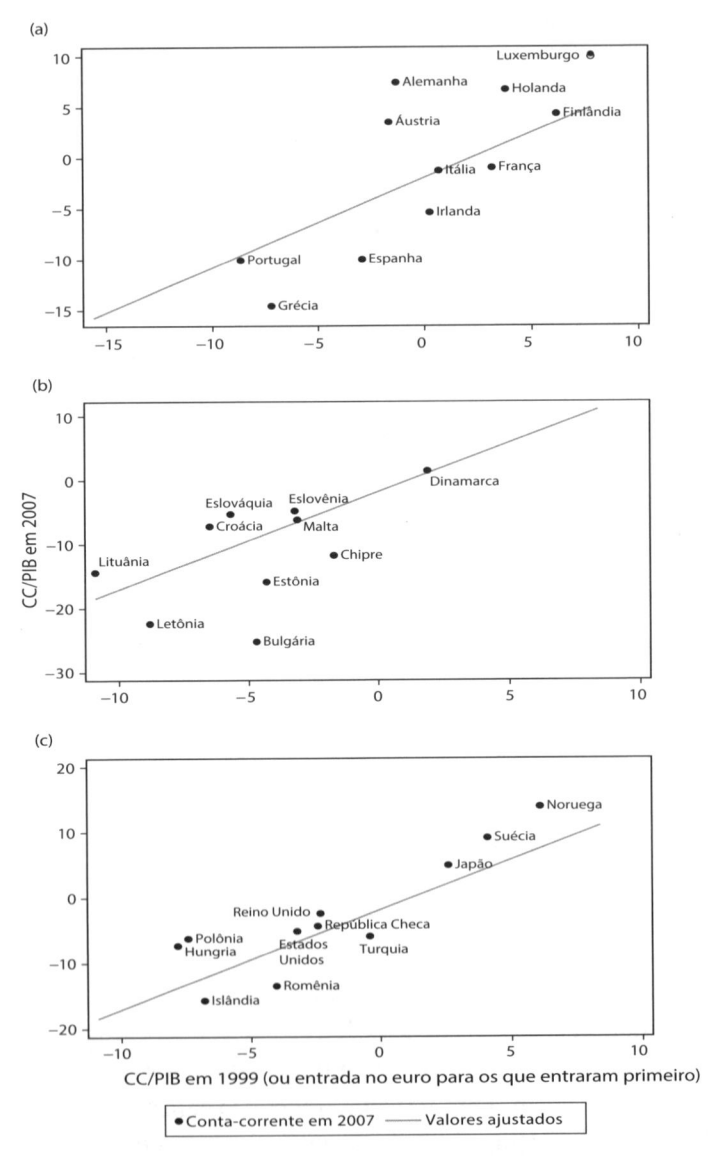

Figura 19.2
a. Países que entraram primeiro, relação contas correntes(/PIB. b. Países com câmbio ajustado e os que entraram depois. c. Países com câmbio flutuante.

Conta-corrente em 1999 (para entrada no euro para os que entraram primeiro)

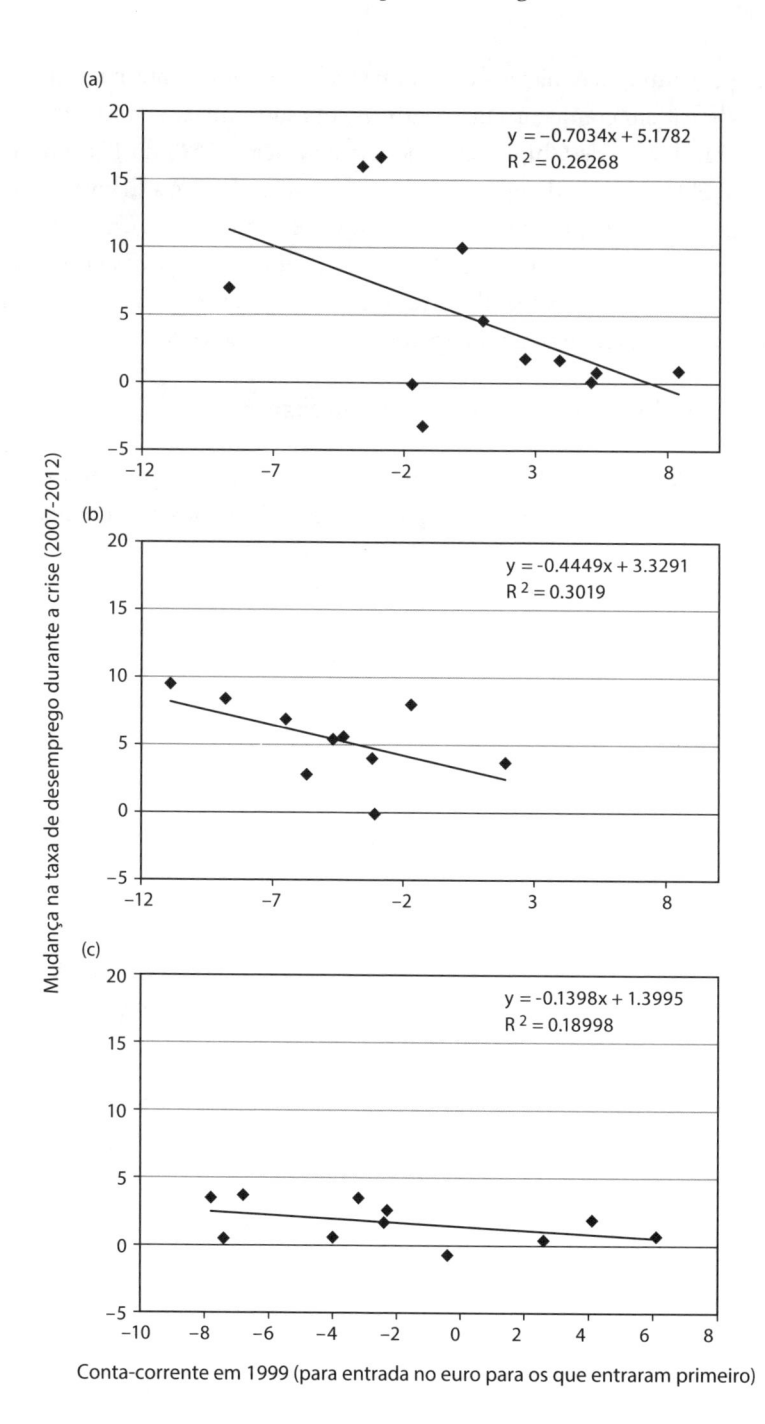

Figura 19.3
a. Euro b. Países que entraram depois e com câmbio ajustado c. Países com câmbio flutuante

Nota-se que muitas das nações que ingressaram recentemente na zona do euro tiveram um deficit em conta corrente relativamente substancial quando entraram. O caso mais notável foi o de Chipre, cujo deficit significava 16% do PIB no primeiro ano como membro da zona do euro. A Eslovênia (5% do PIB) e a Eslováquia (3% do PIB) não tinham deficit extremamente altos, mas certamente não estavam em situação equilibrada. A Estônia, que tinha 2% de superavit em 2011, é caso único entre os integrantes mais novos. Esses membros recentes levantaram a questão de se a taxa de câmbio está sendo fixada permanentemente no preço correto.

A Crise do Abandono do Regime de Câmbio Fixo

A crise nos trouxe uma novidade: A forma como foi abandonado o regime de câmbio fixo. Sabe-se que se trata de algo frágil.[2] A Figura 19.4 mostra a porcentagem de países no período entre 1973 e 2011 que foram obrigados a desistir de manter fixa a taxa de câmbio.[3] Há um pequeno pico por volta de 2008, revelando que mais países além do normal deixaram tal regime durante a crise, o que não surpreende dada a natureza da crise.

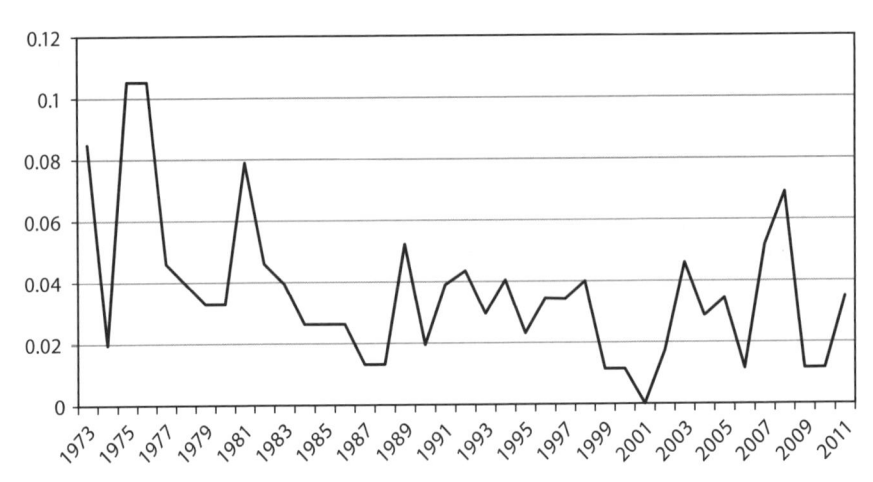

Figura 19.4
Porcentual de países com taxa de câmbio fixa que abandonaram esse regime cambial, por ano, 1973-2011.

(a)

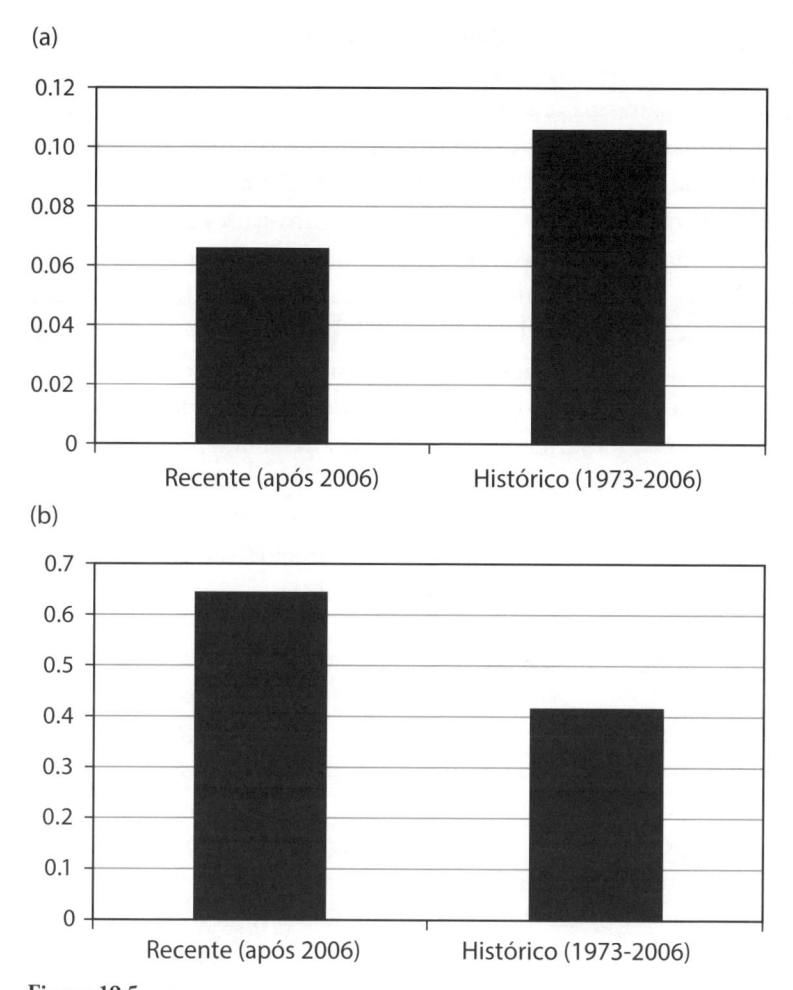

(b)

Figura 19.5
a. Mediana anual das flutuações da taxa de câmbio entre os países nos anos em que eles abandonaram o regime de câmbio fixo, pós-2006 *versus* 1973-2006. b. Porcentual de países com estreita flutuação da banda de variação cambial depois que abandonaram o regime de câmbio fixo, pós-2006 versus 1973-2006.

Mas o que causa surpresa são os dados das figuras 19.5 a e b. A Figura 19.5a mostra que naqueles países que abandonaram o regime do câmbio fixo após 2006, a flutuação de suas taxas de câmbio não foi particularmente grande após o abandono.

A mediana situou-se um pouco acima de 6%, em comparação aos mais de 10% na era pós-1973. Cumpre lembrar que, em muitos casos, não houve de fato um abandono abrupto do regime de câmbio fixo. Os países simplesmente foram afrouxando as bandas um pouco. A Figura 19.5b deixa isso bem claro. Ela mostra a porcentagem de países que, ao deixar o regime de câmbio fixo, viram suas bandas passarem de 2%

para 5%, uma margem mais ampla, mas que não caracteriza uma alta volatilidade da taxa de câmbio.

Quase dois terços dos países na crise que desistiram de manter fixa sua taxa de câmbio simplesmente foram ampliando as bandas cambiais relativamente a uma certa base. Isso contrasta com os quase 40% do período 1973-2006.

Os dados acima sugerem uma forte preferência de alguns países pela fixação de uma taxa de câmbio. Mesmo que a crise tenha destacado alguns dos desafios enfrentados ao se optar por um regime de câmbio desse tipo – especificamente, que os ajustes podem ser difíceis com uma taxa de câmbio fixa – diversos países querem atrelar-se a uma determinada taxa, ainda que não consigam operar dentro de uma banda muito estreita. Em qualquer ano, cerca de metade dos países do mundo tem um regime de câmbio fixo. Se retirarmos da amostra os países muito pequenos, quase 40% deles se encontram nessa situação. O debate sobre o regime de taxa de câmbio não tem a solução cabal que os economistas costumam gostar. Nem todos os países terão um câmbio flutuante, e nem todos um regime de câmbio fixo. Isso nos lembra da importância de entender os custos e benefícios deste último.

Implicações para as Uniões Monetárias

Boa parte desses fatos estilizados tem implicações para as uniões monetárias. Novamente, muito do que temos observado nas uniões monetárias – em especial na zona do euro – são coisas bem estabelecidas na literatura mais de uma década atrás.

Certamente, de uma perspectiva macroeconômica, a zona do euro não está indo bem. O PIB tem crescido mais lentamente do que se esperaria para um país típico, mesmo um país desenvolvido típico. Também a taxa de desemprego é muito mais alta do que em outros países de economia avançada. Esses fatos, porém, não devem necessariamente ser uma reflexão sobre o valor intrínseco das uniões monetárias. A zona do euro compara-se ao restante do mundo, assim, o desempenho médio da zona do euro não é um reflexo de sua união monetária interna. Um fraco comportamento econômico pode ser decorrente de choques mais graves. Ou de uma gestão de política macroeconômica pior, de uma política monetária muito apertada ou de uma política fiscal excessivamente rígida.

O fator mais revelador da consistência do euro como moeda e da estrutura institucional que lhe dá suporte, é o que acontece quando a necessidade de ajuste difere entre os países dentro da união monetária. Nesse sentido, a crise revelou alguns dos verdadeiros problemas dentro da zona do euro. As Figuras 19.6a e 19.6b mostram a variação do desvio padrão das taxas de desemprego nos estados que compõem os EUA e na zona do euro (as barras em cinza representam os Estados Unidos, as negras, a zona do euro).

(a)

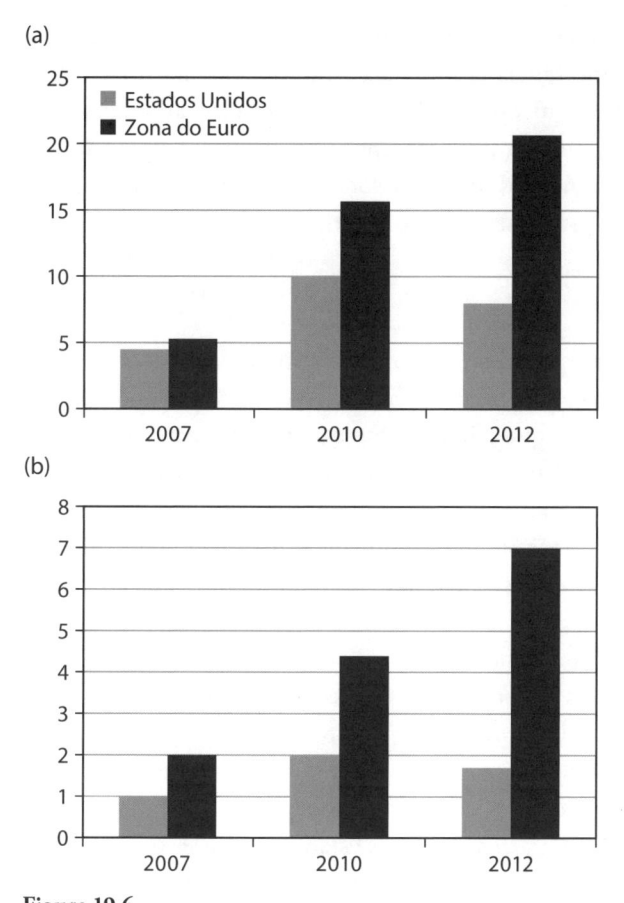

(b)

Figura 19.6
a. Variação das taxas de desemprego, Estados Unidos *versus* zona do euro. b. Desvio padrão da taxa de desemprego, Estados Unidos *versus* zona do euro.

Em ambas as áreas, há um salto considerável quando a crise chega, de 2007 a 2010. A variação e o desvio padrão das taxas de desemprego são maiores. De 2010 a 2012, no entanto, a dispersão começa a diminuir nos Estados Unidos. Nos estados caracterizados por elevadas taxas de desemprego, estas caem mais rapidamente. Na zona do euro, a dispersão continuou a subir enquanto as taxas de desemprego diminuíram em alguns países que já estavam indo bem, mas continuaram a crescer em países mais duramente atingidos pela crise.

Essa sequência de eventos sugere a ausência de amortecedores de choques adequados na zona do euro. Políticas monetárias diferenciadas dentro da união monetária e ajustes nas taxas de câmbio não são mais possíveis, e a mobilidade geográfica laboral e o federalismo fiscal não são suficientes para compensar os choques em uma região e suavizá-los em relação a uma outra. Novamente, não se trata de surpresa alguma ou uma nova observação. Toda a teoria da área monetária ótima* estava fundada em um estudo que apontava para a importância de uma absorção de choques (mobilidade geográfica laboral) para que uma união monetária pudesse ser uma área monetária ótima (Mundell, 1961). Sabia-se muito bem, na época da fundação do euro, que formar uma união monetária sem esses amortecedores seria muito provavelmente doloroso caso ocorresse um choque substancial assimétrico.[4]

Resumo

Um grande número de importantes observações parece ter vindo da crise. Países com taxas de câmbio fixas precisam reconhecer que ajustes externos serão bastante desafiadores. Isso sugere duas coisas: uma, que é importante evitar tomar empréstimos em demasia se há uma taxa de câmbio fixa; de novo, não necessariamente pelo governo ou pelo estado, mas pela economia como um todo, porque se o país precisar equilibrar suas contas externas rapidamente, os ajustes provavelmente exigirão muito sacrifício. E duas, que se as taxas de câmbio são fixas, então deve haver outra forma de amortecer grandes choques.

As contribuições para este volume enfatizam a forma como a política fiscal e a política monetária operam com taxas de juros básicas próximas de zero, e este trabalho sugere que é importante ter estabilizadores fiscais dentro de uma união monetária, porque se a política monetária for funcionar com taxas de juros naquele nível, sem dispor de nenhuma agência que esteja trabalhando para estabilizar a economia com a política fiscal, haverá um problema. Além disso, os estados ou países que integram uma união monetária não deveriam adotar uma política fiscal extremamente rígida em uma recessão, porque sabemos que o estariam fazendo em um ambiente com multiplicadores muito altos. Portanto, as uniões monetárias também precisam dispor de alguma maneira de evitar essa situação.

Os economistas e formuladores de políticas econômicas aprenderam mais sobre os vínculos entre macroeconomia e finanças e o que alguns se referiram como "um círculo vicioso" entre os bancos e os títulos soberanos, destacando o fato de que é de suma importância que a debilidade dos bancos não se transforme em um choque assimétrico no interior da união monetária. Se, na ocasião em que o Washington Mutual estava passando por grandes dificuldades, o estado de Washington tivesse se colocado na posição de último recurso fiscal, teria ficado em uma posição fiscal bastante desafiadora. Em vez disso, foi um problema do FDIC (Federal Deposit Insurance Corporation – um tipo de fundo garantidor de créditos, veja mais no Capítulo 11), e não um problema para o estado de Washington. Isso destaca a importância

---

* N.E.: Teoria pela qual a adoção de uma moeda única em bases geográficas traz benefícios econômicos às regiões envolvidas por incrementar o comércio e integrar os mercados de capitais.

dos seguros de depósitos, supervisão bancária, financiadores de último recurso (veja no Capítulo 17) e resolução bancária, tudo em nível de união monetária, porque, caso esses instrumentos não existam, corre-se o risco de que o sistema financeiro dê origem a choques assimétricos.

As instituições da zona do euro estão mudando, em alguns casos muito mais rapidamente do que se poderia imaginar cinco anos atrás. Por outro lado, uma das coisas que a crise parece ter destacado é que não podemos ignorar o que já sabemos. As implicações dos regimes cambiais são uma área da economia na qual a literatura padrão poderia ter previsto a maior parte do que aconteceu. Já se tinha conhecimento, antes do lançamento do euro, que a mobilidade laboral era deficiente e que o federalismo fiscal era inexistente. O fato de que a carência de amortecedores de choques faria do euro uma aposta arriscada não era, nem de longe, ignorado. Do mesmo modo, a ausência de um financiador de última instância e a falta de supervisão prudencial por parte do BCE foram amplamente discutidas.[5] Enquanto profissão, aprendemos mais sobre as conexões macrofinanceiras, mas os riscos de uma união monetária com supervisões de apoio fragmentadas foram compreendidos.

Quando nos afastamos para observar melhor e levamos em consideração as decisões sobre regime cambial, fica claro que muitos países pequenos preferirão atrelar a taxa de câmbio, principalmente se estiverem vinculados a uma determinada economia. Além disso, parece que economias muito grandes com mercados financeiros abertos não estão dispostos a submeter a política monetária à taxa de câmbio. A questão é quais deles deveriam fazê-lo. Os países da zona do euro claramente decidiram sacrificar outras opções de políticas pela estabilidade da taxa de câmbio. Agir assim, porém, sem a estrutura institucional necessária, foi uma aposta. Nesse jogo, o risco foi de que a necessidade de uma mudança na estrutura institucional e na economia aconteceria antes de uma grande crise. A questão que surge, então, é que, agora que os custos são evidentes, poderão os formuladores de política econômica satisfazer as necessidades da estrutura institucional de forma rápida o bastante?

Notas

1. Ver Shambaugh (2012) para maiores discussões.

2. Ver Obstfeld e Rogoff (1995) e Klein e Marion (1997) para discussões anteriores. Klein e Shambaugh (2008) exploram a duração, assim como também a propensão, das saídas do regime cambial fixo para a reforma.

3. Câmbio fixo é definido aqui como um país cuja taxa de câmbio permanece em uma banda de 2 pontos porcentuais para cima ou para baixo no curso de um ano (excluindo-se dados de um único ano, que pode ser causado por ausência de volatilidade) ou aquelas que são perfeitamente planas, com a exceção de um único realinhamento. Ver Klein e Shambaugh (2010) para uma discussão extensiva sobre as classificações de regimes cambiais.

4. Ver Obstfeld (1997) e Obstfeld e Peri (1998) para mais discussões.

5. Ver Obstfeld (1997) para mais discussões.

Referências

Kang, Joong Shik, e Jay C. Shambaugh. 2013. "The Evolution of Current Account Deficits in the GIPs and the Baltics: Many Paths to the Same Endpoint." Working paper do FMI, Fundo Monetário Internacional, Washington, DC.

Keynes, John M. 1925. *The Economic Consequences of Mr. Churchill*. Londres: Hogarth Press.

Klein, Michael, e Nancy P. Marion. 1997. "Explaining the Duration of Exchange-Rate Pegs." *Journal of Development Economics* 54 (2): 387-404.

Klein, Michael W., e Jay C. Shambaugh. 2008. "The Dynamics of Exchange Rate Regimes: Fixes, Floats, and Flips." *Journal of International Economics* 75 (1): 70-92.

Klein, Michael W., e Jay C. Shambaugh. 2010. *Exchange Rate Regimes in the Modern Era*. Cambridge, MA: MIT Press.

Lane, Philip, e Barbara Pels. 2012. "Current Account Imbalances in Europe." Centro de Pesquisa de Economia Política. Discussion Paper DP8958, Centro de Pesquisa de Economia Política, Londres. http://www.papers.ssrn.com/sol3/papers.cfm?abstract_id=2066331.

Mundell, Robert A. 1961. "A Theory of Optimun Currency Areas." *American Economic Reviews* 51 (4): 657-665.

Obstfeld, Maurice. 1997. "Europe's Gamble." *Brookings Papers on Economic Activity* 2:241-317.

Obstfeld, Maurice, e Giovanni Peri. 1998. "Regional Non-adjustment and Fiscal Policy." *Economic Paper* 13(26): 205-248.

Obstfeld, Maurice, e Kenneth Rogoff. 1995. "The Mirage of Fixed Exchange Rates." *Journal of Economic Perspectives* 9 (Outono): 73-96.

Shambaugh, Jay, 2012. "The Euro's Three Crises." *Brookings Papers on Economic Activity,* Primavera, 157-211.

20

Regimes Cambiais: Espanha e Reino Unido

Martin Wolf

O esforço de unir os estados pode levar, ao contrário, a um maior crescimento dos atritos entre eles. Se assim for, tal evento acabaria se tornando a clássica definição de tragédia: hubris (arrogância); ate (insensatez); nemesis (destruição).
— Martin Wolf, *Financial Times*, Dezembro 1991.

A criação do euro encontra-se entre os mais revolucionários acontecimentos da história monetária. As economias europeias desenvolvidas concordaram em substituir suas moedas nacionais por uma moeda fiduciária compartilhada, administrada por uma instituição conjunta, o Banco Central Europeu (BCE). E fizeram isso, ademais, dispensando a concordância de quaisquer outros componentes do setor monetário contemporâneo, inclusive mecanismos de transferência fiscal ou regulamentações e apoios em comum do sistema bancário. Com relação a tudo isso, os governos dos países-membros permaneceram soberanos, ainda que restringidos, em termos nocionais, por um conjunto de regras sobre dívida e deficit fiscal.

Uma possível justificativa para essa extremamente limitada infraestrutura institucional foi que as regras com relação à política fiscal, aliada à capacidade do banco central de exercer o papel de financiador de última instância em uma crise seriam, ambas, suficientes para garantir a estabilidade adequada. As duas poderiam prevenir crises ou, caso não conseguissem, torná-las pelo menos minimamente gerenciáveis. Outra possível justificativa era a crença de que isso era essencial ao menos para começar. Uma vez que a zona do euro fosse lançada, qualquer falha em prevenir ou em gerenciar graves crises motivaria os formuladores de políticas econômicas a recriar instituições que tivessem sido abandonadas ou aprimorar as já existentes.

No início de 2013, após uns três anos de crise, o quadro institucional da zona do euro mostrava-se inadequado. O fato de que a crise forçou rápidas inovações políticas e institucionais é prova disso. O que existia antes da crise se mostrou inadequado, porém, se uma crise mais severa produziria as reformas necessárias para aperfeiçoar a resiliência da zona do euro é algo que continua obscuro.

Para tentar definir quais reformas são necessárias, devemos começar perguntando o que deu errado. Esse é um tópico sobre o qual Paul De Grauwe, antigo membro da Universidade de Leuven e atualmente na Escola de Economia de Londres, tem contribuído para esclarecer em numerosos estudos e artigos.[1] As conclusões dele são de que a zona do euro simplesmente precisa de uma ampla reformulação, particularmente nas políticas do banco central. E a minha conclusão é de que o euro foi uma má ideia. Ambas podem estar corretas.

Com certeza, a perda da autonomia dos governos dos estados-membros impôs grandes custos a eles e seus cidadãos. Uma maneira excelente de mostrar isso é contrastar as experiências da Espanha e do Reino Unido na crise. A Espanha carece de instrumentos para lidar com uma grande crise financeira com alguma facilidade. O Reino Unido dispõe dessas ferramentas, embora tenha falhado em utilizá-las plenamente, como deveria ter feito.

Os Casos Contrastantes da Espanha e do Reino Unido

A Espanha e o Reino Unido são países atingidos pela crise. Desde que ela se iniciou, ambos têm ficado em situação fiscal ruim. Eles também têm grandes problemas nos respectivos segmentos bancários, embora eles não sejam exatamente os mesmos: A Espanha está enormemente endividada em função de um grande boom imobiliário; os bancos do Reino Unido passam apuros pela mesma razão, mas também foram prejudicados devido suas operações globais. Talvez cause surpresa que as consequências fiscais de suas distintas crises sejam notavelmente similares, como demonstrado na figura 20.1. A esperada evolução da relação dívida pública líquida/PIB nesses dois países é quase idêntica.

Para aqueles que acham que o principal determinante da taxa de juros da dívida do governo é a extensão desse endividamento, a implicação é evidente: A taxa de juros das dívidas públicas espanhola e britânica devem ser bem parecidas. Mas elas não são. Os juros dos títulos representativos da dívida pública do Reino Unido, de 10 anos, são muito mais semelhantes aos da Alemanha do que aos da Espanha, como mostra a figura 20.2, ainda que se espere que a dívida alemã esteja sob um controle muito melhor do que a britânica. A divergência entre os juros relativos às dívidas espanhola e inglesa tem sido, na verdade, muito grande. Isso tornou muito mais difícil para o governo espanhol gerenciar sua dívida e tem provocado amplos efeitos adversos nas condições monetárias e de crédito na Espanha em comparação com o Reino Unido.

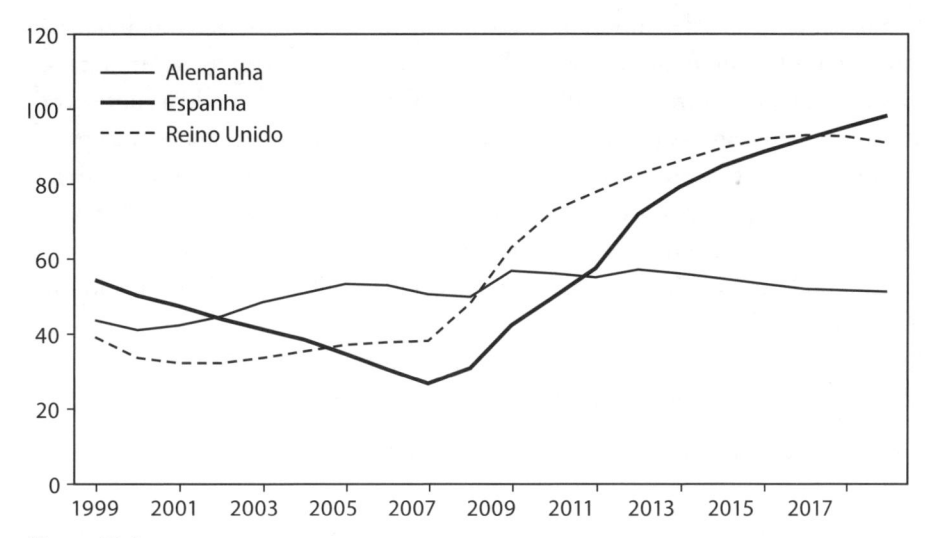

Figura 20.1
Relação Dívida Pública Líquida/PIB, Espanha, Reino Unido e Alemanha.
Fonte: Fundo Monetário Internacional, base de dados do World Economic Outlook, abril 2013.

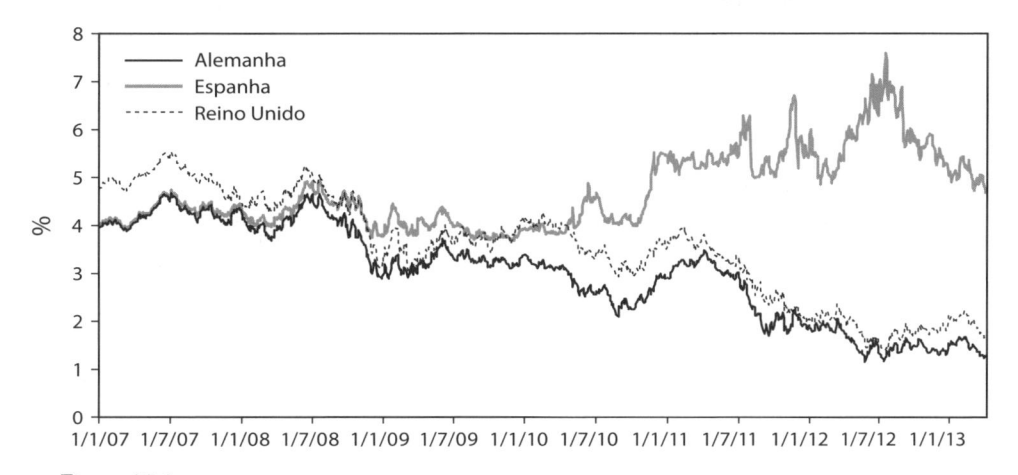

Figura 20.2
Juros sobre Títulos do Governo de 10 anos, Espanha, Reino Unido e Alemanha.
Fonte: Thomson Reuters Datastream.

Por que a diferença da taxa de juros entre os dois países foi tão grande? A resposta está basicamente no fato de que o Reino Unido é um país soberano, com seu próprio ministério das finanças, banco central e câmbio flutuante, enquanto a Espanha tem um governo subordinado a uma união monetária que tem um banco central supranacional (o BCE) e não tem um Tesouro (organismo responsável pelas receitas) compartilhado.

Vamos supor que os detentores de títulos da dívida do governo acreditem que não possam renová-los em termos razoáveis. Racionalmente, deveriam temer um total — e, possivelmente, repentino — inadimplemento. Os credores não podem confiscar os bens dos governos em caso de falência, como poderiam fazê-lo quando as empresas quebram. Isso acontece porque os governos nacionais são soberanos em suas próprias jurisdições. Assim, os aplicadores nesses títulos demandarão uma taxa de juros que os proteja contra o risco de inadimplemento. Mas, a uma taxa de juros tão elevada, o governo pode ser levado ao inadimplemento tão temido, fazendo do medo uma profecia autorrealizável.

Esse é o perigo dos equilíbrios múltiplos (veja a Introdução). Olivier Blanchard, do FMI, coloca a questão dessa forma:

Em dívidas muito altas, pode muito bem haver dois equilíbrios, um "bom equilíbrio" no qual as taxas são baixas e a dívida, sustentável, e o "mau equilíbrio", no qual as taxas são altas e, como resultado, o peso dos juros é maior e, por sua vez, a probabilidade de inadimplência é maior. Quando a dívida é muito alta, pode inclinar os investidores a ir do equilíbrio bom para o mau.[2]

Prevenir tal mudança é uma das funções do banco central. Assim, um banco central garante a liquidez no mercado para sua dívida soberana. Isso reduz imensamente o risco de uma súbita inadimplência. Essa diminuição do risco de liquidez aumenta a confiança dos detentores dos títulos. Como sempre, os riscos de liquidez e de solvência são bastante relacionados (veja Capítulo 17 sobre as diferenças e semelhanças entre esses dois riscos).

A principal razão das taxas de juros na Espanha serem superiores às do Reino Unido é que a Espanha não dispõe de acesso a um financiador de última instância. A dívida espanhola estava sujeita ao risco de liquidez, e, então, quando o risco de liquidez pareceu significativo, os mercados precificaram a dívida de acordo com essa percepção, forçando a Espanha a um mau equilíbrio. O BCE não estava disposto ou não acreditava ser capaz de garantir liquidez aos mercados para as dívidas soberanas da zona do euro. Em pânico, então, todos fugiram para a dívida mais segura, a da Alemanha, causando uma grande crise nos países cujas dívidas estavam em pior situação.

Lições das Intervenções do BCE

A plausibilidade do ponto de vista de que o principal problema da Espanha foi a inexistência de um banco central próprio é reforçada pelo que ocorreu quando o BCE finalmente demonstrou disposição de intervir no mercado da dívida pública dos países em dificuldade. O declínio dos juros da dívida da Espanha, mostrada na figura 20.2, data quase precisamente em 26 de julho de 2012. Foi quando o presidente do BCE, Mario Draghi, dirigindo-se a uma plateia em Londres, afirmou que "De acordo com nosso mandato, o BCE está pronto para fazer o que for necessário para preservar o euro. E, acreditem em mim: será o suficiente."³ Essa declaração, por sua vez, levou ao anúncio do BCE, em 2 de agosto, de seu programa Outright Monetary Transactions (OMT) com o objetivo de "salvaguardar uma transmissão apropriada de política monetária e a singularidade da política monetária".⁴ Acertadamente ou não, os mercados concluíram que o risco de uma inadimplência total repentina dos títulos da Espanha tinha diminuído bastante. Isso, por sua vez, levou os preços dos títulos de um equilíbrio mau para um melhor. Com a queda dos juros, o governo começou, de fato, a parecer mais solvente, justificando, assim, o otimismo renovado dos mercados.

Não por coincidência, o declínio do pico anterior da taxa de juros, no fim de 2011, data do anúncio do BCE do programa trienal Long-Term Refinancing Operation, no começo de dezembro de 2011.⁵ Entretanto, essa operação não foi bem-sucedida em manter as taxas de juros baixas. Com isso, o BCE foi levado a adotar o programa do OMT a despeito da oposição de Jens Weidmann, presidente do Bundesbank.⁶

De resto, tal como na Espanha, o mesmo declínio dos juros ocorreu na Itália, referendando fortemente o argumento de que foi a política do BCE, em não as ações dos governos, que explica a acentuada queda das taxas de juros dos títulos governamentais de longo prazo nos países vulneráveis.⁷ A capacidade do BCE de promover tal diminuição nos juros corrobora, exatamente, a previsão de Paul De Grauwe. Agora que isso se tornou uma realidade, ele analisou o ajuste em outro artigo importante. De Grauwe assinala que aquela foi uma situação de pânico autorrealizável que o BCE, por ora, debelou.⁸

A crise, portanto, foi em grande parte o resultado de permitir aos mercados de títulos do governo funcionarem sem uma supervisão "adulta". Felizmente, os adultos estão de volta. Trata-se de uma boa notícia para a zona do euro e para o mundo. Uma dura e inoportuna austeridade foi imposta só porque a zona do euro não tem um banco central próprio. Agora, ao menos, há algo que demonstra ser um pouco mais parecido com um banco central próprio.

Por que a Intervenção do BCE Não Eliminou O Prêmio de Risco Espanhol

Entretanto, a intervenção do BCE, bastante eficiente, embora esteja sendo a taxas mais baixas, não reduziu os juros espanhóis a níveis britânicos, ao menos até o momento em que este artigo foi escrito. Por que isso? É possível ver dois grupos de explicações.

Primeiro, o programa OMT do BCE opera debaixo de importantes limitações. A mais importante de todas é que o programa não é incondicional, embora, em princípio, seja bastante ilimitado. Sem condicionamento, o BCE não teria obtido aprovação interna ou consentimento externo, sobretudo do governo alemão, para intervir. Desse modo, o BCE declarou, em 2 de setembro de 2012:

Uma condição necessária para o para o Outright Monetary Transactions é ser estrita e eficazmente anexado ao programa European Financial Stability Facility/European Stability Mechanism (EFSF/ESM). Tais programas podem tomar a forma de um programa total de ajuste macroeconômico da EFSF/ESM ou um programa de precaução (Enhanced Conditions Credit Line), dado que eles incluem a possibilidade de compras do mercado primário da EFSF/ESM. O envolvimento do FMI também deve buscar por um desenho de condicionalidade específica do país e monitoraração de tal programa.[9]

Outra restrição é que a racionalidade explícita do programa não é a de dar suporte aos mercados de dívidas do governo, mas sim de fazer a política monetária funcionar de verdade. Essa racionalidade é ingênua, uma vez que permite ao BCE reclamar, hipoteticamente, que o objetivo do programa é monetário, em vez de fiscal e, assim, dentro de suas amplas atribuições, deixá-lo de fora de suas atribuições. Desse modo, o BCE anuncia:

O Conselho em Gestão considerará o Outright Monetary Transactions na abrangência de que eles são garantidos por uma perspectiva política monetária desde que o condicionamento do programa seja totalmente respeitado, e os termine uma vez que seus objetivos sejam alcançados ou quando não haja um não consentimento com o ajuste macroeconômico ou com o programa de precaução.

Como resultado, o BCE declarou: "As transações serão focadas na parte menor da curva do rendimento, e em particular nos títulos soberanos com um prazo entre um e três anos." Isso faz sentido para uma política monetária normal, mas as restrições limitam o compromisso do BCE a dar suporte ao mercado com dívida soberana.

Um segundo grupo de explicações para não ter conseguido um acordo sobre as taxas de juros de longo prazo entre a Espanha e o Reino Unido é que o anterior sofre com uma quantidade de desvantagens que o último não sofre. Isso inclui o risco de sair da zona do euro ou de um rompimento nessa região, risco de deflação e outras diferenças econômicas.

É impossível para o BCE, ou qualquer instituição, eliminar o risco de que a Espanha tenha que sair da zona do euro ou de que a zona do euro pode, por si própria, se quebrar. Até então, já que o risco continua a existir, os investidores em títulos da Espanha precisam adquirir seguro contra a possibilidade de uma redenominação repentina e onerosa em títulos em uma nova moeda que irá, então, depreciar rapidamente. Mais do que isso, no caso de tais redenominações, é muito provável que os controles de câmbio também sejam impostos, o que cria um outro risco para os investidores nos títulos do governo espanhol.

Além disso, se a zona do euro não fosse se romper ou se a Espanha não saísse, ela continuaria vulnerável ao risco de deflação. De fato, a deflação aberta é o mecanismo pelo qual a competitividade externa é restaurada dentro da união monetária. Mas a deflação aumentaria o verdadeiro valor da dívida espanhola, tornando a dívida deles menos sustentável. Se a deflação fosse grande o suficiente, o tempo esperado da dívida pode acabar sendo consideravelmente pior do que o mostrado na figura 20.1. Isso seria especialmente verdade se o processo de deflação também infringisse uma depressão mais profunda do que a esperada, deprimindo o denominador ainda por vir.

Por fim, parece que o desequilíbrio inicial da Espanha era maior do que o do Reino Unido. Seu deficit em conta corrente da época era 10 % do PIB em 2007, por exemplo, contra 2 % no Reino Unido. Por consequência, o ajuste que a Espanha precisaria parecer muito maior. Novamente, o lucro líquido da posição de investimento internacional da Espanha era bem mais negativa do que aquela do Reino Unido, tornando o país mais dependente dos investidores estrangeiros, que geralmente são, por uma boa razão, mais temerosos de inadimplência do que os investidores domésticos. A Espanha também teve um boom maior na construção do que o Reino Unido. Por todas essas razões, o país estava mais propenso a sofrer uma recessão mais longa e mais profunda do que o Reino Unido, como de fato ocorreu. Os investidores podem, com razão, supor que o governo de um país que esteja passando por um colapso tão profundo e intratável pode acabar não fazendo das suas obrigações com a dívida uma prioridade. Em suma, os investidores podem, com razão, chegar à conclusão de que a Espanha não era um risco de investimento tão bom quanto o Reino Unido.

As agências de classificação parecem ter chegado a essa conclusão. À época da escrita deste artigo, em junho de 2013, a Standard & Poor avaliou os títulos independentes do Reino Unido como AAA e o da Espanha como BBB—. A Moody os avaliou como Aa1 e Baa3, respectivamente. A Fitch os avaliou como AA+ e BBB. Essa grande lacuna entre as avaliações dos títulos dois países pode parcialmente refletir o fato adicional e importante de que o Reino Unido tem um histórico mais longo de gerenciar bem sua dívida do que a Espanha. Isso também pode refletir o comportamento normal das agências de classificação: "Sou sua agência de classificação, por isso, eu te sigo" parece ser o bordão de sempre deles com relação ao mercado. Mas a principal questão é que as agências de classificação rebaixaram os títulos independentes da Espanha massivamente, em comparação com os do Reino Unido.

Enquanto isso, o Reino Unido possuía vantagens compensatórias fundamentais. Primeiro, ajustes para uma mudança no desejo de manter as responsabilidades da chamada libra esterlina funcionaram, ao menos em parte, através do preço da moeda mais do que do preço dos títulos. Tamanha flexibilidade dos preços reduz a necessidade de ajustes quantitativos em resposta à mudanças no desejo de segurar as responsabilidades de um país. Na Espanha, ao contrário, uma grande quantidade de ajustes tem sido necessária. Isso é mostrado na escala da recessão, mostrada na figura 20.3, e no tamanho do ajuste da conta corrente, mostrado na figura 20.4. De um ponto de vista, o ajuste da Espanha é espantoso. Mas também é um forte indicador do colapso da absorção doméstica da Espanha, comparada com a do Reino Unido.

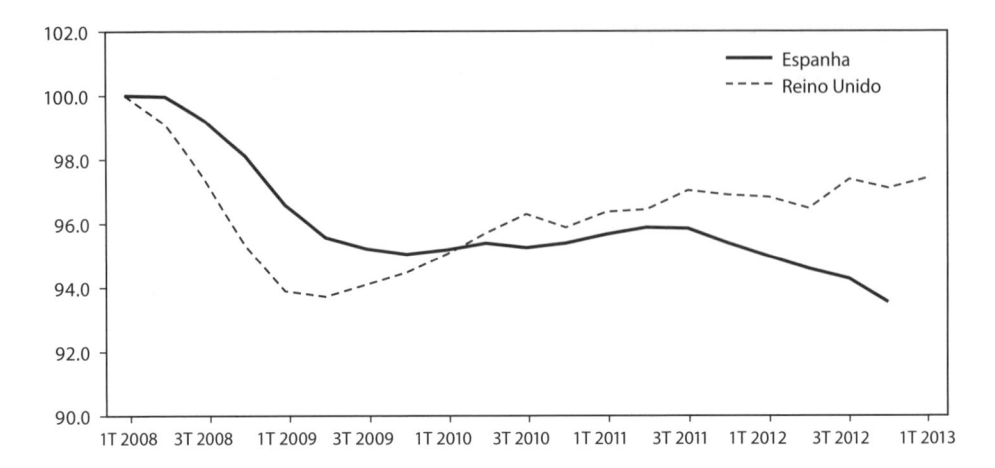

Figura 20.3
PIB na Crise, Espanha e Reino Unido.
Fonte: Fundo Monetário Internacional, Base de dados do World Economic Outlook, abril, 2013.

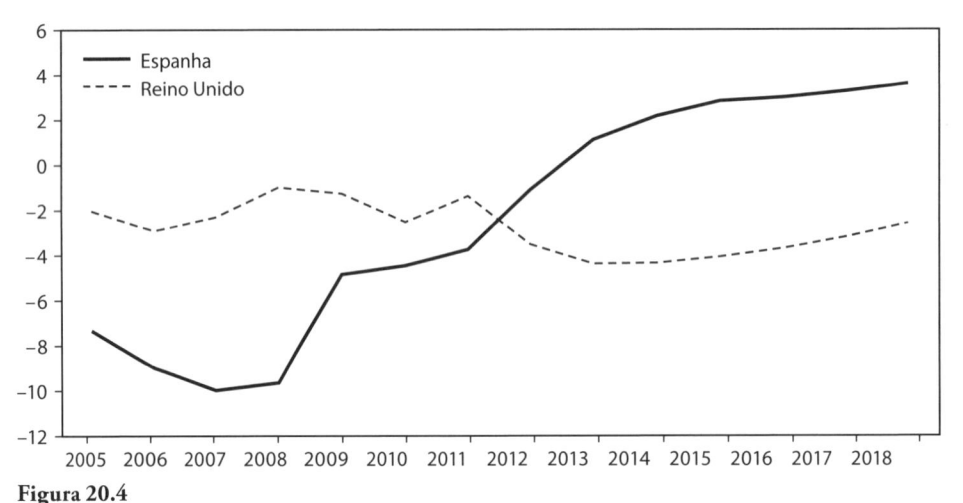

Figura 20.4
Saldo Atual (tal como compartilhado do PIB).
Fonte: Fundo Monetário Internacional, Base de dados do World Economic Outlook, abril, 2013.

Em cima disso, o Reino Unido captou poupadores que precisam combinar a moeda de seus recursos com aquelas de suas dívidas. Desse modo, numa crise, as dívidas do governo do Reino Unido oferecem um paraíso seguro para esses investidores, junto às quais haverá seguros e fundos de pensão. Na zona do euro, porém, o lugar seguro relevante é em particular a dívida do governo da Alemanha, e, numa menor extensão de outros países credores estáveis, tal como a Holanda. Desse modo, numa crise, os poupadores nacionais temerosos voarão em direção à dívida do governo britânico e se afastarão da dívida do governo espanhol.

Por que as Desvantagens de uma Área Monetária São Parcialmente Inevitáveis

Quase todas essas diferenças entre o Reino Unido e a Espanha, desde a falta de um banco central apropriado à escala de desequilíbrio econômico, deriva do fato de a Espanha ser um membro da zona do euro, enquanto o Reino Unido não é. Ser membro da área monetária se mostrou ser uma grande desvantagem para lidar com uma crise financeira severa. A pergunta principal é se, com uma estrutura institucional diferente, essas desvantagens poderiam ter sido ou podem ser evitadas.

De alguma forma, a resposta deve ser não. As vantagens são de um país com sua própria moeda flutuante e com um banco central grande, ao menos quando lida com as consequências contraditórias de uma grande crise financeira.

Lembre-se, também, de que o objetivo de criar a zona do euro era o de promover os fluxos capitais internos. Desse modo, o grande fluxo de recursos financeiros internacionais que precedeu (e, assim, desengatilhou) a crise dificilmente foi um erro acidental no sistema. Eles eram uma aparição deliberada. De igual forma, a zona do euro foi moldada, bem deliberadamente, como um objetivo de ser independente de um banco central que precisava focar na estabilidade de preços e espera não financiar governos diretamente, não importando o que acontecesse. Mais do que isso, numa união multi-monetária, a única alternativa para uma independência tão grande de um banco central teria sido a subordinação a um comitê de ministros de finanças. Ainda que tal arranjo seja plausível, teria sido extremamente lento nas suas ações e, de qualquer forma, inaceitável para a Alemanha e um bom número de outros países-membros. Então, temos que nos lembrar da independência do banco central e da natureza de seu mandato como uma característica ao menos desta união monetária. Consequentemente, o BCE não pode ter um compromisso ilimitado e incondicional com aquisições da dívida pública. Um compromisso limitado ou condicional não pode ser completamente crível, e a falta de credibilidade no compromisso do banco central não mudará as expectativas adversas de forma durável e completa.

É claro, algumas dessas características da zona do euro não eram realmente necessárias. A Alemanha poderia, por exemplo, ter tido uma filosofia diferente da política monetária e do gerenciamento macroeconômico. Poderia ter sido mais como a dos Estados Unidos. Isso teria tornado mais fácil para o BCE intervir nos mercados de dívidas independentes, como De Grauwe queria, em larga escala. As dificuldades vividas na união monetária teriam, então, sido menores. Mas o fato de que os países credores gostariam de restringir o apoio que ofereceram aos países devedores e que os países com problemas encararam desafios incrivelmente difíceis em gerenciar a crise e o ajuste subsequente são inerentes em quase todas as uniões monetárias concebidas.

Por que a Zona do Euro Foi uma Péssima Ideia

Qual é a conclusão? Será que havia grandes riscos na criação do euro, alguns inevitáveis, alguns inerentes no seu molde? A natureza e a extensão desses riscos foram revelados na crise.

Por que as pessoas estavam despreocupadas com esses riscos antes da crise? Boa parte é porque muitas pessoas acreditavam que o risco cambial era a fonte principal da crise. Esse ponto de vista, com certeza, era consistente com a experiência de 1960, 1970, 1980 e 1990. Em decorrência, os defensores do euro pensaram que a eliminação de moedas diferentes excluiria a maioria dos riscos de crises.

Os acontecimentos provaram que essa proposição era falsa. Na realidade, desde 2010, os formuladores de políticas econômicas da zona do euro e os economistas descobriram que o oposto era o correto. Primeiro, o risco cambial não pode ser extinto, uma vez que há sempre a possibilidade de que as moedas sejam recriadas. Segundo, o risco cambial ressurgirá de outras formas, particularmente na forma de choques de oferta e crises fiscais e financeiras. Por fim, quando tais riscos se tornam reais, irão se constituir em fortes dores de cabeça — financeiras, econômicas, sociais e políticas.

A suprema lição que a crise nos ensinou é que os países de renda alta e partícipes de uma união monetária são mais vulneráveis crises de balanço de pagamento com crises financeiras relativamente a países semelhantes com taxas de câmbio flutuantes e seus próprios bancos centrais. A união monetária, de fato, substituiu as breves crises monetárias e os realinhamentos dos preços relativos das moedas nacionais do antigo mecanismo cambial, por algo que agora parece ser uma crise política, de emprego e de solvência de longo prazo. Um banco central mais ativo, disposto a pressionar a dívida soberana na direção de equilíbrios bons e para longe dos equilíbrios maus, seria de grande ajuda. Porém, por razões, em grande parte, intrínsecas a qualquer união monetária, e certamente inerentes à zona do euro, o BCE não agirá como um banco central nacional. A questão a ser decidida pelos integrantes dessa união monetária é se o estresse que sofreram como resultado valeu a pena.

Notas

1. Ver Paul De Grauwe, "The Governance of a Fragile Eurozone", Universidade de Leuven, abril 2011, http://www.econ.kuleuven.be/ew/academic/intecon/Degrauwe/PDG-papers/Discussion_papers/Governance-fragile-eurozone_s.pdf; idem, "Managing a Fragile Eurozone", Vox, 10 de maio de 2011, http://www.voweu.org/article/managing-fragile-eurozone; Paul De Grauwe e Yuemei Ji, "Mispricing of Sovereign Risk and Multiple Equilibria in the Eurozone", Documento de Trabalho do CEPs, 20 de janeiro de 2012,

http://www.ceps.eu/book/mispricing-sovereing-risk-and-multiple-equilibria-eurozone; e idem, "Mispricing of Sovereign Risk and Multiple Equilibria in the Eurozone", Vox, 23 de janeiro de 2012, http://www.voxeu.org/article/mispricing-sovereing-risk-and-multiple-equilibria-eurozone.

2. Olivier Blanchard. "Rethinking Macroeconomic Policy", blogspot, FMI Direct, 29 de abril de 2013. http://www.blog-indirect.imf.org/2013/04/29/rethinking.macroeconomic-policy.

3. Mario Dragui, presidente do Banco Central Europeu, discurso dado na Conferência de Investimento Global, Londres, 26 de julho de 2012, http://www.ecb.int/press/key/date/2012/html/pr120906_1.en.html.

4. Banco Central Europeu, "Techinal Feautures of Outright Monetary Transactions", comunicado de imprensa, Banco Central Europeu, Bruxelas, Bruxelas, 6 de setembro de 2012, http://www.ecb.europa.eu/press/pr/date/2012/html/pr120906_1.en.html.

5. Banco Central Europeu, "ECB Announces Measures to Support Bank Lending and Money Market Activity", comunicado de imprensa, Banco Central EuropeuBanco, Bruxelas, 8 de dezembro de 2011, http://www.ecb.europa.eu/press/pr/date/2011/html/pr111208_1.en.html.

6. Michael Steen, "Weidmann Isolated as ECB Plan Approved", *Financial Times*, 7 de setembro, 2012.

7. Ver Joe Wiesenthal, "In One Chart, Here's Why Roger Altman Is Wrong about How the Markets Forced Austerity on Europe," BusinessInsider.com, maio de 2013, http://www.businessinsider.com/in-one-chart-heres-why-roger-altman-is-wrong-about-how-the-markets-forced-austerity-on-europe-2013-5; e Paul Krugman, "All About the ECB", blogspot, NewYorkTimes.com, 10 de maio de 2013, http://www.krugman.blogs.nytimes.com/2013/05/10/all-about-the-ecb.

8. Ver Paul De Grauwe e Yuemei Ji, "More Evidence That Financial Markets Imposed Excessive Austerity in the Eurozone", Comentário do CEPS, 5 de fevereiro de 2013, http://www.ceps.eu/book/more-evidence-financial-markets-imposed-excessive-austerity-eurozone; idem "Panic-Driven Austerity in the Eurozone and Its Implications," Vox, 21 de fevereiro, 2013, http://www.voxeu.org/article/panic-driven-austerity-eurozone-and-its-implications.

9. Banco Central Europeu, "Technical Features of Outright Monetary Transactions," comunicado de imprensa, Banco Central Europeu, Bruxelas, 6 de setembro, 2012; http://www.ecb.int/press/pr/date/2012/html/pr120906_1.en.html.

21
Regimes Cambiais: Revisitando o Debate da Taxa Cambial Fixa e Flutuante

Gang Yi

A China como uma Área Monetária Ótima

A China é um país grande com tremendas diferenças territoriais. A disparidade existente entre as regiões oriental e ocidental excede, de certo modo, a da zona do euro. Por exemplo, na parte oriental da China (tais como o Delta do Rio das Pérolas), a renda per capita é cerca de cinco vezes a da parte ocidental (tais como as províncias de Guizhou e Qinghai), enquanto dentro da zona do euro, a renda per capita da Alemanha é apenas cerca de 1,5 vez maior do que a da Grécia. Contudo, mesmo com essas diferenças, a China ainda está melhor posicionada como uma área monetária ótima do que a zona do euro e pode emitir uma moeda única, já que a China satisfaz diversos elementos-chave requeridos por uma área monetária ótima.

A primeira tem a ver com as configurações fiscais. A China, na condição de país soberano, possui um sistema centralizado de transferências fiscais que permite, todos os anos, transferir fundos das regiões relativamente ricas na área costeira para os locais pobres, menos desenvolvidos, das regiões centrais e ocidentais. Em segundo lugar, a China tem elevada mobilidade laboral. Muitas pessoas das regiões de baixa renda procuram melhores oportunidades de trabalho nas regiões de alta renda; consequentemente, pelo menos 160 milhões de trabalhadores rurais estão agora trabalhando nas cidades chinesas. Em terceiro, a China tem um mercado doméstico bastante unificado que compartilha um sistema comercial e de transporte integrado. Os mercados domésticos, tais como os de commodities e produtos, são todos homogêneos. Quarto, as políticas macroeconômicas da China são bastante eficazes e coordenadas. Essas são algumas das razões pelas quais a China poder ser vista como uma área monetária ótima, mesmo que as diferenças regionais entre as áreas rica e pobre, em termos de renda per capita, ainda sejam muito grandes. Contanto que as políticas de transferência fiscal e macroeconômicas funcionem bem e o mercado de trabalho mantenha-se altamente móvel, a China, enquanto área monetária ótima, vai funcionar tranquilamente e continuará sustentável, não obstante a provável permanência das condições díspares dentro da China.

Outra razão que eu gostaria de mencionar é a capacidade do governo chinês de lidar com os riscos financeiros sistêmicos. Por exemplo, eu estava envolvido no combate às crises financeiras na qualidade de representante chave do Banco Popular da China. Crises financeiras locais estavam eclodindo nas províncias ou regiões, incluindo as províncias de Guangdong e, em seguida, Hunan, no final dos anos 1990, assim como nas regiões autônomas de Xinjiang Uygur e Ningxia Hui.

Guangdong é uma área desenvolvida, com muitas pessoas ricas. Mas, no final da década de 1990, Guangdong viveu uma grande insolvência fiscal e problemas financeiros institucionais. Outras regiões, tais como Ningxia e Xinjiang, embora menos desenvolvidas, também passaram por dificuldades financeiras. Quando precisamos lidar com esse tipo de problema, normalmente temos que decidir primeiro se o banco central deveria intervir proporcionando liquidez como emprestador de última instância. Nós também necessitamos descobrir como tratar a dívida do governo local bem como a relação entre os governos locais e central. E temos que estruturar um conjunto de ações de forma não só a evitar riscos morais, mas também acalmar a situação de crise. Assim, a habilidade do Banco Popular da China e outros supervisores financeiros de identificar problemas e lidar com potenciais riscos sistêmicos foram testados e provados, solidificando a base na qual a moeda única se assenta.

As Escolhas de Políticas da China sobre os Regimes Cambiais

Tem havido um contínuo debate teórico na história dos regimes cambiais desde o início dos anos 1970, quando o acordo de Bretton Woods entrou em colapso, e os regimes cambiais de muitos países permaneceram evoluindo. Na verdade, os arranjos cambiais não se inserem em uma simples dicotomia entre taxas de câmbio fixas ou flutuantes.

De acordo com o FMI, há oito categorias de regimes cambiais, e o ponto de vista do FMI com relação a eles também acabou evoluindo com o tempo. Durante a era de Bretton Woods, o FMI opinava que regimes cambiais fixos eram a melhor opção. Antes da crise argentina, defendia a visão bipolar (fixo ou flutuante), e após a crise advogava a favor de taxas de câmbio flutuantes. Depois de 2009, o FMI passou a argumentar que todos os arranjos cambiais têm méritos e deméritos.

O regime de taxa de câmbio flutuante tem diversas vantagens. Em primeiro lugar, usar uma taxa de câmbio flutuante torna mais fácil ajustar-se aos choques econômicos, e o arranjo, em si, é menos vulnerável aos ataques especulativos. Também contribui para evitar a alocação equivocada de recursos causada por distorções cambiais. Mas uma taxa de câmbio flutuante também tem seus problemas. Por exemplo, ela pode causar incerteza, excesso de flutuação ou extrema volatilidade, e isso leva a um maior risco cambial. Regimes cambiais fixos são favoráveis porque ocasionam taxas inflacionárias baixas em (países em desenvolvimentos) e facilitam maiores investimentos e transações comerciais. No entanto, também resultam em distorções cambiais e são vulneráveis a crises cambiais e fluxos especulativos de capital.

Neste ponto, vou discutir brevemente o progresso da China quanto às reformas de regimes cambiais. Em 1994, a China unificou o chamado "regime cambial duplo", que costumava usar dois preços diferentes de câmbio para o renminbi (moeda oficial da República Popular da China, cuja unidade monetária é o yuan). A partir daí, a China vem implementando um regime de taxa de câmbio flutuante, e as reformas têm adotado uma abordagem cautelosa, o que se encaixa perfeitamente nas circunstâncias específicas da China. De 1994 até 2002, a taxa de câmbio real efetiva (REER, sigla em inglês) do renminbi, que é regularmente compilada pelo Bank of International Settlements, aumentou rapidamente junto com o dólar americano, ao qual a moeda chinesa estava fixada. Entre 2002 e 2005, quando o dólar americano perdeu valor, o renminbi começou a se depreciar também, o que causou alguns problemas e disputas.

Em 2005, as condições prévias para a reforma do mecanismo cambial já estavam postas. Por exemplo, as reformas financeiras caminhavam, e os grandes bancos estatais encontravam-se reformulados e listados* (ou estavam para ser listados). O mercado cambial havia sido aprimorado e estava em andamento a gradual abertura da conta de capitais da China. Mais importante, a China estava experimentando um crescimento estável e uma inflação baixa, um pano de fundo relativamente favorável para a reforma. Assim, no momento oportuno, a China resolveu flexibilizar o renminbi do dólar, e a flexibilização da taxa de câmbio do renminbi ocorreu logo depois. Da reforma de 2005 ao final de fevereiro de 2013, a taxa de câmbio do reinminbi, em comparação com o dólar americano, valorizou cerca de 32% em termos nominais e mais de 36% em termos reais. A tendência da taxa de câmbio do renminbi mudou de uma apreciação unilateral para uma de bandas cambiais, e o preço agora está uma ampla faixa de equilíbrio.

Entretanto, o processo de reforma foi interrompido pela crise financeira mundial, quando tivemos que estreitar a banda de flutuação diária do renminbi em virtude da situação no período pós-Lehman Brothers. Isto posto, o renminbi não se depreciou tanto quanto as moedas de outros países emergentes. Mas o processo de reforma não ficou em suspenso por muito tempo. Em 19 de junho de 2010, a China decidiu promover ainda mais reformas no mecanismo cambial baseadas no mercado, utilizando uma cesta de moedas, enfatizando o papel fundamental da oferta e da demanda, e a flexibilidade do renminbi. Em 16 de abril de 2012, a China ampliou a banda de flutuação diária do reinminbi de ± 0,5% para ± 1%. Também desde 2002 o Banco Popular da China reduziu significativamente sua intervenção no mercado. Até a pre-

---

* N.E.: Diz-se dos bancos que estão homologados, isto é, que atendem aos requisitos exigidos pelas autoridades monetárias para operar determinadas transações financeiras.

sente data, as forças do mercado estão desempenhando um papel predominante na formação da taxa de câmbio do renminbi. O regime cambial da China sem dúvida está se tornando mais e mais orientado pelo mercado.

Não obstante, um regime de taxa de câmbio flutuante não descarta uma intervenção no mercado cambial. Em algumas circunstâncias, a intervenção ainda é justificável. Por exemplo, quando a taxa de câmbio ultrapassa a banda pré-determinada, ou quando há grandes desequilíbrios na conta de capitais, ou, ainda, quando o mercado financeiro se vê envolvido em crises turbulentas, a intervenção no mercado pode ser restabelecida como uma via de mão dupla, visando prevenir ou corrigir uma exagerada flutuação de curto prazo da taxa de câmbio.

Em função de taxas de câmbio mais flexíveis, tanto em termos nominais quanto reais, o superavit em conta corrente da China como porcentual do PIB declinou significativamente. Essa relação atingiu um pico entre 2007 e 2008, caindo rapidamente logo em seguida. Em 2011, tinha diminuído para 1,9%, quando em 2012 era de 2,3%.

A direção da reforma da taxa de câmbio do renminbi é irreversível. A China continuará a aprimorar a flexibilização da taxa de câmbio e, em futuro próximo, aumentará a banda de flutuação do renminbi ainda mais, fazendo com que as forças de mercado (oferta e procura) desempenhem um papel fundamental na formação dos preços no mercado de câmbio. A China deverá, também, reduzir as intervenções do banco central, melhorar a condição do mercado de câmbio de se autoequilibrar, e aprimorar a capacidade das instituições financeiras na precificação e gestão de riscos.

A Taxa de Câmbio e os Ajustes na Economia Real

Taxas de câmbio e economia real estão naturalmente interligadas. Um ajuste cambial influenciará a economia real, que se ajustará em conformidade. A China tem sido bem-sucedida em três de seus quatro objetivos macroeconômicos, a saber: crescimento, emprego e inflação. Com relação ao quarto, o balanço de pagamentos, a China atravessou um período de superavit em conta corrente relativamente grandes, mas nos anos recentes o superavit tem convergido para níveis normais.

A questão que se apresenta é: Como podemos colocar esse ajuste em um caminho sustentável? É muito importante enfatizar que um balanço de pagamentos mais ou menos equilibrado é a meta a ser perseguida. E esse processo de ajuste, iniciado anos atrás, continuará no futuro. Os ajustes começaram pelos salários; portanto, pode-se esperar um aumento constante do custo da mão de obra. Recentemente, em especial nos últimos cinco anos, o custo da mão de obra tem crescido ainda mais rapidamente.

Desde os anos 1990, o custo da mão de obra na China tem crescido em ritmo inferior ao da produtividade. Ao longo dos últimos cinco anos, no entanto, aumentou a taxas ligeiramente superiores às da produtividade, o que implica que a competitividade chinesa diminuiu.

Em minha opinião, trata-se de um ajuste saudável, pois ajuda a elevar o consumo. Isso também pode ser visto como um efeito de "catch-up". Há, aí, um processo que continuará enquanto as empresas permanecerem lucrativas, algo em que acredito.

O segundo ajuste também está ligado ao custo da mão de obra, mas não em termos de salários. Eu me refiro ao sistema de seguridade social dos trabalhadores — pensões, seguros médicos, e por aí vai. Esse sistema tem sido aprimorado nos anos mais recentes, e tem recebido especial atenção a configuração de um sistema social de amplo alcance nacional que englobe não apenas os trabalhadores urbanos mas, também, os que trabalhavam no campo e migraram para as cidades. No momento, estamos nos esforçando para aperfeiçoar ainda mais esse sistema de seguridade no sentido de garantir que aqueles migrantes possam usufruir de seus direitos de cidadania no que diz respeito aos benefícios da seguridade social. Se pudermos fazer esse sistema funcionar, essa parcela dos custos certamente aumentará, levando a custos trabalhistas mais elevados.

A terceira fonte de rápido incremento dos custos está no meio ambiente, e se vincula à poluição do ar, do solo e da água, algo que tem se constituído em um sério problema para a China, atualmente. O governo e o povo chinês se deram conta de que a situação atual é insustentável, e seus investimentos em proteção ambiental (os quais, em outras palavras, se relacionam aos custos) elevaram-se consideravelmente. Também se espera que as melhores práticas ambientais na indústria manufatureira causem uma retração na competitividade dos produtos da China. No futuro, é possível que os preços da energia na China e os de outros recursos (tais como água e serviços públicos) continuem crescendo até atingir níveis econômicos sustentáveis. Todos esses ajustes que mencionei são saudáveis, porém, sem sombra de dúvida, afetarão o grau de competitividade chinês.

Qual será o resultado final de tudo isso? Em minha opinião, desde que possamos manter um balanço de pagamentos mais ou menos equilibrado, esse processo de ajustes pode continuar, algo salutar para a China e que também contribuirá para o reequilíbrio da economia mundial. Até onde posso ver, esse processo permanecerá indo adiante, e através de canais tais como preços, ajustará a economia e alcançará o que estamos perseguindo há anos, que é um balanço de pagamentos relativamente equilibrado. A China se tornou um país cujas importações são um fator muito relevante na economia mundial. Atualmente, o volume anual das compras da China no exterior chega a cerca de US$2 trilhões. Se essa tendência continuar, uma estimativa conservadora indica que as importações da China crescerão a uma taxa de 6% ao ano, no mínimo. E, por volta de 2020, estarão próximas de US$3 trilhões, o que será de grande ajuda para equilibrar a situação de sua conta corrente.

VI
Gerenciamento da Conta de Capitais

22

Gerenciamento da Conta de Capitais: Rumo a um Novo Consenso?

Duvvuri Subbarao

Mudança Intelectual nos Controles de Capital

A alteração do modo como, em âmbito mundial, se encara a gestão da conta de capitais é, de longe, uma das mudanças intelectuais mais marcantes trazidas pela crise. Em seu discurso de abertura da conferência, a diretora do FMI, Christine Lagarde, disse que a crise pôs por terra o consenso sobre uma série de questões e princípios macroeconômicos. Em nenhum outro aspecto isso é mais verdadeiro do que no amplo domínio das políticas de gerenciamento da conta de capitais. Em minha opinião, as três grandes questões nas quais os consensos pré-crise se desfizeram são as seguintes: Primeiro, o movimento em direção de uma abertura total da conta de capitais; segundo, o uso de controles de capital como ferramentas de estabilização de curto prazo; e terceiro, o desejo de intervenção cambial. Vou falar rapidamente sobre cada uma delas.

Movimento em Direção de uma Abertura Total da Conta de Capitais

A primeira questão cujo consenso foi quebrado é a necessidade de uma abertura total da conta de capitais[*]. Antes da crise, o consenso era de que todos os países deveriam, por fim, encaminhar-se rumo a uma conta de capitais completamente livre. O debate se dava apenas com relação à estratégia apropriada — em particular, com relação ao sequenciamento e senso de oportunidade — da transição para a conversibilidade total dos ativos.

China e Índia

Deixe-me trazer o exemplo da Índia. Estabelecer uma conta de capitais completamente conversível tem sido sempre nosso objetivo político. Nesse rumo, a única variável era o itinerário, o qual, como foi acordado, deveria ser redefinido de tempos em tempos, consistente com a situação de momento. Também houve um acordo geral de que

---

[*] N.E.: Em uma situação dessas, há no país total liberdade de movimentação de capitais e conversibilidade da moeda às taxas de câmbio definidas pelo mercado.

nós deveríamos começar pela taxa de câmbio flutuante e não mais controlar as taxas de juros, e só então ocupar-se com a conta de capitais, considerando, racionalmente, que essa seria a melhor estratégia pra preservar a estabilidade macroeconômica.

Também tem havido, na China, um longo e vigoroso debate a propósito da abertura da conta de capitais, com um consenso quanto ao sequenciamento similar ao da Índia. Porém, nos últimos anos, a China, aparentemente, mudou sua estratégia, como ficou evidente pelo direcionamento político do país. Aceitando-se que as medidas de internacionalização do renminbi são um grande passo rumo à conversibilidade da conta de capitais, então essa iniciativa da China foi muito mais ousada do que suas ações de liberação das taxas de juros e de câmbio.

Controles e Estabilidade Financeira

No entanto, a crise mudou tudo isso. Ela deslocou a discussão sobre a estratégia e oportunidade da conversibilidade da conta de capitais, questionando sua necessidade imperativa. Em outras palavras, o consenso anterior de que todos os países deveriam se encaminhar só eventualmente, quando fosse possível, para uma conta de capitais completamente livre, se desfez.

O principal argumento que apoia o novo ponto de vista — de que a total conversibilidade da conta de capitais não precisa ser um objetivo final — são os controles preventivos dos mercados emergentes sobre a adoção de alguns dos produtos financeiros que se mostraram tóxicos nos países desenvolvidos. Então, há mérito, argumenta-se, em manter os controles de capital. Contra isso há o velho argumento, que ainda goza de certa capacidade de persuasão, de que os países, para se tornarem mais integrados economicamente, necessitarão se tornar mais integrados financeiramente.

Com esse pano de fundo, as perguntas concernentes ao movimento em direção a uma conta de capitais completamente aberta são as seguintes:

1. Embora haja um consenso virtual de que transações comerciais livres significam uma melhoria no bem-estar geral, as opiniões se dividem quanto às virtudes da abertura financeira. O que explica essa diferença? De que maneira a liberalização financeira difere da liberalização comercial?

2. A conversibilidade total da conta de capitais ainda é um objetivo apropriado para qualquer país?

3. Se for, qual a melhor estratégia para alcançá-lo? Deveria ser festina lente*, ou "apressa-te devagar"?

---

* N.E.: Expressão em latim, cuja tradução é "apressa-te devagar", atribuída ao imperador romano Augusto. A ideia é que um trabalho feito com calma e precisão é melhor executado do que se fosse feito atabalhoadamente só para ser terminado dentro do prazo previsto.

Controles de Capital como uma Ferramenta de Estabilização

A segunda questão consensual na pré-crise, desfeita no pós-crise, refere-se ao uso do controle de capitais como ferramenta de estabilização. Antes, havia consenso de que se tratava de um instrumento ruim, sempre e em qualquer lugar. Essa unanimidade já não existe mais. O conhecimento corrente, hoje, é de que o controle de capitais não apenas são apropriados mas, até mesmo, desejáveis em certas circunstâncias. Apesar disso, há alguma divergência a respeito.

A Eficácia do Controle de Capitais

Há polêmica sobre a eficácia do controle de capitais. As pessoas questionaram a eficácia com base em dois argumentos principais: Primeiro, o controle de capitais não altera o volume dos fluxos financeiros, mas somente seu teor e, segundo, o controle de capitais pode ser facilmente contornado camuflando fluxos de curto prazo como se fossem de longo prazo.

Controle de Preço *versus* Controle de Quantidade

Há, também, o debate sobre quais tipos de controles são eficazes. Os países adotaram controles com base nos preços, tais como impostos, assim como controles baseados na quantidade. Contudo, as evidências sobre quais têm sido mais eficazes, e em que circunstâncias, não são conclusivas. Duas pessoas que contribuíram neste livro abordam essa questão, na perspectiva da América Latina, nos capítulos 23 e 24.

Na Índia, por exemplo, implementamos tanto os controles baseados no preço quanto os baseados na quantidade. Nossa experiência revelou que, embora mais eficientes a curto prazo, os controles quantitativos podem também ser um fator distorcivo, além de ineficientes e não equitativos.

Controles de Capitais *versus* Medidas Prudenciais

Também se discute se os controles de capitais podem ser substituídos por medidas prudenciais. Não está claro de que eles sejam sempre os substitutos exatos. Se os fluxos de entradas de capital são intermediados pelo sistema bancário, então as medidas prudenciais podem ser aplicadas diretamente nos bancos domésticos, contornando a necessidade de controles. Mas, e se as entradas forem diretas? Isso significa dizer que os empréstimos são canalizados diretamente para empresas nacionais via instituições estrangeiras. Nesse caso, o único mecanismo para prevenir uma alavancagem excessiva e exposição cambial pode ser a imposição de controles.

Em tal contexto, as perguntas com relação ao controle de capitais como uma ferramenta de estabilização de curto prazo são as seguintes:
1. Pode-se definir a distorção que os controles de capitais pretendem corrigir? Por exemplo, como determinar se o fluxo de capitais é excessivo ou perigoso?

2. O que aprendemos sobre a eficácia dos controles de capitais enquanto ferramenta de estabilização?

3. Quando as medidas prudenciais podem substituir o controle de capitais?

4. Quais critérios devemos adotar para escolher entre os controles baseados no preço e os baseados na quantidade?

5. Há simetria no controle de capitais relativamente aos fluxos de entrada e de saída de capitais? Em outras palavras, deveríamos usar um tipo de controle das entradas e outro para limitar as saídas?

Intervenção Cambial

A terceira e importante questão sobre quais consensos pré-crise se dissolveram diz respeito às intervenções cambiais. Antes da crise havia unanimidade, ao menos entre as economias desenvolvidas, de que uma intervenção no mercado de câmbio estava em um plano subótimo. Tal ideia não mais se mantém, com até mesmo algumas economias desenvolvidas defendendo suas moedas em portos seguros. Os mercados emergentes, por sua vez, tiveram uma experiência longa e variada lutando com as intervenções cambiais. O dilema político, no caso de fluxos de entrada de capitais acima da capacidade de absorção do país pode ser bastante desafiador.

Não intervir no mercado de câmbio significa aceitar uma valorização da moeda muito pouco relacionada com os fundamentos econômicos. Por outro lado, intervir, mas não esterilizar a liquidez resultante, deixa o país vulnerável às pressões inflacionárias e às bolhas de preços dos ativos. Porém, ao intervir e esterilizar a liquidez resultante, as taxas de juros podem se estabilizar, o que atrairá ainda mais capitais — um caso típico da "doença holandesa"*. O que tudo isso quer dizer é que não há, de fato, nenhuma boa opção para lidar com a volatilidade dos fluxos de capital.

Há um outro aspecto relevante com relação à intervenção no câmbio. Apreciações e depreciações da moeda, quando não vinculadas aos fundamentos econômicos, são problemas complexos. Mas há uma assimetria significativa entre as intervenções para combater a valorização e as que se destinam a lutar contra a desvalorização.

Quando você está tentando evitar a valorização da moeda, está intervindo na própria moeda. Sua capacidade de fazê-lo é, ao menos em teoria, ilimitada, simplesmente porque você pode imprimir seu próprio papel moeda. Entretanto, ao combater a desvalorização de sua moeda, você está intervindo em uma moeda forte. Sua capacidade

---

* N.E.: Expressão pela qual ficou conhecido o impacto negativo sobre a economia, de qualquer evento que dê origem a um fluxo acentuado e sistemático de entrada de moeda estrangeira em um país. O impacto negativo deve-se à perda de competitividade dos demais setores econômicos em face da concentração excessiva naquele que gera enormes receitas. Essa expressão foi cunhada durante a crise econômica holandesa na década de 1960 após a descoberta de grandes jazidas de gás natural no Mar do Norte.

de intervir é, assim, limitada pelo tamanho de suas reservas de divisas estrangeiras. O fator complicador nesse dilema é que o mercado está ciente disso.

Então, há o perigo real de que, ao intervir no mercado de câmbio estrangeiro, um país pode perder reservas em moeda estrangeira, e não apreciar a sua. Quanto menores as reservas, maior a vulnerabilidade. E a vulnerabilidade pode se transformar em um sério problema na medida em que fica evidente que o nível das reservas é insuficiente para readquirir o acesso aos mercados. Também deveria ficar bem claro que uma defesa fracassada da taxa de câmbio é pior do que nenhuma defesa. Ao se decidir pela intervenção, é importante estar convicto de que ela terá êxito.

Tendo em vista essas considerações, as perguntas cabíveis quanto à intervenção cambial são as seguintes:

1. Sob quais circunstâncias é apropriado para os países intervir no mercado de câmbio?

2. Em que condições a intervenção do mercado cambial é preferível aos controles de capital?

3. Na maioria dos casos, os países alegam que estão intervindo no mercado de câmbio não para obter alguma taxa específica, mas para administrar a volatilidade da taxa de câmbio. É necessário, então, definir antecipadamente o grau de volatilidade que acionará a intervenção?

Eu levantei questões muito difíceis para as quais não tenho respostas. Os especialistas que contribuíram nos capítulos a seguir jogaram luz sobre a situação de seus próprios países.

Observação

Agradeço ao FMI, ao Professor Olivier Blanchard e à diretora Christine Lagarde por me convidarem a contribuir com a conferência por intermédio deste estudo, e pelo privilégio de presidir a sessão na qual esta seção do livro se baseia.

23

Gerenciamento do Fluxo de Capitais e da Conta de Capitais

José De Gregorio

A integração financeira internacional e o gerenciamento da conta de capitais têm sido questões centrais na discussão de política econômica nos últimos anos. Porém, essas questões não são novas nas economias dos mercados emergentes. Algumas dessas economias tiveram experiências desastrosas com a crise financeira, na maioria das vezes causadas por uma integração financeira mal trabalhada e políticas macroeconômicas frágeis. A resiliência das economias dos mercados emergentes durante a recente crise mundial, em particular de seus sistemas financeiros, mostra que algumas lições importantes foram aprendidas.

O equilíbrio externo tem, normalmente, ficado no centro das crises financeiras e monetárias. Períodos de exuberância, liberalização da conta de capitais, rigidez da taxa de câmbio e sistemas financeiros debilitados criaram períodos de superaquecimento logo seguidos por onerosos ajustes. Internamente, esses episódios foram induzidos tanto por prodigalidade fiscal quanto por booms insustentáveis do setor privado. Como obter vantagem do financiamento estrangeiro e, simultaneamente, aumentar a resiliência da economia às mudanças das condições internacionais tem se constituído em uma importante questão para os pesquisadores e formuladores de políticas econômicas.

Antes de prosseguir com a discussão, é bom deixar claras algumas ideias. Normalmente, não há uma nítida distinção entre fluxos de capital brutos e líquidos, e limitada compreensão de como lidar com eles e seus potenciais riscos e consequências.

As entradas líquidas de capital são a contraparte dos deficit em contas correntes.[1] Excessivas entradas de capital podem ser um indicativo de que a economia está incorrendo em um deficit em conta corrente insustentável. O nível dos gastos domésticos pode ser tal que não pode ser permanentemente financiado e, desse modo, o país sofrerá uma severa correção de rota. À primeira vista, a conta corrente — ou entradas líquidas — é o que importa para as taxas de câmbio, especialmente para a taxa de câmbio real, a qual corresponde ao preço relativo entre os bens nacionais e estrangeiros e dá o sinal para a alocação de recursos e os padrões de demanda consistentes com as decisões de poupança e investimento.

As entradas brutas de capital, por sua vez, são a resposta para a alocação de portfólio (investimentos em valores mobiliários os mais diversos). Eles são o fator central da estabilidade financeira. Sua forma e volume têm um impacto direto na vulnerabilidade do sistema financeiro. De há muito tempo se argumenta, corretamente, que o investimento estrangeiro e os fluxos de capital são mais estáveis, enquanto os fluxos bancários têm maior probabilidade de estarem sujeitos a agudas reviravoltas.

Com isso em mente, uma separação entre entradas de capital brutas e líquidas se torna relevante. Entradas líquidas têm a ver com as taxas de juros reais e competitividade, e entradas brutas com a estabilidade financeira. Há interações entre entradas brutas e líquidas, assim como intercorrências da taxa de juros e estabilidade financeira, porém, como ponto de partida e organização, é útil que se faça uma distinção.

Neste capítulo, discuto três questões relevantes sobre a integração financeira, bem como os desafios que os fluxos de capital impõem à elaboração de políticas. Primeiro, repasso os reflexos do movimento de entradas e saídas de capital; em seguida, discuto os benefícios da integração financeira. Por fim, abordo a questão do gerenciamento da conta de capitais e as políticas para limitar as vulnerabilidades provenientes de uma abertura financeira.

Evidências das Entradas de Capital nos Mercados Emergentes

Depois de incorrer em deficit em conta corrente significativos antes da crise da dívida, a América Latina não tinha nenhum acesso ao mercado privado internacional de capitais. Os fluxos de capital foram retomados no início dos anos 1990 como resultado das baixas taxas de juros mundiais e da resolução da crise da dívida. Isso levantou diversas preocupações de ordem política (Calvo, Leiderman e Reinhart, 1994) e a expressão "o problema das entradas de capital" foi cunhada. Tais preocupações se intensificaram com a crise mexicana em meados dos anos 1990 e, mais tarde, com a crise asiática.

As entradas de capital eram financiadas por um aumento dos deficit em contas correntes. Esses deficit poderiam se tornar insustentáveis e forçar um ajuste severo. A insustentabilidade pode ser causada pela conta corrente ou a conta financeira (de capital). No primeiro caso, uma apreciação da moeda artificialmente obtida como resultado da rigidez da taxa de câmbio, seria de se esperar que fosse seguida de massiva depreciação e crise monetária. No segundo caso, quando a fonte é a conta de capitais, mesmo um deficit em conta corrente aparentemente sustentável pode ser revertido por uma súbita interrupção nas entradas de capital decorrentes da mudança do apetite por riscos dos investidores estrangeiros, medo da insolvência, ou simplesmente como efeito de um contágio ocasionado por uma retirada geral dos investidores dos mercados emergentes. Claro, diagnosticar se a reviravolta é causada por um caso ou outro é bastante difícil, já que o resultado final é o mesmo. É surpreendente que os pontos em comum entre reversões de conta corrente e paradas repentinas sejam tão escassos.

Como mostra a figura 23.1, em meados dos anos 1990 havia de fato um deficit em conta corrente dos mercados emergentes. Ele começou mais cedo na Ásia e durou até a crise asiática. Na América Latina, iniciou-se nos anos 1990 e durou até 1998. Em média, não foi de grande magnitude, mas houve disparidades entre os países. No México o deficit foi de 6,2%, em média, de 1992 a 1994. Algo parecido ocorreu em alguns países asiáticos atingidos pela crise asiática, como a Malásia e a Tailândia. Não foi o caso, no entanto, da Coreia e Indonésia. A reversão na Ásia foi acentuada, ao passo que na América Latina aconteceu gradualmente após o final dos anos 1990 sendo seguida por diversos anos de crescimento baixo.

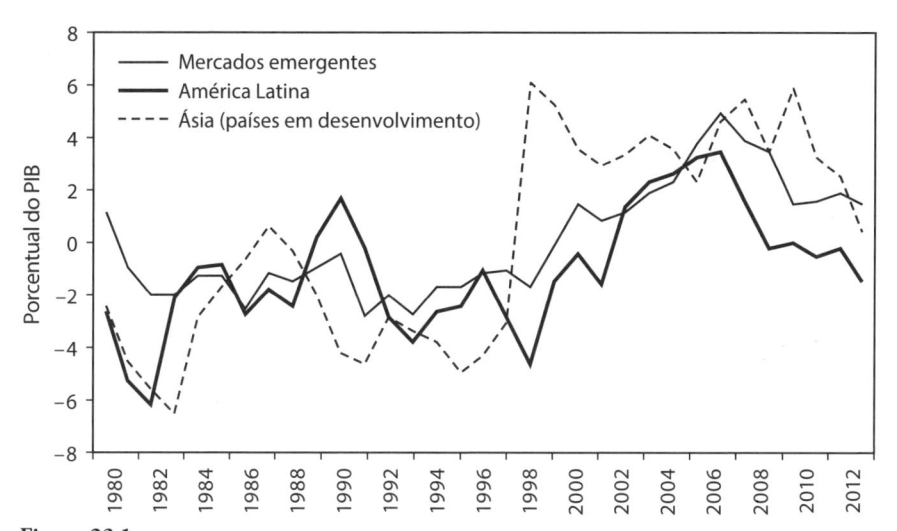

Figura 23.1
Saldo da Conta Corrente (% do PIB).
Observação: Os gráficos da América Latina e da Ásia (países em desenvolvimento) representam apenas uma média entre os países. A América Latina inclui Argentina, Brasil, Chile, Colômbia, México, Peru e Venezuela. A Ásia em desenvolvimento inclui China, Índia, Indonésia, Coreia, Malásia, Filipinas e Tailândia. A categoria dos mercados emergentes corresponde à definição dada pelo FMI.
Fonte: Fundo Monetário Internacional, *World Economic Outlook*.

As coisas têm sido bem diferentes atualmente. Durante os anos 2000, os mercados emergentes eram exportadores líquidos de capital. As economias dos mercados emergentes apresentavam, em média, superavit em contas correntes; consequentemente, em termos líquidos, o capital fluía para fora desses mercados. Apenas recentemente a América Latina teve um deficit em conta corrente.

Nos últimos anos, o capital tem escorrido "montanha acima" (Prasad, Rajan e Subramanian, 2007) dos países em desenvolvimento para as economias avançadas. Esse fenômeno tem sido dominado pelos grandes deficit dos Estados Unidos e pelos grandes superavit dos países exportadores de petróleo. A China também teve um papel importante no financiamento do deficit em conta corrente norte-americano, como mostrado na figura 23.2. Esse é um padrão evidente desde meados dos anos 1990, mas ficou muito mais pronunciado nos anos que precederam a crise. A linha no gráfico mostra o saldo em conta corrente da América Latina, dos países asiáticos recentemente industrializados e dos países em desenvolvimento da Ásia.[2] Eles têm sido, claramente, exportadores líquidos de capital desde o final dos anos 1990.

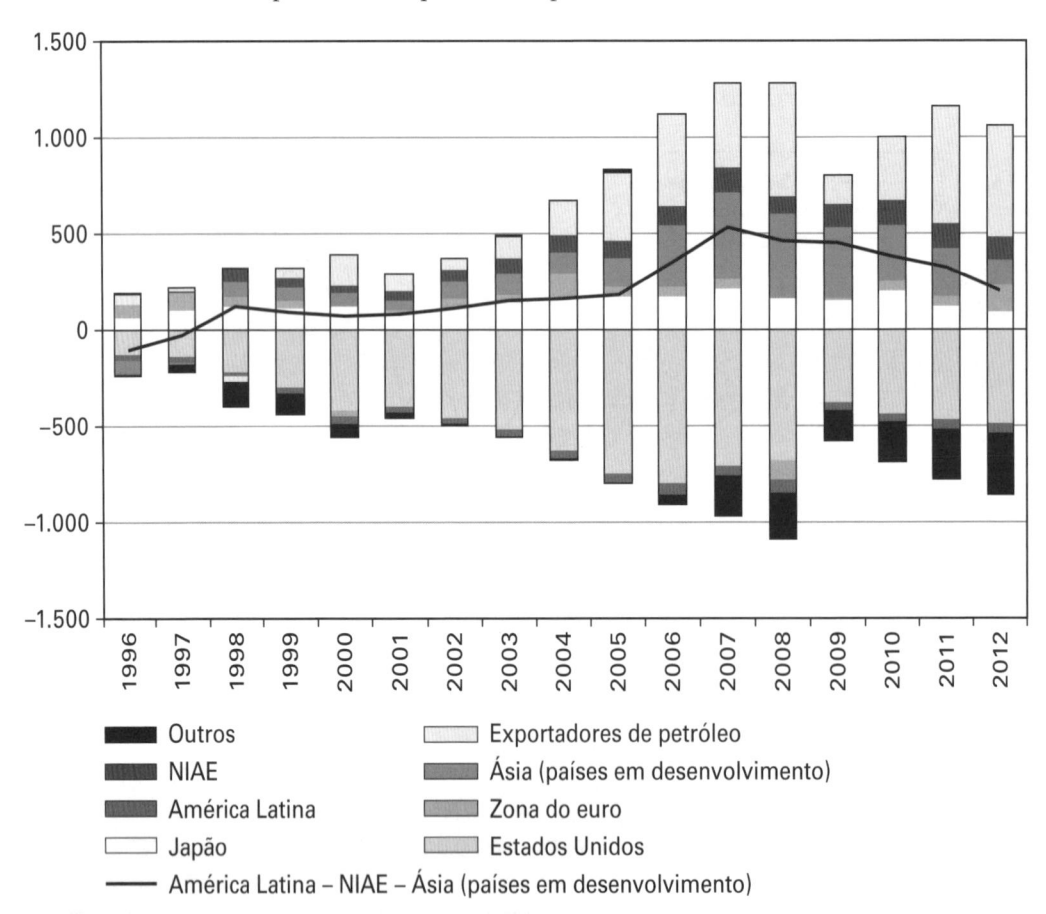

Figura 23.2
Conta Corrente Mundial (bilhões de dólares americanos)
Fonte: Fundo Monetário Internacional, *World Economic Outlook* (WEO); 2013 é a previsão do WEO. NIAE, países asiáticos recentemente industrializados.

Qual é a base para as preocupações sobre o influxo de capital para os mercados das economias emergentes? Há duas razões. A primeira é que as entradas brutas aumentaram com o tempo, a despeito das saídas líquidas. As figuras 23.3a e b mostram os influxos brutos na amostra da Ásia e dos países da América Latina.

O aumento nos fluxos brutos é bastante significativo. A figura mostra, de modo consistente com o entendimento comum, que o componente mais importante e estável das entradas de capital na América Latina é o investimento estrangeiro direto (IED). Os fluxos de dívidas bancárias, que criou a categoria "outros investimentos", são muito menos importantes e também mais voláteis. Em contrapartida, na Ásia, o papel dos fluxos de portfólio e fluxos bancários são muito mais relevantes; de fato, a retração dos fluxos de dívida durante a crise financeira mundial foi muito mais severa na Ásia do que na América Latina.[3] Isso sugere graves questões políticas com relação à estabilidade financeira e à vulnerabilidade dos mercados emergentes em face da desordem financeira externa.

Todavia, apesar do deficit em conta corrente contido, é possível observar (indiretamente) entradas líquidas de capital quando há acúmulo de reservas internacionais. Não havendo acumulação de reservas estrangeiras, os influxos líquidos de capital se equivalem a uma conta corrente. Uma vez que os mercados emergentes têm acumulado um grande volume de reservas internacionais, os fluxos de capital podem estar fluindo na direção dos mercados emergentes, a despeito do superavit em conta corrente. A Figura 23.4 reproduz a figura 23.2, subtraindo do saldo em conta-corrente as reservas internacionais acumuladas. Esta última representa uma saída de capitais, assim, a diferença corresponde ao total das saídas incluindo as reservas acumuladas, e, portanto, as entradas líquidas de capital são um número negativo.

Fica claro que, não obstante a ausência de demanda para financiar os excessos dos gastos domésticos, o capital tem fluído em direção aos mercados emergentes por causa da demanda adicional por reservas. De fato, os surtos de entradas de capital durante os últimos anos vieram acompanhados de grandes acúmulos de reservas e moderados deficit em conta corrente, até mesmo de superavit em alguns países. Isso é muito diferente do que aconteceu nos anos 1990, quando a incidência de deficit nas contas correntes foi muito mais relevante (De Gregorio, 2014).

Em anos recentes, as economias dos mercados emergentes não têm sido inundadas por fluxos de capital, e os fluxos líquidos ocorreram concomitantemente com a acumulação de reservas. Causalidade entre reservas, fluxos de capital e saldo em conta-corrente é uma questão difícil. Nas definições das contas nacionais, o acúmulo de reservas (ΔR) é igual ao saldo em conta corrente (C) mais o saldo da conta financeira (F). Se há um aumento nas reservas, $\Delta R > 0$, $\alpha \Delta R$ resultará em uma melhoria do saldo em conta corrente, enquanto o restante $(1-\alpha)\Delta R$ levará a um incremento das entradas de capital.

(a) América Latina

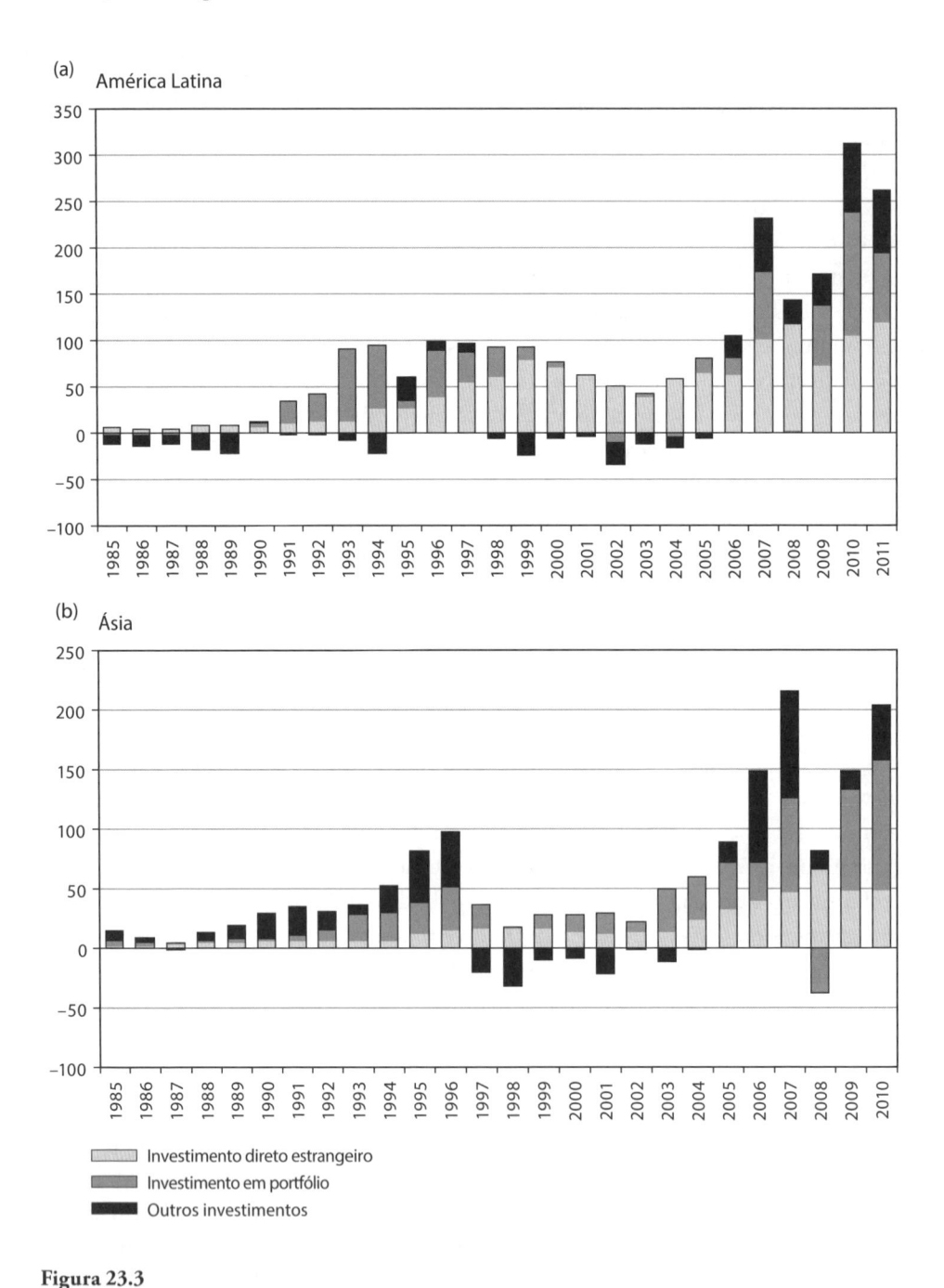

(b) Ásia

Investimento direto estrangeiro
Investimento em portfólio
Outros investimentos

Figura 23.3
Entradas Brutas de Capital (bilhões de dólares americanos).
A. América Latina. b. Ásia
Fonte: Fundo Monetário Internacional, International Financial Statistics.

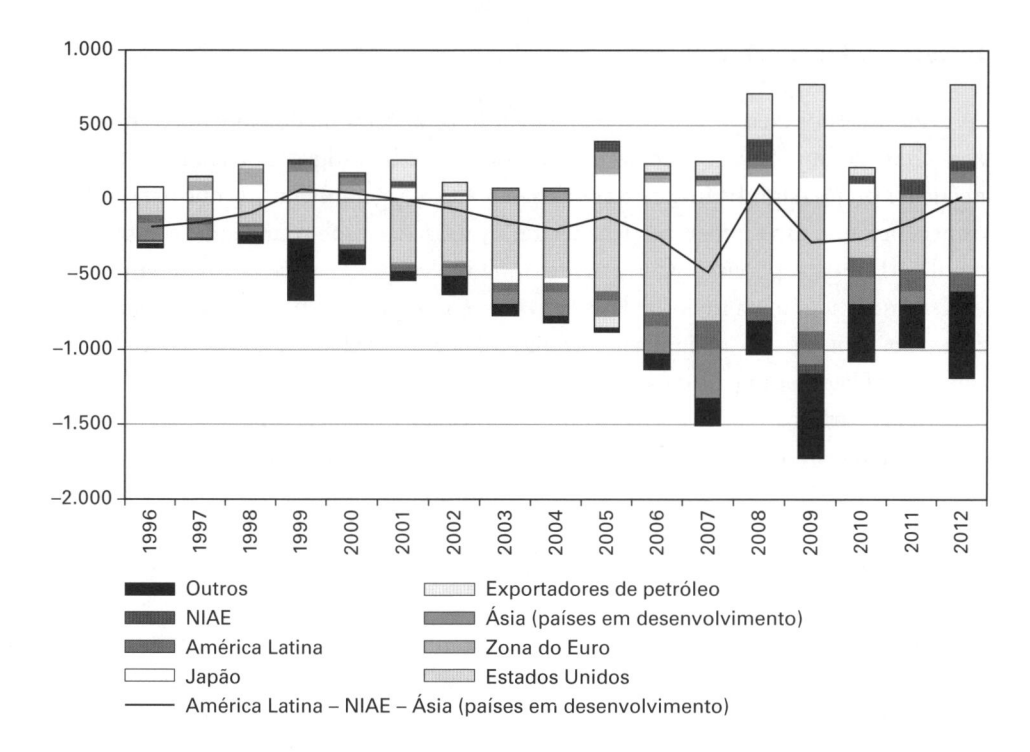

Figura 23.4
Conta Corrente Mundial Menos Reservas Acumuladas (bilhões de dólares americanos).
Fonte: Fundo Monetário Internacional, *World Economic Outlook*.

Se a acumulação de reservas ocasiona apenas um aumento nos fluxos de capital, α será igual a zero. Em contraste, se todo o capital que está entrando é incorporado às reservas, e não há mais fluxos, a conta corrente deverá ser afetada com o valor de α igual a um. São poucas as evidências disso, e as estimativas são amplas, variando de 0,4 (FMI, 2012) a 0,8 (Bergsten e Gagnon, 2012).[4] Claro, o valor de α depende das características dos países, mas para que esse parâmetro seja mais abrangente, é necessário mostrar que os efeitos da intervenção esterilizada na taxa de câmbio são consideráveis; de outra forma, é difícil influenciar a conta corrente mediante a acumulação de reservas. Mas as evidências sobre o impacto da intervenção na taxa de câmbio são vagas e os efeitos são, no máximo, limitados. Portanto, segundo essa prova indireta, o valor de α é, provavelmente, baixo. No entanto, há necessidade de muito mais pesquisas, pois essa questão está no centro de outros assuntos importantes, tais como a manipulação monetária, absorção de fluxos de capital e o impacto do acúmulo de reservas no ajuste mundial.

Integração Financeira

As evidências dos efeitos positivos da integração financeira no desempenho econômico sofrem de imprecisão. A maioria das pesquisas e investigações encontrou efeitos pequenos ou não significantes, e a conclusão política é, geralmente, de que para colher os benefícios de uma integração financeira, é preciso agir sob uma saudável estrutura regulatória e de supervisão. Certamente, uma integração financeira irrestrita já provou ser arriscada, e, na maioria das vezes, teve consequências bastante negativas. Porém, as evidências não apoiam a autarquia financeira. De fato, também demonstram que à medida que um país cresce, seu nível de integração financeira aumenta.

Diversos artigos recentes investigam e fornecem evidência adicional sobre integração financeira e crescimento. Por exemplo, Obstfeld (2009) conclui que "apesar de uma abundância de análises, painéis e estudos de eventos, há uma impressionantemente restrita documentação comprobatória dos impactos positivos diretos da abertura financeira no nível de bem-estar econômico ou nas taxas de crescimento dos países em desenvolvimento." E do ponto de vista político, "Essa investigação discute o quadro político no qual a globalização mundial tem mais probabilidade de se mostrar benéfica." Obstfeld também relata que altos níveis de renda estão correlacionados com altos níveis de integração financeira. Claro, a causalidade não vai da integração financeira ao desenvolvimento, mas sim de altos níveis de renda para mais integração financeira.

De modo semelhante, Kose e outros (2009) acham que "de modo geral, nossa leitura crítica da recente literatura empírica é que ela empresta algum apoio qualificado ao ponto de vista de que os países em desenvolvimento podem ser beneficiar de uma globalização financeira, mas com diversas nuances. Por outro lado, há pouca evidência sistemática que apoie amplamente as citadas alegações de que a globalização financeira, por si só, leva a crises de crescimento mais profundas e onerosas nos países em desenvolvimento." Aqueles autores também pensam que a integração financeira pode ter efeitos colaterais capazes de induzir a um crescimento da produtividade, tais como melhoria da qualidade institucional e aprimoramento das condições macroeconômicas.

Em recente análise de meta regressão, baseada em 2.340 regressões (uma técnica estatística), Jeanne, Subramanian e Williamson (2012) não tiveram êxito "em produzir uma prova robusta de relacionamento positivo entre globalização financeira e crescimento, levantando questões sobre a busca de todas as formas de integração financeira internacional como um objetivo político urgente."

Entretanto, a evidências apontam diferenças importantes de acordo com o tipo de fluxos de capital. Borensztein, De Gregorio e Lee (1998) verificaram que em países com um nível mínimo de capital humano, o IED impulsiona o crescimento econômico. Esse dado é comprovado por Jeanne, Subramanian e Williamson (2012), que sustentam "ser, de alguma forma, tranquilizador que portfólio de valores mobiliários e fluxos de IED são propensos a gerar efeitos positivos e significativos no crescimento, em comparação com fluxos da dívida bancária e de portfólio de títulos da dívida."

A prova da fraca conexão entre a integração financeira e o crescimento econômico não vem do impacto da integração financeira na incidência de uma crise econômica. Como relatado por Kose e outros (2009), baseado em evidências de Edwards (2005), os países com maior mobilidade de capital não têm mais crises externas, e o custo da crise não é maior nos países com influxos de capital restritos.

A maior evidência de apoio aos benefícios potenciais da integração financeira vem da observação dos efeitos marginais. A conclusão dessa literatura é que as economias precisam de um nível mínimo de desenvolvimento de governança institucional, qualidade das políticas macroeconômicas, e outras características, para serem capazes de absorver os fluxos de capital sem comprometer o crescimento. Esse ponto foi levantado primeiramente em Prasad e outros (2003) e revisitado recentemente por Chen e Quang (2012). Essas descobertas podem estar relacionadas aos efeitos indiretos da abertura sobre o crescimento da produtividade. Mesmo assim, a prova não é forte o suficiente para se chegar a conclusões definitivas.

Duas descobertas adicionais levantaram dúvidas sobre os benefícios da integração financeira. Primeiro, os países que cresceram mais são aqueles que dependem menos, e não mais, da poupança externa (Prasad et al. 2007). Contudo, isso provavelmente ocorreu porque os países que cresceram rapidamente, em especial na Ásia Ocidental, dependem mais de uma taxa de poupança muito alta e de capital acumulado, de modo que suas necessidades de capitais líquidos estrangeiros são relativamente menores. Nós sabemos que há uma relação de mão dupla entre poupança e crescimento. Economias com elevado índice de poupanças, em parte em razão do alto crescimento, têm menos necessidade de financiamento estrangeiro. A segunda descoberta relacionada é o "allocation puzzle" (algo como "o quebra-cabeças da alocação") de Gourinchas e Jeanne (2011), no qual os fluxos de capital baixos, e não os altos, são o fator primordial do crescimento da produtividade nos países. Não obstante, como os autores enfatizam, isso também tem relação com o vínculo entre poupanças e crescimento, em vez de ser uma consequência direta da integração financeira. Dessa forma, essas descobertas adicionais não são necessariamente relacionadas aos efeitos da integração no crescimento da economia, mas apontam na direção de determinantes mais fundamentais do crescimento econômico que também impactam o grau da integração financeira.

Em suma, as evidências comprovam o seguinte:

- Não há uma conexão clara da integração financeira com o crescimento econômico. A integração financeira por si mesma não é uma engrenagem do crescimento. Entretanto, não há nenhuma prova de que seja prejudicial.

- O tipo de fluxos de capital é importante para o crescimento econômico. O IED e o portfólio de valores mobiliários tendem a dar mais apoio ao crescimento econômico, o que não é o caso dos fluxos bancários. Isso pode ocorrer porque as crises financeiras, em sua maioria, provêm das distorções no setor bancário.
- Rendas elevadas estão correlacionadas com grande integração financeira. Na medida em que as economias se desenvolvem, sua integração financeira com a economia global aumenta. Portanto, a integração financeira é um produto do crescimento econômico, e não sabemos o que aconteceria se as economias evitassem a integração enquanto crescem. É possível continuar crescendo sem que haja movimentação da conta de capitais? A evidência indica que isso é pouco provável.
- Algumas provas mostram que há alguns efeitos marginais; isto é, os países precisam ter um padrão institucional mínimo para se beneficiar da globalização financeira.

A principal implicação política é que a abertura requer um quadro regulatório e de supervisão que permita a um país colher os benefícios de uma integração enquanto preserva a estabilidade financeira e evita uma onerosa crise econômica. As economias precisam encarar o desafio da integração enquanto o crescimento ocorre.

A experiência da América Latina com relação à integração financeira e à incidência de crise é bastante reveladora. Como a figura 23.5 mostra, os países da América Latina se tornaram mais integrados, porém, mais resilientes também.

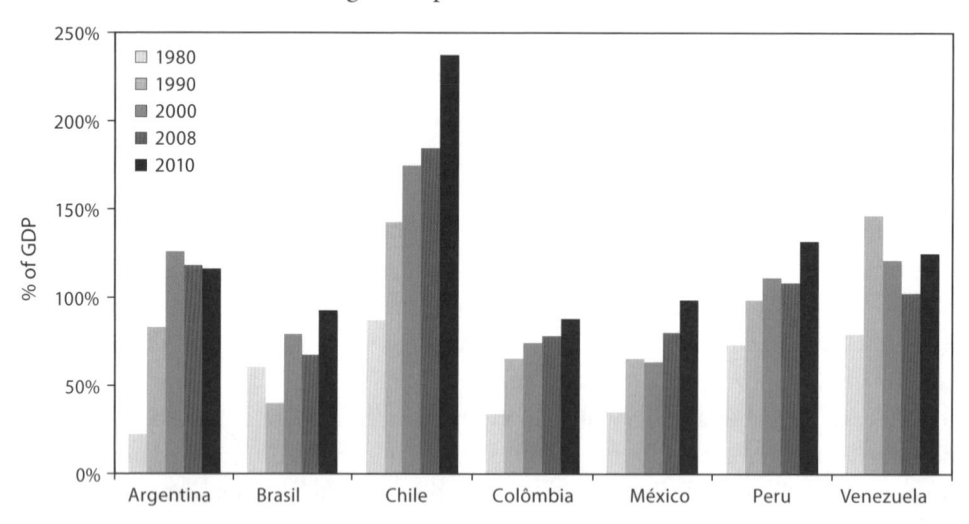

Figura 23.5
Integração Financeira Internacional na América Latina (% do PIB).
Observação: O índice corresponde aos ativos internacionais mais dívidas em relação ao PIB.
Fonte: Base de dados de Lane e Milesi-Ferretti

Durante a crise da dívida, houve menor integração financeira, e a integração pendia mais para os fluxos de dívidas. Na América Latina, os países financiaram-se através dos rápidos booms de crédito, e aqueles que mais aumentaram os créditos sofreram crises mais profundas (De Gregorio e Guidotti. 1995). Ser financeiramente aberto, em um contexto de regulação doméstica apropriada, não necessariamente resulta em uma maior vulnerabilidade. O calcanhar de Aquiles tem sido o boom de crédito.

A discussão tem alguma relevância para a abertura comercial. Um olhar superficial nas evidências mundiais indica que as economias mais abertas não tiveram ciclos piores durante a crise do que as economias mais fechadas. As economias mais abertas podem ter sofrido muito mais no começo da crise, mas o ciclo inteiro delas não foi necessariamente pior. A abertura não torna uma economia mais vulnerável.

Gerenciamento da Conta de Capitais

A primeira linha de defesa contra os fluxos massivos de capital é a flexibilidade das taxas de câmbio. Um gerenciamento insustentável da taxa de câmbio e apostas de mão única são um incentivo para a volatilidade do fluxo de capitais. Além disso, um regime de metas de inflação, e políticas fiscais sólidas, devem ajudar a prevenir entradas excessivas de capitais, que é o mesmo que deficit de contas correntes excessivos.

Todavia, isso não basta. Primeiro, o valor da moeda precisa reduzir os incentivos que fazem com que os influxos de capital sejam suficientemente altos a ponto de os formuladores de políticas econômicas considerarem-nos inconvenientes. Existe a opinião bem fundamentada de ter uma moeda relativamente fraca para estimular o crescimento via exportações. Nesse caso, os controles de capital serviriam ao propósito da competitividade. Segundo, a natureza dos fluxos pode ser tal que as autoridades acreditem ser prudente mudar a composição dos fluxos ou reduzir algumas entradas específicas, tal como a excessiva dependência dos fluxos bancários de curto prazo. Nessa situação, o controle favoreceria os objetivos de estabilidade financeira e poderia ser considerado uma ferramenta macroprudencial.

Antes de tratar das políticas orientadas na direção dos gerenciamentos de curto prazo dos fluxos capitais, é importante comentar sobre a integração financeira de longo prazo. Muitos anos atrás houve uma série de discussões envolvendo sequenciamento. O que deve vir primeiro, a abertura financeira ou a liberalização financeira? Essa é uma questão superada. A tarefa inicial é desenvolver o sistema financeiro doméstico. Estabelecer uma supervisão forte e um quadro regulatório são medidas cruciais para garantir que a conta de capitais tenha um sólido sistema financeiro doméstico. As instituições financeiras internacionais podem auxiliar no desenvolvimento do sistema financeiro doméstico, mas também podem ser motivo de preocupação se a regulamentação for frágil.

A forma pela qual os bancos internacionais operam em países diferentes é bastante importante para proteger legal e economicamente (em inglês, "ring fence", veja mais no Capítulo 11) o sistema financeiro doméstico de problemas originados nos países de origem dos bancos estrangeiros. Um primeiro passo importante é encorajar os bancos estrangeiros a se submeterem às mesmas regras e regulamentações dos nacionais. Isso pede o estabelecimento de subsidiárias dos bancos estrangeiros, em vez de filiais. As subsidiárias têm seus próprios conselhos de administração, que são responsáveis pelas operações bancárias no país em que estão, e têm limites bem definidos nas operações da instituição que representam. Já as filiais podem, mais facilmente, transmitir turbulência para o país em que se hospedam. Subsidiárias não são uma panaceia, mas têm funcionado bem na América Latina.

Uma questão muito debatida é o uso e eficácia dos controles de capital. Quando tais controles são implementados com a finalidade de promover a estabilidade financeira, é possível rotulá-los como ferramentas macroprudenciais. Quando seu propósito é influenciar a taxa de câmbio e o saldo em conta corrente, tratam-se, de fato, de controles de capital, embora algumas pessoas possam chamá-los de ferramentas macroprudenciais como forma de comunicação.

A evidência empírica da eficácia varia, uma vez que os controles de capital são utilizados para diversos fins e eficácia específicos de um país. Eles são usados para controlar o volume dos fluxos, mudar a composição deles, garantir a independência monetária e depreciar a taxa de câmbio. Esses objetivos combinam preocupações quanto à estabilidade financeira e macroeconômica. Estas últimas se referem à limitação das pressões sobre a taxa de câmbio e redução dos fluxos líquidos de capital, o que é a mesma coisa que diminuir o saldo em conta corrente.

Com respeito unicamente às preocupações com a estabilidade financeira, o risco principal das entradas brutas de capital origina-se dos fluxos bancários interpaíses. Um bom número de ferramentas macroprudenciais pode ser utilizado para preservar a estabilidade financeira, e as restrições nos fluxos entre os países pode ser uma delas. Na Coreia, a cobrança de impostos sobre os passivos bancários não essenciais (veja mais no Capítulo 8) foi implementada para moderar a importância crescente (condenada a ser uma fonte de vulnerabilidade) dos fluxos interpaíses (Bruno e Shin, 2013).

Um trabalho recente (Magud, Reinhart e Rogoff, 2011; Ostry et al. 2011; Habermeier, Kokenyne e Baba, 2011) revisou as evidências existentes sobre controles de capital. De modo geral, não foram encontrados efeitos significativos na taxa de câmbio, verificando-se pequenos reflexos no volume das entradas. A descoberta mais comum é que os controles de capital afetam a composição dos influxos de capital, aumentando o prazo de maturação.

Permita-me usar o exemplo do Chile, o garoto-propaganda dos controles de capital baseados no mercado, para esclarecer alguns pontos.[5] A maioria das alegações sobre a eficácia voltam-se para a significância estatística sem olhar com seriedade a significância econômica. Um efeito pode ser bastante diferente de zero, mas tem uma magnitude bem pequena e, portanto, irrelevante. No caso do Chile, o trabalho de Gallego, Hernández e Schmidt-Hebbel (1999) é o único que encontra efeitos significativos sobre o volume dos fluxos. Eles estimaram que o impacto total dos controles de capital no Chile reduziria as entradas de capital em cerca de 2% do PIB, enquanto a totalidade das entradas de capital representava cerca de 27% do PIB. Certamente é um efeito muito pequeno, nada robusto.

Apenas alguns pequenos reflexos de curto prazo na taxa real de câmbio foram identificados. Tão somente Edwards e Rigobon (2009) estimam efeitos estatisticamente significativos na extensão da valorização do peso. Contudo, a magnitude de tal efeito é economicamente pouco importante. De acordo com as estimativas deles, a eliminação do controle, que consistia na manutenção de depósitos compulsórios não remunerados, na melhor das hipóteses teria valorizado a taxa de câmbio entre 2% e 2,5%.

O dado mais frequentemente encontrado — e não apenas no Chile — foi uma mudança na composição das entradas. A evidência quanto ao Chile é que a dívida de curto prazo teria diminuído de 1% do PIB para 0,5% em decorrência dos controles de capital (Cowan e De Gregorio, 2007). Novamente, isso não é um efeito economicamente significativo.

Para ser consistente com a discussão a propósito da evidência da integração financeira, pode-se argumentar que os controles de capital não causam dano. No entanto, há duas preocupações, apoiadas em algumas evidências, relacionando efeitos negativos aos controles de capital.

Contanto que os controles de capital sejam capazes de alterar a composição dos fluxos da dívida pelo aumento dos custos dos empréstimos de curto prazo relativamente aos de longo prazo, as empresas que dependem de dívidas de curto prazo (a maioria delas, corporações pequenas e médias e empresas com pouco histórico de crédito) serão afetadas negativamente. Há alguns sinais no caso chileno de uma mudança na estrutura de financiamento, o que pode ter levado a distorções (Forbes, 2007). Porém, essa é uma característica da maioria das ferramentas macroprudenciais que se destinam a reduzir gradualmente a expansão do crédito: Elas inevitavelmente tornam o crédito mais caro; de outra forma, seriam ineficazes.

Embora eu não creia que esse efeito possa ter sido tão relevante — porque o efeito quantitativo não é tão grande — o principal risco dos controles de capital é o de criar a falsa ideia de isolamento. Os formuladores de políticas econômicas podem achar que ganharam autonomia monetária para estabelecer a taxa de juros em qualquer nível sem que haja repercussões na taxa de câmbio. De fato, os casos latino-americanos mais famosos de controles de capital — o Chile, nos anos 1990, e o Brasil, no final dos anos 2000 — foram levados a efeito no contexto de taxas de juros muito altas, o que pode ter sido parcialmente responsável pela subsequente e acentuada apreciação das respectivas moedas. Assim, ao final de 1996, no auge do surto de entrada de capitais no Chile, a taxa de juros básica era de cerca de 15%,[6] enquanto as taxas reais eram de 5,25%. O Brasil teve uma experiência parecida: em meados de 2008, quando o real atingiu o seu máximo, a taxa básica de juros (SELIC) era de 12% e cresceu até 13,5%, contra taxas reais de 2%.[7]

Devido às preocupações sobre os custos potenciais, alguns países podem achar que vale a pena aplicar os controles de capital, já que sua eficácia tem a ver com cada país especificamente. Para que os controles sejam eficazes e os custos e distorções minimizados, é importante que as políticas macroprudenciais estejam bem alinhadas com a estabilidade macroeconômica e financeira. Os controles podem servir como complemento, e não um substituto, para sólidas políticas macroeconômicas e financeiras. Todavia, dispor de políticas macroeconômicas fortes e um sistema financeiro sólido pode tornar desnecessário ter que levar os controles de capital em consideração, tal como foi a experiência em muitos mercados emergentes que conseguiram fazer isso com sucesso ao longo da crise financeira mundial.

Notas

1. Ignora-se, aqui, o acúmulo das reservas; isso é discutido mais adiante.

2. Os países em cada categoria são aqueles definidos pelo FMI no *World Economic Outlook*.

3. Para mais discussões sobre os fluxos bancários entre os países, ver CIEPR (2012).

4. A elasticidade computada no FMI (2012) interage com os controles de capital, e o valor varia de zero, para nenhum controle capital, a 0,4 para os mais fortes controles de capital na amostra.

5. Para mais detalhes, ver Cowan e De Gregorio (2007). Para uma discussão sobre a América Latina, ver De Gregorio (2014).

6. Naquela época, a política monetária era estabelecida em UF (unidade de fomento), uma unidade indexada, de modo a haver equivalência nominal, que é utilizada no texto. Usei a inflação anual da época.

7. No caso do Brasil, Chamon e Garcia (2013) não acharam efeitos significativos na taxa de câmbio, concluindo que o IOF (Imposto sobre Operações Financeiras) não preveniu a valorização. Argumentou-se que o "verdadeiro elemento de mudança" da tendência de valorização do real (que foi revertida em anos recentes) foi o corte na taxa básica de juros.

Referências

Bergsten, C. Fred e Joseph E. Gagnon. 2012. "Currency Manipulation, the US Economy, and the Global Economic Order". Policy Brief PB12-25, Instituto Peterson de Economia Internacional, Washington, DC.

Borensztein, Eduardo, José De Gregorio e Jong-Wha Lee. 1998. "How Does Foreign Direct Investment Affect Economic Growth?" *Journal of International Economics* 45 (1): 115-135.

Bruno, Valentina e Hyun Song Shin. 2013. "Assessing Macroprudential Policies: Case of Korea". Faculty paper. Universidade de Princeton, Princeton, NJ.

Calvo, Guillermo A., Leonardo Leiderman e Carmen M. Reinhart. 1994. "The Capital Inflows Problem: Concepts and Issues." *Contemporary Economic Policy* 12:54-66.

Chamon, Marcos e Marcio Garcia. 2013. "Capital Controls in Brazil: Effective? Efficient?" Fundo Monetário Internacional, Washington, DC.

Chen, Jinzhao, e Thérèse Quang. 2012. "International Financial Integrations and Economic Growth: New Evidence on Threshold Effects." Working Paper 2012-06, Université Paris Ouest, Paris.

Committee on International Economic Policy Reform (CIEPR). 2012. *Banks and Cross-Border Capital Inflows: Policy Challenges and Regulatory Responses.* Washington, DC: Brookings Institution.

Cowan, Kevin, e José De Gregorio. 2007. "International Borrowing, Capital Controls and the Exchange Rate: Lessons from Chile". In *Capital Controls and Capital Flows in Emerging Economies: Policies, Practices and Consequences,* ed. S. Edwards. Chicago: Editora da Universidade de Chicago.

De Gregorio, José. 2014. *How Latin America Weathered the Global Financial Crisis.* Washington, DC. Instituto Peterson de Economia Internacional.

De Gregorio, José e Pablo Guidotti. 1995. "Financial Development and Economic Growth." *World Development* 23 (3): 433-448.

Edwards, Sebastian. 2005. "Capital Controls, Sudden Stops, and Current Account Reversals." NBER Working Paper 11170, National Bureau of Economic Research, Cambridge, MA. http://www.nber.org./papers/w11170.

Edwards, Sebastian e Roberto Rigobon. 2009. "Capital Controls, Exchange Rate Volatility and External Vulnerability". *Journal of International Economics* 78 (2): 257-267.

Forbes, Kristin J. 2007. "One Cost of the Chilean Capital Controls: Increased Financial Constraints for Smaller Traded Firms." *Journal of International Economics* 71 (2): 294-323.

Gallego, Francisco, Leonardo Hernández e Klaus Schmidt-Hebbel. 1999. "Capital Controls in Chile: Effective, Efficient?" Working Paper 59, Banco Central do Chile, Santiago.

Gourinchas, Pierre-Olivier e Olivier Jeanne. 2011. "Capital Flows to Developing Countries: The Allocation Puzzle." Faculty paper, Universidade da Califórnia em Berkeley, Berkeley, CA.

Habermeier, Karl, Annamaria Kokenyne e Chikako Baba. 2011. "The Effectiveness of Capital Controls and Prudential Policies in Managing Large Inflows." FMI Staff Discussion Note 11/14, Monetary and Capital Markets Department, e Capital,

Fundo Monetário Internacional, Washington, CD, 5 de agosto. http://www.ifm.org/external/pubs/ft/sdn/2011/sdn1114.pdf.

Fundo Monetário Internacional (FMI). 2012. "External Balance Assessment (EBA): Technical Background of the Pilot Methodology." Fundo Monetário Internacional, Washington, DC, 3 de agosto. http://www.ifm.org/external/np/res/eba/080312.pdf.

Jeanne, Olivier, Arvind Subramanian e John Williamson. 2012. *Who Needs to Open the Capital Account?* Washington, DC: Instituto Peterson de Economia Internacional.

Kose, M. Ayhan, Eswar S. Prasad, Kenneth Rogoff, e Shang-Jin Wei. 2009. "Financial Globalization: A Reapprasial." *IMF Staff Papers* 56(1): 8-62.

Magud, Nicolas E., Carmen Reinhart e Kenneth S. Rogoff. 2011. "Capital Controls: Myth and Reality – A Portfolio Balance Approach." NBER Working Paper 16805, National Bureau of Economic Research, Cambridge, MA. http://www.nber.org/papers/w16805.

Obstfeld, Maurice. 2009. "International Finance and Growth in Developing Countries: What Have We Learned?" *IMF Staff Papers* 56 (1): 63-111.

Ostry, Jonathan D., Atish R. Gosh, Karl Habermeier, Luc Laeven, Marcos Chamon, Mahvash Qureshi e Annamaria Kokenyne. 2011. "Managing Capital Inflows: What Tools to Use?" IMF Staff Discussion Note 11/06, Fundo Monetário Internacional, Washington, DC, 5 de abril. http://www.imf.org/external/pubs/ft/sdn/2011/sdn1106.pdf.

Prasad, Eswar S., Raghuram G. Rajan, e Arvind Subramanian. 2007. "Foreign Capital and Economic Growth." *Brookings Papers on Economic Activity* 38 (1): 153-230.

Prasad, Eswar S., Kenneth Rogoff, Shang-Jin Wei, e M. Ayhan Kose. 2003. "Effects of Financial Globalization on Developing Countries: Some Empirical Evidence." IMF Ocasional Paper 220, Fundo Monetário Internacional, Washington, DC. http://www.imf.org/external/pubs/nft/op/220.

24

Gerenciando as Entradas de Capital no Brasil

Márcio Holland

Este capítulo apresenta a experiência brasileira recente em lidar com as entradas de capital associadas à valorização da moeda nacional, e a aplicação de medidas macroprudenciais para fazer frente aos surtos de entrada de capital. As restrições na situação financeira do Brasil são apenas um dos ingredientes da política econômica do país, que incluem o controle da inflação com a manutenção de uma política monetária convencional, bem como também medidas de caráter macroprudencial, um programa de consolidação fiscal, um sólido sistema financeiro, foco no investimento e infraestrutura, e uma política abrangente de redução da desigualdade de renda.

As consequências da turbulência financeira internacional de 2008–2009 ainda se fazem sentir, uma vez que o mundo se ressente do aguardado encaminhamento dos importantes problemas financeiros e políticos das economias mais avançadas. Nos Estados Unidos, o Federal Reserve, motor principal dos estímulos econômicos, pôs em marcha o terceiro round da "quantitative easing"("flexibilização quantitativa") (simplificadamente, injeção de recursos pelo banco central; veja Introdução), com resultados apenas parciais e menos do que satisfatórios para os Estados Unidos, mas com consequências negativas para as economias emergentes.

Na Europa, a crise ainda persiste, principalmente na periferia da zona do euro, com severas repercussões econômicas e sociais. Por isso, é importante que os países da zona do euro encontrem soluções rápidas e duradouras, principalmente em termos de supervisão bancária e consolidação fiscal, de modo a aumentar o crescimento econômico na região. Desde o quarto trimestre de 2011, o crescimento econômico da zona do euro, observado trimestralmente, tem sido nulo ou negativo. Os líderes europeus ainda estão lutando para encontrar uma solução que recolocará a região nos trilhos.

Nessas circunstâncias em particular, depois de estabelecer as taxas de juros básicas, os bancos centrais das economias desenvolvidas começaram a propor uma política de juros com taxas próximas de zero (em inglês, "zero lower bound") que inclui uma agressiva ação de "flexibilização quantitativa". Em 2013, os recursos injetados elevaram em mais de US$9 trilhões a liquidez mundial, com parte dessa enorme quantia de dinheiro atrás de retornos positivos e raros, principalmente nas economias dos mercados emergentes (ME). As políticas pouco convencionais de flexibilização monetária consistem nas compras pelo banco central dos títulos do governo nacional e até mesmo das provisões relativas à "orientação futura" (veja Introdução) explícita sobre o comportamento futuro das taxas de juros, inflação no médio prazo ou produto nominal, e metas de taxas de desemprego.

Respondendo racionalmente, as autoridades monetárias brasileiras colocaram em prática medidas macroprudenciais que incluem restrições na conta de capitais. Grosso modo, essas medidas consistem no aumento das taxas do imposto sobre operações financeiras de curto prazo (IOF), inclusive de empréstimos externos superiores a um ano, com o objetivo principal de reduzir os ganhos nas estratégias de carry-trade (operação financeira em que se toma empréstimos em uma moeda, aplicando esses recursos em outro país no qual as taxas de juros são maiores). Esse imposto não incide sobre os investimentos estrangeiros diretos (IED) e nem as transações financeiras de longo prazo.

Este capítulo destaca o fato de que gerenciar entradas de capital é apenas parte de um mix de políticas. Tal estratégia tem funcionado bem ao lidar com o aumento da liquidez internacional e em prevenir as entradas de capitais estrangeiros de prazo muito curto, bem como em alterar a composição das entradas de capital no sentido de aprimorar a qualidade desses influxos. Com isso, o movimento de apreciação da taxa cambial foi paralisado, e a partir daí tornou-se menos volátil. Também vale a pena notar que, sob tal política, a taxa de juros tem aumentado sua capacidade de afetar a taxa de câmbio.

Estamos cientes de quão controversos são o papel e a eficácia dos controles de capital durante as crises. Porém, desde 2008 verifica-se um cenário distinto, sugerindo que países como o Brasil deveriam se importar com sua taxa de câmbio e a qualidade dos surtos de capital. Combinar uma política monetária de "zero lower bound" com "flexibilidade quantitativa", provocando realinhamentos das taxas de câmbio mundo afora, é tratado como parte da solução para as fragilidades das economias desenvolvidas, mas, ao mesmo tempo, representa restrições consideráveis para as economias dos mercados emergentes. Definitivamente, estamos em um jogo não cooperativo e que não é de soma zero e, por isso, as economias ME estão sendo prejudicadas, em vez de beneficiadas. As medidas de gestão da conta de capitais é uma questão mais técnica do que ideológica. Elas se juntam ao conjunto de ferramentas de política, com resultados positivos.

Na próxima seção examino a literatura econômica dos controles de capital e, então, descrevo a recente experiência brasileira.

A Literatura

Diversos estudos recentes revisaram o papel dos controles de capital no contexto de uma economia mundial emergindo de uma crise financeira. Até mesmo o FMI (2012) no seu "ponto de vista institucional" sobre os controles de capital sugere alguns sinais de progresso nessa matéria. A análise de Ostry e outros (2010) pode ser considerada uma das primeiras nesse contexto. Eles discutem não apenas o benefício das entradas de capital para os mercados emergentes, mas também as respostas de políticas econômicas apropriadas. Baba e Kokenyne (2011) estimam a eficácia dos controles de capital em relação aos surtos de entradas de capital em MEs tais como Brasil, Colômbia, Coreia e Tailândia nos anos 2000.

É justo dizer que a globalização dos mercados de capital tem sido benéfica quando permite aos fluxos de capital seguirem rumo a destinos mais atraentes, mas, ao mesmo tempo, esse processo tem sido associado com episódios de crises financeiras dramáticas. Nesse cenário, há um debate incipiente com relação ao papel dos fluxos de capital internacional em provocar tais crises, e, se for esse o caso, os controles de capital se constituem em importante ferramenta política para os países emergentes, como ocorreu com frequência nos anos 1990.

Recentemente, um bom número de estudos tem argumentado que a livre movimentação do capital criou um sistema financeiro internacional altamente instável e que os países em desenvolvimento precisam gerenciar os fluxos de capital. É importante lembrar que não se trata de uma ideia nova: James Tobin postulou, em 1978, que a instabilidade macroeconômica seria reduzida pela adoção de uma taxa de câmbio mundial nas transações entre os países para diminuir a especulação nos mercados financeiros internacionais.

A racionalidade da imposição de restrições (controles de capital) no fluxo internacional de capitais é associado à crença de que os mercados de capitais são, comumente, caracterizados por desvios e distorções (informações assimétricas), e que tais imperfeições são magnificadas pelas dificuldades em fazer cumprir os contratos interpaíses e por um tipo de comportamento de manada, tal como a reação exagerada dos investidores frente a choques externos.

Uma das razões mais frequentemente evocadas na defesa do uso de controles de capital durante períodos de crise é que eles permitem ao banco central interromper a drenagem das reservas de moeda estrangeira e que as autoridades monetárias podem, de início, elevar as taxas de juros; e, uma vez implementados, os controles de capital abrem espaço para uma taxa de juros mais baixa e mais estável, que funciona de forma pró-cíclica. Também é importante ressaltar que os controles de capital introduzem uma cunha entre as taxas de juros nacional e estrangeira, permitindo que a política interna de taxas de juros não fique vinculada às taxas de juros externas quando enfrenta as consequências de uma crise internacional e a quebra da paridade descoberta de taxa de juros.

A discussão acerca de algumas questões políticas relacionadas à eficácia da imposição de controles de capital deveria acontecer com base na compreensão a respeito dos passos necessários (sequenciamento das reformas) em direção à liberalização da conta de capitais. A questão principal não é se os controles de capital devem ou não ser eliminados, mas sim em quais condições (quando e quão rápido) deveriam ser eficazes em alcançar os resultados econômicos desejados. A maioria das experiências dos países com controles de capital mostraram que o setor privado encontrou meios de contorná-los, geralmente adotando estratégias baseadas em superfaturamento (subfaturamento) das importações (exportações) e deixar de rotular a natureza dos movimentos de capital (fluxo de portfólio de curto prazo rotulado como crédito comercial).

A maioria dos estudos tem proposto que antes de promover a liberalização das contas de capital, é necessário reverter os grandes desequilíbrios fiscais e atingir a estabilidade macroeconômica. A experiência passada de muitos países em desenvolvimento, incluindo o Brasil nos anos 1990, mostrou que embora se tenha obtido a estabilidade dos preços, ainda era necessário implementar reformas fiscais para melhorar os fundamentos macroeconômicos da economia. Fora isso, estabelecer um sistema bancário sólido também é necessário antes que os países em desenvolvimento possam levantar restrições à mobilidade do capital, já que os bancos vão intermediar as entradas de capital, o que não deve acontecer de maneira ineficiente.

Trabalhos anteriores, tais como o de Reinhart e Smith (2002) e Kaminsky e Schmukler (2001), examinaram o papel de controles temporários das entradas de capital, enfatizando que os controles de capital têm duas características cruciais: eles são assimétricos (objetivam as entradas de capital e não as saídas) e são temporários. Os autores estudaram as possíveis razões para os formuladores de políticas econômicas adotarem os controles sobre as entradas de capital, e dois tipos de choques que podem resultar em excessiva entrada de capitais (mudanças temporárias nas taxas de juros externas e na política monetária doméstica). As principais descobertas empíricas são que as alíquotas dos impostos sobre as entradas de capital devem ser muito altas a fim de afetar o saldo em conta corrente, que o benefício econômico de tributar as entradas de capital não é significativo, e que demorar muito para remover os controles de capital pode reverter os benefícios no bem-estar social.

Malásia e Tailândia são dois MEs que se valeram dos controles de capital durante os episódios das crises financeiras em passado recente; as experiências desses países foram estudadas por Edison e Reinhart (2001). Os dados empíricos mais representativos sugerem que os controles de capital podem ajudar a reduzir a volatilidade das taxas de juros mas são inconclusivos quanto à volatilidade da taxa de câmbio. Outra descoberta importante se refere a um "bid-ask spread" (diferença entre as taxas de compra e venda da moeda) mais amplo e variável durante os períodos de controle, e pequena evidência de que os controles de capital foram eficazes em reduzir os efeitos colaterais da volatilidade.

Kaminsky e Schmukler (2001) lidaram com a questão de se os controles de capital afetam ou não a conexão entre os preços do mercado de ações nacional e estrangeiros e as taxas de juros — em outras palavras, se eles são importantes para a integração ao mercado internacional. Os autores encontraram pouca evidência de que os controles de capital podem segmentar os mercados domésticos e estrangeiros, e, mesmo quando o fazem, os efeitos não são duradouros. Por fim, descobriram que é difícil distinguir os efeitos dos controles nas entradas e nas saídas de capital.

A experiência chilena durante os anos 1990 foi estudada em detalhes por De Gregorio, Edwards e Valdes (2000), cujo trabalho ocupa-se com a questão da eficácia ou não dos controles sobre a entrada de capital através da manutenção de depósitos compulsórios não remunerados. Eles também examinaram os efeitos nas taxas de juros, no volume e composição das entradas de capital, e na taxa real de juros. As descobertas empíricas principais que encontraram sugerem ser difícil encontrar efeitos de longo prazo, e que os controles de capital geram um aumento no diferencial da taxa de juros apenas no curto prazo, nenhum efeito na taxa de câmbio efetiva, e um efeito significativo na composição das entradas de capital em favor de um prazo de maturação maior.

Outro estudo relacionado à experiência chilena com controles de entradas e saídas de capital durante os anos 1990 foi relatado por Edwards (1999), e os resultados empíricos sugerem que os controles sobre as saídas não são eficazes, enquanto os controles sobre as entradas têm a vantagem de afetar o prazo de maturidade da dívida externa, um objetivo desejável pelas autoridades monetárias. As três principais metas dos controles de capital do Chile eram de diminuir a entrada de capital e mudar sua composição em prol de maturação mais longa, reduzir e adiar a valorização da taxa de câmbio real, e auxiliar as autoridades monetárias a adotar uma política monetária independente (mantendo uma taxa de juros diferencial). O autor também verificou que os controles das entradas de capital não são suficientes para eliminar a instabilidade financeira. A estimação GARCH — sigla em inglês para "heterocedasticidade condicional autorregressiva generalizada" (veja nota de rodapé no Capítulo 8) — revela que as restrições sobre as entradas de capitais foram bem-sucedidas em reduzir a instabilidade do mercado de ações, mas não a volatilidade da taxa de juros de curto prazo.

Em geral, o debate sobre os efeitos das restrições nas entradas de capital mostraram que os controles são importantes para explicar as mudanças na composição dos fluxos de capital na direção desejada (diminuir a participação dos fluxos de curto prazo e de portfólio e incrementar os investimentos estrangeiros diretos). Na literatura, questiona-se se os fatores externos (taxas de juros internacionais e liquidez) são mais importantes que os fatores internos (fundamentos domésticos) para explicar o aumento dos fluxos financeiros das economias emergentes, e relacionam isso com o modo como esses países respondem à elevação dos fluxos de capital.

Dados empíricos indicam que as entradas de capital são mais voláteis na América Latina do que na Ásia, e capitais de curto prazo são mais voláteis que outros tipos de fluxos de capital. Práticas de esterilização (compra ou venda de ativos pelo banco central para compensar efeitos de intervenções no mercado cambial) aumentam o volume total dos fluxos de capital através de capitais de curto prazo, e os controles de capital não têm efeitos significativos em diminuir o volume geral dos fluxos, mas afetam a composição dos fluxos de capital em prol dos investimentos estrangeiros diretos. E, finalmente, os fluxos de curto prazo não são sensíveis às mudança nas taxas de juros internacionais, embora a composição dos fluxos de capital responda a tais mudanças.

Após a crise financeira de 2008, na medida em que importantes economias restabeleceram as restrições à conta financeira de capital como parte do leque de ferramentas políticas, acadêmicos, formuladores de políticas econômicas e instituições internacionais vêm tentando jogar uma nova luz nessas questões tão controversas. Desse modo, apresentamos em seguida as práticas brasileiras recentes e as respostas de política econômica no contexto da crise.

A Experiência Brasileira

Primeiro, é importante distinguir o panorama mundial atual daquele enfrentado pelas economias latino-americanas nos anos 1990. Naquela época, observou-se que o freio de liquidez relacionava-se mais com os fracos fundamentos macroeconômicos daquelas economias do que em pressões internacionais causadas pelos bancos centrais das economias avançadas. Crises financeiras e monetárias, associadas com o default (inadimplência) das dívidas, costumavam ser lugar-comum no mundo em desenvolvimento. Essas crises eram geralmente explicadas ou por políticas econômicas domésticas equivocadas (engendradas por *formuladores de políticas irracionais* nas economias em desenvolvimento) ou por agentes econômicos equivocados (irracionalidades autorrealizáveis). As crises asiáticas foram explicadas por *mercados equivocados*, como resultado de contágios e comportamentos de manada (ver Frankel e Wei, 2004).

Por outro lado, de acordo com o FMI (2012, 6), "A liberalização dos fluxos de capital tem sido parte da estratégia de desenvolvimento em diversos países, em reconhecimento dos benefícios que tais fluxos podem trazer." Na verdade, trata-se de uma estratégia inovadora associada com políticas monetárias não convencionais, desenvolvida pelas economias centrais na tentativa de retomar o crescimento. Isso denota a natureza muito diferente dos surtos de fluxos de capital vividos nos dias de hoje em comparação com as práticas do passado. É uma "injeção de liquidez" em vez de "liberalização dos fluxos de capital", usualmente avaliada como "remoção das restrições".

Essa distinção faz uma grande diferença para as recomendações de políticas, principalmente com relação a como as políticas dos ME devem lidar com isso. Também não é um tipo de "irrestrita conversibilidade da moeda local nas transações financeiras internacionais." (FMI 2012, 10). Parece que os recentes surtos de capitais são mais associados com as moedas menos conversíveis combatendo a desvalorização nas moedas internacionais.

A relação entre crescimento e taxa de câmbio (desvalorizações, desalinhamentos e volatilidades) tem sido abordada na literatura econômica sob diferentes perspectivas.[1] É, ainda, um assunto controvertido, embora seja justo afirmar que as desvalorizações fomentam o crescimento através de diferentes canais, principalmente os comerciais. Mercados domésticos fracos nas economias desenvolvidas resultam em estoques excessivos de bens manufaturados em busca dos mercados internacionais; assim, a desvalorização seria bastante útil.

Sob circunstância tão específica, as medidas de gestão de fluxos de capitais postas em ação nas economias de ME são uma resposta racional, tanto benéficas quanto prudenciais.

O contexto atual para implementação de controles de capital é bem diverso. Hoje, os problemas são causados por *formuladores de políticas irracionais* nas economias desenvolvidas. Uma política monetária não convencional — incluindo brutais programas de "flexibilização quantitativa" em um ambiente de política monetária "limite zero de juros" — tem sido impelida pelos bancos centrais das economias desenvolvidas. As Figuras 24.1 e 24.2 mostram quão considerável foi a expansão da liquidez internacional como resultado dessa prática.

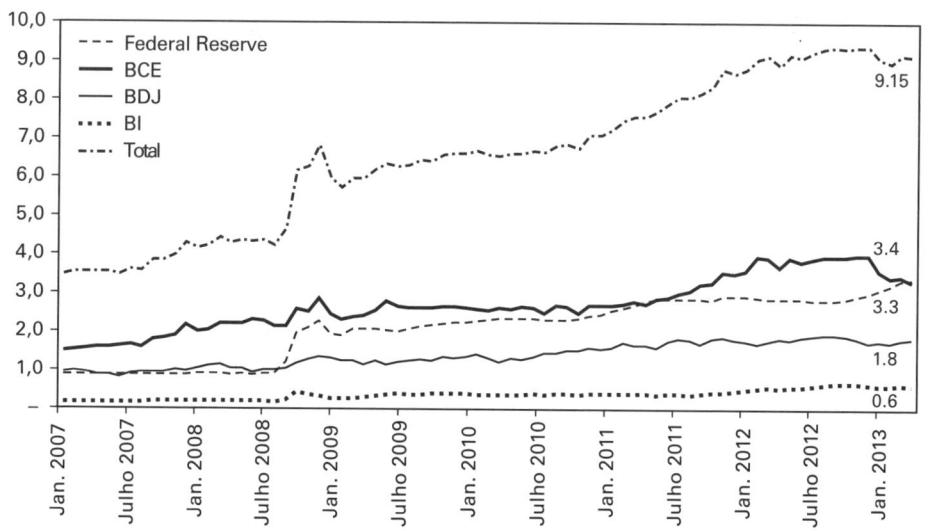

Figura 24.1
Expansão da Liquidez Internacional (trilhões de US$)
Observações: Banco Central Europeu; Banco do Japão; Banco da Inglaterra.
Fonte: Bloomberg, http://www.bloomberg.com

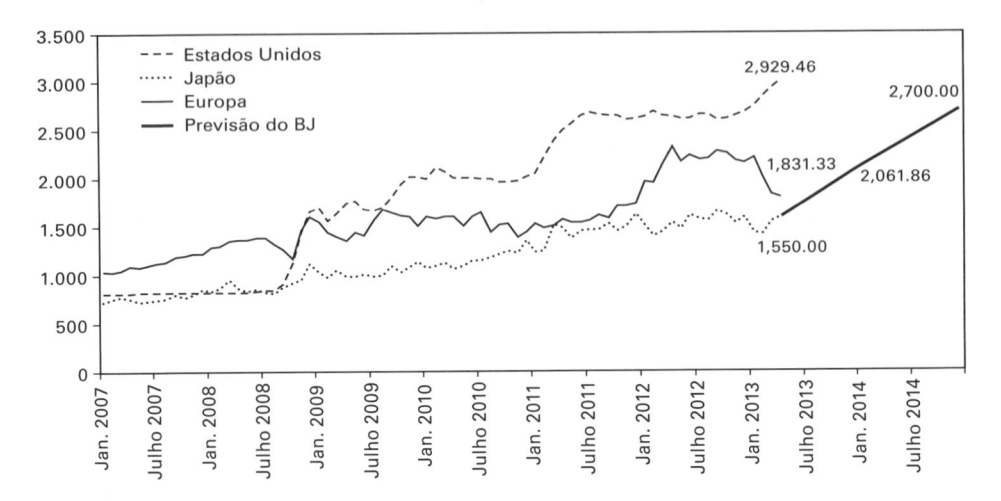

Figura 24.2
Expansão da Base Monetária nas Economias Desenvolvidas, 2007-2014 (bilhões de US$).
Observação: * Estimativa do Banco do Japão em abril de 2013.
Fonte: Bloomberg.

Como pode ser observado nessas figuras, os bancos centrais das economias desenvolvidas, tais como Estados Unidos, Europa e Japão, introduziram políticas monetárias expansionistas bastante agressivas. Não obstante os benefícios dessa postura monetária, os países emergentes estão preocupados que o surto de entrada de capitais possa causar problemas em suas economias. A apreciação da taxa de câmbio, a acumulação de reservas com algum custo fiscal, e o incentivo ao endividamento via empréstimos estrangeiros excessivos arriscando um boom de crédito doméstico, são apenas algumas das consequências observadas recentemente. Deve-se, ainda, acrescentar que as taxas de juros internacionais são bem baixas, e têm permanecido assim, em comparação com os níveis das taxas de juros normais nos ME, o que se constitui em um incentivo para incorrer em empréstimos em moeda estrangeira. Há, também, o risco de amplificar o descasamento cambial, com a bem conhecida propensão à instabilidade nos MEs durante uma repentina interrupção nos fluxos de capital, que leva, às vezes, a uma desvalorização inesperada das taxas de câmbio.

No caso brasileiro, um aumento na liquidez internacional criou uma pressão excessiva na taxa de câmbio. Consequentemente, as autoridades econômicas criaram um imposto (o IOF) sobre as transações envolvendo os novos fluxos de capital. A Tabela 24.1 mostra a evolução do IOF nos investimentos de portfólio e nos empréstimos externos, que pode ser resumida como segue (observações em junho de 2013):

1. Os investimentos de portfólio (veja capítulo 23) incluem renda fixa e derivativos. Todos eles foram taxados a uma taxa de 6%, com exceção dos títulos de capex (investimentos em bens de capital) e de infraestrutura (nunca houve incidência de IOF nos fluxos externos desses títulos). Além disso, o IOF não foi aplicado nas aplicações em ações.

2. As entradas de empréstimos de curto prazo (de até um ano) e as emissões de títulos da dívida offshore (dívidas no exterior) são sujeitas ao IOF a uma taxa de 6%.

3. Não tem sido aplicado o IOF de 1% sobre as posições vendidas em moeda estrangeira de bancos, fundos e companhias.

Vale a pena ressaltar que quando se tornou necessário, as autoridades brasileiras prontamente retiraram essas medidas, indicando que elas são ferramentas complementares de gestão dos fluxos de capital. Foi o que se verificou em junho de 2013, quando o IOF aplicado nos investimentos de portfólio, incluindo instrumentos de renda fixa e derivativos foi reduzido a zero.

Tabela 24.1
Brasil: Imposto sobre Operações Financeiras, 2008-2013 (%)

	3, Dezembro de 2008	19, Outubro de 2009	4, Outubro de 2010	18, Outubro de 2010	26, Julho de 2010	1, Dezembro de 2011	29, Fevereiro de 2012	9, Março de 2012	13, Junho de 2012	4, Dezembro de 2012	4, Junho de 2013	12, Junho de 2013
Portfólio:												
Renda Fixa Títulos	1,50	2,00	4,00	6,00	6,00	6,00	6,00	6,00	6,00	6,00	0,00	0,00
Corporativos de longo prazo	1,50	2,00	4,00	6,00	6,00	0,00	0,00	0,00	0,00	0,00	0,00	0,00
Ações	0,00	2,00	2,00	2,00	2,00	0,00	0,00	0,00	0,00	0,00	0,00	0,00
Margem*	0,38	0,38	0,38	6,00	6,00	6,00	6,00	6,00	6,00	6,00	0,00	0,00
Empréstimo externo até:												
90 dias	5,38	5,38	5,38	5,38	6,00	6,00	6,00	6,00	6,00	6,00	6,00	6,00
270 dias	0,38	0,00	0,00	0,00	6,00	6,00	6,00	6,00	6,00	6,00	6,00	6,00
1 ano	0,38	0,00	0,00	0,00	6,00	6,00	6,00	6,00	6,00	6,00	6,00	6,00
2 anos	0,38	0,00	0,00	0,00	6,00	6,00	6,00	6,00	6,00	0,00	0,00	0,00
3 anos	0,38	0,00	0,00	0,00	0,00	0,00	6,00	6,00	0,00	0,00	0,00	0,00
5 anos	0,38	0,00	0,00	0,00	0,00	0,00	0,00	6,00	0,00	0,00	0,00	0,00
Posições Excessivamente longas em BRL (reais)	0,00	0,00	0,00	0,00	1,00	1,00	1,00	1,00	1,00	1,00	1,00	0,00

*Margem de depósito de derivativos

Fonte: Ministério da Fazenda, Brasil

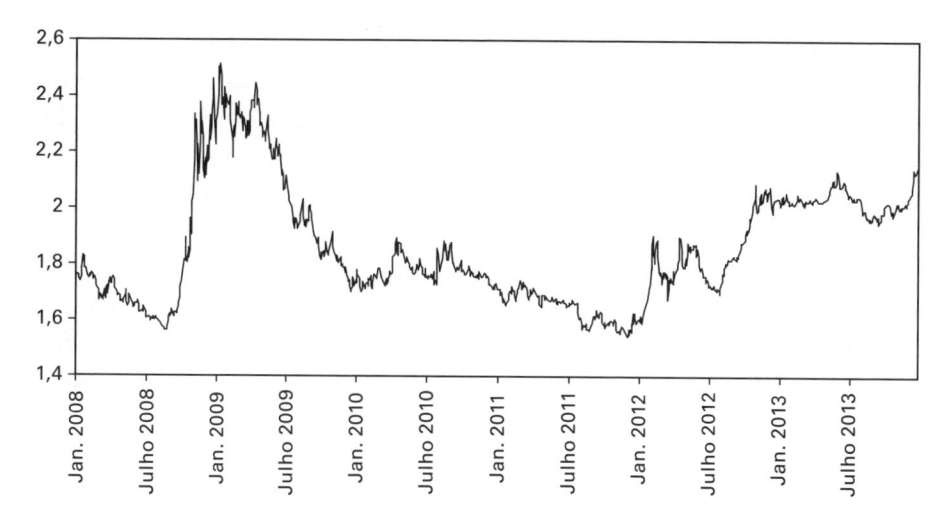

Figura 24.3
Taxa de Câmbio Nominal (real por dólar), 2008-2013.
Fonte: Banco Central do Brasil.

A trajetória de valorização da taxa de câmbio brasileira foi interrompida pela crise financeira de setembro de 2008, revertida em função das políticas de "flexibilização quantitativa" adotadas pelas economias desenvolvidas. Para reduzir a vulnerabilidade e a prociclicidade (veja nota de rodapé no Capítulo 6) dos fluxos de capital, o Brasil tomou medidas para gerenciar sua conta de capital através de regulamentações prudenciais. Essas medidas são também ilustradas ao longo do tempo na figura 24.3. Nela, é possível inferir que após serem iniciados os controles sobre os surtos de influxos de capital, o real se valorizou e caminhou para um novo equilíbrio estável.

Como se pode ver no gráfico, a eficácia das restrições sobre os controles de capital tem sido mais duradoura que a suposta na literatura econômica. Os resultados incluem uma taxa de câmbio mais estável e menor vulnerabilidade dos balanços patrimoniais, seja das empresas domésticas, seja do sistema financeiro. Há algumas explicações plausíveis para isso.

Primeiro, a economia brasileira é muito menos dolarizada do que era há uma década. A dolarização de uma economia é fortemente associada tanto com a inflação corrente quanto com o risco de inflação.[2] É uma resposta racional dos agentes para lidar com a inflação. Com a inflação e os riscos de uma inflação elevada diminuindo substancialmente no Brasil, e o mesmo ocorrendo com os títulos soberanos, os descasamentos cambiais nos balanços patrimoniais mostraram uma considerável redução. Consequentemente, as medidas de gerenciamento da conta de capitais não alteram as percepções do investidor estrangeiro sobre o país.

Em segundo lugar, a composição das entradas de capital mudou nitidamente após a implementação das restrições sobre as entradas financeiras de curto prazo. Como descrito na literatura, restrições aos fluxos de capital desempenham um papel importante na alocação do capital, elevando a participação dos investimentos estrangeiros diretos na composição dos influxos de capital. No Brasil, o IED tem sido tão alto quanto era antes das restrições aplicadas às entradas de capitais. Enquanto isso, com o retorno das estratégias de "carry-trade" voltando a ser negativo (ver Figuras 24.4 e 24.5), as entradas de capital de curto prazo foram reduzidas.

Ao observar a figura 24.6, nota-se que as entradas de capital de longo prazo permaneceram estáveis em um nível muito alto, ao passo que os investimentos de portfólio diminuíram a um nível não visto desde antes da crise de 2008–2009. Nem as transações intercompanhias nem as aplicações em ações foram afetadas por tais medidas.

Em terceiro, o Brasil colocou em prática um conjunto de políticas macroprudenciais, incluindo a gestão da conta de capitais, ao lado de políticas monetárias convencionais. Resultados fiscais consistentes foram alcançados; desse modo, a relação dívida pública/PIB diminuiu rapidamente. Além disso, o Brasil deixou para trás qualquer possibilidade de insolvência fiscal. A confiança dos investidores internacionais nos títulos soberanos brasileiros aumentou, como demonstrado na figura 24.8. Nela, vê-se que a diferença entre o rendimento dos títulos de 10 anos, brasileiros e norte-americanos, tem se estreitado constantemente desde 2011. Um compromisso com a responsabilidade fiscal de muitos anos, ao lado do crescimento econômico, contribuíram para a redução do risco de crédito do Brasil.

Por fim, a projeção de crescimento no médio prazo também tem um papel importante, encorajando os investimentos estrangeiros diretos a buscarem novas oportunidades, e o Brasil é hoje um dos melhores países em todo o mundo para se investir. O governo brasileiro acaba de lançar um abrangente programa de concessões no setor de infraestrutura, incluindo aeroportos, portos, estradas de ferro, trens de alta velocidade, petróleo, gás e eletricidade, cujo montante chega a US$235 bilhões. É apenas o primeiro passo em direção ao total de necessidades do país em termos de infraestrutura. Muitos projetos de investimento em diferentes setores, tais como automobilístico, químico, saúde e outros estão em andamento. Como uma sociedade de classe média, o Brasil tem um mercado doméstico dinâmico com uma taxa de desemprego baixa e menor desigualdade de renda.

(a)

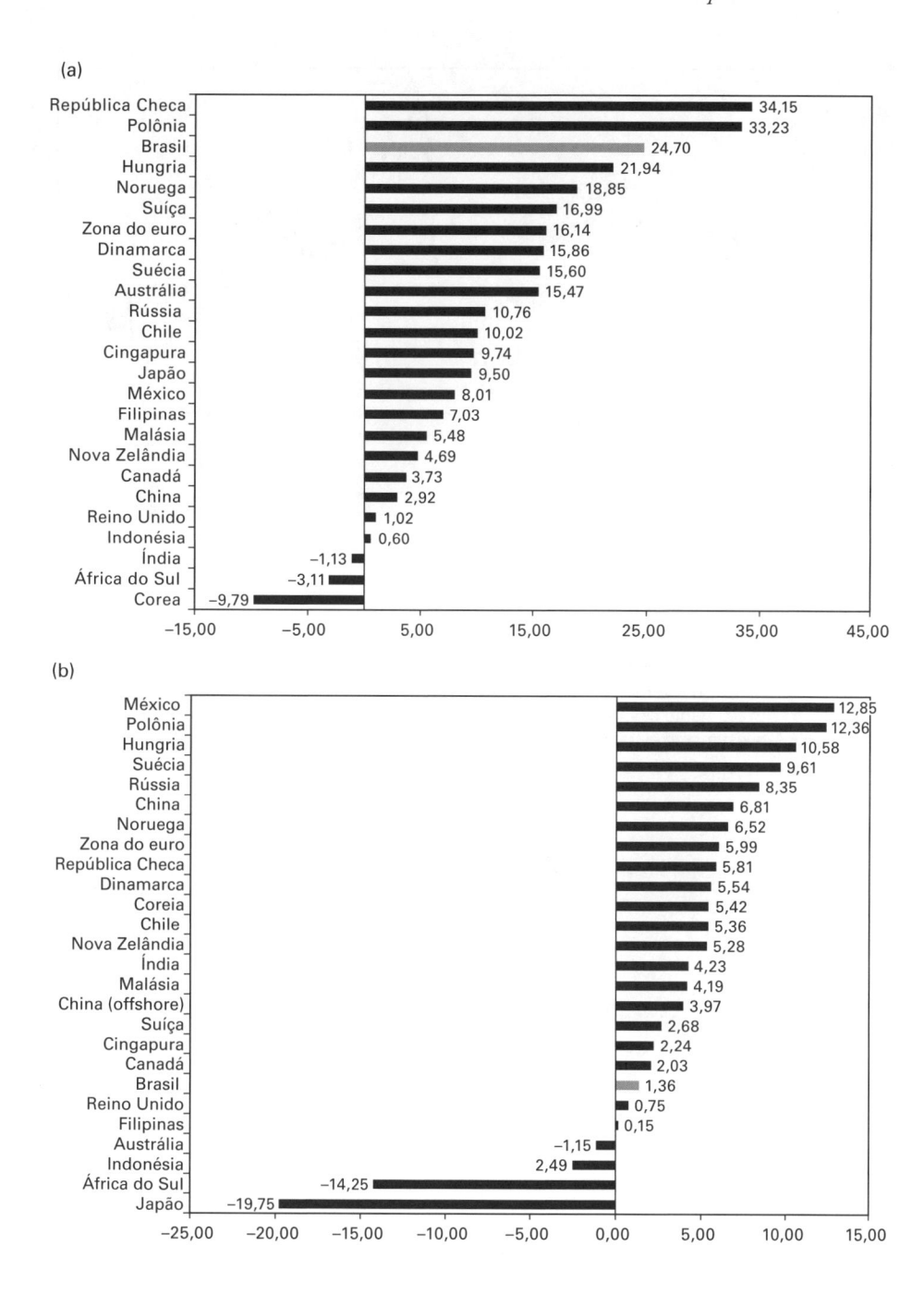

País	Valor
República Checa	34,15
Polônia	33,23
Brasil	24,70
Hungria	21,94
Noruega	18,85
Suíça	16,99
Zona do euro	16,14
Dinamarca	15,86
Suécia	15,60
Austrália	15,47
Rússia	10,76
Chile	10,02
Cingapura	9,74
Japão	9,50
México	8,01
Filipinas	7,03
Malásia	5,48
Nova Zelândia	4,69
Canadá	3,73
China	2,92
Reino Unido	1,02
Indonésia	0,60
Índia	−1,13
África do Sul	−3,11
Coreia	−9,79

(b)

País	Valor
México	12,85
Polônia	12,36
Hungria	10,58
Suécia	9,61
Rússia	8,35
China	6,81
Noruega	6,52
Zona do euro	5,99
República Checa	5,81
Dinamarca	5,54
Coreia	5,42
Chile	5,36
Nova Zelândia	5,28
Índia	4,23
Malásia	4,19
China (offshore)	3,97
Suíça	2,68
Cingapura	2,24
Canadá	2,03
Brasil	1,36
Reino Unido	0,75
Filipinas	0,15
Austrália	−1,15
Indonésia	2,49
África do Sul	−14,25
Japão	−19,75

Figura 24.4
Retornos das Estratégias de Carry-Trade em Países Selecionados, 2008 e 2013 (%, acumulado de 12 meses). a. Junho de 2008. b. Junho de 2013.
Fonte: Bloomberg.

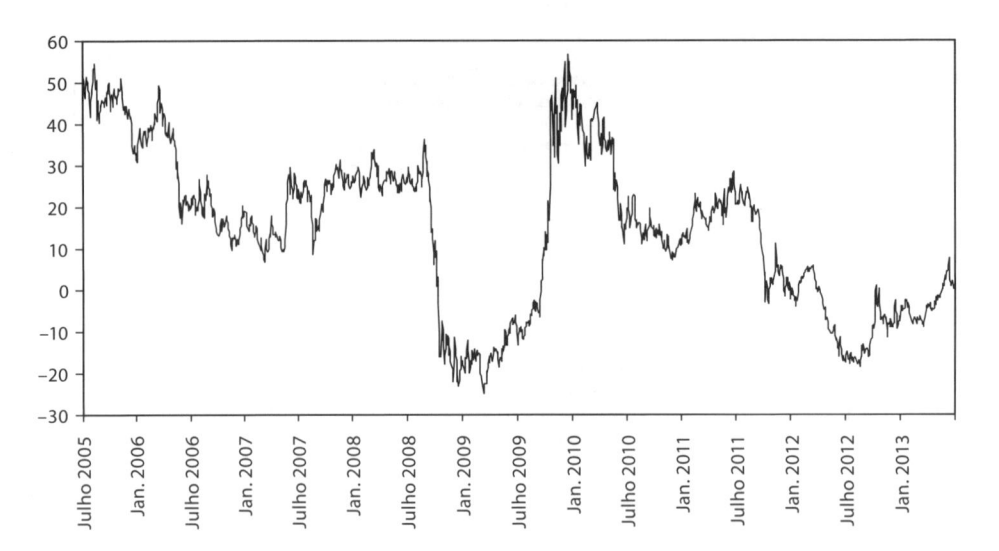

Figura 24.5
Brasil: Retornos da Estratégia de Carry-Trade (2005-2013) (% por ano)
Fonte: Bloomberg.

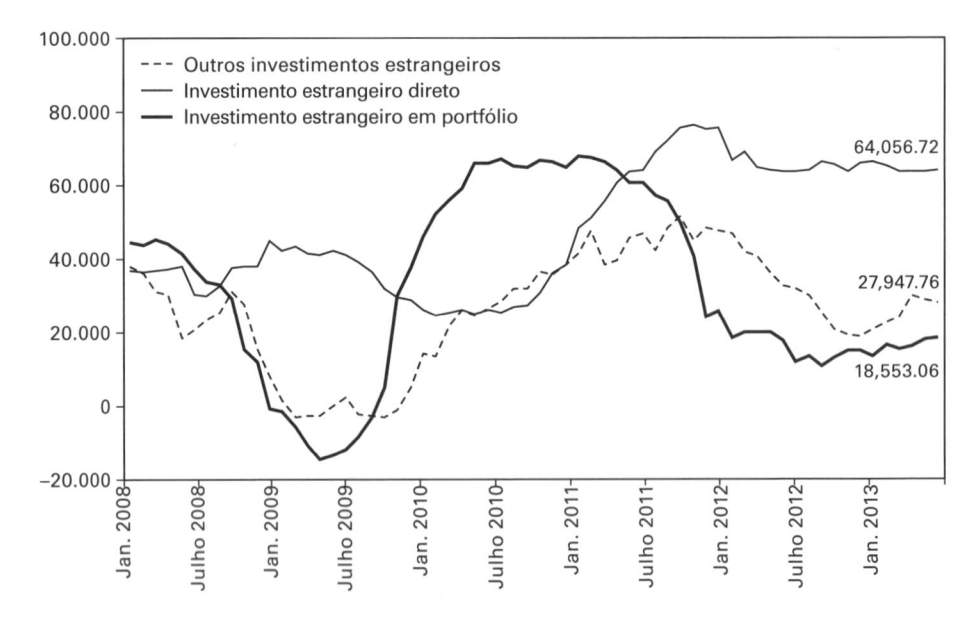

Figura 24.6
Brasil: Contas Financeiras, 2008—2013 (bilhões de dólares)
Fonte: Banco Central do Brasil

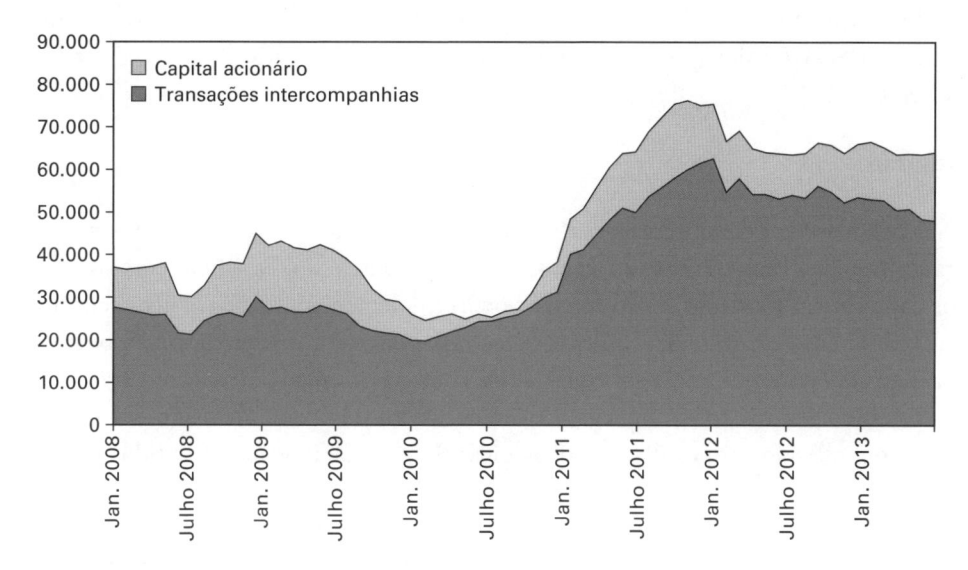

Figura 24.7
Brasil: Investimento Estrangeiro Direto, 2008—2013.
Fonte: Banco Central do Brasil.

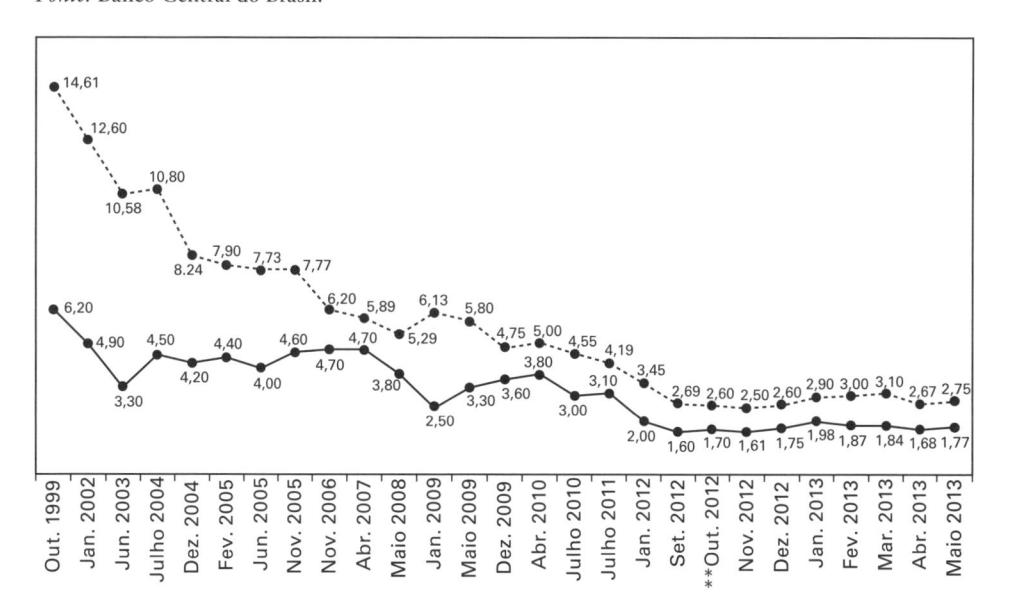

Figura 24.8
*Rendimentos dos títulos de 10 anos, brasileiros e norte-americanos, 1999—2013 (%).
Observações: *Medidos pela diferença nos rendimentos de títulos brasileiros com data de emissão de 10 anos denominados em dólares norte-americanos e rendimentos em títulos do Tesouro dos EUA (mesmo prazo) trocados no mercado secundário na mesma data. ** A partir de outubro de 2012, rendimentos de títulos brasileiros de 10 anos e do Tesouro dos EUA (mesmo prazo) trocados no mercado secundário na mesma data.
Fonte: Ministério das Finanças, Brasil e Bloomberg.

Parece que as projeções de crescimento e as oportunidades de investimento contam mais para os investidores estrangeiros do que as restrições de curto prazo das entradas de capital.

Resumo

O excesso de liquidez internacional teve efeitos colaterais na economia dos países emergentes, e o Brasil, entre eles, é mais regra do que exceção. Para lidar com os efeitos das políticas monetárias não convencionais implementadas pelos bancos centrais das economias desenvolvidas, o Brasil colocou em marcha um conjunto de políticas macroprudenciais que incluem a gestão da conta de capitais, bem como ações de políticas monetárias convencionais. O gerenciamento da conta de capitais é muito mais uma questão técnica do que ideológica. Bons resultados foram obtidos nessas circunstâncias. A postura da política econômica é de aplicar medidas voltadas a estimular os investimentos em um contexto de inflação sob controle, e realizar programas de consolidação fiscal que induzem o crescimento, com um sistema financeiro sólido e acentuada redução de desigualdade econômica.

Após a implementação de restrições nas contas financeiras do país, o real foi apreciado até estabilizar-se na paridade de R$ 2,00 por dólar americano. É certo afirmar que a eficácia dos controles, iniciada em 2011, perdurou por mais tempo que o esperado. Os benefícios dos controles são, geralmente, bem maiores do que os eventuais custos. Uma vez que tais medidas também são prudenciais, os empréstimos externos em moeda estrangeira têm sido menos alavancados.

Notas

1. Ver Holland e outros (2013) para novas descobertas empíricas na relação entre crescimento e volatilidade cambial. Segundo esses autores, parece que a volatilidade das taxas de câmbio é mais importante para o crescimento do que os desalinhamentos.

2. A dolarização financeira é um tópico associado com a alta inflação e o risco de inflação nas economias latino-americanas, e Vieira, Holland e Resende (2012) associaram tal fenômeno com os riscos dos títulos soberanos, já que a dolarização permanece elevada mesmo após a inflação e o risco de inflação decrescerem.

Referências

Baba, C. E A. Kokenyne. 2011. "Effectiveness of Capital Controls in Selected Emerging Markets in the 2000s." Working Paper do FMI 11/281, Fundo Monetário Internacional, Washington, DC.

De Gregorio, J., S. Edwards e R. O. Valdes. 2000. "Controls on Capital Inflows: Do They Work?" NBER Working Paper 7645, National Bureau of Economic Research, Cambridge, MA. Abril.

Edison, H. e C. M. Reinhart. 2001. "Stopping Hot Money." *Journal of Development Economics* 66 (2): 533-553.

Edwards, S. 1999. "How Effective Are Capital Controls?" *Journal of Economic Perspectives* 13 (4): 65-84.

Frankel, J. e Shang-Jin Wei. 2004. "Managing Macroeconomic Crises: Policy Lessons." Manuscrito, Universidade de Harvard, Cambridge, MA.

Holland, M., F.V. Vieira, C. Gomes da Silva e L. C. Bottecchia. 2013. "Growth and Exchange Rate Volatility: A Panel Data Analysis." *Applied Economics* 45 (26): 3733-3741.

Fundo Monetário Internacional (FMI). 2012. "The Liberalization and Management of Capital Flows: An Institutional View." Fundo Monetário Internacional, Washington, DC, 14 de novembro. http://www.imf.org/external/np/pp/eng/2012/111412.pdf.

Kaminsky, G. L. e S. Schmukler. 2001. "Short-and Long-Run Integration: Do Capital Controls Matter?" Policy Research Working Paper 2660, Banco Mundial, Washington, DC.

Ostry, Jonathan D., Atish R. Ghosh, Karl Habermeier, Marcos Chamon, Mahvash S. Qureshi e Denis B. S. Reinhardt. 2010. "Capital Inflows: The Role of Controls". IMF Staff Position Note 10/04, Fundo Monetário Internacional, Washington, DC, 19 de fevereiro. http://www.imf.org/external/pubs/ft/spn/2010/spn1004.pdf.

Reinhart, C. M. e R. T. Smith. 2002. "Temporary Controls on Capital Inflows." *Journal of International Economics* 57 (2): 327-351.

Tobin, J. 1978. A Proposal for International Monetary Reform. *Eastern Economic Journal* 4 (3/4): 153-159.

Vieira, F A.C., M. Holland e M.F.Resende. 2012. Financial Dollarization and Systemic Risks: New Empirical Evidence. *Journal of International Money and Finance* 31 (6): 1695-1714.

25
Gerenciamento da Conta de Capitais

Hélène Rey

Benefícios da Integração Financeira: Teoria e Evidência

Começo pelas questões básicas a respeito dos fluxos internacionais de capital. Muitas das discussões a respeito se baseiam na premissa de que eles proporcionam alguns benefícios econômicos importantes para os países. Quando inquiridos mais especificamente, os formuladores de políticas econômicas identificam dois benefícios principais desses fluxos: aprimoramento da alocação de recursos e compartilhamento do risco. Devido à integração financeira, o capital pode fluir para lugares em que seu uso é mais produtivo, ou seja, lugares nos quais a produtividade marginal do capital é maior. Esse ponto de vista vem, claro, ao encontro do modelo neoclássico de crescimento.

Aqueles formuladores acrescentariam que os fluxos internacionais de capital também são benéficos porque permitem um melhor compartilhamento dos riscos, novamente uma afirmação conveniente para muitos modelos econômicos.

Evidência Empírica
Há diversos estudos que, de fato, tentam olhar os dados numéricos sobre a eficácia do fluxo internacional de capital sobre o crescimento ou a volatilidade do consumo, procurando testar esses dois tipos de ganhos. Surpreendentemente, esses efeitos são difíceis de se encontrar nos dados macroeconômicos: os benefícios dos fluxos de capital são notavelmente elusivos. Conforme foi comprovado pela maioria das recentes investigações que revisitaram uma longa lista de observações empíricas, é difícil encontrar provas robustas de um impacto da abertura financeira no crescimento ou na melhoria do compartilhamento do risco (por ex., Eichengreen, 2002; Kose et al. 2006; Obstfeld, 2009; Jeanne, Subramanian e Williamson, 2012).

Para ser justa, alguns trabalhos apontam para a existência de efeitos marginais: os fluxos de capital seriam benéficos apenas depois que um país atingiu um certo desenvolvimento institucional ou do setor financeiro. Há também algumas diferenças se olharmos sobre tipos distintos de fluxos de capital: Alguns deles parecem se dar melhor em induzir crescimento e dividir os riscos do que outros. Mas essa é uma evidência não muito conclusiva porque, com frequência, a amostra utilizada parece fazer diferença. Alguns estudos que se valem de dados microeconômicos apontam uma diminuição no custo do capital por ocasião da integração financeira. Então, a pergunta é: Por que nós não vemos mais efeitos no nível agregado?

Também há algumas pesquisas recentes analisando o papel dos bancos globais e verificando se os grandes fluxos internacionais de capital, observados no âmbito interno dos bancos mundiais, tiveram algum efeito no lado real da economia. Cetorelli e Goldberg (2012) apontam na direção de uma melhor alocação de liquidez dentro dos bancos globais. Mas alguém pode se perguntar se isso vem acompanhado de um enfraquecimento da transmissão da política monetária, já que os bancos globais podem rearranjar a liquidez interpaíses para compensar o efeito das políticas monetárias nacionais. Se os bancos globais podem alocar a liquidez entre suas várias subsidiárias e filiais, isso pode ser benéfico, mas também pode ser uma forma de contornar os efeitos da política monetária.

Então, sob o ponto de vista das evidências empíricas, a questão está em aberto. Até agora, entretanto, as evidências parecem surpreendentemente menos conclusivas do que poderíamos imaginar, dados os fortes antecedentes teóricos e a enorme dimensão dos fluxos internacionais de capital na economia mundial.

Modelos Calibrados

O modelo de crescimento neoclássico está por trás de nossa intuição econômica com relação ao motivo pelo qual o livre fluxo de capital pode ser benéfico. Curiosamente, apesar desse paradigma, ajustes realistas indicam que os ganhos tendem a ser menores. Gourinchas e Jeanne (2006) mostraram, no contexto da abertura das economias de menor porte e em determinado ambiente, que os ganhos eram de segunda ordem. Tudo que a integração financeira internacional faz nessas condições é acelerar a transição rumo à estabilidade da economia. Coeurdacier, Rey e Winant (2013) admitem a incerteza e estimam ganhos de bem-estar social a partir da combinação entre alocação eficaz e compartilhamento de riscos, dentro do contexto de equilíbrio geral do modelo neoclássico de crescimento. Eles descobriram que mesmo em tal mundo, no qual a interação entre os motivos de poupança preventiva e os efeitos de uma alocação eficaz é configurada explicitamente, aqueles ganhos são pequenos. Tal modelo pode, em particular, gerar o resultado realista de que um mercado emergente volátil acaba exportando capital quando promove a abertura financeira (a menos que seja um país onde haja extrema escassez de capitais, bem distante de seu estado de equilíbrio inicial). Então, tanto empírica quanto teoricamente é difícil encontrar apoio, nessa conjuntura, para grandes e quantificáveis benefícios da integração financeira internacional.

Não estou necessariamente alegando que os benefícios da integração financeira internacional não existem, mas sim que eles têm sido, até agora, difíceis. Nessa situação, seria útil identificar com mais precisão os canais através dos quais os fluxos de capital podem ser benéficos. Devemos olhar mais especificamente nos tipos de fluxos, e mais de perto para os efeitos potenciais sobre o fator de produtividade total.

Custos dos Fluxos Financeiros

No lado do custo, tendo passado por uma grande quantidade de crises nos mercados emergentes e nas economias desenvolvidas, temos algumas ideias sobre os custos da integração financeira internacional e dos fluxos de capital. Reinhart e Reinhart (2008) escreveram sobre as bonanças dos fluxos de capital, ou seja, os períodos nos quais a liquidez internacional é abundante e há grandes fluxos de capital em direção aos mercados emergentes, algo sujeito a reviravoltas drásticas.

Esses grandes fluxos de capital tendem a ser correlacionados com inflação dos preços dos ativos. Há um componente principal surpreendentemente grande nos preços dos ativos de alto risco (Miranda-Agrippino e Rey, 2012). Em outras palavras, embora possamos pensar que os preços dos ativos de alto risco, mundo afora, sejam em grande parte determinados pelas condições macroeconômicas específicas do país – condições locais –, estaríamos equivocados. Há nisso um importante fator mundial.

Em associação com essas bonanças dos fluxos de capital, tem havido excessiva valorização das moedas, o que diminui a competitividade dos bens comercializáveis. A perda da competitividade da periferia da zona do euro tem sido, de alguma forma, causada pelas massivas entradas de capital, o que tem feito subir os preços do setor imobiliário. O sistema bancário canalizou enormes fluxos de capital em diversos países, como Espanha e Irlanda, alimentando os booms de investimentos imobiliários que elevaram os preços dos bens não comercializáveis (aqueles que por sua natureza não podem, fisicamente, ser embarcados e exportados/importados; tipicamente, são os serviços, imóveis, etc) e do custo da mão de obra.

Mudanças no Cenário Financeiro Internacional

A principal mudança no cenário financeiro internacional nos últimos 20 anos foi o enorme aumento dos fluxos brutos e posições de ativos externos (ver Lane e Milesi-Ferretti, 2007; Gourinchas e Rey, 2013). São necessários novos formatos, novas maneiras de ponderar os custos e os benefícios da integração que levem em conta a importância dos fluxos brutos de capital (além dos fluxos líquidos). Ou seja, raciocinar em termos de sustentabilidade da conta corrente não é suficiente — precisamos também nos preocupar com os fluxos brutos.

Para os propósitos de estabilidade financeira, os fluxos brutos são importantes, e aumentam sua importância proporcionalmente à expansão do balanço de ativos externos dos países. Quanto à transmissão da crise financeira de 2008 para a Europa, por exemplo, a situação da zona do euro frente aos Estados Unidos era relativamente equilibrada; não houve problemas de conta corrente. Mas houve massiva exposição econômica através das posições brutas dos países europeus. O sistema financeiro europeu foi exposto aos ativos tóxicos norte-americanos (veja Capítulo 11), às movimentações da taxa de câmbio e ao risco de "funding" (veja Capítulo 8). Isso demonstra que há, potencialmente, substanciais efeitos de reavaliação (perdas e ganhos de capital) quando o balanço de ativos externos se expande. Foi o que realmente mudou nas últimas duas décadas e que precisamos levar em consideração. Não é mais apenas uma questão de conta corrente e fluxos líquidos; tem a ver também com os fluxos brutos e as enormes posições brutas no setor financeiro e em nível de país. O risco de transmissão pode ser intensificado por inúmeros canais, incluindo descasamentos monetários entre ativos e passivos ou do prazo de maturação dos títulos.

Prociclicidade e Fluxos de Crédito

Conforme se vê em Commitee on International Economy Policy and Reform (2012), e Bruno e Shin (2013), os fluxos de crédito são pró-cíclicos (veja nota de rodapé no Capítulo 6). Eles cresceram rapidamente durante o período pré-crise de 2003 a 2007. Há um ciclo de realimentação positivo envolvendo maior oferta de crédito, inflação dos preços dos ativos e diminuição dos spreads. Menores prêmios de risco amplificam os booms de crédito; como se constatou, risco baixo e balanços patrimoniais saudáveis acompanham a elevação dos preços dos ativos. Ao se relaxar as restrições, cria-se um espaço extra para empréstimos e crédito, e assim por diante.

Esse mecanismo acontece quando as restrições do "valor-em-risco" (técnica estatística de medir e quantificar o nível de risco financeiro) operam nos setores bancários (Adrian e Shin, 2012). Trata-se de um importante ciclo de realimentação positivo entre oferta de crédito e propagação de risco, algo que contribui para a prociclicidade dos fluxos de crédito e sua importância no período que precede uma crise.

Gerenciando o Balanço de Ativos

Na presença de ciclos de realimentação positivos, precisamos de sistemas de freios. O ciclo de realimentação tradicional tem sido combatido pelos formuladores de políticas econômicas da seguinte forma: As grandes entradas de capital em uma economia em crescimento tendem a criar inflação, apreciar a taxa de câmbio e elevar as expectativas inflacionárias; em tal situação, a resposta do banco central, geralmente, é aumentar a taxa de juros para manter a inflação sob controle, porém, como os rendimentos são maiores agora, o capital continua a fluir e a taxa de câmbio permanece sendo valorizada. Esse ciclo de realimentação positivo justifica o uso de controles de capital ou, mais genericamente, de gerenciamento do fluxo de capital. Além do ciclo de realimentação tradicional está o novo ciclo acima descrito, que tem a ver com os fluxos de capital e a prociclicidade da alavancagem. Grandes fluxos de crédito fazem subir os preços dos ativos, melhoram o balanço de ativos e levam a mais fluxos e criação de crédito. Tal efeito nos balanços deve ser monitorado cuidadosamente. Isso é ainda mais importante porque os efeitos da valorização podem ser da mesma magnitude que os movimentos da conta-corrente (Gourinchas, Rey e Truempler, 2012).

Quando se deve fazer a intervenção? Quando devem ser ativados os mecanismos para frear o ciclo de realimentação positivo?

É importante, em minha opinião, não esperar muito; não esperar, por exemplo, pela quase certeza de que há uma bolha nos preços dos ativos ou um mercado imobiliário a intervir. Em vez disso, deve-se fazer constantemente testes de estresse nos balanços patrimoniais do setor financeiro e do país e avaliar se grandes mas realistas mudanças nos preços dos ativos podem colocar em perigo a estabilidade financeira. Se for esse o caso, uma intervenção macroprudencial ou algum tipo de gerenciamento de fluxo de capital devem acontecer. Eu entendo a dificuldade de aplicar testes de estresse, no geral, e estimar os efeitos subsequentes, em particular; entretanto, ter como regra realizar recorrentes testes de estresse, mesmo que seja um processo imperfeito, é uma ferramenta de monitoramento necessária.

Quais são as ferramentas disponíveis para uma intervenção? A escolha entre ferramentas macroprudenciais e ferramentas de gestão de capital tem que ser, de alguma forma, pragmática, dependendo de onde os problemas estão e das diferentes condições institucionais. As ferramentas macroprudenciais tendem a ser mais focadas. Porém, os controles de capital podem ser mais apropriados se há um elevado montante de empréstimos diretos interpaíses e o sistema bancário é contornado.

Conclusões

Não devemos esquecer, em toda essa discussão sobre os sistemas de freios, que há, normalmente, importantes distorções domésticas interagindo com os fluxos de capital. Na prática, por razões políticas, encontramos diversos subsídios ao setor imobiliário. Trata-se de um instrumento de criação de bolhas iniciais nos preços e nos investimentos nesse setor. Seja como for, a primeira coisa a ser feita é remover essas distorções. Também é importante lembrar que quando um país toma empréstimos de forma excessiva, outro país está emprestando demais: as políticas macroprudenciais aplicam-se tanto a um quanto ao outro.

Tenho discutido o uso de gerenciamento de fluxo de capital e ferramentas macroprudenciais a partir de um ponto de vista de prevenção à ocorrência de uma crise; contudo, pode haver também, em alguns casos, um papel importante a ser desempenhado pela gestão da conta de capital após uma crise haver se instalado. Por exemplo, os controles de capital podem ser usados para evitar grandes perdas de recursos pelas famílias e empresas que realizaram empréstimos em moeda estrangeira e estão muito expostas à depreciação cambial. Esse tipo de intervenção política a posteriori pode ser bastante útil em países como a Islândia, no qual há um grande montante de ativos denominados em coroas (a moeda local) nos portfólios de investidores estrangeiros e massiva fuga de capitais, provavelmente em decorrência da ausência de mecanismos de controle (ver Baldursson e Portes, 2013).

Todavia, é preciso ter em mente que, nesta crise, temos que lidar com políticas preventivas claramente insuficientes, o que nos deixa em uma situação muito complicada. Enquanto isso, realmente precisamos pensar seriamente a respeito de melhores práticas de governança daqui para a frente.

Referências

Adrian, T. e H. S. Shin. 2012. "Procyclical Leverage and Value at Risk". Federal Reserve Bank of Nova York Report 338, Federal Reserve Bank of Nova York, Nova York. http://www.app.ny.frb.org/research/staff_reports/sr338.pdf.

Baldursson. F. e R. Portes. 2013. "Gambling for resurrection in Iceland: the rise and fall of the banks." CEPR DP 9664.

Bruno, V., e H. S. Shin. 2013. "Capital Flows, Cross-Border Banking and Global Liquidity." NBER Working Paper 19038, National Bureau of Economic Research, Cambridge, MA, maio. http://www.nber.org/papers/w19038.

Cetorelli, N., e L. Goldberg. 2012. "Liquidity Management of US Global Banks: Internal Capital Markets in the Great Recession." Journal of Internacional Economics 88(2): 299-311.

Coeurdacier, N., H. Rey, e P. Winant. 2013. "Financial Integration and Growth in a Risly World." Manuscrito, London Business School, Londres; NBER, Cambridge, MA; e Department of Economics, Sciences Po, Paris. http://www.helenerey.eu.

Commitee on International Economic Policy. 2012. "Banks and Cross-Border Capital Flows: Policy Challenges and Regulatory Responses." Brookings Institution, Washington, DC. http://www.brookings.edu/research/reports/2012/09/ciepr-banks-capital-flows.

Eichengreen, B. 2002. "Capital Account Liberalization: What Do the Cross-Country Studies Tell Us?" World Bank Economic Review 15:341-366.

Gourinchas, P.-O, e O. Jeanne. 2006. "The Elusive Gains from International Financial Integration." Review of Economic Studies 73:715-741.

Gourinchas, P.-O, e H. Rey. 2013. "External Adjustment, Global Imbalances, and Valuation Effects." In. Handbook of International Economic, ed. Gita Gopinath, Elhanan Helpman, and Ken Rogoff. Elsevier: North Holland.

Gourinchas, P.-O, H. Rey e K. Truempler. 2012. "The Financial Crisis and the Geography of Wealth Transfers." Journal of International Economics 88 (2): 266-283.

Jeanne, O., A. Subramanian, e J. Williamson. 2012. Who Needs to Open the Capital Account? Washington, DC: Peterson Institute.

Kose, M. A., E. Prasad, K. Rogoff, e S. J. Wei. 2009. "Financial Globalization: A Reappraisal." IMF Staff Papers 56:8-62.

Lane, P., e G.M. Milesi-Ferretti. 2007. "The External Wealth of Nations Mark II: Revised and Extended Estimates of Foreign Assets and Liabilities, 1970-2004." Journal of International Economics 73 (2): 223-250.

Miranda-Agrippino, S., e H. Rey. 2012. "World Asset Markets and Global Liquidity." Manuscrito, London Business School, Londres. http://www.helenerey.eu

Obstfeld, M. 2009. "International Finance and Growth in Developing Countries: What Have We Learned?" IMF Staff Paper 56 (1).

Reinhart, C., e V. Reinhart. 2008. "Capital Flow Bonanzas: An Encompassing View of the Past and Present." In NBER International Seminar in Macroeconomics, ed. Jeffrey Frankel e Francesco Giavazzi. Chicago: Editora da Universidade de Chicago.

VII
Conclusões

26

O Gato na Árvore e Outras Observações: Repensando a Política Macroeconômica II

George A. Akerlof

Aprendi bastante na conferência, e sou muito grato a todos os oradores. Pediram-me uma opinião geral sobre ela. Será que tenho uma visão de conjunto? Não sei se a imagem mental que tenho dela será útil, mas comparo a conferência a um gato que subiu em uma enorme árvore. Ele está lá em cima, e, Deus do céu, há um gato lá no alto. O bichano, claro, é essa enorme crise econômica sobre nós desde 2008.

Todos nesta conferência tinham algumas ideias a respeito do que deveríamos fazer para conseguir retirar o pobre gatinho da árvore. O que considerei tão maravilhoso sobre a conferência é que todos os palestrantes tinham sua própria imagem do bicho, de modo que não havia dois palestrantes com a mesma opinião. Porém, de vez em quando, essas duas opiniões se mesclavam de formas inesperadas e bem produtivas. Esse é meu ponto de vista sobre o que foi conquistado. Vou dizer o que penso sobre a crise e o quão bem estamos nos saindo com relação ao gato. Minhas ideias partem de um ângulo ligeiramente diferente de todos os oradores, cada um deles situado em seu distinto e incisivo ponto de observação. Vou me concentrar nos Estados Unidos pós-crise, mas a análise é válida também internacionalmente.

Há um texto ótimo, de Oscar Jorda, Morris Schularick e Alan Taylor (2011), que separou em recessões financeiras e recessões gerais as desacelerações dos ciclos econômicos de 1870 a 2008 de 14 países desenvolvidos. Eles observaram de que modo a recuperação do PIB variou em severidade de acordo com o crédito em circulação relativo ao PIB no boom precedente. E a suspeita deles estava correta: as recessões financeiras não só são mais intensas e de recuperação mais lenta do que as recessões normais, como também se recuperam tanto mais lentamente quanto maior for a relação crédito/PIB.

Essa é a história.

Como essa descoberta se reflete na crise atual? Curiosamente, depende de como se avaliam os créditos pendentes. Com os empréstimos bancários ao setor privado como medida do crédito, a recuperação dos Estados Unidos é melhor em 1% do PIB do que a recuperação média das recessões financeiras. Quando, além disso, também se inclui na régua o crédito concedido pelos "bancos paralelos"("shadow banks"), veja nos Capítulos 9 e 11), a recuperação dos Estados Unidos é cerca de 4% melhor do que a mediana da recuperação das recessões financeiras. Os gráficos no texto de Jorda e outros ilustram isso.

Porém, com o surgimento dos derivativos financeiros, não temos como saber medir o "crédito". Se os derivativos são usados como forma de proteção ante os riscos, então deveríamos esperar que eles amenizassem os choques.

Por exemplo, se o comprador — e não o vendedor — de um "credit default swap" (instrumento criado para servir de garantia contra a inadimplência) vai à bancarrota, ou seja, fica inadimplente, seria de se esperar que esse derivativo minimizasse a quebra. Por outro lado, se para nós os derivativos intensificam a aposta, então teríamos que esperar que eles exacerbassem a quebra. A interpretação convencional do crash de 2007—2008 nos Estados Unidos é de que os derivativos aumentaram as apostas de uma forma diferente. Diz-se que os derivativos funcionaram como elos de uma corrente de contínua valorização das hipotecas — eles foram instituídos, por exemplo, no Central Valley (localidade no centro da Califórnia, EUA) em bases cuja honestidade era duvidosa e, em seguida, passaram a ser agrupados em pacotes de derivativos, os quais foram avaliados do ponto de vista da segurança como classe A ou até mais. Estava-se em um ambiente em que títulos podres não afetavam as avaliações de risco. Assim, os detentores das hipotecas originais não tinham incentivo algum para solicitar uma entrada (no sentido de pagamento inicial) ou credibilidade do tomador do empréstimo. E, em grande medida, foi isso o que ocorreu. Ao gerar derivativos e classificá-los como seguros, as companhias de financiamento e as agências de classificação de risco foram minando suas reputações fiduciárias. Esse papel adicional dos derivados sugere que uma medida de crédito baseada em empréstimos pendentes, mesmo levando em consideração a participação dos "bancos paralelos", reforça as pressões por uma medida conservadora de referência na qual os Estados Unidos deveriam agora estar.

Essa visão também está em conformidade com as percepções comuns do outono de 2008. Naquela época, a Grande Depressão era a referência para o que aconteceria sem a intervenção do governo. Sob esse ponto de vista, a política macroeconômica não tem sido apenas boa, mas verdadeiramente excelente. O fantástico livro de Alan Blinder, *After the Music Stopped* (2013), diz exatamente a mesma coisa.

Quase todos os programas se aproximaram do que esse doutor em economia preconizou. Essas medidas incluem o seguinte:

Economic Stimulus Act (Lei de Estímulo Econômico) de 2008

Bailout (ajuda financeira governamental) à AIG

Socorro ao Washington Mutual, Wachovia e do CountryWide através de adoção (transferência de créditos e débitos a outra companhia)

Troubled Asset Relief Program (TARP) – programa do governo dos EUA de compra de ativos e patrimônio líquido de instituições financeiras

Realização de Testes de Estresse pelo Tesouro norte-americano e o Fed

Diminuição dos juros até taxas próximas de zero

American Recovery and Reinvestiment Act (uma lei norte-americana de 2009)

Bailout para a indústria automobilística

Cooperação internacional no espírito do encontro do G20 em Pittsburgh, no qual o FMI teve um papel de liderança.

Há apenas uma grande crítica sobre as políticas que foram implementadas. Deveríamos ter feito com que o público entendesse que é preciso medir o êxito não pela taxa de desemprego atual, mas com referência à vulnerabilidade financeira gerada pelo boom anterior. Nós, economistas, não fizemos um bom trabalho ao explicar que nossas políticas macroestabilizadoras foram eficazes. Há, claro, uma boa razão para que o público tenha dificuldade em ouvir. Eles têm outras coisas para fazer além de se tornarem historiadores macroeconômicos e macroeconomistas.

Porém, um pouco que seja de bom senso indica o porquê de as políticas terem sido tão bem-sucedidas. Se o Lehman Brothers tivesse ficado $1 no vermelho e só precisasse de $1 para ficar no azul e escapar da recuperação judicial, o gasto de apenas $2 no momento certo da crise poderia ter nos salvado da Grande Depressão. Esse dedo de $2 no buraco do dique teria sido tudo o que precisávamos.

Os dispêndios com os bailouts foram, claro, mais do que $2; eles provavelmente chegarão à casa de alguns bilhões de dólares. Mas, com certeza, pararam literalmente o derretimento financeiro que estava em curso. Em relação às dezenas de trilhões do PIB que teriam sido perdidos com uma repetição da Grande Depressão, as poupanças do TARP são de uma magnitude de 1.000 para 1. Figurativamente, podemos chamar isso de colocar o dedo no buraco do dique.

Os recursos das administrações Bush e Obama aplicados nos estímulos fiscais implicaram em um menor retorno sobre os investimentos, mas quase certamente foram eficazes. A estimativa atual é que o fator multiplicador dos gastos do governo é algo próximo de 2. Esse é um número que também faz sentido. As estimações nas armadilhas de liquidez de um multiplicador do orçamento equilibrado são de aproximadamente 1, inclusive na teoria, e o multiplicador de impostos está próximo de 1. Os multiplicadores das despesas do governo serão a soma desses dois, de modo que a conta dos estímulos foram quase certamente compensadoras.

Em suma, nós, economistas, falhamos em prever a crise, no entanto, as políticas econômicas pós-crise têm estado próximas do que um sensível doutor em economia teria pedido. Tais políticas vieram diretamente das administrações de Bush e Obama, e de seus assessores. Elas também têm recebido o apoio do Congresso.

A lição para o futuro é que boa economia e bom senso funcionaram bem — fomos experimentados e nos saímos bem. É necessário manter isso em mente em relação às políticas de hoje em adiante.

Referências

Blinder, Alan S. 2013. *After the Music Stopped.* Nova York. Penguin Press.

Jorda, Oscar, Moritz H. P. Schularick, e Alan Taylor. 2011. "When Credit Bites Back: Leverage, Business Cycles and Crises." NBER Working Paper 17621, National Bureau of Economic Research, Cambridge, MA, novembro.

27
Repensando a Política Macroeconômica

Olivier Blanchard

A segunda conferência do FMI sobre repensar a política macroeconômica na esteira da crise econômica de 2008–2009 pôs a descoberto os muitos desafios a serem enfrentados pelos formuladores de políticas econômicas. Repensar e reformar estão na ordem do dia. Mas ainda não sabemos o destino final, seja para a redefinição da política monetária, seja sobre os contornos da regulamentação financeira ou o papel das ferramentas macroprudenciais. Há uma noção geral do rumo a ser seguido, porém, estamos navegando, em grande parte, a olho nu.

Neste capítulo, revejo seis exemplos levantados na conferência que sublinham nosso desconhecimento com relação à trajetória "correta" a seguir nos próximos anos, e os possíveis resultados de diversas ações regulatórias. (Um maior desenvolvimento dessas ideias, ainda que anteriores à conferência, é encontrado na Introdução, escrita a três mãos com Giovanni Dell'Ariccia e Paolo Mauro.)

Regulamentação Financeira

Não há nenhum ponto de vista em comum sobre como a futura arquitetura financeira deveria se parecer e, por isso, tampouco há concordância sobre qual seria a regulamentação financeira mais apropriada. Lembro-me da famosa observação de Paul Volcker de que a única inovação financeira útil dos últimos 40 anos foram os caixas eletrônicos. Com certeza, isso é um exagero. Porém, ainda não temos certeza sobre o escopo mais adequado dos derivativos ou os papéis corretos da securitização e dos confrontos mercados *versus* bancos e sistema bancário oficial *versus* "bancos paralelos" (veja mais no Capítulo 9).

Mesmo assim, parece claro que algumas coisas devem mudar, e, de fato, os responsáveis estão adotando medidas no contexto de iniciativas nacionais ou internacionais. Um exemplo é a intensificação dos requisitos de capital. Isso pode não ser uma panaceia, mas, certamente, pode tornar o sistema financeiro mais robusto. Mesmo assim, no entanto, me surpreende o grau de incerteza e discordância sobre os efeitos dos índices de capital nos custos do funding (veja mais no Capítulo 8) e, desse modo, nos empréstimos concedidos. As pessoas de bom senso, tais como Martin

Hellwig e Anat Admati, argumentam que não estamos tão distantes do mundo de Modigliani-Miller (veja mais no Capítulo 29), e os bancos podem se permitir índices de requisitos de capital substancialmente mais elevados. Já outros (e não apenas os banqueiros) sustentam que tais índices, ao contrário, destruiriam o setor bancário.

Os fluxos de capital são outro exemplo, e, por implicação, o papel dos controles de capital. Deixou-me atônito o texto de Hélène Rey no Capítulo 25, no qual ela mostra o quão surpreendentemente escassas são as evidências econométricas a respeito dos benefícios dos fluxos de portfólio. Também fiquei perplexo ante a pergunta retórica de Stanley Fischer, pondo em dúvida a utilidade das entradas de capitais de curto prazo. Claramente, a forma como pensamos o escopo dos controles de capital depende muito das respostas a essas questões básicas.

O Papel do Setor Financeiro

Já se tornou um clichê dizer que pensar macroeconomicamente atenua o papel dos fatores financeiros nas flutuações econômicas. Houve muito trabalho analítico nos últimos cinco anos no sentido de reintroduzir o sistema financeiro em nossos modelos. Mas não chegamos lá ainda. Por exemplo, há um ciclo financeiro e de crédito separado do ciclo dos negócios, como Claudio Borio sugere (veja no Capítulo 6)? Ou deveríamos pensar nos choques financeiros como outra fonte de perturbação e o sistema financeiro como tão somente outra fonte de amplificação?

Stephan Gerlach estava certo quando perguntou se deveríamos de fato reconsiderar todas as questões macroeconômicas por conta de algo que pode acontecer uma vez a cada cem anos? Ou, em vez disso, os choques e o sistema financeiros são tão centrais para as flutuações macroeconômicas que o modelo IS-LM (modelo keynesiano que relaciona a taxa de juros nominal com a renda) — que não inclui um sistema financeiro explícito — não é uma porta de entrada aceitável para a macroeconomia?

Em decorrência, não há nenhum acordo sobre como, ou mesmo se deveria incorporar a estabilidade financeira e a macroestabilidade no mandato dos bancos centrais. Será que isso requer um pequeno ajuste de regime de meta de inflação ou uma reformulação muito mais radical? Na zona de conforto intelectual argumenta-se que as ferramentas macroprudenciais se encarregarão da estabilidade financeira, e com isso a política monetária poderia continuar a se concentrar no que lhe é usual: a meta de inflação. Eu li, e talvez esteja sendo injusto, o raciocínio de Michael Woodford no Capítulo 4, sugerindo que a crise deveria nos conduzir para uma mudança, substituindo a meta de inflação por uma meta de renda nominal, sem uma ênfase maior na estabilidade financeira. Estou cético quanto ao acerto dessa proposta. Creio que temos que ser realistas sobre o papel que as ferramentas macroprudenciais podem desempenhar e quanto ao fato de que a política monetária não pode ignorar a estabilidade financeira. Isso me leva ao terceiro ponto.

Ferramentas Macroprudenciais

Em nossa primeira conferência sobre repensar a política macroeconômica, em 2011, as ferramentas macroprudenciais eram, para usar a frase de Andrew Haldane, muito como a nova garota da vizinhança. Ficou claro que os dois instrumentos padrão, as políticas fiscal e monetária, não eram indicados para lidar com os desequilíbrios e riscos financeiros. A questão, então, era se a política macroprudencial seria a terceira perna da política macroeconômica ou apenas uma muleta para ajudar a sustentar as outras duas.

Ainda não temos uma resposta. Mas à medida que mais e mais países estão usando essas ferramentas, estamos aprendendo. Chamo a atenção para duas lições provenientes dos trabalhos apresentados neste volume.

A primeira é que tais ferramentas funcionam, mas seus efeitos ainda são difíceis de avaliar, e quando utilizadas, parecem ter moderado, em vez de interrompido, os booms não saudáveis. Essa também é minha leitura sobre a apresentação de Kim, presidente do Banco da Coreia, no Capítulo 8.

A segunda é que, por sua própria natureza, elas afetam setores e grupos específicos, o que levanta questões de política econômica. Isso fica claro na discussão de Stanley Fischer, no Capítulo 7, sobre o uso do LTV em Israel.

Governança e Distribuição de Tarefas entre as Políticas Microprudencial, Macroprudencial e Monetária (ou, como Avinash Dixit as chamou, MIP, MAP e MOP)

Como as regulamentações micro e macroprudenciais deveriam ser coordenadas? Alguma coisa nos diz que elas tendem a entrar em conflito. Conceitualmente, não vejo porque deveria ser assim: Para mim, a regulamentação macroprudencial simplesmente leva em conta os efeitos sistêmicos e o estado da economia ao pensar sobre a regulamentação bancária e a situação de cada instituição financeira.

Por exemplo, vejo a regulamentação macroprudencial solicitando maiores requisitos de capital para os bancos mais sistemicamente importantes ou quando o crescimento do crédito agregado parece ser alto. A questão é como organizar a divisão de trabalho e as interações entre ambas para que isso venha, de fato, a acontecer.

Uma incorreta coordenação pode significar que, ao irromper uma crise, o supervisor microprudencial ignora os aspectos sistêmicos e outros eventos e pede por maiores requisitos de capital, enquanto o supervisor macroprudencial acredita, com razão, que o contrário é que é necessário. A abordagem do Reino Unido — a criação de um Comitê de Política Financeira que pode impor requisitos de capital que variam ao longo do tempo e entre setores para manter a estabilidade financeira — parece uma boa forma de proceder. Andrew Haldane discute isso no Capítulo 5.

Como a regulamentação macroprudencial e a política monetária devem ser combinadas levanta questões mais complexas. Há uma pequena questão na qual uma afeta a outra: A política monetária tem reflexos nas tomadas de risco, e as ferramentas macroprudenciais afetam a demanda agregada. É algo que os formuladores de políticas econômicas necessitam coordenar.

Dado que a política monetária, com certeza, deve ficar sob os cuidados do banco central, o mais coerente é colocar ambas sob o mesmo teto do banco central. Contudo, isso levanta a questão da independência do banco central. Uma coisa é a independência do banco central com respeito à política de juros; outra é deixá-lo estabelecer os níveis máximos do LTV e do DTI. Em algum momento, a questão do deficit de democracia surge.

Talvez a solução não seja tão difícil como, digamos, preconizar vários graus de autonomia ao banco central. Stanley Fischer nos agraciou com uma analogia deliciosa quanto à resposta para essa questão quando afirmou que ninguém que esteja casado compreende facilmente a noção de vários graus de independência. Novamente, a abordagem do Reino Unido, com seus dois comitês paralelos dentro do banco central, um ocupando-se exclusivamente com a política monetária e o outro com a política financeira dispondo de um conjunto limitado de ferramentas macroprudenciais (que não inclui, por exemplo, o LTV), parece ser uma abordagem razoável.

O Nível Sustentável da Dívida

O grau de consolidação fiscal depende, dentre outras coisas, do que achamos que seja um nível de dívida sustentável. Diversos países administrarão um endividamento próximo de 100% do PIB por muitos anos ainda. Nos livros-texto, há uma lista padrão relacionando os porquês do alto custo de uma dívida muito alta. De baixa acumulação de capital à necessidade de impostos mais elevados e distorcivos. Suspeito que os custos estejam em outro lugar. Vejo dois custos principais.

O primeiro é a dívida excessiva. Quanto maior a dívida, maior a probabilidade de inadimplência e maiores os spreads dos títulos do governo. Ou seja, fica mais difícil para o governo alcançar a sustentabilidade da dívida. Os efeitos adversos, entretanto, não param por aí. Maiores spreads nos títulos soberanos refletem-se nos spreads dos empréstimos privados, que, por sua vez, afetam o investimento e o consumo. Uma incerteza maior sobre a sustentabilidade da dívida — e, em decorrência, sobre a inflação futura e tributação futura — repercute em todas as decisões. Fico pasmo com quanto é limitado nosso entendimento sobre esses canais. Formas reduzidas de regressão correlacionando crescimento e dívida (trata-se de uma técnica econométrica) só podem nos levar até certo ponto.

O segundo custo relacionado é o risco de equilíbrios múltiplos. Em altos níveis de dívida pode muito bem haver dois equilíbrios: um "equilíbrio bom", no qual as taxas são baixas e a dívida é sustentável, e um "equilíbrio mau", em que as taxas são altas e, como resultado, o peso dos juros e a probabilidade de inadimplência aumentam. Quando a dívida é muito alta, pode não demorar muito a mudança na disposição dos investidores de passar de um bom para um mau equilíbrio.

Suspeito que esse fenômeno esteja, em parte, por trás dos spreads dos títulos italianos e espanhóis. Nesse contexto, Martin Wolf, no Capítulo 20, formula uma pergunta provocativa: Por que os spreads são muito maiores na Espanha do que no Reino Unido? A dívida e os deficit são, realmente, um pouco menores na Espanha em relação ao Reino Unido. Sem dúvida, a situação econômica geral na Espanha é pior do que a vigente no Reino Unido, mas isso explica integralmente a diferença nos spreads? A resposta poderia estar em distintas políticas monetárias? No Reino Unido, os investidores esperam que o Banco da Inglaterra intervenha, se necessário for, para manter o equilíbrio bom, e acreditam que o Banco Central Europeu (BCE) não tem autonomia para fazê-lo. Essas são questões centrais que precisamos estudar mais.

Equilíbrios Múltiplos e Comunicação

Em um mundo de equilíbrios múltiplos, as declarações podem fazer toda a diferença. Vamos tomar, por exemplo, o caso do programa Outright Monetary Transactions, implementado pelo BCE. O anúncio do programa pode ser interpretado como se tivesse havido a eliminação de uma das fontes dos equilíbrios múltiplos nos mercados de títulos soberanos, ou seja, o risco de redenominação, ou o perigo de que os investidores, supondo que um país da periferia sairia do euro, exigissem um prêmio maior, forçando, assim, nesse processo, a saída do euro. O anúncio ocorreu sem que o programa tivesse, de fato, que ser posto em prática.

Sob esse ponto de vista, os anúncios recentes do Banco do Japão de que tenciona dobrar a base monetária é um assunto ainda mais interessante. Qual efeito isso terá na inflação dependerá sobremaneira de como as famílias e empresas japonesas mudarão suas expectativas de inflação. Se eles as revisarem para cima, haverá um impacto em seus salários e decisões de precificação, levando a uma inflação mais elevada — que é o resultado desejado no contexto da deflação japonesa. Porém, caso não haja aquela revisão, não há razão para pensar que a inflação subirá muito.

A motivação para essa dramática expansão monetária é, primariamente, causar um choque psicológico e mudar as percepções e dinâmicas de preço. Será que isso vai funcionar, junto com outras medidas tomadas pelas autoridades japonesas? Vamos esperar que sim. Todavia, estamos muito longe dos efeitos mecânicos da política monetária descritos nos livros-texto.

Embora eu não tenha mencionado diversas outras contribuições e ideias disponibilizadas em outras passagens deste livro, a conferência nos deixou com uma agenda de pesquisa muito clara. Nós, do FMI, pretendemos aceitar esse desafio.

28

Prevenindo a Próxima Catástrofe: Onde Nós Ficamos?

David Romer

Ao acompanhar as apresentações e debates, me percebi observando a conferência a partir de dois ângulos distintos. Um deles, intelectual: Fizemos perguntas instigantes? Propusemos ideias interessantes? Falamos sobre questões relevantes? Nesse nível, a conferência foi um êxito: as contribuições e discussões foram muito estimulantes, e eu aprendi muito.

O outro é pragmático: Em que pé estamos quanto a nos prevenir de um novo desastre financeiro e macroeconômico? Nesse sentido, receio não termos nos saído tão bem. Conforme vou descrever, minha leitura das evidências é que os eventos dos últimos anos não são uma aberração, mas sim apenas uma manifestação radical de um padrão mais amplo. E as mudanças relativamente modestas do tipo discutido na conferência — e que os formuladores de políticas econômicas estão colocando em prática em alguns casos — ajudam, mas provavelmente não serão suficientes para prevenir que futuros choques financeiros causem grandes danos econômicos.

Assim, acredito que deveríamos nos perguntar se há reformas mais profundas que possam ter um efeito maior no tamanho dos choques emanados do setor financeiro, ou se a economia tem capacidade de resistir a esses choques. Mas tem havido relativamente poucas considerações sérias sobre as ideias para tais reformas, não apenas na conferência, mas também no âmbito das comunidades acadêmica e política.

O Setor Financeiro como uma Recorrente Fonte de Choques

Creio que deveríamos considerar, baseados na história, que os choques financeiros estão mais para lugares-comuns do que para excepcionalidades. Vejamos os Estados Unidos nos últimos trinta e tantos anos. Pelas minhas contas, houve seis ocasiões durante esse período em que a situação financeira impôs riscos macroeconômicos importantes. Em três delas, os riscos foram em grande parte evitados e os custos acabaram sendo minimizados. Em outros dois, os custos foram de modestos a moderados. E, em um, os danos foram enormes.

Concretamente:

- Na agonia da desinflação Volcker, no início dos anos 1980, a combinação de recessão severa com exposição dos bancos à dívida latino-americana trouxe muitas dificuldades às maiores instituições bancárias. Foi apenas uma mudança política de última hora e a disposição dos reguladores de ignorar a condição financeira extremamente fragilizada dos bancos por alguns anos que impediu o sistema financeiro de se desintegrar. Então, esse foi um perigo evitado.
- A quebra do mercado de ações de 1987 foi um choque financeiro importante, porém, uma atuação rápida e transparente do Federal Reserve manteve os mercados funcionando e reduziu as taxas de juros, novamente protegendo a economia de prejuízos maiores.
- A crise de poupança e empréstimo no final dos anos 1980 e início dos anos 1990 provocou algum dano à economia através da má distribuição de investimentos equivocados e de empréstimos, e também aos cofres do governo graças aos custos do bailouts diretos.
- A crise da dívida russa e o colapso do Long Term Capital Management (LCTM) — um fundo americano de hedge altamente alavancado — em 1998 levou os responsáveis pelos bancos centrais a perder algumas noites de sono, preocupados com a estabilidade do sistema financeiro mundial. A estabilidade foi preservada por meio de um socorro à LTCM, com diminuição das taxas de juros e outras ações. Esse é o terceiro caso no qual o perigo foi evitado.
- A bolha das pontocom (uma valorização desenfreada das ações de companhias tecnológicas) e a crise no final dos anos 1990 e início dos anos 2000 levaram a consideráveis investimentos equivocados, e, o mais importante, a uma recessão.
- E, obviamente, tivemos o colapso dos preços do mercado de imóveis residenciais e a debacle financeira dos últimos anos, cujos efeitos foram catastróficos.

À luz desses registros referentes a um único país ao longo de um terço de século, a ideia de que grandes choques financeiros são um fenômeno raro, e que por isso não deveríamos nos preocupar tanto com eles, parece essencialmente errada.

O que eu acho chocante sobre essa lista não é somente a extensão dela, mas sua variedade. E se procurarmos fora dos Estados Unidos, é fácil encontrar exemplos de outras espécies de choques financeiros. Vejamos Islândia e Chipre, onde o choque financeiro foi originário de um vasto setor bancário recheado de grandes depósitos estrangeiros. Ou a Grécia, onde o problema estava em uma prodigalidade fiscal disfarçada. Nota-se a clássica parada repentina. E estou certo de que com um pouco mais de trabalho, poderíamos acrescentar alguns outros tipos de choques financeiros nessa lista.

Resumindo, o leque de potenciais choques financeiros é amplo e variado. Na minha ilustrativa relação de choques financeiros domésticos e estrangeiros, apenas uns poucos tomaram a forma de grandes elevações nos preços dos ativos seguidos de alguma espécie de crash. Na realidade, há apenas dois, o episódio das empresas pontocom e a recente crise, que se poderiam com alguma razão chamar de "bolhas". Então, acredito que a conclusão correta é a de que os choques financeiros são tão prováveis de acontecer frequentemente quanto difíceis de prever, não só no que diz respeito à forma como ao momento em que acontece.

Soluções de Pequena Escala

A questão, portanto, é o que fazer. Deixe-me começar com duas políticas de pequena escala, uma das quais penso que não seja, em grande parte, uma possibilidade real e outra que creio ser útil, mas bem distante de ser uma solução completa para os riscos de crises futuras.

A primeira consiste em usar a política de taxas de juros de curto prazo como ferramenta para lidar com os desequilíbrios e riscos financeiros. Mesmo que esse fosse o único objetivo pelo qual estivéssemos usando tal instrumento, seria demasiado inconsistente. Geralmente, a preocupação com o sistema financeiro envolve um potencial problema em algum segmento dos mercados financeiros, ou diferentes tipos de problemas em diferentes mercados. Em tais casos, uma única ferramenta que afeta todos os mercados é de valor limitado. De fato, como Janet Yellen destacou na conferência, com frequência nem mesmo a direção que se quer para a política de juros é clara para encaminhar os riscos financeiros potenciais para a economia. E, por certo, queremos usá-la para outros importantes propósitos também. Assim, podemos discutir se há algum benefício, de pouca monta, em levar os aspectos financeiros em consideração ao se estabelecer as taxas de juros, mas na melhor das hipóteses, ela pode melhorar os resultados apenas marginalmente.

A espécie de política de pequena escala que acredito ser mais promissora é aquela apresentada nos debates sobre políticas macroprudenciais e gestão da conta de capitais. O jeito positivo de descrevê-la é que ela se constitui no modelo sensato dos responsáveis pelos bancos centrais; a forma negativa é rotulá-la de uma estratégia "Whac-A-Mole" (no inglês coloquial, a expressão é usada para designar uma tarefa repetitiva e inútil). Independentemente de como a rotulamos, a ideia é utilizar as regulamentações e as intervenções de maneira criativa para cuidar de como os problemas potenciais se desenvolvem. Por exemplo, se você acha que uma bolha está surgindo no mercado imobiliário de Seul, pode adotar regulamentações direcionadas especificamente às hipotecas em Seul.

Fiquei bastante impressionado com a descrição das atitudes dos formuladores de políticas econômicas em países como Israel, Coreia e Brasil ao lidar com uma ampla variedade de desenvolvimentos financeiros, e algo que aprendi na conferência é que tais ações direcionadas são um ótimo item adicional da caixa de ferramentas políticas. Porém, em vista da grande abrangência dos potenciais choques financeiros, a ideia de que nós podemos estabilizar o sistema financeiro contando com inteligentes e sagazes responsáveis captando cada problema em seu desenvolvimento específico e elaborando uma intervenção específica para direcioná-lo rapidamente é, com certeza, uma ilusão.

O que levo comigo de tudo isso é que devemos pensar de maneira mais abrangente e criativa, buscando soluções mais fundamentais em vez de intervenções pontuais. Em um nível geral, isso pode ter duas formas.

Soluções Mais Profundas do Lado Financeiro

A primeira abordagem é reformar o sistema financeiro, de modo que os choques que ele transfere para a economia real repercutam com menor intensidade. O debate sobre a microrregulação mostrou que há ideias promissoras nessa área. Aqui, estou pensando em requisitos de capital e de liquidez mais rígidos, regras especiais para as instituições que gerem mais riscos sistêmicos, e restrições na forma ou nas condições daquilo que as instituições financeiras podem fazer, tais como as "ring-fencing" no Reino Unido e a regra Volcker nos Estados Unidos (veja, para ambos os casos, o Capítulo 12). Tais abordagens são mais amplas do que responder a problemas individuais à medida que eles surgem, e aparentam ser promissoras.

Mas, afinal de contas, é difícil acreditar que mudanças relativamente modestas considerando a dimensão do que foi debatido na conferência sejam de fato grandes o suficiente para nos dar um sistema financeiro que seja robusto e que não vá, periodicamente, causar grandes problemas. Os chamados "bancos paralelos" (veja nos Capítulos 9 e 11) podem escapar dessas regras; as regras podem ser contornadas; e os choques podem ser tão grandes que sobrecarregam as mudanças moderadas que estavam sendo cogitadas.

Assim, fiquei desapontado com a pouca reflexão sobre reformas financeiras de maior porte. Deixe-me dar quatro exemplos de possíveis tipos de reformas mais substanciais:

- Houve menções ocasionais de requisitos de capital muito grandes. Por exemplo, Allan Meltzer notou que houve época em que 25% do capital era comum para os bancos. Deveríamos nos mover para tal sistema?
- Amir Sufi e Adair Turner discutiram as características dos contratos de dívidas que os tornam inerentemente propensos à instabilidade. Deveríamos trabalhar agressivamente para promover maior indexação dos contratos de dívidas, e outros?
- Podemos ver os custos que o sistema financeiro moderno impôs à economia real. Não fica claro, imediatamente, que os benefícios das inovações financeiras das últimas décadas estejam em uma escala que garanta esses custos. Poderia um sistema muito mais simples, ao estilo do sistema financeiro dos anos 1960 e 1970, ser melhor do que o que temos agora?

- O fato de que choques oriundos do sistema financeiro às vezes impõem grandes custos no restante da economia implica na existência de externalidades negativas para alguns tipos de atividades ou estruturas financeiras. Isso sugere a possibilidade dos impostos Pigovian (também conhecido como "Imposto de Pigou", trata-se de um imposto específico para empresas que poluem o meio ambiente ou geram custos sociais excessivos). Então, deveriam existir impostos substanciais em determinados aspectos do sistema financeiro? Se sim, o que deveria ser tributado — dívida, alavancagem, tamanho ou outros indicadores de risco sistêmico, uma combinação de todos ou outra coisa qualquer?

Não tenho as respostas para essas perguntas, mas me parece que elas merecem uma análise profunda. Mesmo assim, uma reconfiguração radical do sistema financeiro foi um tópico ausente na conferência.

Soluções de Larga Escala no Lado Macroeconômico

A outra forma de realizar grandes mudanças é tentar tornar a macroeconomia mais resiliente aos choques financeiros. Em minha opinião, a falta de discussão sobre possíveis mudanças nessa dimensão foi a maior lacuna na conferência. Deixe-me debater a questão em três áreas da política macroeconômica: medidas para lidar com os choques em uma área de moeda comum, política monetária e política fiscal.

Com relação à área monetária comum, imagine que em algum momento de um futuro não tão distante, a zona do euro seja atingida por outro grande choque financeiro que tenha efeitos assimétricos pelos diferentes países. As coisas vão acontecer de modo diverso do que ocorreu nos últimos anos?

Com certeza haveria menos reuniões tarde da noite, porque os responsáveis pela política econômica aprenderam mais sobre como gerenciar crises de curto prazo. Mas vejo pouco progresso em direção a medidas que causariam mudanças fundamentais nos efeitos decorrentes dos choques. Na melhor das hipóteses, foram tímidos os passos rumo a uma melhor maneira de lidar com as instabilidades criadas pelo fato de que a responsabilidade de sanear os bancos insolventes encontra-se no nível de países individuais, em vez de na zona do euro como um todo. Menos ainda tem sido feito em termos de união fiscal e mecanismos para administrar as grandes diferenças na competitividade.

No que concerne à área monetária, a política de metas de inflação pareceu ser quase uma configuração ideal em seus primeiros 15 ou 20 anos de vigência. Mas tivemos agora um período longo, no qual ela se mostrou incapaz de gerar demanda agregada em uma escala que seja amplamente reconhecida como necessária. Então, parece importante pensar se deveríamos ter uma postura diferente quanto à política monetária. Entretanto, de novo, não fomos muito longe. A ideia de estabelecer uma trajetória para o PIB nominal tem sido mencionada e descartada nos últimos anos, mas o debate não progrediu para uma análise quantitativa séria sobre seus custos e benefícios, e se ela poderia deixar a economia consideravelmente mais resiliente. Outras ideias para mudanças significativas no quadro da política monetária foram ainda menos discutidas.

Com respeito à política fiscal, a questão de que deve haver mais espaço fiscal é a melhor ideia a que se chegou, e tem obtido considerável apoio. Mas como avançar em direção a esse ponto, dados os desafios de estarmos apenas recuperando o espaço fiscal que tínhamos antes da crise, representa uma difícil tarefa, cujo andamento tem sido mínimo. E em vista dos terríveis problemas que afligiram alguns países que entraram na crise com políticas fiscais bastante responsáveis, o espaço fiscal claramente não é uma arma redentora.

Não ouvi, praticamente, nenhuma troca de ideias sobre maiores mudanças para o quadro fiscal. A possibilidade de medidas que tornem mais fortes os estabilizadores automáticos (por exemplo, através de gatilhos macroeconômicos para mudanças na política fiscal) não foi mencionada. E o estado atual dessa ideia na comunidade política em geral, se parece com a de estabelecer uma meta à tragetória do PIB nominal: Algo comentado de tempos em tempos, mas cuja discussão não prosseguiu a ponto de gerar propostas concretas e de avaliação quantitativa.

Outra ideia fiscal que recebeu pouca atenção, tanto na conferência quanto no âmbito geral dos debates a respeito das políticas econômicas, é a de impor regras fiscais ou restrições. Por exemplo, podemos imaginar um tipo de regra constitucional ou de uma agência independente (ou uma combinação de ambas, com a regra constitucional reforçada pela agência) que requeira uma política fiscal altamente responsável nos tempos bons e providencie um mecanismo de estímulo fiscal nos ciclos de baixa que se acredita serem temporários. Roberto Perotti e Avinash Dixit levantaram muito rapidamente a ideia das regras fiscais ou de conselhos, mas não foram mais longe que isso.

O fato de que estamos tendo tão pouco progresso em termos de maiores mudanças em nossa postura frente a política macroeconômica, parece reforçar a questão de pensar sobre reformas financeiras mais profundas. Mas também acho que precisamos expandir nosso pensamento sobre o lado macroeconômico.

Conclusão

Após cinco anos de um desempenho macroeconômico catastrófico, "os primeiros passos e as primeiras lições" (para usar o subtítulo da conferência) não são aqueles que deveríamos almejar. Em vez disso, deveríamos procurar por soluções para as crises em andamento, e por medidas fortes que minimizem as chances de algo similar ocorrer novamente. Preocupo-me que as reformas em que estamos concentrados sejam muito pouco relevantes, e creio que há a necessidade de reflexões mais profundas no sentido de reformular a concepção fundamental de nosso sistema financeiro e a configuração de nossa política macroeconômica.

29

As Lições da Crise do Atlântico Norte para a Teoria e a Política Econômica

Joseph E. Stiglitz

Ao analisar a crise financeira iniciada em 2007 e que nos levou à Grande Recessão, deveríamos tentar nos beneficiar dos infortúnios de décadas recentes: As aproximadamente 100 crises que ocorreram durante, pelo menos, os últimos 30 anos — época de predomínio das políticas de liberalização —, nos legaram uma rica experiência e montanhas de dados. Se ampliarmos o olhar para abranger um período de 150 anos, temos um conjunto ainda mais generoso de dados.

Com um século e meio de informação clara e detalhada sobre crise após crise, a pergunta que incomoda não é *"Como isso aconteceu?" mas* sim *"Como pudemos ignorar essa longa história e pensar que tínhamos resolvido os problemas do ciclo de negócios?"* Acreditar que grandes flutuações econômicas eram uma coisa do passado levou a uma incrível arrogância.

Os Mercados Não São Estáveis, Eficientes ou se Autocorrigem

A grande lição que a crise nos forçou a levar para casa — uma que já deveríamos ter aprendido há muito tempo — é que os mercados econômicos, por si mesmos, não são necessariamente eficientes, estáveis, nem se autocorrigem. Uma das razões pelas quais se falhou não apenas em prevenir a crise, mas também em responder a ela, foi que muitos dos modelos predominantes, fundamentados em pressupostos especiais, levavam a pensar que o mercado era eficiente, estável e se autocorrigia. Como nossos modelos não analisavam adequadamente as causas da crise, não podíamos reagir a ela de forma a lograr uma recuperação forte e rápida, nem agir de modo a reduzir significativamente a probabilidade de uma recorrência. O resultado é que continuamos a encarar o risco considerável de outra crise no futuro.[1]

Em geral, mercados livres não são eficientes sempre que houver informações imperfeitas e assimétricas, e/ou um conjunto incompleto de mercados de risco, e/ou mercados de capital imperfeitos ou incompletos muito bem cristalizados por mais de três décadas. Essas "imperfeições de mercado" são importantes em *qualquer* economia, mesmo a mais desenvolvida; e, ainda assim, muitos dos nossos regulamentadores e defensores da desregulamentação ignoraram não só as lições da história, mas também esses avanços no conhecimento das limitações dos mercados.

Além disso, os modelos macroeconômicos predominantes *antes da crise* subestimaram a instabilidade do mercado. Focaram-se nos choques *exógenos* como fonte de perturbações que davam origem a flutuações, quando era bastante claro que parcela importante das perturbações da economia americana — incluindo aquelas que ocasionaram as piores crises — são *endógenas*. A bolha dos imóveis residenciais e seu estouro, assim como muitas outras bolhas que a precederam, foi uma criação do próprio mercado. Os modelos centrados em choques exógenos simplesmente nos induziram ao erro — a maioria dos choques verdadeiramente grandes surgem do âmago de uma economia. Além do mais, alguns dos choques mais importantes são persistentes e se associam a transformações estruturais de longo prazo — intimamente vinculadas às atividades inovadoras (endógenas) da economia.

Por fim, as economias não se autocorrigem. Claro, elas podem, ou não, caso sejam enquadradas em modelos que partam da premissa de que a economia está em equilíbrio. Não se trata apenas de que a economia não volta rapidamente ao pleno emprego depois de um choque forte e adverso. Há forças econômicas capazes, por si próprias, de exacerbar a crise. O desemprego leva à redução dos salários reais; salários reais mais baixos causam uma menor demanda agregada, e uma diminuição da demanda agregada ocasiona ainda mais desemprego. A implicação disso é que uma rápida recuperação pode requerer uma *forte* intervenção do governo. Fica evidente que temos, ainda, que nos conscientizar desta importantíssima, crucial, lição: É óbvio que as tentativas de "consertar" as economias dos Estados Unidos e da Europa das consequências desastrosas da crise falharam em restaurar a economia de pleno emprego. A perda do PIB, ou seja, a diferença para menos entre o produto efetivo e o potencial, é de trilhões de dólares. Certamente, alguns dirão que poderia ter sido pior, e isso é verdade, embora não passe de mero consolo.

A razão desse insucesso — a despeito da frouxidão sem precedentes da política monetária — é que a política fiscal foi muito morna; as políticas Keynesianas eram de pouco alcance e não perduraram tempo suficiente; e foram seguidas por políticas contraditórias, muito mais austeras na Europa do que nos Estados Unidos, e desempenho econômico muito pior lá do que cá. Claro, as políticas fiscais poderiam ter sido melhor formuladas. Mas o projeto inadequado não foi a principal razão do insucesso. Mesmo com o projeto imperfeito, os efeitos dos estímulos (os multiplicadores) foram fortes.

Mais que Diminuir a Alavancagem, Mais que uma Crise de Balanço: A Necessidade de uma Transformação Estrutural

Grosso modo, temos hoje quase os mesmos níveis de recursos humanos, estoque de capital e recursos naturais do que antes da crise. Mas muitos países não retornaram ao patamar pré-crise em termos do PIB, para não falar da não retomada do crescimento econômico em si. É evidente que não utilizamos bem nossos recursos. Em um sentido bem fundamental, a crise ainda não está inteiramente resolvida — e não há nenhuma boa teoria econômica que possa explicar porque não é esse o caso.

A teoria do ciclo real dos negócios e os seguidores modernos daqueles modelos sugerem que houve um choque de produtividade negativo, um surto coletivo de amnésia que resultou em uma redução da capacidade de transformar insumos em produtos. Colocando de lado o absurdo dessa posição, a ironia é que nesta crise as empresas, individualmente, continuaram a aumentar sua produtividade em larga escala. No nível microeconômico, não há nenhum sinal de tal amnésia.[2]

Alguns elegem o alto nível da dívida (especialmente no nível das famílias) como o principal impedimento para a recuperação. Porém, vale a pena notar que nos modelos convencionais (que foram objeto de confiança cega por parte dos formuladores de políticas econômicas nos anos anteriores à crise, e cujos parâmetros continuam a gozar de grande credibilidade em alguns círculos) a dívida desempenha um pequeno papel: Apenas transforma créditos em recursos, transferindo renda de um indivíduo para outro. E, nesses modelos, tais redistribuições não têm consequências. Contudo, ainda que essas transferências levem a uma menor demanda agregada (porque os credores têm uma menor propensão marginal a consumir do que os devedores), a teoria padrão sugere que há uma mudança nos preços que restauraria a economia ao nível de pleno emprego. (A teoria padrão não tem muito a dizer sobre a dinâmica desses ajustes de preços. De fato, uma das vertentes simplesmente pressupõe que salários e preços são estáticos, quando, claro, eles estavam mudando muito rapidamente na Grande Depressão. O problema, como destaquei acima, é que os ajustes podem, por si mesmos, terem sido contraprodutivos).

Muitas das mais populares discussões não veem nenhuma perspectiva de que ajustes nos salários e preços restaurem rapidamente a economia de pleno emprego. O modelo "padrão" foi, de fato, abandonado. Argumenta-se que se nós pudéssemos diminuir a alavancagem — nos livrarmos das dívidas excessivas —, poderíamos voltar a alguma versão da normalidade. Nesse ponto de vista, a crise prolongada é decorrência do ritmo lento do processo de desalavancagem.

Mas mesmo diminuindo o grau de alavancagem há todas as razões do mundo para acreditar que não vamos voltar à condição de pleno emprego, mesmo se houver algum incremento da demanda agregada. Provavelmente, não retornaremos à situação pré-crise em que as famílias nada poupavam — e isso nem seria uma boa coisa a fazer.³ Além disso, mesmo que a produção industrial tenha uma ligeira recuperação, muitos dos empregos perdidos nesse setor não serão recuperados. E tampouco o grande número de trabalhadores do setor de construção nos Estados Unidos que estavam empregados no auge da bolha imobiliária, recuperariam seus postos de trabalho.

Algumas pessoas, olhando para o passado, sugeriram que deveríamos nos resignar a esse infeliz estado de coisas. As economias que tiveram severas crises financeiras⁴ normalmente se recuperam mais devagar. No entanto, o fato de que as coisas *frequentemente* vão mal em consequência de uma crise financeira não significa que elas *tenham* que ir mal. Para fazer as coisas irem bem, todavia, é preciso entender o porquê de as recuperações serem tão vagarosas.

Em trabalho anterior, Greenwald e eu explicamos os motivos pelos quais a recuperação das recessões de balanço (veja mais nos Capítulo 6 e 13) — nas quais há impactos adversos no patrimônio das empresas — era tão morosa e porque isso acontecia especialmente quando os balanços das instituições financeiras eram duramente atingidos.⁵

Mas trata-se de mais do que uma crise de balanço. Há uma causa mais profunda: Os Estados Unidos e a Europa estão passando por uma transformação estrutural, associada com a mudança de uma economia baseada na indústria para uma economia baseada em serviços (tal como ocorreu no início do século XX com a agricultura e a indústria). E, complementarmente, mudanças nas vantagens comparativas exigem ajustes substanciais na estrutura dos países do Atlântico Norte. Tais transformações ocorrem lentamente. Isso se dá, em parte, porque o estoque de capital físico e humano precisa ser reestruturado (os trabalhadores precisam ser requalificados e, com frequência, realocados).

E não é só isso. Os mercados não se ajustam facilmente por si próprios, em parte porque aqueles que têm que mudar não dispõem dos recursos financeiros que o investimento pede, já tendo perdido muito de seu capital humano e outros recursos como resultado das forças subjacentes que dão origem às transformações estruturais; e há as naturais imperfeições dos mercados de capital resultantes de informações imperfeitas e assimétricas.

As políticas Keynesianas de estímulo à economia não só são capazes de aumentar o PIB, mas também podem facilitar a reestruturação. Isso é especialmente verdadeiro se os gastos públicos forem apropriadamente direcionados. Em contraste, medidas de austeridade, tais como aquelas que muitos países estão adotando hoje em dia, impedem a reestruturação que se requer atualmente. Com a austeridade, algumas das áreas que se expandiriam naturalmente (como os contratos de fabricação* e seus reflexos positivos no emprego) são segmentos do setor de serviços nos quais o apoio público financeiro tem tradicionalmente exercido um papel fundamental, por compreensíveis razões⁶.

---

* N.E.: Modelo de negócio em que uma empresa licencia uma outra empresa para fabricar seu produto. É uma das maneiras pelas quais as companhias podem entrar em mercados globais.

Reformas são, no Máximo, Meias Medidas

Como tenho observado, os mercados, isoladamente, não levam, em geral, a resultados eficientes, estáveis e socialmente aceitáveis. Isso significa que é necessário refletir mais detidamente a respeito de quais tipos de arquiteturas econômicas nos levarão ao crescimento, estabilidade e boa distribuição de renda.

Há um debate em andamento sobre se nós simplesmente precisamos retocar a atual arquitetura econômica ou realizar mudanças mais fundamentais. Duas coisas me preocupam. Uma já apontei anteriormente: As reformas adotadas até agora apenas apararam as arestas. A segunda é que algumas das mudanças em nossa estrutura econômica (tanto antes quanto depois da crise) que *presumivelmente* melhorariam o desempenho da economia podem não ter sido bem-sucedidas.

Há algumas reformas, por exemplo, que podem permitir à economia uma melhor resistência a choques de pequena intensidade, mas, ao mesmo tempo, torná-la menos capaz de absorver o impacto dos grandes choques. Isso é verdadeiro para vários desenvolvimentos de setores financeiros, os quais podem ter permitido à economia absorver alguns dos choques menores, mas, nitidamente, deixaram-na menos resiliente a choques mais intensos e prolongados. Muitos dos "aprimoramentos" nos mercados antes da crise na realidade aumentaram a exposição dos países ao risco. Independentemente dos benefícios que possam derivar da liberalização dos mercados financeiros e capitais (e eles são questionáveis), houve severos custos em termos de aumento da exposição ao risco. Devíamos repensar nossas atitudes em direção a essas reformas — e o FMI deve ser elogiado por suas reconsiderações nos últimos anos. Um dos objetivos do gerenciamento da conta de capitais, em todas as suas variantes, pode ser o de reduzir a ocorrência da volatilidade doméstica proveniente dos envolvimentos internacionais de um país.

Genericamente falando, a crise trouxe à cena a importância da regulamentação financeira para a estabilidade macroeconômica. Mas, quando avalio o que aconteceu desde a crise, desanimo. Com as fusões no setor financeiro na esteira da crise, o problema do "grande demais para quebrar" (veja mais no Capítulo 9) dos bancos se tornou ainda pior. Mas o problema não fica por aí. Há bancos que são muito interligados para quebrar e há bancos muito correlacionados para quebrar. Temos feito muito pouco sobre ambas as questões.[7] Houve, claro, ampla discussão sobre ser grande demais para quebrar. Mas ser muito correlacionado é algo à parte. Há uma enorme necessidade de diversificação das instituições financeiras, a qual reduziria os incentivos ao excessivo correlacionamento e nos levar a maior estabilidade.

E não fizemos, igualmente, muita coisa para recrudescer os requisitos de capital bancário. Perdeu-se a oportunidade, em meio às discussões, de uma avaliação do custo-benefício de elevados requisitos de capital. Já conhecemos os benefícios: um risco menor de auxílio financeiro do governo e a recorrência da espécie de eventos que marcaram 2007 e 2008. Entretanto, do lado dos custos, demos muito pouca atenção aos insights fundamentais do teorema Modigliani-Miller, que explica as falácias do argumento de que tornar os requisitos de capital mais exigentes aumentará os custos do capital.[8]

Deficiências nas Reformas e na Modelagem

Se tivéssemos iniciado nossos esforços reformistas colocando o foco em uma economia mais eficiente e mais estável, outras questões viriam naturalmente à tona. É interessante observar que há certa correspondência entre as deficiências de nossos esforços em promover reformas e as dos modelos macroeconômicos que nós, economistas, geralmente usamos.

A Importância do Crédito

Nós deveríamos, por exemplo, ter perguntado quais são os papéis fundamentais do setor financeiro, e como podemos fazer com que sejam melhores desempenhadas. Por certo, um dos papéis - chave é a alocação do capital e o fornecimento de crédito, principalmente para as empresas de pequeno e médio porte, algo que não funcionou bem antes da crise e, indiscutivelmente, ainda deixa muito a desejar.

Isso pode parecer óbvio. Mas concentrar-se no fornecimento de crédito não tem estado no centro do discurso político ou nos modelos macroeconômicos convencionais.

Acredito que tenhamos que transferir o foco do dinheiro para o crédito. Ao olharmos para o balanço de um banco, os dois lados estão *normalmente* altamente correlacionados. Mas isso nem sempre é o caso, particularmente no contexto de grandes perturbações econômicas. Em especial nas recessões mais profundas, devemos nos fixar nos impedimentos à criação de crédito. É de impressionar a dimensão da inadequação do exame, realizado com base nos modelos macroeconômicos padrões, da natureza dos mecanismos de crédito.[9]

Porém, errar ao analisar os mercados de crédito — e a administração da criação de crédito — não é apenas uma lacuna na teoria e política "monetárias". Também é uma falta de entendimento das diferentes espécies de finanças. Uma das principais áreas da análise de risco nos mercados financeiros é a diferença entre dívida e patrimônio. Mas na macroeconomia padrão, mal se tem dado atenção a isso.

Estabilidade

Como já frisei, anteriormente, nos modelos convencionais (e no conhecimento convencional) os mercados econômicos são estáveis. Então, talvez não cause surpresa que questões basilares sobre como configurar sistemas econômicos *mais* estáveis sejam raramente levantadas. Já havíamos tocado em vários aspectos disso: Como esquematizar um sistema econômico que seja menos exposto ao risco ou menos sujeito à volatilidade.

Uma das reformas necessárias, embora não muito enfatizada, é a exigência de mais estabilizadores automáticos e menos desestabilizadores automáticos, não apenas no setor financeiro, mas também na economia como um todo. Por exemplo, a mudança, de benefícios definidos para sistemas de contribuição definidas, pode ter levado a uma economia menos estável.

Em outras ocasiões já expliquei como os arranjos de partilha de riscos (principalmente se modelados precariamente) podem na verdade levar a um maior risco sistêmico: O conhecimento convencional pré-crise cuja diversificação essencialmente elimina o risco está simplesmente errado.[10]

Distribuição

Questões de distribuição também são importantes — distribuição entre indivíduos, entre famílias e empresas, entre famílias e entre empresas. Tradicionalmente, a macroeconomia concentra a atenção em certos agregados, tais como o grau médio de alavancagem em relação ao PIB. Contudo, esse e outros indicadores médios normalmente não nos dão um panorama sobre a vulnerabilidade da economia. O fato de que um grande número de pessoas na base da pirâmide estava correndo o risco de não conseguir saldar suas dívidas deveria ter nos chamado a atenção de que algo estava errado.

Nossos modelos precisam incorporar, em todos os sentidos, uma melhor compreensão da heterogeneidade e suas implicações na estabilidade econômica.

Estruturas Políticas

Modelos imperfeitos levam não apenas a políticas imperfeitas, mas também a estruturas políticas imperfeitas.

A Política Monetária Deveria Focar Apenas em Taxas de Juros de Curto Prazo?

Em política monetária, há uma tendência a pensar que o banco central deveria intervir apenas para determinar as taxas de juros de curto prazo. Inserida nessa visão está a crença de que "uma intervenção" é melhor do que muitas. Desde pelo menos 80 anos atrás, com o trabalho de Ramsey,[11] sabemos que centrar-se em apenas um instrumento geralmente não é a abordagem mais apropriada.

Os defensores da abordagem "intervenção única" argumentam que, assim, há menos distorções na economia. Claro, a razão de colocar a política monetária em primeiro plano — a razão pela qual os governantes agem para intervir na economia — é que nós não acreditamos que os mercados, por si sós, estabelecerão a taxa de juros certa. Se o fizessem, deveríamos deixar tal encargo aos mercados. O curioso é que enquanto praticamente todos os bancos centrais concordem que devemos intervir na determinação daquele preço, ninguém está tão convencido de que deveríamos intervir em outros, embora a teoria geral de impostos e a teoria geral da intervenção de mercado nos ensinem que intervir em apenas um preço não é um fator ótimo.

Uma vez tendo transferido o foco de nossa análise para o crédito, e introduzir explicitamente o risco na análise, nos tornamos conscientes de que precisamos usar instrumentos múltiplos. De fato, em geral, queremos usar todos os instrumentos à nossa disposição. Os economistas monetaristas comumente segmentam os instrumentos de política monetária em macroprudenciais, microprudenciais e convencionais. Em nosso livro, *Toward a New Paradigm in Monetary Economics*, Bruce Greenwald e eu argumentamos que essa distinção é artificial. O governo precisa manipular todos esses instrumentos *de maneira coordenada*. (Voltarei a esse ponto brevemente).

Claro, não podemos "corrigir" cada falha dos mercados. As muito grandes, no entanto — as falhas macroeconômicas — sempre solicitarão nossa intervenção. Bruce Greenwald e eu apontamos que os mercados nunca são Pareto eficientes (estado da economia em que os recursos são alocados da melhor maneira possível para maximizar sua utilidade) se a informação é imperfeita, se há assimetrias de informação ou se os mercados de risco são imperfeitos. E ainda que essas condições sejam *sempre* satisfeitas, os mercados nunca são Pareto eficientes.[12] Pesquisas recentes destacaram a importância para a macroeconomia dessas e de outras restrições relacionadas — embora, novamente, as ideias desse importante trabalho devam ainda ser adequadamente integradas nos modelos macroeconômicos principais ou em discussões de políticas econômicas. Por exemplo, contratos privados lucrativos (por exemplo, credit default swaps) podem, como observamos, aumentar o risco sistêmico. A razão pela qual temos regulamentações financeiras e bancárias é, precisamente, porque a maximização de lucros por parte dos agentes privados, em geral, não leva a resultados socialmente ótimos. Há grandes externalidades, por exemplo, associadas a ações tomadas por certos agentes que eles naturalmente não levam em conta: os banqueiros não levaram em consideração os custos que suas excessivas tomadas de risco impuseram ao restante da sociedade.

Preço *versus* Intervenções Quantitativas

Estas ideias teóricas também nos ajudam a entender o equívoco de alguns economistas que partiam do pressuposto de que intervenções nos preços são preferíveis a intervenções quantitativas. Há muitas circunstâncias nas quais as intervenções quantitativas levam a uma melhor performance econômica.[13]

Repensando a Análise de Tinbergen sobre Alvos e Instrumentos[*]

Uma estrutura de política econômica que se tornou popular em alguns círculos sustenta que, contanto que haja tantos instrumentos quantos sejam os objetivos, o sistema econômico é controlável, e a melhor forma de gerir a economia em tais circunstâncias é ter uma instituição responsável por uma meta e um instrumento. (Por essa visão, os bancos centrais têm um instrumento, a taxa de juros, e um objetivo, a inflação.[14] Nós já explicamos as razões segundo as quais limitar a política monetária a apenas um instrumento é errado.)

Uma configuração dessas pode ter vantagens na perspectiva de uma agência ou da burocracia, todavia, sob o ponto de vista de gerenciar a política macroeconômica — focar no emprego, crescimento, estabilidade e distribuição, em um mundo de incertezas — não faz sentido. É preciso haver uma coordenação entre todos os instrumentos à nossa disposição, levando em consideração os impactos em todos os objetivos sociais.[15] O equilíbrio a que se chega quando pessoas diferentes controlam instrumentos diferentes e focam em objetivos diferentes é, em geral, não ótimo para se alcançar todos os objetivos sociais. Em particular, é necessário que haja uma estreita coordenação entre as políticas monetária e fiscal. Melhor coordenação — e o uso de mais instrumentos — pode, por exemplo, solidificar a estabilidade econômica.

Aproveite Essa Chance de Revolucionar Modelos Deficientes

Deve ficar claro que poderíamos ter feito muito mais para evitar a crise que começou em 2007 ou para minimizar seus efeitos. Deve ficar claro, também, que podemos

---

[*] N.E.: Jan Tinbergen, economista holandês, em seu trabalho sobre modelagem macroeconômica e políticas econômicas, classificou algumas variedades econômicas como metas e outras como instrumentos. As metas são as variáveis macroeconômicas que os formuladores de políticas econômicas desejam influenciar, ao passo que os instrumentos são as variáveis que eles podem controlar diretamente.

fazer muito mais para prevenir a próxima. Estamos, pelo menos, começando a identificar os realmente grandes pontos falhos do mercado, as grandes externalidades macroeconômicas e as melhores políticas de intervenção capazes de obter melhor crescimento e melhor distribuição de renda.

Para termos êxito, precisamos a todo momento nos lembrar que os mercados, por si mesmos, não vão resolver esses problemas, e que tampouco uma única intervenção, do tipo mudar as taxas de juros de curto prazo, o fará. Que isso é uma verdade tem sido comprovado ao longo do tempo na última metade do século passado. Não podemos nos deixar enganar novamente por modelos demasiadamente simplistas que vão na direção oposta.

Por mais assustadores que sejam os problemas econômicos que estamos enfrentando, ter isso em mente nos permitirá aproveitar a grande oportunidade que esse período de trauma econômico nos ofereceu: a chance de revolucionar nossos modelos imperfeitos e, talvez, até mesmo sair de um ciclo interminável de crises.

Notas

Este capítulo, uma versão estendida de um debate ocorrido em 17 de abril de 2013 na Conferência do FMI "Repensando a Política Macro II: Primeiros Passos e Primeiras Lições", é baseado em um trabalho conjunto que envolveu um bom número de colegas meus, citados abaixo. Gostaria de agradecer especialmente a meu coautor de longo tempo Bruce Greenwald. Somos muito gratos, também, a Laurence Wilse-Samson e Eamon Kircher-Allen por sua assistência nas pesquisas. Também gostaria de agradecer a assistência financeira do Institute for New Economic Thinking, e por incluir em sua agenda o reexame dos fundamentos macroeconômicos à luz da crise.

1. Ampliei as considerações sobre as lições da crise para a macroeconomia em "The Financial Crisis of 2007—2008 and Its Macroeconomic Consequences," in *Time for a Visible Hand: Lessons from the 2008 World Financial Crisis,* ed. S. Griffith-Jones, J.A. Ocampo, e J.E. Stiglitz, Iniciativa para uma Série de Diálogos Políticos (Oxford: Editora da Universidade de Oxford, 2010), 19-49; "Rethinking Macroeconomics: What Failed and How to Repair It", *Journal of European Economic Association 9,* no.4 (2011): 591—645; "Rethinking Macroeconomics: What Went Wrong and How to Fix It", *Journal of Global Policy 2*, no.2 (2011): 165—175; "Stable Growth in an Era of Crises: Learning From Economic Theory and History," Economi-tek 2, no.1 (2013): 1-39; e "Macroeconomics, Monetary Policy, and the Crisis," em *In The Wake of the Crises,* ed. O. Blanchard, D. Romer, M. Spence e J. Stiglitz (Cambridge, MA: Editora do MIT, 2012).

2. Recessões podem levar à destruição de uma organização e do capital informacional, como Bruce Greenwald e eu enfatizamos. Veja nosso *Towards a New Paradigm in Monetary Economics* (Cambridge: Editora da Universidade de Cambridge, 2003).

3. É importante fazer uma distinção entre argumentos concernentes à recuperação do crescimento, e aqueles que se fixam na restauração da economia de pleno emprego. É concebível que a economia possa voltar ao crescimento normal — criando novos empregos em paralelo com novos integrantes na força de trabalho — mas que o nível de desemprego permaneça alto. Consequentemente, é possível que uma vez que a economia tenha diminuído seu grau de alavancagem, o crescimento possa ser retomado. Neste ponto cabe a pergunta: a demanda agregada seria suficiente para fazer a economia voltar ao pleno emprego?

4. Nós percebemos, também, o fato de que recessões, associadas a severas crises financeiras, são duradouras mas dizem muito pouco: se há causas básicas mais profundas para a crise (como sugerido no próximo parágrafo), então essa longa e profunda crise resultará em crises financeiras; estas são as consequências, e não a causa (subjacente). Se esse for o caso, então a declaração de que "crises financeiras mais profundas são duradouras" não diz nada além de "crises profundas são duradouras", uma declaração que, apesar de verdadeira, não é muito informativa.

5. B. Greenwald e J. E. Stiglitz, "Financial Market Imperfections and Business Cycles", *Quaterly Journal of Economics* 108, no.1 (1993): 77—114; e Greenwald e Stiglitz, *Towards a New Paradigm in Monetary Economics*.

6. As ideias nesse parágrafo são elaboradas em D. Delli Gatti, M. Gallegati, B. Greenwald, A. Russo e J. E. Stiglitz, "Mobility Constraints, Productivity Trends, and Extended Crises," *Journal of Economic Behavior & Organization 83*, no.3 (2012): 375—393; e idem, "Sectoral Imbalances and Long Run Crises," in *The Global Macro Economy and Finance*, ed. F. Allen, M. Aoki, J.-P. Fitoussi, N. Kiyotaki, R. Gordon, e J. E. Stiglitz, Conferência IEA Volume 150-III (Houndmills, Reino Unido e Nova York: Palgrave, 2012), 61—97.

7. Ver Joseph E. Stiglitz, "Witness Testimony of Joseph E. Stiglitz, Congressional Oversight Panel", Hearinf on Impact of the TARP on Financial Stability, 4 de março, 2011, http://www.cybercemetery.unt.edu/archive/cop/20110401230935/http://cop.senate.gov/documents/testimony-030411-stiglitz.pdftranscript (acessado em 30 de setembro de 2013) e "Too Big to Fail or Too Big to Save? Examining the Systemic Threats of Large Financial Institutions," testemunho na audiência do United States Congress's Joint Economic Committee, 21 de abril de 2009, http://www.jec.senate.gov/public/?a=Files.Serve&File_id=6b50b609-89fa-4ddf-a799-2963b31d6f86 (acessado em 30 de setembro de 2013).

8. Ver J. E. Stiglitz, "On the Need for Increased Capital Requirements for Banks and Further Actions to Improve the Safety and Soundness of America's Banking System," testemunho diante do Senate Banking Committee, 3 de agosto de 2011, http://www.banking.senate.gov/public/index.cfm?FuseAction=Files.View&FileStore_id=97cec3e1-2d1d-44fa-acd9-a0a1bc640bc4 (acessado em 30 de setembro de 2013); A. Admati, P. M. De Marzo, M. F. Hellwig, e P. Pfleiderer, "Debt Overhang and Capital Regulation," Standford Working Paper, 2012, http://www.gsb.stanford.edu/

news/packages/PDF/AdmatiDebt032612.pdf (acessado em 16 de julho de 2013); e Anat Admati e Martin Hellwig, *The Banker's New Clothes: What's Wrong with Banking and What to Do about It* (Princeton, NJ: Editora da Universidade de Princeton, 2013), e as referências citadas ali. Há inúmeras outras questões regulatórias (por exemplo, lidar com a transparência dos derivativos e negociá-los em mercados bem capitalizados). Mesmo uma breve exploração desse assunto me levaria muito além do espaço desta curta nota. Apenas observo que, em virtualmente cada uma dessas áreas, as reformas regulatórias ficaram aquém do que desejado ou esperado.

9. Fazer isso era o objetivo do meu livro com Bruce Greenwald, *Towards a New Paradigm in Monetary Economics*. Há, claro, uma vasta literatura microeconômica sobre atividade bancária e de crédito, mas, na maioria das vezes, as ideias dessa literatura não foram levadas em consideração nos modelos macroeconômicos padrões.

10. Ver J. E. Stiglitz, "Contagion, Liberalization, and the Optimal Structure of Globalization", *Journal of Globalization and Development* 1, no.2 (2010), art. 2; idem, "Risk and Global Economic Architecture: Why Full Financial Integration May Be Undesirable", American Economic Review 100, no.2 (2010): 388—392; e S. Battiston, D. Delli Gatti, M. Gallegati, B. Greenwald, e J. E. Stiglitz, "Liaisons Dangereuses: Increasing Connectivity, Risk Sharing, and Systemic Risk," *Journal of Economic Dynamics and Control* 36 (2012): 1121—1141.

A intenção por trás desses resultados é simples: quando identificamos um grupo de indivíduos com uma doença contagiosa, nós não os "espalhamos" — enviando-os para os quatro cantos do mundo. Nós os colocamos em quarentena. Os economistas reconheceram, intuitivamente, que as crises econômicas podem se espalhar como uma doença contagiosa, mas isso ocorre devido a uma forma ou outra de interdependência. Elevados graus de interdependência permitem que um distúrbio em uma parte do sistema seja transmitido para as demais. "Arquiteturas" bem desenhadas equilibram as vantagens da interdependência em relação às suas desvantagens, e tentam incorporar características ("sistemas de freio", controles de capital) que minimizam os riscos de um contágio adverso. Nos modelos padrões, os riscos de contágio foram ignorados (pelo menos antes da crise ocorrer, é o que faziam com crescente frequência) e, desse modo, não foi dada nenhuma atenção às políticas que poderiam reduzir esses riscos — e, de fato, os controles de capitais foram colocados, inflexivelmente, no lado oposto.

11. F. P. Ramsey, "A Contribution to the Theory of Taxation", *Economic Journal*, 1927, 47—61.

12. Ver J.E. Stiglitz e B. Greenwald, "Externalities in Economies with Imperfect Information and Incomplete Markets", *Quarterly Journal of Economics* 101, no.2 (1986): 229—264.

13. A referência clássica é Weitzman (M. L. Weitzman, "Prices vs. Quantities", *Review for Economic Studies* 41, no. 4 [1974]: 477—491). A partir daí, tem havido

na literatura uma profusão de estudos em diferentes contextos mostrando que as intervenções quantitativas podem ter a preferência; por exemplo, cotas podem ser preferíveis a tarifas (P. Dasgupta e J. E. Stiglitz, "Tariffs Versus Quotas As Revenue Raising Devices Under Uncertainty," *American Economic Review* 67, no.5 [1977]: 975—981), ou intervenções quantitativas no gerenciamento da conta de capital podem ser preferíveis a intervenções nos preços (J. E. Stiglitz, José Antonio Ocampo, Shari Spiegel, Ricardo French-Davis, e Deepak Nayyar, *Stability with Growth: Macroeconomics, Liberalization, and Development,* The Initiative for Policy Dialogue Series [Oxford: Editora da Universidade de Oxford, 2006]).

14. Com mais razão ainda, regras simples, como a meta de inflação, que requer um aumento na taxa de juros quando a taxa de inflação ultrapassa o nível estipulado, estão ainda mais equivocadas. Tais regras não levam em consideração a fonte do distúrbio econômico ou a forma mais eficiente de levar a economia de volta ao "equilíbrio" desejado após a perturbação. A ilustração óbvia está na inflação dos países em desenvolvimento, que se elevou além do aumento dos preços mundiais dos alimentos e do petróleo em 2007. O aumento da taxa de juros em um país pequeno obviamente teria um efeito desprezível nesses preços mundiais; se a taxa média da inflação fosse derrubada e levada em direção ao nível desejado, exigiria tamanha contração nos setores não comerciais que a cura seria pior do que a doença. Felizmente, a maioria dos governos reconheceu esse perigo, e mesmo aqueles que mantiveram a política de metas de inflação adotaram metas "flexíveis".

15. A análise de Jan Tinbergen era, claro, baseada em um modelo muito simples, com hipóteses muito rigorosas. Evidentemente, aqueles que confiaram em suas ideias não apreciaram o quão críticas elas eram, e que os resultados não foram sequer aproximadamente corretos em contextos mais gerais.

Colaboradores

George A. Akerlof, premiado com o Nobel em 2001, é um acadêmico convidado do Fundo Monetário Internacional e Professor Emérito de Economia na cadeira de Daniel E. Koshland na Universidade da Califórnia, em Berkeley.

Sheila Bair foi presidente do Federal Deposit Insurance Corporation de junho de 2006 a junho de 2011.

Lorenzo Bini Smaghi atualmente é um professor convidado do Harvard's Weatherhead for International Affairs. Anteriormente, foi membro do Conselho Diretivo do Banco Central Europeu.

Olivier Blanchard é Professor Emérito de Economia na cadeira de Robert M. Solow no Massachusetts Institute of Technology, e Conselheiro Econômico e Diretor do Departamento de Pesquisas do Fundo Monetário Internacional.

Anders Borg é um economista sueco e Ministro das Finanças do governo sueco no período de 2006 a 2014.

Claudio Borio é chefe do Monetary and Economic Department do Bank for International Settlements (BIS).

Agustín Carstens é o presidente do Banco do México. Ele também é membro do Steering Committee do Financial Stability Board do G-20, e presidente do Economic Consultative Council do BIS e do Global Economy Meeting.

José de Gregorio é professor da Universidade do Chile. Ele foi o presidente do Banco Central do Chile de 2007 a 2011.

Giovanni Dell'Ariccia é Diretor Assistente do Departamento de Pesquisas do FMI.

Janice Eberly é professora de Finanças na Kellogg School of Management da Universidade de Northwestern na cadeira de James R. e Helen D. Russel. Ela foi Secretária Assistente de Política Econômica e Economista Chefe no US Treasury de 2011 a 2013.

Stanley Fischer está atualmente no Council on Foreign Relations e é vice-presidente do Federal Reserve. Presidiu o Banco de Israel de 2005 a 2013 e ocupou o cargo de First Deputy Managing Director no FMI de 1994 a 2001.

Andrew Haldane ocupa o cargo de Diretor Executivo do Financial Stability no Banco da Inglaterra.

Márcio Holland foi secretário de política econômica no Ministério da Fazenda do Brasil de 2011 a dezembro de 2014; também é professor da Fundação Getúlio Vargas (FGV).

Choongsoo Kim foi presidente do Banco da Coreia de 2010 a 2014.

Mervyn A. King foi presidente do Banco da Inglaterra de 2003 a 2013.

Paolo Mauro foi Diretor Assistente no Departamento Africano do FMI.

Roberto Perotti é professor de Economia na Università Bocconi, em Milão.

Hélène Rey é professora de Economia na London Business School.

David Romer é professor de Política Econômica na cadeira de Herman Royer na Universidade da Califórnia, Berkeley.

Nouriel Roubini é professor de Economia na New York Universiy's Stern School of Business e presidente e cofundador da Roubini Global Economics.

Jay C. Shambaugh é professor de Economia e de Relações Internacionais na Universidade George Washington.

Jeremy C. Stein foi membro do Board of Governors of the US Federal Reserve System no período de 2012 a 2014, e lecionou Economia na Universidade de Harvard.

Joseph E. Stiglitz é professor universitário na Universidade de Columbia. Ele foi laureado com o Prêmio Nobel de Ciências Econômicas em 2001.

Duvvuri Subbarao foi presidente do Reserve Bank da Índia de 2008 a 2013.

Jean Tirole, premiado com o Nobel de Economia em 2014, é presidente da Fundação J.J. Laffont-Toulouse School of Ecomonics (TSE), presidente do Comitê Executivo do Instituto de Estudos Avançados de Toulouse (IAST) e Diretor Científico do Instituto de Economia Industrial (IDEI).

Adair Turner é Membro Sênior do Institute for New Economic Thinking. De 2008 a 2013 presidiu o UK Financial Services Authority (FSA).

John Vickers é Diretor do All Souls College, Oxford, e foi presidente do UK Independent Comission on Banking de 2010 a 2011.

Martin Wolf é editor associado e ocupa o cargo de Chief Economics Commentator no Financial Times, em Londres.

Michael Woodford é professor de Política Econômica na cadeira de John Bates Clark na Universidade de Columbia.

Janet L. Yellen é presidente do Federal Reserve desde janeiro de 2014.

Gang Yi ocupa o cargo de vice governador do People's Bank of China e de administrador do State Administration of Foreign Exchange (SAFE).

Índice

A
Abandono do Regime de Câmbio Fixo, 198
acordo salarial, 161
Ajuste
    externo, 193, 194
    cíclicos, 166
alavancagem, XII, 6, 20, 80, 124,
Alemanha, XXI, 61, 123, 208
América Latina, XXXI, 229, 244,
amortecedores de choques, 201
análise de rede, 48,
armadilha de liquidez, XXII, 175
arranjos cambiais, 220
Ásia, 235
atribuição de instrumentos, 7
Austrália, 61

B
bail-in, 125
bailouts, 104, 112, 281
balanços, XIII, 10, 60, 111, 272
Banco
    Central Europeu, XIX, 9, 118, 207
    da Inglaterra, XXVI, 5, 20, 257
    de Israel, 57
    do Japão (BDJ), 177
    centrais, XV, 3, 20, 117, 216
    de investimento, 111
    estrangeiros, 68, 91, 244
Bélgica, XX, 181
bolhas, 6, 67, 173, 273
    de preços dos ativos, 230
Booms, XXV, 44, 192, 233
Brasil, XXIX, 36, 116, 246

C
Chile, 244, 255
China, 219, 235
Chipre, 119, 198, 290
choques, XIV, 47, 93, 117, 200
    financeiros, XIV, 18, 284
    cíclico, 66, 272
ciclo financeiro, 41, 51, 136, 284
    de negócios, 43, 171
    de realimentação, 272
    financeiros, 46, 50, 51, 52, 134
competição, XXVI, 127
    competitividade, XIII, 111, 222
comportamento dos agentes, 173
comunicados, XV
Consolidação
    fiscal, XVIII, 140, 171, 251
    expansionistas, 164
Consumer Protection Act, 98, 103
contas corrente, 163, 195, 233
contratos de dívidas, 133, 292
controles de capital, XIII, 179, 246, 272
coordenação internacional, 189
credibilidade, XVI, 50, 152, 215
crédito, XII, 38, 100, 202,
credores oficiais, 176, 178, 179
crescimento econômico, XXIV, 8, 171, 242
Crise, 43, 111, 174, 207
    de 2008, XII, 38, 133, 191, 262
    financeira mundial, 72, 221
    bancárias, 43, 50
    crises financeiras, XI, 19, 32, 130
custos, XX, 5, 39, 94, 104

D

deficit em conta corrente, 192, 234, 237
deflação, XVI, 4, 27, 137, 212
derivativos, 74, 90, 100, 120, 259, 305
descasamentos monetários, 272
desemprego, XXIV, 4, 25, 181, 200, 304
desequilíbrios, XXV, 7, 23, 43, 71, 117, 222
desvalorização, 128, 161, 191, 230, 256
dificuldades de, XXII, 130
Dinamarca, 159
disciplina de mercado, 177
distorções, XIX, 12, 171, 220, 302
distribuição, 10, 39, 80, 105, 301
dívida, XIII, 19, 60, 100, 207, 256, 300
Dívida, XVIII, 20, 81, 149, 286
"divina coincidência", X
Dodd-Frank Wall Street Reform, 98, 103
dolarização, 261, 266
dominância fiscal, XXII, 171, 177

E

efeitos distributivos, 49, 64, 166
eficácia, XII, 9, 12, 40, 116, 229
empréstimos hipotecários, 68, 81, 101
Equilíbrio
   ruim, XIX, 172
   múltiplos, XVI, 172, 210
Eslováquia, 198
Eslovênia, 198
espaço fiscal, XXIII, 151, 157, 166, 175
Espanha, XXIV, 114, 138, 150, 208
Estabilidade
   de preços, 15
   financeira, XII, 7, 58, 127, 234
   macrofinanceira, 89
estabilizadores automáticos, XXIV, 146, 147
Estados Unidos, XII, 12, 58, 100, 201
estímulos, 133
   fiscais, XVII, 177, 281
Estônia, 198
estratégia de isolamento, 115
Europa, XXXIII, 121, 217, 298
Exchange Rate Mechanism (ERM), 160
expectativas, XXXI, 4, 27, 81, 138, 215
   racionais, 9

F

Federal Reserve System, 6
Ferramenta
   de estabilização, 149, 229, 230
   macroprudenciais, XII, 18, 66, 244, 284
   Macroprudenciais, XXVII, 285
Finlândia, 39, 98, 129, 168
Fiscal Compact, 175
flexível, 3, 26, 106, 127, 182
flutuação, 191, 199, 220, 221, 222
Fluxo
   de capital, XIII, 77, 230, 284
   de crédito, 37, 272, 273
forward guidance (orientação futura), XV, 4, 10, 27, 138, 252
França, 121, 123, 151, 181
fronteira Taylor, 16
Fundo Monetário Internacional (FMI), XXXIII, 248, 267

G

gastos do governo, XXII, 157, 175, 181, 281
gerenciamento da conta de capitais, 227
Grande Depressão, XVII, 19, 134, 173, 297
Grande Moderação, XII, 16
Grécia, 19, 39, 173, 180, 181, 219, 290

H

hiato de produção, XI, 16, 31, 45
hipótese de representação, 111, 112, 119
Hong Kong, 36, 61, 110

I

impostos, XXV, 81, 139, 175, 212, 302
independência do banco central, XXXI, 13, 64, 215

Independent Commission on Banking (ICB), 113, 132
indexação, 67, 153, 199, 292
Índia, 36, 54, 227, 228, 235
índice, XI, 30, 49, 90, 117, 136, 241
Indonésia, 235
inflação, XIII, 8, 50, 192, 266
Inglaterra, 16, 20, 123
instrumentos, XXII, 50, 112, 203
    baseados no preço, 37
    macroprudenciais, IX, 23, 37
integração financeira, 233, 269, 270
    e crescimento, 240
    internacional, 233, 240, 270, 271
intermediação financeira, XVII, 134
intervenções, XIV, 37, 222, 291, 306
    Intervenção Cambial, 230
investimento estrangeiro direto (IED), 237
Irlanda, XVIII, 114, 159, 174, 271
Islândia, XVIII, 52, 174, 192, 273, 290
Israel, 57, 61, 64
    Israel Securities Authority (ISA),, 58
Itália, XXIV, 39, 150, 172

J
Japão, XXI, 5, 52, 137, 140, 150, 257

L
lean option, 49
liberalização, 46, 228, 299
    da conta de capitais, 233, 254
limites, XII, 9, 20, 49, 89, 107, 244
liquidez, XII, 19, 137, 210
    liquidez internacional, 257

M
Maastricht Treaty, 118
macroprudenciais, XXVI, 50, 112, 285, 302
    mandato, 36, 37
Malásia, 235, 254
mandatos, XXX, 36, 38
    macroprudenciais, 36

mecanismo de transmissão, 9, 61
medidas de austeridade, 181, 298
medidas macroprudenciais, XXX, 62, 251
mercado de imóveis residenciais, XI, 36, 73, 148, 290
meta do PIB nominal, 29
metas de inflação, 3, 25, 65, 243, 307
México, 189, 235
monetização, 176
    da dívida, 141, 173
montanha acima, 235
multiplicadores, XXII, 139, 157, 166, 202

N
níveis da dívida, XX, XXIII, 137

O
Operações
    bancárias, 58, 244
    de renda de ativos, 115

P
perímetro regulatório, XXVIII
Política
    de crédito, 148
    do BCE, 211
    econômica, IX, 39, 173, 203, 303
    política fiscal, XVII, 13, 50, 145, 200
    macroprudencial, XXX, 30, 57, 191, 285
    monetária, XIII, 29, 101, 203, 302
        não convencional, 145, 257
Polônia, 192
ponderação de risco, 62, 99, 124
Portugal, XVIII, 39
Preço
    de ativos, 43
    relativos, 21, 66, 195, 216
Preços Relativos, 194, 195, 219
prêmio de risco, 164, 172
problema do ("Grande demais para quebrar"), 100, 299
processos de resolução, 100, 116

prociclicidade, XXVII, 41, 261
Prociclicidade, 272
produção potencial, XI, 16, 44, 147
programa Outright Monetary Transactions (OMT), 172, 211
proibição Glass-Steagall, 126, 128

Q

quadro institucional, 13, 207
quantitative easing (flexibilização quantitativa), XV, 10, 138, 252
questões políticas, 41, 237, 254

R

recessões, 42, 119, 135, 167, 279, 300
    de balanço, 140, 298
recuperação, 5, 27, 68, 72, 129, 133, 135, 137, 138, 141, 147, 151, 162, 164, 166, 175, 223, 279, 280, 295, 296, 297, 298, 304
redistribuição, XX
    de renda, 179
reestruturação, XXI, 9, 119, 298
reforma bancária, 123, 130
reformas, XXIII, 6, 104, 207, 300
    estruturais, 111, 157
regime cambial, 187, 199, 200, 203, 204, 221
Regra
    fiscais, XXIV, 146, 147, 294
    Vickers, 113, 115
    Volcke, 98, 123, 130, 292
regulamentação, XXVI, 50, 81, 100, 243
    financeira, 30, 101, 283
Reino Unido, XXVI, 16, 160, 207, 215
relatório Liikanen, 129, 130, 131
repercussões, 103, 246
    financeira, XXI, 10, 11, 179
requisitos de dívidas preferenciais, 105
reservas internacionais, 237
ring fencing, 118, 123, 130, 292
Risco
    moral, XVII, 173
    sistêmico, XXVI, 6, 41, 100, 301
    risco soberano, 119

S

securitização, 37, 283
setor privado, XXII, 4, 19, 50, 133, 233
Shadow Banking (bancos paralelos), 121
sistema bancário, XVIII, 10, 19, 109, 188
sobretaxas, 106
Suécia, 149, 192
Suíça, 130, 131

T

Tailândia, 235
targeted easing, XIV, XV
taxa de câmbio, XIII, 14, 64, 200, 260
Taxa de câmbio, 193
taxas básicas de juros, XII, 133, 152, 251
    próximas de zero, 166, 175, 202
taxas de juros, XIV, 10, 12, 117, 202, 301
teorema Modigliani-Miller, 300
testes de estresse, 36, 47, 60, 101, 103, 273
Transformação Estrutural, 297

U

União bancária, 118, 130, 151, 182
    europeia, 119
União
    fiscal, 182, 293
    monetária, 188, 215
US Federal Open Market Committee (FOMC), 28

V

varejo, 114
volatilidade, XII, 204, 301

Z

Zona do euro, IX, 119, 172, 200, 293

CONHEÇA OUTROS LIVROS DA ALTA BOOKS!

Negócios - Nacionais - Comunicação - Guias de Viagem - Interesse Geral - Informática - Idiomas

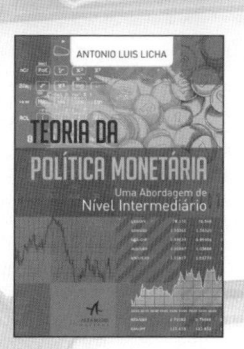

Todas as imagens são meramente ilustrativas.

SEJA AUTOR DA ALTA BOOKS!

Envie a sua proposta para: autoria@altabooks.com.br

Visite também nosso site e nossas redes sociais para conhecer lançamentos e futuras publicações!
www.altabooks.com.br

/altabooks ▪ /altabooks ▪ /alta_books

ALTA BOOKS
EDITORA

Este livro foi impresso nas oficinas gráficas da Editora Vozes Ltda.,
Rua Frei Luís, 100 – Petrópolis, RJ.